21世纪高等院校教材

投资项目评价

党耀国　米传民　王育红　编著

科学出版社

北　京

内 容 简 介

本书系统地介绍了投资项目评价的理论与方法。全书共 11 章，分别讨论了投资项目评价概论、投资项目的市场评估、建设方案评价、投资项目投资估算、融资方案评价、资金等值计算与方案经济比选、投资项目的财务评价与经济评价、不确定性分析及风险决策、投资项目后评价及案例分析等内容。本书精选典型投资项目作为案例，强调学以致用，注重结合投资项目专业的实际，将新的知识、参数和方法通过案例集成到书中。

本书适合作为高等院校经济、管理、工程类专业的本科生教材和部分专业的研究生教材，也可供各类工程咨询、投资建设、项目管理人员及管理类干部进修班的学员阅读、参考。

图书在版编目（CIP）数据

投资项目评价/党耀国，米传民，王育红编著. —北京：科学出版社，2010.8
  21 世纪高等院校教材
  ISBN 978-7-03-028753-3

Ⅰ.①投… Ⅱ.①党…②米…③王… Ⅲ.①投资-项目评价-高等学校-教材 Ⅳ.①F830.59

中国版本图书馆 CIP 数据核字（2010）第 164024 号

责任编辑：林 建／责任校对：张怡君
责任印制：徐晓晨／封面设计：耕者设计工作室

科 学 出 版 社 出版
北京东黄城根北街 16 号
邮政编码：100717
http://www.sciencep.com

北京虎彩文化传播有限公司 印刷
科学出版社发行 各地新华书店经销

*

2010 年 8 月第 一 版　开本：B5（720×1000）
2019 年 1 月第五次印刷　印张：20 1/2
字数：410 000

定价：45.00 元
（如有印装质量问题，我社负责调换）

前言

投资项目评价是项目投资前期进行决策管理的重要环节，其目的是审查项目可行性研究的可靠性、真实性和客观性，评价的结论是投资者、贷款银行和政府部门进行投资决策的重要依据。其主要任务就是根据国家有关部门颁布的政策、法规、方法、参数和条例等，从项目（或企业）、国民经济和社会的角度出发，在投资决策前由有关部门对拟建投资项目建设的必要性、建设条件、生产条件、产品市场需求、工程技术、财务效益、经济效益和社会效益等进行深入、细致的比较、分析和论证，提出评估意见，编写项目的评估报告。

现代意义上的项目评估系统方法产生于 20 世纪 60 年代末期。20 世纪 80 年代之后，项目评估工作越来越受到各国特别是广大发展中国家政府的重视，成为银行确定是否向投资项目发放贷款的重要依据。我国的项目评估方法萌芽于 20 世纪 50 年代，对我国的投资建设起到了重要作用。随着我国经济体制改革和投资体制改革的不断深入，建设部和国家发展与改革委员会组织专家深入调查研究，于 2006 年颁布了《建设项目经济评价方法与参数》（第三版）。修订后的方法和体系更加符合我国社会主义市场经济的发展和投资体制改革的要求，对提高各类投资主体的项目科学决策水平起到了重要作用。至此，初步形成我国较为完整的项目评估的标准和规范。随着我国扩大内需政策的提出，在投资拉动经济增长的背景下，相关部门更需要对投资项目进行科学、有效的管理。然而，在现实经济生活中的投资管理及相关方面的教育、培训中，系统讲述最新的投资项目评价的理论和方法的书还比较缺乏。

本书是在作者多年讲授有关课程和从事相关课题研究的基础上凝练而成的，参考了大量相关资料，同时吸收了国内外学者的最新相关成果及政府有关部门最新的评价方法和参数。本书系统介绍了投资项目评价的基本理论和方法，重点讲述以财务评价和经济评价为核心的投资项目评估理论与方法，并用一个综合案例来说明这些方法在实践中的应用。在撰写过程中，作者始终坚持读者至上的原则，在理论阐述上力求简明扼要、深入浅出、通俗易懂、易于自学，在内容选择上力求安排合理、简单实用。全书共 11 章，其中第 1~4 章由党耀国执笔，第 5、6 章由王育红执笔，第 7~11 章由米传民执笔，最后由党耀国统稿。

本书的出版得到了南京航空航天大学教材出版基金资助，在此，作者向支持本书出版的领导和专家表示深深的感谢。

限于作者水平，本书的缺漏之处在所难免，敬请有关专家、学者和广大读者批评指正，以便再版时修改完善。

党耀国

2010 年 5 月

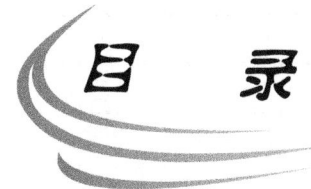

前言

第1章
投资项目评价概论 ··· 1
1.1 投资和投资项目 ··· 1
1.2 可行性研究 ··· 6
1.3 项目评估 ··· 10
1.4 项目评估与可行性研究的关系 ··························· 15
练习题 ··· 17

第2章
投资项目的市场评估 ······································ 18
2.1 市场调查 ··· 18
2.2 市场预测的内容与程序 ·································· 21
2.3 市场预测的方法 ··· 23
练习题 ··· 47

第3章
建设方案评价 ·· 49
3.1 建设方案评价概述 ······································· 49
3.2 产品方案和建设规模 ···································· 56
3.3 投资项目厂址选择 ······································· 61
3.4 原材料、燃料及动力供应 ································ 72

3.5 环境影响评价 ··· 75
3.6 社会影响评价 ··· 77
练习题 ··· 82

第4章 投资估算 ··· 83
4.1 投资估算概述 ··· 83
4.2 建设投资与建设期利息估算 ··· 87
4.3 流动资金估算 ··· 97
4.4 项目总投资估算 ·· 101
练习题 ··· 104

第5章 融资方案评价 ·· 105
5.1 融资方案概述 ··· 105
5.2 资本金与债务资金的筹措 ·· 106
5.3 基础设施项目的融资模式 ·· 115
5.4 融资方案优化 ··· 121
练习题 ··· 129

第6章 资金等值计算与方案经济比选 ··· 130
6.1 资金时间价值与等值计算 ·· 130
6.2 投资效果评价指标 ·· 139
6.3 投资项目方案比选 ·· 149
练习题 ··· 154

第7章 投资项目的财务评价 … 156

- 7.1 财务评价概述 … 156
- 7.2 财务评价的价格体系 … 159
- 7.3 财务效益与费用的估算 … 162
- 7.4 财务效益计算与分析 … 177
- 7.5 改扩建项目的财务评价 … 194
- 7.6 非经营性项目财务评价 … 198
- 练习题 … 200

第8章 投资项目的经济评价 … 203

- 8.1 投资项目经济评价概述 … 203
- 8.2 影子价格的计算 … 207
- 8.3 经济评价参数的选取 … 212
- 8.4 经济评价效益和费用的估算 … 215
- 8.5 经济评价方法及效果分析 … 219
- 练习题 … 227

第9章 不确定分析及风险决策 … 228

- 9.1 不确定分析与风险分析概述 … 228
- 9.2 盈亏平衡分析 … 233
- 9.3 敏感性分析 … 235
- 9.4 风险分析 … 241
- 9.5 多方案的风险决策 … 254
- 练习题 … 258

第 10 章 投资项目后评价 ... 260

- 10.1 投资项目后评价的概念 ... 260
- 10.2 投资项目后评价的基本内容 ... 264
- 10.3 投资项目后评价的工作程序和方法 ... 270
- 10.4 投资项目后评价综合结论与报告 ... 281
- 练习题 ... 284

第 11 章 LS 高速公路投资项目评价案例 ... 285

- 11.1 项目概述 ... 285
- 11.2 市场预测 ... 286
- 11.3 建设方案评价 ... 291
- 11.4 财务评价 ... 296
- 11.5 经济评价 ... 300
- 11.6 评价结论 ... 305

主要参考文献 ... 307

附表 ... 309
- 附表 1 复利现值系数表 ... 309
- 附表 2 复利终值系数表 ... 312
- 附表 3 年金现值系数表 ... 315
- 附表 4 年金终值系数表 ... 318

投资项目评价概论

项目评估是指在可行性研究的基础上,由第三方(国家、银行或中介咨询机构)根据国家有关部门颁布的政策、法规、方法、参数和条例等,从项目(或企业)、国民经济和社会角度出发,对拟建投资项目建设的必要性、建设条件、生产条件、产品市场需求、工程技术、财务效益、经济效益和社会效益等进行全面评价、分析和论证,进而判断其是否可行的一个评估过程。项目评估是项目投资前期进行决策管理的重要环节,其目的是审查项目可行性研究的可靠性、真实性和客观性,项目评估的结论是投资者、贷款银行和政府部门进行投资决策的重要依据。

1.1 投资和投资项目

1.1.1 投资

1. 投资的概念

所谓投资是指经济主体(包括法人和自然人)为未来获得预期收益而于现在投入生产要素(如资金、人力、技术、信息等),以形成资产的一种经济活动。投资是一种有目的性的经济活动。

投资由建设投资、建设期利息和流动资金投资三大部分组成。

建设投资由工程费用(建设工程费、设备购置费、安装工程费)、工程建设其他费用和预备费(基本预备费和涨价预备费)组成。

建设期利息是指工程项目借款在建设期间内发生并计入固定资产的利息，主要是建设期发生的支付银行贷款、出口信贷、债券等的借款利息和融资费用。

流动资金投资是指运营期内占用并周转使用的运营资金，不包括运营中需要的临时性运营资金，是为维持一定规模生产所占用的全部周转资金。

2. 投资的作用

关于投资的作用，可以从宏观和微观两个角度来讨论。

（1）从宏观的角度看，投资能起到两方面的作用：

第一，影响社会总需求水平，从而在短期内影响产出和就业水平。投资增加，会相应扩大内需，从而提高社会总需求水平；投资减少，会相应减少内需，从而降低社会总需求水平。

第二，通过投资能够增加社会资本积累，提高潜在的生产能力，从而促进长期的经济增长。

（2）从微观的角度看，投资有三方面的作用：

第一，投资可以增强投资者的经济技术实力。投资者通过投资项目的实施，不但增加了资本积累，而且提高了获利能力。

第二，投资可以促使投资者不断提高自己的创新能力。投资者通过投资，既可以实现科技成果的商品化和产业化，又可以使投资者获得超额的创新利润，使投资者具备长期的经济发展实力。

第三，投资可以增加投资者的市场竞争能力。市场竞争不但表现为人才的竞争，同时也是经济技术实力和创新的竞争。通过投资项目的实施，不但可以扩大投资者的生产规模，达到规模经济，同时也可以使投资者立于市场竞争的不败之地。

3. 投资的特征

1）收益性

如前所述，投资是指经济主体为未来获得收益而于现在投入生产要素，以形成资产的经济活动。由此可见，实现未来净收益的最大化是投资的主要目标。

影响投资收益的主要因素有投资额、年生产（或营业）成本和市场状况。首先，一般来讲，投资额越大，则其生产（或营业）期所分摊的折旧费、摊销费也越大，从而影响到项目的收益；其次，投资活动结束之后，亦即项目投产之后的年生产（或营业）成本也是影响投资收益的重要因素；再次，项目投产之后为社会所提供的产品和服务能否按可接受的价格实现，也会对投资收益产生重要影响。此外，建设期、投产期的长短也会对投资的收益产生影响。

2）风险性

投资的风险性是指投资遭受失败的潜在可能性。获得预期的经济效益是投资活动最基本的要求，但任何一项投资的未来收益都是不确定的，因而存在着风险。投资风险的种类主要有政治风险、市场风险、汇率风险、技术风险、财务风险、通货膨胀风险、自然风险、经营风险和利率风险等。投资活动涉及面广，影响因素众多，周期长，因而风险较大。一般来讲，投资的风险与预期收益呈明显的正相关关系，预期收益越大，投资者所要承担的风险就越大，反之亦然。

3) 长期性

与生产或营业活动相比，长期性是投资的一个很明显的基本特征。

4. 投资的分类

在我国实际工作中，为了管理和研究方面的需要，通常对投资进行以下分类：

(1) 按形成资本的用途，分为生产性投资和非生产性投资。生产性投资是指在物质生产领域中的投资，其直接成果是货币转化为生产资本。非生产性投资是指非物质生产领域中的投资，其成果是货币转化为非生产性资本，主要用于满足人民的物质文化生活需要。

(2) 按资产形态，分为固定资产投资和流动资产投资。固定资产投资是指用于购建新的固定资产（房屋、设备、道路）或更新改造原有固定资产的投资。流动资产投资是指企业用于购买、储存劳动对象（原材料、燃料、电力等）及生产过程和流通过程中的在产品、产成品等周转使用的资金。

一般而言，固定资产投资和流动资产投资之间存在一定的比例关系，经济发展水平越高，管理水平越高，流动资产投资占总投资的比例越低。

(3) 按投资主体的经济类型，分为国有经济投资、集体经济投资、个体经济投资、联营经济投资、股份制经济投资和外商投资。

(4) 按固定资产投资的使用构成，将投资分为建筑安装工程费、设备与工器具购置费和其他费用等。

1.1.2 投资项目

1. 投资项目的概念

所谓投资项目是指为了达到预期目标，在规定期限内完成某项开发目标（或一组开发目标）而规划和实施的活动、政策、机构，及其他各方面所构成的独立整体，也是以一套独特而相互联系的任务为前提，有效地利用资源，为实现一个特定的目标所做的一次性的努力。

一次性指的是每个项目都有其确定的终点。当一个项目已经实现其预期的目标，或已经明确看到其目标时，那么，该项目就达到了它的终点。如建一个发电站，当建筑工程、安装工程结束，并将该发电站移交给电力生产部门时，发电站建设项目就告一段落了。

一个投资项目一般要包括以下几个因素：

（1）具有能用于土建工程和（或）机器设备及其安装等投资的资金；

（2）具备提供有关工程设计、技术方案、施工监督、改进操作和维修等业务能力；

（3）拥有一个按集中统一原则组织起来的，能协调各方面关系，促进各类要素合理配置，高效、精干的组织机构；

（4）改进与项目有关的价格、补贴、税收和成本回收等方面的政策，使项目能与所属部门和整个国民经济的发展目标协调一致，并提高项目自身的经济效益；

（5）拟定明确的项目目标及项目的具体实施计划。

2. 投资项目的特点

（1）投资项目在一定约束条件下，以形成企业的长期资产为特定目标。约束条件可以分为时间约束和目标约束。时间约束是指有合理的投资建设期目标；目标约束是指有预期的生产能力、技术水平或达到一定的效益水平。

（2）投资项目具有一次性的特点，每个投资项目因其功能、性质、技术、经费等不同特点而各有独特之处，不可能存在完全一样的重复性投资过程，因而需要因地制宜，进行认真的调查研究。

（3）投资项目投资大、建设期长、项目类型繁多。大型基本建设投资项目可以由主体工程、相应的附属配套工程、综合利用工程、环境保护工程、供水供电工程等组成。有的大型项目是分期建设划分项目单位的，如一期工程、二期工程等。

（4）投资项目不仅包括形成有形资产的投资，而且包括无形资产的投资，并且后者的投资受到越来越多的重视。

3. 投资项目的分类

根据不同的分类标志，可将投资项目划分为不同的类型。

（1）根据项目与企业原有资产关系的不同，可划分为新建项目和改扩建项目。

新建项目，是指用于增添固定资产，从而扩大生产能力（或工程效益）的投资项目。

改扩建项目，是固定资产更新和技术改造项目的简称，是指以新的设备、厂房建筑物或其他设施替换原有的部分，或以新技术对原有的技术装备进行改造的投资项目。基本建设项目与更新改造项目的主要区别在于：前者主要属于固定资产的外延扩大再生产，后者主要属于固定资产的简单再生产和以内含为主的扩大再生产。

（2）根据其内容的不同，可划分为工业投资项目和非工业投资项目。

工业投资项目，是指国民经济中各工业部门的投资项目，主要包括钢铁、有色金属、煤炭、石油、化工、电力、机械、建材、轻工、纺织等工业部门的投资项目。

非工业投资项目，是指除工业投资项目之外的所有投资项目，主要包括农业、水利、林业、水产、铁路、公路、民航、邮政、电信、公共事业等部门的投资项目。

（3）根据其用途的不同，可划分为经营性投资项目和非经营性投资项目。

经营性投资项目，是指能为社会提供中间产品和最终消费产品的投资项目。如投资于生产机械设备的项目和生产耐用消费品的项目，这类项目的收益主要体现为产品的销售收入。

非经营性投资项目，是指能为社会提供服务的投资项目，其成果主要是满足人们的物质文化生活需要，如投入到文化、教育、卫生、体育及非营利性基础设施上的投资项目。

（4）根据其投资主体的不同，可划分为国内投资项目和外商投资项目。

国内投资项目，即全部由国内投资者投资兴建的项目。其资金来源可以是投资者的自有资金，也可以是在国内外筹集的资金。

外商投资项目，具体包括以下三类：中外合资经营投资项目，简称合资项目，是一种股权式合营项目，即由一个或几个中国的公司、企业或其他经济组织与一个或几个外国的公司、企业或其他经济组织共同出资兴建的项目，合资各方按股权比例分配收益和承担风险。中外合作经营投资项目，简称合作项目，是一种契约式合营项目，一般是指由中方合作者提供土地、厂房、劳动力等，由外方合作者提供设备、资金和技术等，共同兴建的项目，合作各方按契约规定的比例分配收益和承担风险。外商独资投资项目，即由外商独自出资或筹资兴建的项目。

（5）根据项目产出的属性（产品或服务）不同，可划分为公共项目和非公共项目。

公共项目，是指水利、能源、交通、环境保护等为国民经济和人民生活提供基础条件的基础设施投资项目以及国家重大科技投资项目。这类项目投资规模大、风险大、周期长、技术难度高，并且往往涉及国家利益，因此通常由国家投资，政府出面组织。

非公共项目，是指企业用资金直接购买设备、兴建工厂、增加新产品等生产经营性资产，为企业生存、发展和获利提供源泉的投资项目。

（6）根据项目之间的关系不同，可划分为独立项目和互斥项目。

独立项目，是指经济上互不相关的项目，即接受或拒绝某一项目并不影响其他项目的取舍。如公司准备建造仓库、投资新的生产线，如果资金不受限制，所有满足公司要求的项目都可以投资。

互斥项目，是指存在互不相容、相互间构成竞争关系的项目。在一组互斥项目中，采纳某一个项目就必须放弃该组中其他项目。

此外，还可根据其他不同的标准，将投资项目划分为不同的类型。如根据投资规模，可将其划分为大型、中型和小型投资项目三类。

1.2 可行性研究

可行性研究是在投资项目建设前期，通过对与工程项目有关的市场、资源、工程技术、经济和社会等方面进行全面调查，对各方案进行全面分析、论证和评价，对项目建成后的经济效益和社会效益进行科学预测和评价，在此基础上综合研究拟建项目的技术先进性、经济合理性和建设可行性，确定项目是否可行的一项工作。它是提高投资决策科学性的重要工具。

1.2.1 可行性研究的阶段划分

可行性研究包括投资机会研究、初步可行性研究和详细可行性研究三个阶段。随着循序渐进的工作次序，各阶段可行性研究的内容由浅入深，预测的精度由粗到细，研究的内容也越来越明确、越来越具体。前一阶段研究的结果是下一阶段研究的基础和依据，如果认为不可行，就终止下一阶段的研究；如果认为可行，则转入下一阶段的工作。

1. 投资机会研究阶段

投资机会研究亦称投资鉴别，是指为寻找有价值的投资机会而进行的准备性调查研究，也是寻求最佳投资机会的活动。投资机会研究可分为一般投资机会研究和具体投资机会研究。

一般投资机会研究又可划分为三种：一是地区研究，旨在通过研究某一地区自然地理状况、其在国民经济体系中的地位及自身的优劣势而寻求投资机会；二是部门（或行业）研究，旨在分析某一部门（行业）由于技术进步、国内外市场变化而出现的新的发展和投资机会；三是以资源为基础的研究，旨在分析由于自然资源的开发和综合利用而出现的投资机会。在进行一般投资机会研究时，可参考国内外同类项目、同类地区和同类投资环境的成功案例。在发展中国家，一般投资机会研究通常由政府部门或专门机构进行，作为政府制定国民经济长远发展规划的依据。

根据一般投资机会研究的结论，当某项目具备投资条件时，就可进行具体投资机会研究，即具体研究某一项目得以成立的可能性，将项目设想转变为投资建议，提出投资方案，为项目的初步选择提供依据。

企业进行投资机会研究，还应结合自身的发展战略和经营目标及企业内外部资源条件进行。企业内外部资源条件主要指企业的财力、物力、人力资源、技术和管理水平及外部建设条件。

投资机会研究是可行性研究的第一阶段，如果投资机会研究的结论表明投资项目是可行的，则可进入下一阶段，即进行更进一步的研究。

投资机会研究是比较粗略的，投资费用和生产（或营业）成本一般根据同类项目加以推算，误差一般约为±30%，机会研究所需费用约占投资总额的0.2%~1.0%。

2. 初步可行性研究阶段

初步可行性研究亦称预可行性研究，是指在投资机会研究的基础上，对项目进行初步的技术、经济分析和社会、环境评价，对项目可行与否作出初步判断。初步可行性研究的重点主要是根据国民经济和社会发展长期规划、行业规划和地区规划以及国家产业政策，从宏观上分析项目建设的必要性，并初步分析项目建设的可能性。初步可行性研究是介于投资机会研究与详细可行性研究之间的一个中间阶段，起着承上启下的作用，对于大型复杂项目而言，是一个不可缺少的阶段。一般来讲，详细可行性研究需要收集大量的基础资料，花费较长的时间，支出较多的费用，因此，在此之前进行项目初步可行性研究是十分必要和科学的。初步可行性研究与详细可行性研究相比，除研究的深度与准确度有差异外，其内容是大致相同的。

初步可行性研究得出的投资额误差一般约为±20%，初步可行性研究所需费用约占投资总额的0.25%~1.5%。

3. 详细可行性研究阶段

详细可行性研究亦称最终可行性研究，一般简称为可行性研究。它是在初步可行性研究的基础上进行的详细研究，通过主要建设方案和建设条件的分析、比选、论证，从而得出该项目是否值得投资、建设方案是否合理的结论。可行性研究的结论为项目最终决策提供依据。可行性研究的成果是可行性研究报告。因此，在该阶段要全面分析项目的全部组成部分和可能遇到的各种问题，并最终形成可行性研究的书面成果——可行性研究报告。

可行性研究报告的内容和编写格式根据项目的不同而有所差异。一般工业项目可行性研究报告的内容与编写格式主要包括以下几个方面：

（1）实施纲要。简要描述可行性研究的结论，并归纳出研究报告各个关键性问题。实施纲要的结构与可行性研究的正文相一致。归纳的关键性问题主要包括有关商业环境的数据及可靠程度，项目的投入物和产出物，对市场、供应和工艺技术趋势所作预测的误差（不确定性风险）幅度和范围及项目的设计等。

（2）项目建设的必要性。主要从两个层次进行分析：一是从项目层次分析拟建项目对实现企业自身可持续发展重要目标、重要战略和生存壮大能力的必要性；二是从国民经济和社会发展层次分析拟建项目是否符合合理配置和有效利用资源的要求，是否符合区域规划、行业发展规划、城市规划的要求，是否符合国家产业政策和技术政策的要求，是否符合保护环境、可持续发展的要求等。

（3）市场分析与销售设想。这一部分是可行性研究的重中之重，要求对拟建项目产品和主要投入品的国际、国内市场的供求量和价格进行预测和分析，研究确定产品的目标市场和营销策略，确定销售产品的规划和设想，为实现预期利润奠定基础。

（4）项目建设规模及设备选择。其主要包括建设规模和产品方案、工艺技术和主要设备方案。

（5）场（厂）址选择和环境。叙述确定项目建场（厂）地区、场（厂）址的分析方法和选择方法，并就项目对环境的影响进行深入的分析和评价。

（6）工程设计和工艺。工程设计的任务是设计工厂生产规定的产品所必需的功能布置图和各单项工程的布置图。工艺选择及技术的取得也是工程设计的一个必要组成部分。在工艺选择和技术取得中要涉及工业产权问题。工程设计和工艺选择要考虑整个建筑工程的布置和设计，生产能力的确定，工艺的遴选，设备的选型，公用、辅助工程方案及节能、节水措施，环境保护治理措施方案以及职业安全卫生和消防设施方案。

（7）组织结构与人力资源配置。论述制定人力资源计划，涉及项目对人力资源的质量和数量要求，人员来源和培训的需要，工资和其他与人员有关的费用及培训成本的估算方法。

（8）投资估算。在项目建设方案确定的基础上，估算项目所需的资金。在此要分别估算建筑工程费、设备购置费、安装工程费、工程建设其他费用、基本预备费、涨价预备费、建设期利息和流动资金。

（9）实施计划。论述项目实施计划的目标，叙述主要实施工作的特点和主要的限制因素，并介绍编制实施计划的技术。

（10）融资方案。在投资估算确定投资额的基础上，研究分析项目融资主体、资金来源渠道和方式、资金结构及融资成本和融资风险。结合融资方案的财务分析，比较、选择并确定融资方案。

（11）财务分析（也称财务评价）。按规定科目详细估算营业收入和成本费用，预测现金流量；编制现金流量表等财务报表，计算相关指标；进行财务盈利能力、偿债能力及财务生存能力分析，评价项目的财务可行性。

（12）经济分析（也称国民经济评价）。对于财务现金流量不能全面、真实地反映其经济价值的项目，应进行经济分析。从社会经济资源有效配置的角度，根据项目产生的直接和间接的经济费用和效益，编制经济费用效益流量表，计算有关评价指标，分析项目对经济发展所作的贡献及项目所消耗的社会资源，评价项目的经济合理性。

（13）土地利用及移民搬迁安置方案分析。对于新增建设用地的项目，应分析项目用地情况，提出节约用地措施。涉及搬迁和移民的项目，还应分析搬迁方案和移民安置方案的合理性。

（14）不确定性及风险分析。进行敏感性分析，找出敏感因素及其对项目效益的影响程度；进行盈亏平衡分析，计算盈亏平衡点；对项目主要风险因素进行识别，采用定性分析和定量分析的方法估计风险程度，研究提出防范和降低风险的对策措施。

（15）结论与建议。在以上各项分析研究完成之后，应进行归纳总结，说明所推荐方案的优点，指出可能存在的主要问题和可能遇到的主要风险，做出项目是否可行的明确结论，并对下一步的工作和项目实施中需要解决的问题提出建议。

对于涉及社会公共利益的项目，如农村扶贫项目、大型项目，还要进行社会评价。主要是在社会调查的基础上，分析拟建项目的社会影响；分析主要利益相关者的需求及其对项目的支持和接受程度；提出防范和解决社会问题的方案。

根据详细可行性研究估算的投资额精度应控制在±10%以内，研究费用一般占总投资额的1.0%~3.0%（小型项目）或0.2%~1.0%（大型项目）。

此外，对于某些特定的大型复杂项目而言，还要进行辅助研究。辅助研究亦称功能研究，是指对项目某一个或几个方面的关键问题进行的专门研究。辅助研究并不是一个独立的阶段，而是作为初步可行性研究和详细可行性研究的部分。辅助研究一般包括以下几类：产品市场研究、原材料和其他投入物研究、实验室和中间试验研究、厂址选择研究、规模经济研究、设备选择研究等。

1.2.2 可行性研究的作用

可行性研究的最终成果是可行性研究报告，它是投资者在前期准备工作阶段的纲领性文件，是进行其他各项投资准备工作的主要依据。对于投资者而言，可行性研究有如下作用。

1. 为投资者进行投资决策提供依据

进行可行性研究是投资者在投资前期的重要工作，投资者需要在多方论证的基础上，编制可行性研究报告，其结论是投资者进行投资决策的主要依据。

2. 为投资者申请项目贷款提供依据

无论是国外还是国内的银行和其他金融机构在受理项目贷款申请时，首先要求申请者提供可行性研究报告，然后对其进行全面细致的审查和分析论证，在此基础上编制项目评估报告。评估报告的结论是银行确定贷款与否的重要依据，世界银行等国际金融机构也都将提交可行性研究报告作为申请贷款的先决条件。

3. 为工程设计提供依据

在可行性研究报告中，对项目的产品方案、建设规模、场（厂）址选择、生产工艺、设备选型等都进行了方案比选和论证，确定了最优方案。在可行性研究报告获得批准之后，可依据可行性研究报告进行工程设计。

此外，可行性研究报告还可为寻求合作者、设备订货、施工准备、机构设置和人员培训等提供依据。

1.3 项目评估

1.3.1 项目评估的概念

项目评估是指由投资决策部门、提供贷款的银行对项目可行性报告进行全面审核和再评价的理论与方法。项目评估过程可以分为信息收集、方案设计、方案评估和方案选择四个相互联系的阶段。这四个阶段相互交织、循环往复，贯穿于整个评估过程。

根据不同的分类标志，可将项目评估划分为不同的类型。

（1）根据评估对象的不同，可以分为投资评估、融资评估和营销评估等。

（2）根据评估目标的数量，可以分为单目标评估和多目标评估。

1.3.2 项目评估的产生和发展

投入有限的资源，取得尽可能多的收益，是任何一个投资者的普遍预期。因此，自投资活动产生起，就有了投资决策分析，只不过最初的投资决策分析往往是凭个人经验进行的。随着社会经济的发展，统计学、会计学等定量方法开始应用到投资项目管理中，投资项目评估理论与方法目前已发展到日臻成熟的境地，项目评估学也已成为一门比较系统、完整的应用型技术经济学科。

1. 国外项目评估的产生和发展

在社会生产力发展程度达到相当高水平的条件下，巨额投资是必不可少的，而可利用的投资资源是十分有限的，因此，投资决策的正确与否，对投资者是至关重要的，对提供贷款的银行也举足轻重。社会实践在客观上需要建立一套科学的对投资项目进行分析、论证和评估的理论及方法体系，项目评估应运而生。

现代意义上的项目评估基本原理产生于20世纪30年代。20世纪30年代的世界性经济大萧条使得西方发达国家的经济形势发生了重大的变化。随着自由放任经济体系的崩溃，一些西方发达国家的政府开始施行新经济政策，兴办公共建设工程，于是出现了公共项目评估方法。随着政府对公共工程投资的加大以及对经济事务的关心，经济学家开始关心社会效用、生产与消费水平、资源配置以及一般社会福利问题,由此产生了为西方的项目评估提供基本概念、原理、福利准则和一般性理论框架的福利经济学。凯恩斯鼓励政府积极干预国民经济的理论,对促进项目评估理论的发展起到了重要的作用。而 20 世纪 50 年代发展经济学的崛起,对发展中国家项目评估的发展起到了巨大的推动作用,使项目评估不仅仅关注微观经济,还要放在宏观背景下加以考察,最终确定项目的效益。但是,发达国家的项目评估程序,不一定适合发展中国家的实际情况。为了使发展中国家的发展计划可以达到预定的目标,需要有一套适合当时国情的项目评估方法,于是在 20 世纪 60 年代末出现了所谓的"新方法论",引起了学术界的争鸣。

现代意义上的项目评估系统方法产生于 20 世纪 60 年代末期。在 60 年代之后,一些西方发展经济学家致力于发展中国家项目评估的理论研究,其研究成果得到了发展中国家政府和经济学界的普遍好评。1968 年,由牛津大学著名福利经济学家 I. M. D. Little 和经济数学教授 James A. Mirrlees 为经济合作与发展组织编写的《发展中国家工业项目分析手册》中第一次系统地阐述了项目评估的基本理论和基本方法,即所谓的"新方法论";1972 年,联合国工业发展组织出版的重要著作《项目评估指南》也提出了新的方法;1974 年,I. M. D. Little 和 James A. Mirrlees 又联合发表了《发展中国家项目评估和规划》,对"新方法论"进行了补充;1975 年,世界银行的经济学家 Lyn Squire 和 Herman G. Vander Tak 在他们的专著《项目经济分析》中协调了上述两个组织的方法,介绍了影子价格的推导和估算;1980 年,联合国工业发展组织和阿拉伯国家工业发展中心针对新方法的局限性,再次推出了《工业项目评估手册》,提出了以增加价值作为判断项目的价值标准。这些新方法大大促进了项目评估理论和方法的发展。

项目评价的内容也随着经济的发展发生了一些明显的变化。在 20 世纪 60 年代以前,国际上项目评估的重点主要是财务分析,以财务分析的好坏作为评价项目成败的主要指标。到 20 世纪 70 年代前后,世界经济的快速发展带来了严重的污染问题,引起了人们的广泛关注,于是发达国家和发展中国家纷纷颁布了《环保法》。根据立法的要求,项目评价增加了环境评价的内容。此后,随着经济的发展,项目的社会作用和影响日益受到投资者的重视。到了 20 世纪 80 年代,世界银行等金融组织非常关心其援助项目对接受援助地区的贫困、妇女、社会文化和可持续发展产生的影响,社会影响评价也被引入了项目评价之中。

20 世纪 80 年代之后,项目评估工作越来越受到各国,特别是广大发展中国家政府的重视,成为银行确定是否向投资项目发放贷款的重要依据。应当指出,在项目评估理论和实践的发展过程中,世界银行发挥了积极的作用。该组织规定,不论哪个会员国,要获得世界银行的长期贷款,所有项目都要经过评估,评估的结论是确定贷款与否的主要依据。为了提高各会员国的项目评估水平,世界银行组织出版了一系列著作,为许多发展中国家培训专业技术人才,帮助发展中国家制定适合本国国情的项目评估办法。

2. 我国项目评估的产生和发展

我国项目评估方法萌芽于20世纪50年代。早在"一五"时期，我国就开始对一些大型建设项目进行技术经济论证。当时的政务院经济委员会发布了《基本建设工作程序暂行办法》，对项目管理作了"先设计，后施工"等规定，并借鉴原苏联的经验，取得了一定的经济效果，但当时所采用的是一些极为简单的静态分析方法，尚不够全面和完善。到70年代末期为止，我国一直沿用这种传统的方法评价项目。尽管这种方法对当时的经济建设曾起过一定的积极作用，但随着经济的发展，这种方法已远不能满足项目投资决策的需要。

1980年，我国在世界银行的合法席位得到了恢复。1981年，我国成立了以转贷世界银行贷款为主要业务的中国投资银行。1983年，中国投资银行推出了《工业贷款项目评估手册》（试行本），之后曾多次加以修订，并被译成多种外文在国外出版发行，受到世界银行和许多发展中国家的好评。中国投资银行关于项目评估的研究与实践在我国起到了很好的探索与示范作用。同年2月，国家计委、国家建委、财政部联合颁布了《关于建设项目可行性研究的试行管理办法》。该办法把可行性研究正式列入基本建设程序，要求项目审批手续分为项目建议书、可行性研究报告、设计任务书、初步设计、开工报告5个步骤。与此同时，国内学术界对项目评估的理论和方法进行了热烈的探讨，对建立具有中国特色的项目评估理论和方法体系起到了积极的作用。在总结经济建设经验教训的基础上，我国积极学习国外项目评估方法，政府部门给予了高度重视。20世纪80年代中期以后，国家计委、国家经委、中国建设银行总行、中国国际工程咨询公司及国务院有关部门先后公布了不同类型的项目评估方法。特别是国家计委于1987年9月首次正式发布了《建设项目经济评价方法与参数》（第一版）、《关于建设项目经济评价工作的暂行规定》和有关国家参数以及部分外贸货物的影子价格（或转换系数），这对我国项目评估理论和方法的完善、项目评估业务的发展起到了极大的推动作用。1993年，由建设部和国家计委联合编制和修订的《建设项目经济评价方法与参数》（第二版），进一步明确了投资项目的建设程序、内容，规范了建设项目经济评价中的具体方法和基本参数，推动了我国投资决策科学化的进程。随着我国经济体制改革和投资体制改革的不断深入，国家发展和改革委员会和建设部组织专家深入调查研究，于2006年颁布了《建设项目经济评价方法与参数》（第三版）。修订后的方法和体系更加符合我国社会主义市场经济的发展和投资体制改革的要求，对提高各类投资主体的项目科学决策水平起到了重要作用。至此，我国基本形成了较为完整的项目评估标准和规范。中国投资者、决策机构和金融机构将会更加深刻地体会到在社会主义市场经济环境中，开展项目评估在投资项目决策中所发挥的不可替代的作用。

1.3.3 项目评估的原则、依据和内容

1. 项目评估的原则

项目评估是投资决策的重要手段。投资者、决策机构和金融机构以项目评估的结论作为实施项目、决策项目和提供贷款的主要依据，因此，要力求保证项目评估结论的客观性。项目评估需要坚持以下原则。

1) 评估方法的科学性

科学决策要求决策者按照科学的决策程序，采用科学的方法和先进的技术手段，调查研究项目建设的客观条件，依据国家有关政策、技术发展趋势和客观需求的状况，选择科学合理的分析和评价的方法，既要考虑定性方法，又要考虑定量方法，更要考虑定性和定量相结合的方法。

2) 考察因素的系统性

决定一个投资项目是否可行的因素包括诸多方面，从大的方面讲，取决于市场因素、资源因素、技术因素、经济因素和社会因素等。另外，决定项目是否可行的，不但包括项目内部因素，如项目的技术水平、产品质量、产出物和投入物的价格等，而且包括外部因素，如项目所需的外部配套条件，国家的金融政策、税收政策和一定时期的区域规划等。因此，在进行项目评估时，必须全面、系统地考虑，综合分析、评价项目的可行性。

3) 实施方案的最优性

投资决策的实质在于选择最佳投资方案，使投资资源得到最有效的使用。项目评估应该按照投资决策的要求，进行投资方案的比较和选择。在进行项目评估时，应根据项目的具体情况（如生产规模、可利用的资源、投资的时间等）拟定若干个有价值的方案，并通过科学的方法分析、比较，选择最佳的实施方案。

4) 选择指标的统一性

判断项目是否可行，或者选择最佳实施方案，需要一系列的技术经济指标，而这些指标是经过多年的潜心研究和实践验证得以确定的，指标体系是科学合理的。当然，在进行项目评估时，可以根据侧重点的不同，选择不同的指标，但应尽量确保选用指标的统一性，如可以选择国家发展和改革委员会和建设部2006年正式发布实施的《建设项目经济评价方法与参数》（第三版）所确定的指标体系。

5) 选取数据的准确性

项目评估实际上是对有关拟建项目的各方面信息资料进行综合加工、分析和评价的过程。数据来源可靠与否、准确与否，直接决定着项目评估结论的客观性和公正性。因此，在项目评估时，一定要选取来源可靠、数据准确的信息。数据来源可靠是指所用数据来自正常渠道，如来自国家统计部门、外贸部门、商业部

门和经济信息中心等单位的统计资料和预测数据。数据准确是指所用数据要符合客观情况，不可人为地使用扩大或缩小的数据。

6）评估过程的独立性

项目可行性研究报告编制完成后，应由另一家符合资质要求的工程咨询单位对项目可行性研究报告所做结论的真实性和可靠性进行复核和评估。在评估的过程中，评估人员不受投资人或委托单位任何人意志的影响，按事物的规律和实际情况办事，确保项目评估过程的客观、公正和可信。

2. 项目评估的依据

在现阶段，可作为项目评估主要依据的有：

（1）有关部门颁布的项目评估方法。

（2）国家发展和改革委员会和建设部发布的《建设项目经济评价方法和参数》（第三版）。

（3）项目可行性研究报告、规划方案等。

（4）各有关部门的批复文件，如项目建议书、可行性研究报告的批复。

（5）投资协议、合同、章程等。

（6）有关的方针、政策、法规、规定、办法等。

（7）其他有关信息资料。

3. 项目评估的内容

项目评估的目标是为投资决策提供科学的依据。项目的类型很多，其规模、性质和复杂程度各不相同，因而其评估的内容与侧重点也有一定的差异。但其基本内容大同小异，主要包括以下几个方面。

1）项目与企业概况评估

首先，对项目实施的背景进行简要分析；其次，对各类项目的基本概况进行简要分析。对于基本建设项目，主要评估项目的投资者、建设性质、建设内容、产品方案、项目隶属关系以及项目得以成立的依据（如立项批复文件、选址意见书）等；对于更新改造项目，除上述内容外，还要评估现有企业的基本概况、历史沿革、组织机构、技术经济水平、资信程度、经济效益等；对于中外合资项目，还要分别评估合资各方的基本概况。

2）项目建设必要性评估

主要从宏观和微观角度论述项目建设的必要性，如项目的建设是否符合国家的产业政策，是否符合国民经济发展规划与地区发展规划，是否有助于优化城市总体布局等。

3）项目市场需求分析

主要分析项目所生产的产品（或所提供的服务）的市场现状、未来发展趋势以及产品（或服务）在市场上的竞争能力等。

4) 项目生产规模确定

在必要性评估与市场需求分析的基础上,结合项目的具体情况(如厂址情况、资金筹措能力、技术和管理水平和规模经济等),确定项目的最佳生产规模。

5) 项目建设生产条件评估

主要评估项目的建设施工条件能否满足项目正常实施的需要,项目的生产条件能否满足正常生产经营活动的需要。

6) 项目工程与技术评估

主要评估项目工程设计是否合理,项目所采用的工艺是否具备先进性、经济性、合理性和安全性。

7) 投资估算与资金筹措

主要估算项目总投资额(包括建设投资、流动资金投资和建设期利息等),并制定相应的资金筹措方案和资金使用计划。

8) 财务效益分析

从企业或项目的角度出发,根据收集和估算出的财务数据,以财务价格为基础,编制有关表格,计算相应的技术经济指标,据此判断项目的财务盈利能力和清偿能力。

9) 国民经济效益分析

从国民经济的角度出发,根据收集和估算出的经济数据,以影子价格为基础,编制有关表格,计算相应的技术经济指标,据此判断项目对国民经济的贡献。

10) 社会效益分析

从社会的角度出发,以社会影子价格为基础,编制社会评价表格,计算相应的技术经济指标,据此判断项目对实现社会发展目标的贡献。

11) 不确定性分析

通过运用有关方法,计算有关指标,考察项目抵御风险的能力。

12) 项目总评估

在上述各项评估的基础上,得出项目评估的结论,并提出相应的问题和建议。在实际评估中,可根据项目的性质、规模、类别等对上述内容加以调整。

1.4 项目评估与可行性研究的关系

项目评估与可行性研究都是处于项目投资前期的两项重要工作,都是以分析和论证项目可行与否为己任的工作,两者关系密切,有许多共同之处,亦各有其特点。

1. 项目评估与可行性研究的联系
1) 均处于项目投资建设的前期

项目评估与可行性研究均处于项目投资前期阶段。可行性研究是在机会研究批准之后,对项目可行与否进行的全面分析论证;项目评估则是对项目的可行性研究进行审查与分析,进而判断其是否可行。两者都是重要的前期准备工作。这两项工作的质量如何,对项目投资决策都会产生重要影响。

2) 工作的内容基本相同

这两项工作无论在经济评价指标计算的基本原理、分析对象、分析依据上还是在分析内容上都是相同的。就同一个投资项目而言,从经济评价的角度看,无论是项目评估还是可行性研究,它们计算评价指标的基本原理是相同的,都是通过比较计算期的费用与收益,计算一系列技术经济指标,得出可行与否的结论;其分析的对象是一致的,都是投资项目;其分析的某些依据是相同的,都是国家的有关规定和有关部门为拟建项目下达的批复文件等;其所分析的内容均包括建设必要性、市场条件、资源条件、工程技术、财务状况、经济效益等几大部分。

3) 最终工作目标及要求相同

为拟建项目进行评估和开展可行性研究的最终工作目标都是一致的,都是通过分析论证,判断项目可行与否,实现投资决策的科学化、程序化和民主化,提高投资效益,使资源得到最佳配置。两者的要求也是相同的,都是在调查研究的基础上进行分析和预测,得出公正、客观的结论。

2. 项目评估与可行性研究的区别

项目评估与可行性研究存在诸多相同之处,从理论和实践方面来看,两者也有明显的区别,主要表现在以下几个方面。

1) 行为主体不同

可行性研究工作是由建设单位(即投资者)负责组织委托的,而项目评估则是由贷款银行或有关部门负责组织委托的。一般来讲,这两项活动均须委托有关工程咨询机构进行,但其所代表的是不同的行为主体,亦即咨询机构要对不同的行为主体负责。

2) 立足点不同

可行性研究是站在直接投资者的角度来考察项目的,而项目评估则是站在贷款银行或有关部门的角度来考察项目的。由于角度不同,可能导致对同一问题的看法不同,结论也可能有差异。

3) 侧重点不同

由于立足点不同,两者考察项目的侧重点也可能不同。可行性研究往往侧重于项目必要性与技术方面的论证,项目评估则主要侧重于考察项目建设的可能性与借款的偿还能力。

4）所起的作用不同

两者都是进行投资决策的重要依据，可行性研究是投资主体进行投资决策和计划部门审批项目的重要依据，项目评估则是银行确定贷款与否的重要依据，两者不可能也无法相互替代。

5）所处的阶段不同

尽管两者同处于项目建设的前期，但在此时期内，可行性研究在先，项目评估在后，这一工作顺序是不能颠倒的。可行性研究是投资决策的首要环节，但仅有这一环节是不够的，还必须在此基础上进行项目评估。项目评估人员要充分利用可行性研究的成果，进行周密的调查研究与分析论证，独立地提出决策性建议。可行性研究为项目评估提供工作基础，而项目评估则是可行性研究的延伸、深化和再研究，也可促使项目可行性研究人员努力做好可行性研究工作。另外，还可以通过项目评估的反馈信息，及时纠正项目可行性研究中存在的问题，从而提高项目决策的科学化水平。

➢ 练习题

1. 投资项目包括哪些类型？它们的分类标志各是什么？
2. 试述可行性研究的含义及其意义。
3. 试述可行性研究报告的主要编写内容。
4. 项目评估包括哪些步骤？
5. 项目评估需要遵循哪些原则？
6. 项目评估与可行性研究有哪些区别和联系？

第 2 章

投资项目的市场评估

投资项目的目标是为社会提供有用的产品（或服务），从满足该产品（或服务）的现有或潜在的需求中获利。通过市场分析，有助于了解拟建项目的产出品、投入品，对产品（或服务）的市场容量、价格、竞争格局等进行调查、分析，并预测其未来发展趋势，为确定项目的目标市场、建设规模和产品方案提供依据。这是项目得以成立的必要前提，也是进行项目财务效益分析和国民经济效益分析的重要基础。

市场评估是项目投资决策的重要一环，也是项目评估的主要组成部分。

投资项目的市场评估是指在市场调查和市场预测的基础上，根据项目产品的竞争能力、市场规模、位置、性质和特点等要素作出"项目产品是否有市场"专业判断的一种分析技术。它主要分析和判断项目投产后所生产产品的未来销路问题，即具体考察项目产品在特定时期内是否有市场、在什么范围内有市场以及这个市场究竟有多大。

2.1 市场调查

市场评估的基础是市场调查和市场预测，市场调查的内容因企业的不同需要而异。

2.1.1 市场调查的内容

市场调查是对现在市场和潜在市场各个方面情况的研究和分析，目的在于收集市场信息、了解市场动态、把握市场现状和发展趋势、发现市场机会，为企业投资决策提供科学依据。市场调查的主要内容包括市场需求调查、市场供给调查、消费者调查和竞争者调查。企业可能进行其中一个方面的调查，也可能进行全面的综合调查。

1. 市场需求调查

市场需求是指在一定时期内、一定条件下，在一定市场范围内消费者购买某种产品（或服务）的总量。

市场需求按时间特征分为有效需求量和潜在需求量。有效需求量是指预测市场上的实际销售量；潜在需求量是指在预测期（项目寿命期内）随着影响需求的因素变化（收入水平的提高或商品价格降低）可能增加的销售量。有效需求量与潜在需求量之和近似为的产品的市场需求量。

在调查有效需求量和潜在需求量的同时，还应调查需求的增长速度。需求的增长速度是影响项目建成后市场需求的重要因素，是由现时的市场需求推测未来的市场需求的关键因素。

在进行市场需求分析时，一般先分析项目产品国内市场需求，然后再分析国外市场需求，进行综合平衡。

2. 市场供给调查

市场供给是指在一定时期内、一定条件下，在一定市场范围内可提供给消费者的某种商品或劳务的总量。这里的市场供给能力分析的时间应考虑整个项目寿命期，市场范围包括国内市场和国际市场。

市场供给调查主要调查市场的供给能力、主要生产或服务企业的生产能力，了解市场供给与市场需求之间的差距。市场供给调查既要调查实际供给量和潜在供给量，前者是指预测市场上的实际供给能力，后者是指在预测期（项目寿命期内）可能增加的供给能力，也要调查正在建设或计划建设的相同产品的生产能力。

3. 消费者调查

消费者调查包括产品（或服务）的消费群体调查、消费者购买能力和习惯调查、消费演变历史和趋势调查等。某一种具体产品针对某一特定的消费群，在经过市场细分明确了产品的消费者之后，需要对这部分消费者的消费层次、消费要求、心理状况、消费动机、消费方式进行调查和分析。只有了解消费动机和消费层次，才能在细分中把握企业的目标市场，正确预测市场需求。

4. 竞争者调查

竞争者调查是指对同类生产企业的生产技术水平高低、经营特点和生产规模、主要技术经济指标、市场占有率以及市场集中度等市场竞争特征进行调查。它包括调查区域内同类及替代产品或服务的企业数量，各企业的市场占有率、生产能力、销售数量、销售渠道、成本水平、管理能力、盈利水平等，以及可能的潜在竞争者的情况等。只有充分了解竞争对手，才能制定有效的竞争策略。

2.1.2 市场调查的类型

按照调查样本的范围大小，可以将市场调查分为市场普查、抽样调查、重点调查和典型调查等。

1. 市场普查

市场普查是对市场进行逐一的、普遍的全面调查，以获取全面、完整、系统的市场信息。市场普查既可以对确定的市场进行普查，也可以就市场的某一个方面进行专项普查。市场普查的优点是获取的资料完整，缺点耗时长、费用高。一般来说，市场范围较小、母体数量较少、调查时间较宽裕时可以选择市场普查的方法进行调查。

市场普查的组织形式有两种：一是组织专门的普查机构，配备一定数量的普查人员；二是发放一定的调查表格由调查单位自填上报。

2. 抽样调查

抽样调查是按随机原则从总体中选取一部分样本进行调查，然后根据样本的研究结果，在抽样置信水平上，用以推算总体特性的调查方法。抽样调查是一种非全面调查。

抽样调查的特点：①既是非全面调查，又要达到对总体特征的认识；②按随机原则抽取调查单位；③抽样调查具有经济性、时效性、准确性、灵活性等特点；④耗时短、费用低、信度高，应用比较广泛。

抽样调查的作用：一是能够解决全面调查无法或难以解决的问题；二是可以补充和订正全面调查的结果。

3. 重点调查

重点调查是在所要调查的市场对象中选择一部分在总体中具有重要影响的对象进行调查。重点调查的关键是选择好重点对象。所谓重点对象，是指在总体某项指标总量中占绝大比重的对象。对这些对象进行调查，就可以了解调查对象的基本情况。

重点调查中重点对象的选择着眼于指标的比重，因而重点对象的选择具有客观性。重点调查可以定期进行，也可以不定期进行。重点调查实际上是范围比较小的全面调查。

4. 典型调查

典型调查是根据市场调查的任务、目的，在对研究总体进行初步分析的基础上，有意识地选择若干具有代表性的对象进行调查，借以认识调查对象发展变化的规律。

典型调查的特点：一是这种深入细致的调查既可以收集数字资料，又可以收集不能用数字反映的实际情况；二是调查对象是被有意识地选择出来的若干具有代表性的对象，它的选择更多地取决于调查者的主观判断和决策。

典型调查和重点调查相比，前者调查对象的选择取决于调查者的主观判断，后者调查对象的选择具有客观性。

2.1.3 市场调查的方法

市场调查的方法可以分为文案调查、实地调查、问卷调查、实验调查等。选择调查方法要考虑收集信息的能力、调查研究的成本和时间等要求，同时还要考虑样本控制和人员效率控制等问题。

（1）文案调查就是对已经存在的各种资料、档案以归纳整理的方式进行的市场调查，也称为二手资料或文献调查。

二手资料来源很广，主要有：①国际组织和政府机构资料，如统计年鉴、财经统计；②行业资料，如行业统计数据；③相关企业和行业的网站与内部资料。

（2）实地调查就是调查人员直接到现场对调查对象进行调查，获取所需信息和资料的方法。

（3）问卷调查就是调查人员通过面谈、电话询问、发放问卷等形式来了解调查对象的市场行为和方式。问卷调查法是市场调查中常用的方法，它的关键是问卷的设计。设计问卷时，问卷的问题应由一个问题顺势转入下一个问题，由一个主题转入下一个主题，避免因跳跃而导致回答的无方向性。

（4）实验调查是指调查人员在调查过程中，通过改变某些影响调查对象的因素，来观测调查对象消费行为变化，从而获得消费行为和某些因素之间的内在因果关系的调查方法。该方法主要用于消费行为的调查，企业推出新产品、改变产品外形和包装、调整产品价格、改变广告方式等时，都可以采用实验调查。

2.2 市场预测的内容与程序

预测是指对事物未来或未来事物的推测，它是根据已知事件通过科学分析去推断未知事件。市场预测是在市场调查取得一定资料的基础上，运用已有的知识、经验和科学方法，对市场未来发展状况、行为、趋势进行分析并作出推断与判断，其中最为关键的是产品需求预测。市场预测是项目可行性研究的基本任务之一，也是项目投资决策的基础。

2.2.1 市场预测的内容

市场预测是市场调查内容在时间上的延伸，其主要内容有三个方面：市场需求预测、产品出口和进口替代分析、产品价格预测。

1. 市场需求预测

市场需求预测就是预测国内外市场的需求量和销售量。需求量是指未来市场上有支付能力的需求总量；销售量是指拟建项目的产品在未来市场上的销售量。在进行市场需求预测时，一定要与项目相结合进行预测。如果一个项目是为国内市场开发的，大多数产品在国内销售，这时只需要预测国内市场需求；如果项目的产品既面对国内消费者，又面对国际市场，这时就要对国内外市场需求都进行预测。在进行市场需求预测时，还需要考虑影响市场需求的相关因素和制约因素。

2. 产品出口和进口替代分析

产品出口和进口替代涉及国际竞争对手，可以综合反映项目的生命力。产品出口和进口替代分析，一般通过项目产品与有代表性的国外同类产品相对比，对比的内容包括产品价格、成本、生产效率、产品设计、质量、花色及服务等方面。还应了解国外产品市场占有率和销售量，找出自身产品的优势与劣势，以及劣势产生的原因与对策，并估计出产品出口和进口替代的可能数量。

3. 产品价格预测

在市场经济条件下，产品价格一般以均衡价格为基础，供求关系是产品价格形成的主要因素。在预测产品价格时除考虑市场供求关系以外，还应了解影响产品价格的其他因素，如产品生产过程中的生产效率、成本与利润。

2.2.2 市场预测的程序

为了保证市场预测工作顺利进行，必须按预测程序加强组织工作，以利于各环节之间的协调，进而取得好的效果。市场预测的程序大致有如下几个阶段。

1. 确定预测目标，拟定预测计划

进行市场预测，首先必须确定预测目标，只有目标明确、具体，才能取得良好的预测结果。预测目标的确定应包括预测对象、预测目的、预测范围、预测产品的名称、用途和特点等。预测目标应详细、明确、具体，否则会降低预测的准确度。预测计划是预测目标的具体化，它具体规定预测的精度要求、工作日程、参加人员及分工等。

2. 收集、分析和处理资料

资料是市场预测的依据，应根据市场预测目标的具体要求，根据市场调查所获得的资料对市场进行预测，这些资料包括预测对象本身发展的历史资料及影响预测对象发展变化的各种现实因素等。同时，要对收集的资料进行分析、加工和整理，判别资料的真实程度和可用程度。剔除一些随机事件造成的不真实资料，对不具备可比性的资料进行整理，以避免资料本身原因给预测结果带来的误差。

3. 选择预测方法，建立预测模型进行预测

预测方法种类繁多，一种预测方法可用于不同预测目标，同一预测目标又可用不同的预测方法进行预测，但不同预测方法所得的预测结果往往是不同的，而每一种预测方法又都有其特点和适用范围。在市场预测中，应根据预测对象的特点、精度要求、资料的占有情况和市场预测费用等各种因素来选择市场预测的方法，即通过对数据变化趋势的分析，建立与历史资料吻合的预测模型。

预测方法和预测模型选定之后，根据加工整理的数据资料，对所研究问题进行预测。

4. 分析预测结果

预测结果通过判断和评价，可能是肯定的，也可能是否定的，更多的是需要修正的。无论是哪一种情况，都要以周密的调查、可靠的数据和有说服力的分析作基础，其重点应放在预测误差的分析上，找出误差产生的原因，并相应修正预测结果。此外，在条件许可的情况下，可采用多种预测方法进行市场预测，然后经过比较和综合，确定可信的预测结果。

2.3 市场预测的方法

市场预测主要是预测产品的需求与供给。由于市场供给的预测比较简单，一般通过对生产该产品工厂的现有生产能力和拟建中的生产能力进行统计即可计算出产品的供给。因此，一般来讲，市场预测主要指产品需求预测。市场预测方法一般分为定性预测和定量预测两大类。

定性预测是根据掌握的信息资料，凭借专家个人和群体的经验、知识，运用一定的方法，对市场未来的趋势、规律、状态作出主观的判断和描述。定性预测的核心是专家预测，是凭借经验、智慧和能力在个人判断的基础上进行预测的方法。常见的有类推预测法、专家会议法和德尔菲法。

定量预测是根据历史和现在的统计数据资料，选择或建立合适的数学模型，分析研究其发展变化的规律并对未来作出预测。常见的有一元线性回归分析法、弹性系数法、消费系数法、移动平均法和指数平滑法。

下面介绍几种常见的市场预测分析方法。

2.3.1 类推预测法

类推预测法就是根据市场及其环境的相似性，从一个已知的产品或市场区域的需求和演变情况来推断、预测其他类似产品或市场区域的需求及其变化趋势的一种判断预测方法。它是由局部、个别到特别的分析推理方法，具有较大的灵活性和广泛性，适合于新产品、新行业和新市场的需求预测。

根据预测目标和市场范围的不同，类推预测法可以分为产品类推预测法、行业类推预测法和地区类推预测法。

（1）产品类推预测法，是根据产品和其他产品在功能、结构、原材料、规格等方面的相似性，推断预测产品的市场发展可能出现的某些相似性情况。如笔记本电脑的需求，可以根据台式计算机的市场发展来推断。

（2）行业类推预测法，是根据同一产品在不同行业使用时间的先后，利用该产品在先使用行业所呈现的特性，类推该产品在后使用行业的规律。许多产品的发展是从某一行业市场开始的，逐步向其他行业推广，如电脑最初是在科研和教育领域使用，然后才转向民用和家用的。

（3）地区类推预测法，是依据其他地区（或国家）曾经发生过的事件来进行类推的市场预测方法。这种推算方法是把所要预测的产品同国内外同类产品的发展过程或变动相比较，找出某些共同或类似的变化规律，用来推测目标的未来变化趋向。

类推结果存在非必然性，应该注意类别对象之间的差异性，特别是运用地区类推预测法时，要充分考虑不同地区政治、社会、文化、民族和生活方面的差异，并加以修正，这样才能使预测结果更接近实际。

2.3.2 专家会议法

专家会议法就是根据规定的原则选定一定数量的专家，按照一定的方式组织专家会议，发挥专家集体的智能结构效应，对产品市场发展前景、发展趋势及状况进行分析预测，作出判断的方法。

专家会议有助于专家们交换意见，通过互相启发，可以弥补个人意见的不足；通过内外信息的交流与反馈，产生"思维共振"，进而将产生的创造性思维活动集中于预测对象，在较短时间内得到富有成效的创造性成果，为决策提供预测依据。

专家会议法也有一些弊端：①由于参加会议的人数有限，因此代表性不充分；②受权威的影响较大，容易压制不同意见的发表；③易受表达能力的影响，而使一些有价值的意见未得到重视；④由于自尊心等因素的影响，使会议出现僵局；⑤易受潮流思想的影响等。

2.3.3 德尔菲法

德尔菲法又名专家意见法，是依据系统的程序采用匿名发表意见的方式，即团队成员之间不得互相讨论，不发生横向联系，只能与调查人员发生关系，反复填写问卷，集结问卷填写人的共识、收集各方意见来构造团队沟通流程，应对复杂任务难题的管理技术。它广泛应用于市场预测、技术预测、方案比选等众多领域。

德尔菲法的特征：

(1) 集思广益。吸收专家参与预测，充分利用专家的经验和学识。

(2) 匿名性。匿名性是德尔菲法的极其重要的特点，从事预测的专家不知道有哪些人参加预测，他们是在完全匿名的情况下交流思想的。采用匿名或背靠背的方式，能使每一位专家独立自主地作出自己的判断。

(3) 反馈性与收敛性。小组成员的交流是通过回答组织者的问题来实现的。它一般要经过若干轮反馈才能完成预测。经过几轮反馈，专家的意见逐渐趋同。

德尔菲法的这些特点使它成为一种最为有效的判断预测法。德尔菲法的具体实施步骤如下：

(1) 组成专家小组。根据课题所需要的知识范围确定专家。专家人数的多少，可根据预测课题的大小和涉及面的宽窄而定，一般情况下，专家的数量为20人左右，并可根据预测问题的规模和重要程度进行调整。

(2) 向所有专家提出所要预测的问题及有关要求，并附上有关这个问题的所有背景材料，同时请专家提出还需要什么材料。然后，由专家作书面答复。

(3) 各个专家根据他们所收到的材料，提出自己的预测意见，并说明自己是如何利用这些材料并提出预测值的。

(4) 将各位专家第一次判断意见汇总，列成图表进行对比，再分发给各位专家，让专家比较自己同他人的不同意见，修改自己的意见和判断。也可以把各位专家的意见加以整理，请身份更高的其他专家加以评论，然后把这些意见再分送给各位专家，以便他们参考后修改自己的意见。

(5) 将所有专家的修改意见收集起来并汇总，再次分发给各位专家，以便做第二次修改。逐轮收集意见并为专家反馈信息是德尔菲法的主要环节。收集意见和信息反馈一般要经过 2~4 轮。在向专家进行反馈的时候，只给出各种意见，但并不说明发表各种意见的专家的具体姓名。这一过程重复进行，直到每一位专家不再改变自己的意见为止。

(6) 将调查结果进行汇总，进行进一步统计分析和数据处理。

德尔菲法同常见的召集专家开会、通过集体讨论得出一致预测意见的专家会议法既有联系又有区别。德尔菲法能发挥专家会议法的优点：

(1) 能充分发挥各位专家的作用，集思广益，准确性高；

(2) 能把各位专家意见的分歧点表达出来，取各家之长，避各家之短。

同时，德尔菲法又能避免专家会议法的缺点：

(1) 权威人士的意见影响他人的意见；

(2) 有些专家碍于情面，不愿意发表与其他人不同的意见；

(3) 出于自尊心而不愿意修改自己原来不全面的意见。

德尔菲法的主要缺点是：

（1）过程比较复杂，花费时间较长。德尔菲法一般需要 2～4 轮的修改才能完成整个预测过程，往往需要花费较长的时间。

（2）容易忽视少数人的意见。德尔菲法对专家意见的整理是采用众数理论进行的，往往少数人的意见或创意容易被组织者忽视，而有些时候真理可能掌握在少数人手里，这样可能会导致预测结果偏离实际。

（3）缺少思想沟通交流。德尔菲法要求专家之间背靠背各自凭个人的知识和经验进行预测，易受个人专业知识、经验和占有的数据资料局限的影响，可能存在一定的主观片面性。

2.3.4 回归分析法

1. 一元线性回归模型

一元线性回归就是在考虑预测对象发展变化本质基础上，分析因变量随一个自变量的变化而变化的关联形态。如果预测对象与主要影响因素之间存在线性关系，将预测对象作为因变量 y，将主要影响因素作为自变量 x，即引起因变量 y 变化的量，则它们之间的关系可以用一元线性回归模型表示，其表达形式如下：

$$y = a + bx + \varepsilon \tag{2-1}$$

其中，y 为因变量的估计值（回归理论值）；a 为待定参数，是回归直线的起始值（截距），称为回归常数，数学意义上它表示在没有自变量 x 的影响时，其他各种因素对因变量 y 的平均影响；b 为待定参数，是回归系数（直线的斜率），表示自变量 x 每变动 1 个单位时，因变量 y 平均变动 b 个单位；ε 是误差项，又称为回归余项。

对于每一组观测变量值 (x_i, y_i)，$i = 1, 2, \cdots, n$，满足下面的关系式：

$$y_i = a + bx_i + \varepsilon_i \quad i = 1, 2, \cdots, n \tag{2-2}$$

式中，x_i 代表影响因素，我们往往认为它是可以控制或预先给定的，故称之为自变量；ε_i 表示各随机因素对 y_i 的影响的总和；因变量 y_i 就是我们的预测目标，由于受各种随机因素的影响，它是一个以回归直线上的对应值为中心的正态随机变量；常数 a，b 是待定的参数。

将 x_i 的数据代入 x，就得到相应于 y_i 的估计值

$$\hat{y}_i = a + bx_i \tag{2-3}$$

$\hat{y}_i$ 与 y_i 之差称为估计误差（离差）或称为参差，记为 e_i，即

$$e_i = y_i - \hat{y}_i \tag{2-4}$$

则

$$y_i = \hat{y}_i + e_i = a + bx_i + e_i \tag{2-5}$$

估计模型的回归系数有许多方法，其中使用最广泛的是最小二乘（ordinary least square）法，下面我们用最小二乘法来估计模型的回归系数。

最小二乘法的中心思想是通过数学模型拟合出一条较为理想的趋势线。这条趋势线必须满足两个要求：①原数列的观测值与模型估计值的离差平方和为最小；②原数列的观测值与模型估计值的离差总和为0。以公式表示为

$$\left.\begin{aligned}\min\sum(y_i-\hat{y}_i)^2\\ \sum(y_i-\hat{y}_i)=0\end{aligned}\right\} \quad (2\text{-}6)$$

根据最小二乘法的要求，记

$$Q=\sum_{i=1}^n e_i^2=\sum_{i=1}^n(y_i-\hat{y}_i)^2=\sum_{i=1}^n(y_i-a-bx_i)^2 \quad (2\text{-}7)$$

根据多元微分学的极值原理，Q 取极小值的必要条件是 Q 对 a，b 的两个一阶偏导数全为零。上式分别对 a 和 b 求偏导数，并令其等于零，有

$$\frac{\partial Q}{\partial a}=-2\sum_{i=1}^n(y_i-a-bx_i)=0$$

$$\frac{\partial Q}{\partial b}=-2\sum_{i=1}^n(y_i-a-bx_i)x_i=0$$

整理可得到回归参数的估计值为

$$\hat{b}=\frac{n\sum_{i=1}^n x_i y_i-\sum_{i=1}^n x_i\sum_{i=1}^n y_i}{n\sum_{i=1}^n x_i^2-(\sum_{i=1}^n x_i)^2} \quad (2\text{-}8)$$

$$\hat{a}=\frac{\sum_{i=1}^n y_i}{n}-\hat{b}\frac{\sum_{i=1}^n x_i}{n}=\bar{y}-\hat{b}\bar{x} \quad (2\text{-}9)$$

其中，$\bar{x}=\frac{1}{n}\sum_{i=1}^n x_i$，$\bar{y}=\frac{1}{n}\sum_{i=1}^n y_i$

由上式所确定的直线 $\hat{y}=a+bx$ 叫做 x 对 y 的回归直线，b 叫做回归系数。

2. 相关系数

在运用一元线性回归模型时，正确地判断两个变量之间的相互关系和选择主要影响因素做模型的自变量是至关重要的。为阐明相关系数的性质，需要从变差的分析开始。

1) 离差平方和的分解

在一元线性回归模型中，观测值 y_i 的取值大小是上下波动的，这种波动现象称为变差。变差的产生是由两方面的原因引起的：第一，受自变量变动的影

响，即 x 的取值不同；第二，受其他因素（包括观测和实践中产生的误差）影响。为了分析这两方面的影响，需要对总变差进行分解。

对每一个观测值来说，变差的大小可以通过该观测值 y_i 与其算术平均数 $\bar{y}$ 的离差 $y_i - \bar{y}$ 来表示，而全部 n 次观测值的总变差可由这些离差的平方和来表示，即

$$\text{SST} = \sum_{i=1}^{n}(y_i - \bar{y})^2 \quad (2\text{-}10)$$

其中，SST 称为总变差，它反映了观测值与总平均值的偏差程度。

总变差可以分解成两个部分，即

$$\text{SST} = \sum_{i=1}^{n}(y_i - \bar{y})^2 = \sum_{i=1}^{n}(y_i - \hat{y}_i)^2 + \sum_{i=1}^{n}(\hat{y}_i - \bar{y})^2 = \text{SSE} + \text{SSR} \quad (2\text{-}11)$$

其中，等式右边的第二项 $\text{SSR} = \sum_{i=1}^{n}(\hat{y}_i - \bar{y})^2$ 称为回归变差（或称回归平方和），回归平方和反映了 $\hat{y}_i$ 之间的变差，这一变差由自变量 x 的变动而引起，是总变差中由自变量 x 解释的部分，它的大小反映了自变量 x 的重要程度，即反映了由于 x 与 y 线性关系所引起的波动；等式右边的第一项 $\text{SSE} = \sum_{i=1}^{n}(y_i - \hat{y}_i)^2$ 称为剩余变差（或称残差平方和），它是由观测或实验中产生的误差及其他未加控制的因素引起的，反映的是总变差中未被自变量 x 解释的部分。

2）可决系数 R^2

$$R^2 = \frac{\text{回归变差}}{\text{总变差}} \quad (2\text{-}12)$$

可决系数 R^2 的大小表明了在 y 的总变差中由自变量 x 变动所引起的回归变差所占的比例，反映了变量 x 与 y 之间的线性密切程度。它是评价两个变量之间线性相关关系强弱的一个重要指标。根据上述定义，有

$$R^2 = \frac{\sum_{i=1}^{n}(\hat{y}_i - \bar{y})^2}{\sum_{i=1}^{n}(y_i - \bar{y})^2} = 1 - \frac{\sum_{i=1}^{n}(y_i - \hat{y}_i)^2}{\sum_{i=1}^{n}(y_i - \bar{y})^2} \quad (2\text{-}13)$$

从式（2-13）可以看出，$0 \leqslant R^2 \leqslant 1$。

由 R^2 的计算公式可知，当所有观察值都位于回归直线上时，剩余离差平方和等于零，这时 $R^2 = 1$，说明总离差可以完全由所估计的样本回归直线来解释；当观察值不完全位于回归直线上时，剩余离差平方和大于零，这时 $R^2 > 0$；当回归直线没有解释任何离差，即模型中解释变量 x 与因变量 y 完全无关时，y 的总

离差全部归于剩余平方和,这时 $R^2=0$。

3) 相关系数 R

相关系数是可决系数的平方根,它是一元线性回归模型中用来衡量两个变量之间线性相关关系强弱程度的重要指标。相关系数有两种定义方法。

(1) 根据总变差定义,

$$R = \sqrt{\frac{\sum_{i=1}^{n}(\hat{y}_i - \bar{y})^2}{\sum_{i=1}^{n}(y_i - \bar{y})^2}} = \sqrt{1 - \frac{\sum_{i=1}^{n}(y_i - \hat{y}_i)^2}{\sum_{i=1}^{n}(y_i - \bar{y})^2}} \tag{2-14}$$

(2) 根据积差法定义,因为

$$\frac{\sum_{i=1}^{n}(\hat{y}_i - \bar{y})^2}{\sum_{i=1}^{n}(y_i - \bar{y})^2} = \frac{\sum_{i=1}^{n}(a + bx_i - a - b\bar{x})^2}{\sum_{i=1}^{n}(y_i - \bar{y})^2} = \frac{b^2 \sum_{i=1}^{n}(x_i - \bar{x})^2}{\sum_{i=1}^{n}(y_i - \bar{y})^2}$$

$$= \left[\frac{\sum_{i=1}^{n}(x_i - \bar{x})(y_i - \bar{y})}{\sum_{i=1}^{n}(x_i - \bar{x})^2}\right]^2 \cdot \frac{\sum_{i=1}^{n}(x_i - \bar{x})^2}{\sum_{i=1}^{n}(y_i - \bar{y})^2}$$

$$= \frac{\left[\sum_{i=1}^{n}(x_i - \bar{x})(y_i - \bar{y})\right]^2}{\sum_{i=1}^{n}(x_i - \bar{x})^2 \cdot \sum_{i=1}^{n}(y_i - \bar{y})^2}$$

所以,根据积差法定义的相关系数为

$$R = \frac{\sum_{i=1}^{n}(x_i - \bar{x})(y_i - \bar{y})}{\sqrt{\sum_{i=1}^{n}(x_i - \bar{x})^2 \cdot \sum_{i=1}^{n}(y_i - \bar{y})^2}} \tag{2-15}$$

因为根据积差法定义的相关系数不需要先求回归模型的剩余变差,可以直接从样本数据中计算得到,所以在实际工作中得到广泛应用。用积差法计算相关系数计算量比较大,因此根据平均数的数学性质可将其简化为

$$R = \frac{n\sum_{i=1}^{n}x_iy_i - \sum_{i=1}^{n}x_i \sum_{i=1}^{n}y_i}{\sqrt{n\sum_{i=1}^{n}x_i^2 - (\sum_{i=1}^{n}x_i)^2} \sqrt{n\sum_{i=1}^{n}y_i^2 - (\sum_{i=1}^{n}y_i)^2}} \tag{2-16}$$

从上述定义可以看出,相关系数的取值范围为 $-1 \leqslant R \leqslant 1$,相关系数为正值

表示两变量之间为正相关，相关系数为负值表示两变量之间为负相关。相关系数 R 的绝对值大小表示相关程度的高低。

（1）当 $R=0$ 时，说明回归变差为 0，自变量 x 的变动对总变差毫无影响，这种情况称 y 与 x 不相关。

（2）当 $|R|=1$ 时，说明回归变差等于总变差，总变差的变化完全由自变量 x 的变化所引起，这种情况称为完全相关。这时因变量 y 是自变量 x 的线性函数，二者之间呈函数关系。

（3）当 $0<|R|<1$ 时，说明自变量 x 的变动对总变差有部分影响，这种情况称为普通相关。其中，R 的绝对值越大，表示相关程度越高。一般情况下，当 $|R|>0.7$，即 $R^2>0.49$ 时，说明自变量 x 的变动对总变差的影响占一半以上，故称为高度相关；当 $|R|<0.3$，即 $R^2<0.09$ 时，说明自变量 x 的变动对总变差的影响小于 9%，故称为低度相关；当 $0.3\leqslant|R|\leqslant0.7$ 时，说明自变量 x 的变动对总变差的影响程度在 9%~50% 之间，故称为中度相关。

3. 显著性检验

建立的一元线性回归模型，是否符合变量之间的客观规律性、两变量之间是否具有显著的线性相关关系？这就需要对回归模型进行显著性检验。这是因为对于任何 n 组数据 (x_i, y_i) 均可估计出回归系数 a,b 的值，拟合出一条回归直线，但是这条回归直线是否有意义，可否用于预测或控制，则必须进行显著性检验。在一元线性回归模型中最常用的显著性检验方法有相关系数检验法、F 检验法和 t 检验法。对于一元线性回归模型，一般情况下，选择其中一种进行检验即可。

1）相关系数检验法

相关系数是一元线性回归模型中用来衡量两个变量之间线性相关关系强弱程度的指标。一般说来，相关系数越大说明两个变量之间的线性相关关系越强。但相关系数的绝对值大到什么程度时，才能认为两变量之间的线性相关关系是显著的、回归模型用来预测是有意义的？对于不同组数的观测值，不同数值的显著性水平，衡量的标准是不同的。这一数量界限的确定只有根据具体的条件和要求，通过相关系数检验法的检验才能加以判别。相关系数检验法的步骤如下：

第一步，计算相关系数，$R=\pm\sqrt{\dfrac{\sum\limits_{i=1}^{n}(\hat{y}_i-\bar{y})^2}{\sum\limits_{i=1}^{n}(y_i-\bar{y})^2}}=\pm\sqrt{1-\dfrac{\sum\limits_{i=1}^{n}(y_i-\hat{y}_i)^2}{\sum\limits_{i=1}^{n}(y_i-\bar{y})^2}}$。

第二步，给定显著性水平 α 值，从相关系数临界值表中查出临界值 $R_\alpha(n-2)$。

第三步，判别。若 $|R|>R_\alpha(n-2)$，表明两变量之间线性相关关系显著，

检验通过，这时回归模型可以用来预测；若$|R| \leq R_a(n-2)$，表明两变量之间线性相关关系不显著，检验不通过，这时回归模型不能用来预测，而应分析其原因，重新调整回归模型。

2) F 检验法

构造 F 统计量，即

$$F = \frac{\sum_{i=1}^{n}(\hat{y}_i - \bar{y})^2}{\sum_{i=1}^{n}(y_i - \hat{y}_i)^2/(n-2)} \sim F(1, n-2) \tag{2-17}$$

对给定的显著性水平 α，查 F 分布表可得临界值 $F_\alpha(1, n-2)$。

若 $F > F_\alpha$，则认为两变量之间线性相关关系显著；反之，若 $F \leq F_\alpha$，则认为两变量之间线性相关关系不显著。

3) t 检验法

t 检验法是检验 a, b 是否显著异于 0 的方法。我们以对 b 检验为例来说明 t 检验法的步骤。

构造 t 统计量，即

$$t = \frac{\hat{b}}{S_{\hat{b}}} \tag{2-18}$$

其中，$S_{\hat{b}} = \sqrt{\dfrac{\sum_{i=1}^{n}(y_i - \hat{y}_i)^2}{(n-2)\sum_{i=1}^{n}x_i^2}} = \sqrt{\dfrac{SSE}{(n-2)\sum_{i=1}^{n}x_i^2}}$，称为 $\hat{b}$ 的样本标准差。可以证明，$t = \dfrac{\hat{b}}{S_{\hat{b}}}$ 服从自由度为 $(n-2)$ 的 t 分布。查 t 分布表得临界值 $t_{\alpha/2}(n-2)$。若 $t > t_{\alpha/2}(n-2)$，则认为 b 显著异于 0；反之，若 $t \leq t_{\alpha/2}(n-2)$，则认为 b 不显著异于 0。

对于 a 是否显著异于 0 的检验过程与此完全相同。

4. 预测区间

回归模型通过显著性检验后，就可以用来预测和进行风险分析了。在一元线性回归模型 $\hat{y} = a + bx$ 中，对于自变量 x 的一个给定值 x_0，代入回归模型，就可以求得一个对应的回归预测值 $\hat{y}_0$，$\hat{y}_0$ 又称为点估计值。但是在实际工作中，预测目标的实际值不一定刚好就等于预测值，随着现实情况的变化和各种环境因素的影响，两者总是会产生或大或小的偏差。因此，我们不仅要预测出 y 的点估计值，而且还要给出 y 的预测区间。所谓预测区间就是指在一定的显著性水平上，依据数理统计方法计算出的包含预测目标未来真实值的某一区间范围。

设预测点为 (x_0, y_0)，则预测值为

$$\hat{y}_0 = \hat{a} + \hat{b}x_0 \tag{2-19}$$

在显著性为 α 时,预测值 $\hat{y}_0$ 的预测区间为

$$\hat{y}_0 \mp t_{\alpha/2}(n-2)S_0 \tag{2-20}$$

其中,$S_0^2 = \left[1 + \dfrac{1}{n} + \dfrac{(x_0 - \bar{x})^2}{\sum\limits_{i=1}^{n}(x_i - \bar{x})^2}\right]S_y^2, S_y = \sqrt{\dfrac{\sum\limits_{i=1}^{n}(y_i - \hat{y}_i)^2}{n-2}} = \sqrt{\dfrac{SSE}{n-2}}$。

当实际观测值较多时,一般 $n > 30$,式 $S_0^2 = \left[1 + \dfrac{1}{n} + \dfrac{(x_0 - \bar{x})^2}{\sum\limits_{i=1}^{n}(x_i - \bar{x})^2}\right]S_y^2$ 中括号内的数值近似地等于 1,而 t 分布的 $t_{\alpha/2}(n-2)$ 也近似趋于正态分布 $Z_{\alpha/2}$,因此,预测区间可简化为

$$\hat{y}_0 \mp Z_{\alpha/2} \cdot S_0 \tag{2-21}$$

5. 多元线性回归分析

客观环境是复杂的,某个现象的变化往往受到许多因素的影响,即一个因变量可能受到多个自变量的影响。例如,商品销售额除受人均收入影响外,还受到商品价格、广告费用支出等影响。当研究变量之间的关系涉及两个以上变量时,就应该运用多个变量,即采用多元线性回归分析法。多元线性回归分析法的基本原理与方法同一元线性回归分析法类似,只是在回归参数的计算和检验上更加复杂。多元线性回归模型为

$$y_i = \beta_0 + \beta_1 x_{i1} + \beta_2 x_{i2} + \cdots + \beta_m x_{im} + \varepsilon_i, i = 1, 2, \cdots, n \tag{2-22}$$

其中,y_i,x_{i1},x_{i2},$\cdots$,x_{im} 为预测目标和影响因素的第 i 组观测值。

其矩阵形式为

$$Y = XB + \varepsilon \tag{2-23}$$

其中

$$Y = \begin{pmatrix} y_1 \\ y_2 \\ \vdots \\ y_n \end{pmatrix}, \quad X = \begin{pmatrix} 1 & x_{11} & \cdots & x_{1m} \\ 1 & x_{21} & \cdots & x_{2m} \\ \vdots & \vdots & & \vdots \\ 1 & x_{n1} & \cdots & x_{nm} \end{pmatrix}, \quad B = \begin{pmatrix} \beta_0 \\ \beta_1 \\ \beta_2 \\ \vdots \\ \beta_m \end{pmatrix}, \quad \varepsilon = \begin{pmatrix} \varepsilon_1 \\ \varepsilon_2 \\ \vdots \\ \varepsilon_n \end{pmatrix}$$

我们仍采用最小二乘法估计参数向量 B,其估计值为

$$\hat{B} = (X'X)^{-1}X'Y \tag{2-24}$$

其检验方法与一元线性回归检验方法类似,在此不再重复。

例 2-1 某产品过去 10 年的销售额与目标市场人均收入的数据如表 2-1 所

示，预计 2010 年该产品的目标市场人均收入为 2400 元。

表 2-1　2000~2009 年历年产品销售额与目标市场人均收入表

年份	2000	2001	2002	2003	2004	2005	2006	2007	2008	2009
产品销售额（万元）	30	35	36	38	40	42	46	45	49	51
人均收入（元）	1 000	1 200	1 250	1 300	1 400	1 480	1 550	1 650	1 800	2 100

试求：(1) 建立一元线性回归模型。

(2) 进行相关系数检验（取 $\alpha=0.05$，R 值小数点后保留 3 位）。

(3) 对 2010 年可能的销售额进行点预测。

解：(1) 设产品的销售额为因变量 y，人均收入为自变量 x，建立一元线性回归模型 $y=a+bx$（其中 a 和 b 为参数），计算得

$$b=\frac{\sum_{i=1}^{10} x_i y_i - \bar{x}\sum_{i=1}^{10} y_i}{\sum_{i=1}^{10} x_i^2 - \bar{x}\sum_{i=1}^{10} x_i}$$

$$=(625\ 410-1473\times 412)\div(22\ 617\ 900-1473\times 14\ 730)$$

$$=0.0201$$

$$a=\bar{y}-b\bar{x}=41.2-0.0201\times 1473=11.55$$

因此，回归方程为 $y=11.55+0.0201x$。

(2) 相关系数计算，查表得在 0.05 水平下相关系数临界值为 $R_{0.05}=0.6319$。因为 $R=0.968 > R_{0.05}=0.6319$，所以在 $\alpha=0.05$ 的显著性水平下检验通过，说明人均收入与产品销售额的线性关系合理。

(3) 由于预计 2010 年该产品的目标市场人均收入为 2400 元，代入回归方程，经计算得到 $y=59.78$ 万元，故 2010 年的销售额预测值为 59.78 万元。

2.3.5　灰色 GM 预测模型

灰色预测是指通过原始数据的处理和灰色模型的建立，发现、掌握系统发展规律，对系统的未来状态作出科学的定量预测。

设 $X^{(0)}=(x^{(0)}(1), x^{(0)}(2), \cdots, x^{(0)}(n))$ 为原始数据序列，$X^{(1)}=(x^{(1)}(1), x^{(1)}(2), \cdots, x^{(1)}(n))$ 为 $X^{(0)}$ 的一阶累加生成序列，其中，

$$x^{(1)}(k)=\sum_{i=1}^{k} x^{(0)}(i); k=1,2,\cdots,n \qquad (2-25)$$

称

$$x^{(0)}(k)+ax^{(1)}(k)=b \qquad (2-26)$$

为 GM (1, 1) 模型的原始形式。

符号 GM (1, 1) 的含义如下：

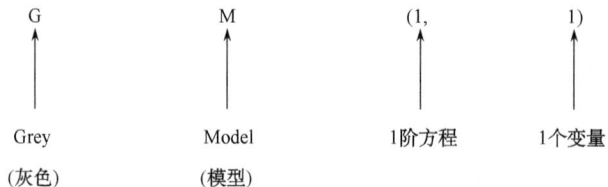

设 $X^{(0)} = (x^{(0)}(1), x^{(0)}(2), \cdots, x^{(0)}(n))$ 为原始数据序列，$X^{(1)} = (x^{(1)}(1), x^{(1)}(2), \cdots, x^{(1)}(n))$ 为 $X^{(0)}$ 的一阶累加生成序列，$Z^{(1)} = (z^{(1)}(2), z^{(1)}(3), \cdots, z^{(1)}(n))$ 为一阶累加生成序列 $X^{(1)}$ 的紧邻均值生成序列。其中，

$$z^{(1)}(k) = \frac{1}{2}(x^{(1)}(k) + x^{(1)}(k-1)) \qquad (2\text{-}27)$$

称

$$x^{(0)}(k) + az^{(1)}(k) = b \qquad (2\text{-}28)$$

为 GM (1, 1) 模型的基本形式，简称为 GM (1, 1) 模型。

设原始数据序列 $X^{(0)} = (x^{(0)}(1), x^{(0)}(2), \cdots, x^{(0)}(n))$ 为非负序列，即 $x^{(0)}(k) \geq 0$，$k = 1, 2, \cdots, n$，$X^{(1)}$ 为 $X^{(0)}$ 的一阶累加生成序列，$Z^{(1)}$ 为 $X^{(1)}$ 的紧邻均值生成序列，则 GM (1, 1) 模型 $x^{(0)}(k) + az^{(1)}(k) = b$ 的最小二乘估计参数列满足 $\hat{\boldsymbol{a}} = (a, b)^T = (\boldsymbol{B}^T\boldsymbol{B})^{-1}\boldsymbol{B}^T\boldsymbol{Y}$。其中，

$$\boldsymbol{Y} = \begin{bmatrix} x^{(0)}(2) \\ x^{(0)}(3) \\ \vdots \\ x^{(0)}(n) \end{bmatrix}, \quad \boldsymbol{B} = \begin{bmatrix} -z^{(1)}(2) & 1 \\ -z^{(1)}(3) & 1 \\ \vdots & \vdots \\ -z^{(1)}(n) & 1 \end{bmatrix}$$

设 $X^{(0)}$ 为非负序列，$X^{(1)}$ 为 $X^{(0)}$ 的一阶累加生成序列，$Z^{(1)}$ 为 $X^{(1)}$ 的紧邻均值生成序列，$\hat{\boldsymbol{a}} = (a, b)^T = (\boldsymbol{B}^T\boldsymbol{B})^{-1}\boldsymbol{B}^T\boldsymbol{Y}$，则称

$$\frac{dx^{(1)}}{dt} + ax^{(1)} = b \qquad (2\text{-}29)$$

为 GM (1, 1) 模型 $x^{(0)}(k) + az^{(1)}(k) = b$ 的白化方程，也叫影子方程。

$X^{(0)}$、$X^{(1)}$、$Z^{(1)}$ 如上所述，$\hat{\boldsymbol{a}} = (a, b)^T = (\boldsymbol{B}^T\boldsymbol{B})^{-1}\boldsymbol{B}^T\boldsymbol{Y}$，则有：

(1) 白化方程 $\frac{dx^{(1)}}{dt} + ax^{(1)} = b$ 的解也称时间响应函数，即

$$x^{(1)}(t) = (x^{(1)}(1) - \frac{b}{a})e^{-at} + \frac{b}{a} \qquad (2\text{-}30)$$

(2) GM (1, 1) 模型 $x^{(0)}(k) + az^{(1)}(k) = b$ 的时间响应序列为

$$\hat{x}^{(1)}(k+1) = (x^{(0)}(1) - \frac{b}{a})e^{-ak} + \frac{b}{a}, k = 1, 2, \cdots, n \quad (2\text{-}31)$$

(3) 还原值

$$\hat{x}^{(0)}(k+1) = \hat{x}^{(1)}(k+1) - \hat{x}^{(1)}(k)$$

$$= (1 - e^a)(x^{(0)}(1) - \frac{b}{a})e^{-ak}, k = 1, 2, \cdots, n \quad (2\text{-}32)$$

并且称 GM (1, 1) 模型中的参数 $-a$ 为发展系数，b 为灰色作用量。

灰色 GM (1, 1) 模型预测步骤如下：

第一步：对原始序列 $X^{(0)}$ 作一阶累加生成，得 $X^{(1)} = (x^{(1)}(1), x^{(1)}(2), \cdots, x^{(1)}(n))$。

第二步：对一阶累加生成 $X^{(1)}$ 作紧邻均值生成序列，得 $Z^{(1)} = (z^{(1)}(2), z^{(1)}(3), \cdots, z^{(1)}(n))$。

第三步：对参数列 $\hat{a} = (a, b)^T$ 进行最小二乘估计，得 $\hat{a} = (\boldsymbol{B}^T \boldsymbol{B})^{-1} \boldsymbol{B}^T \boldsymbol{Y}$。

第四步：确定模型 GM (1, 1) 模型 $x^{(0)}(k) + az^{(1)}(k) = b$ 的时间响应序列为

$$\hat{x}^{(1)}(k+1) = (x^{(0)}(1) - \frac{b}{a})e^{-ak} + \frac{b}{a} \quad (2\text{-}33)$$

第五步：求 $X^{(0)}$ 的模拟、预测值 $\hat{X}^{(0)}$，即

$$\begin{cases} \hat{x}^{(1)}(k+1) = (x^{(0)}(1) - \frac{b}{a})e^{-ak} + \frac{b}{a} \\ \hat{x}^{(0)}(k) = \hat{x}^{(1)}(k) - \hat{x}^{(1)}(k-1) \end{cases} \quad (2\text{-}34)$$

例 2-2 某地区 2003~2008 年上网户数为 (71.637, 77.762, 84.917, 92.821, 100.315, 104.10)（单位：万户），试预测该地区 2009 年与 2010 年的上网户数。

解：对原始序列 $X^{(0)} = $ (71.637, 77.762, 84.917, 92.821, 100.315, 104.10) 进行一阶累加生成，得

$$X^{(1)} = (71.637, 149.399, 234.316, 327.137, 427.452, 531.552)$$

对 $X^{(1)}$ 进行紧邻均值生成，得序列

$$Z^{(1)} = (110.518, 191.8575, 280.7265, 377.2945, 479.502)$$

$$Y = \begin{bmatrix} x^{(0)}(2) \\ x^{(0)}(3) \\ \vdots \\ x^{(0)}(6) \end{bmatrix} = \begin{bmatrix} 149.399 \\ 234.316 \\ 327.137 \\ 427.452 \\ 531.552 \end{bmatrix}, \quad B = \begin{bmatrix} -z^{(1)}(2) & 1 \\ -z^{(1)}(3) & 1 \\ \vdots & \vdots \\ -z^{(1)}(6) & 1 \end{bmatrix} = \begin{bmatrix} 110.518 & 1 \\ 191.8575 & 1 \\ 280.7265 & 1 \\ 377.2945 & 1 \\ 479.502 & 1 \end{bmatrix}$$

得参数列

$$\hat{a} = (a, b)^T = (B^T B)^{-1} B^T Y = \begin{bmatrix} -0.073\,135 \\ 70.8893 \end{bmatrix}$$

GM(1，1)模型的时间响应序列为

$$\hat{x}^{(1)}(2003+t) = 1040.9309 e^{0.073\,135 t} - 969.2939$$

则得该地区2009年与2010年的上网户数分别为113.851万户与122.49万户。

2.3.6 弹性系数法

弹性系数亦称弹性，弹性是一个相对量。弹性系数被用来表示两个因素各自相对增长率之间的比率。弹性总是针对两个变量而言的。弹性系数预测法是在对一个因素发展变化预测的基础上，通过弹性系数对另一个因素的发展变化作出预测的一种间接预测方法。

一般来说，两个变量之间的关系越密切，相应的弹性值就越大；两个变量越不相关，相应的弹性值就越小。

弹性的基本计算公式为

$$\text{弹性系数} = a \text{变量变化率} / b \text{变量变化率} \tag{2-35}$$

变量变化率 = [该变量本年的数值 - 该变量上一年的数值] / 该变量上一年的数值

$$\tag{2-36}$$

用弹性分析方法处理经济问题的优点是简单易行，计算方便，成本低，需要的数据少，应用灵活广泛。但也存在某些缺点：

（1）其分析带有一定的局部性和片面性。计算弹性或作分析时，只能考虑两个变量之间的关系，而忽略了其他相关变量所能产生的影响；

（2）弹性分析的结果在许多情况下显得比较粗糙。弹性系数可能随着时间的推移而变化，以历史数据测算出的弹性系数来预测未来可能不准确，许多时候需要分析弹性系数的变动趋势，对弹性系数进行修正。

下面介绍几种常见的弹性系数。

1. 收入弹性

收入弹性就是商品价格保持不变时，该商品购买量变化率与消费者收入的变

化率之比。因此，可以把收入弹性表示为

$$收入弹性 = 购买量变化率 / 收入变化率 \tag{2-37}$$

设 Q_i（$i=1, 2, \cdots, n$）表示第 i 时期的某商品的购买量，I_i（$i=1, 2, \cdots, n$）表示第 i 时期的收入水平，ΔQ_i 与 ΔI_i 分别表示相应的改变量，则收入弹性计算公式为

$$E_i = (\Delta Q/Q)/(\Delta I/I) \tag{2-38}$$

在计算收入弹性时，应根据所研究的问题来决定采用什么收入变量。收入水平的衡量既可以用国民收入，也可用人均收入或其他收入变量。一般来说，收入弹性为正数，则收入增加，需求量上升；收入弹性为负数，则收入减少，需求量下降。

例 2-3 某地区 2003～2008 年照相机销售量和人均年收入如表 2-2 所示，预计到 2013 年人均年收入较 2008 年增加 86%，人口增长控制在 0.4%。

表 2-2 某地区 2003～2008 年照相机销售量和人均年收入表

年份	人均收入（元/年）	人口（万人）	照相机销售量（万台）
2003	2 820	680	3.22
2004	3 640	684	3.56
2005	4 640	688	3.99
2006	5 978	692	4.36
2007	7 585	696	4.81
2008	9 198	701	5.18

试用收入弹性法预测 2013 年照相机需求量。

解：计算照相机收入弹性系数如表 2-3 所示。

表 2-3 某地区 2003～2008 年照相机消费收入弹性系数表

年份	较上年收入增长（%）	每万人照相机消费量（台/万人）	每万人照相机消费增长（%）	照相机消费收入弹性系数
2003		47.35		
2004	29.1	52.00	9.8	0.34
2005	27.5	58.00	11.5	0.42
2006	28.8	63.00	8.6	0.30
2007	26.9	69.00	9.5	0.35
2008	21.3	74.00	7.2	0.34

从表 2-3 可以看出，2003～2008 年照相机消费收入弹性系数为 0.30～0.42，平均值为 0.35。因此，取 2013 年的弹性系数为 0.35。

(1) 计算 2013 年照相机需求量增长率：

以 2008 年为基数，2013 年人均年收入增长 86%，则每万人均照相机消费增长为

$$\text{收入增长比例} \times \text{收入弹性系数} = 86\% \times 0.35 = 30.1\%$$

(2) 计算 2013 年每万人照相机需求量：

$$\begin{aligned}2013 \text{ 年每万人照相机需求量} &= 2008 \text{ 年每万人照相机消费量} \times \text{需求增长}\\ &= 74 \times (1 + 30.1\%) = 96.27 \text{（台）}\end{aligned}$$

(3) 计算 2013 年当地人口量：

$$\begin{aligned}2013 \text{ 年当地人口} &= 2008 \text{ 年人口数} \times (1 + \text{年人口增长速度})^5\\ &= 701 \times (1 + 0.4\%)^5 = 715 \text{（万人）}\end{aligned}$$

(4) 计算 2013 年照相机需求量：

$$2013 \text{ 年当地照相机需求量} = 715 \times 96.27 = 6.88 \text{（万台）}$$

2. 价格弹性

价格弹性就是商品需求的价格弹性。某个商品需求的价格弹性是指当收入水平保持不变时，该商品购买量变化率与价格变化率之比。因此可以把价格弹性表示为

$$\text{价格弹性} = \text{购买量变化率} / \text{价格变化率} \tag{2-39}$$

设 Q_i ($i = 1, 2, \cdots, n$) 表示第 i 时期的某商品的购买量，P_i ($i = 1, 2, \cdots, n$) 表示第 i 时期某商品的价格；ΔQ_i 与 ΔP_i 分别表示相应的改变量，则价格弹性计算公式为

$$E_P = (\Delta Q / Q) / (\Delta P / P) \tag{2-40}$$

一般来说，价格弹性为负数，这反映了价格的变动方向与需求量变动方向的不一致性。价格上升，需求量就会下降；价格下降，需求量就会上升。

例 2-4 某地 2002～2008 年空调消费量和平均销售价格如表 2-4 所示。

表 2-4 某地区 2002～2008 年空调消费量与价格表

年份	空调价格（元/台）	空调消费量（万台）
2002	4 996	32
2003	4 547	35
2004	4 012	39
2005	3 580	44
2006	3 198	49
2007	2 820	54
2008	2 450	62

如果2009年空调价格下降到2000元/台，试用价格弹性系数法预测2009年空调需求量。

解：计算各年的空调价格弹性系数，见表2-5。

表2-5　某地区2002～2008年空调价格弹性系数表

年份	空调价格（元/台）	价格较上年增长（%）	空调消费量（万台）	空调消费较上年增长（%）	价格弹性系数
2002	4 996		32		
2003	4 547	−9.0	35	9.4	−1.04
2004	4 012	−11.8	39	11.4	−0.97
2005	3 580	−10.8	44	12.8	−1.19
2006	3 198	−10.7	49	11.4	−1.06
2007	2 820	−11.8	54	10.2	−0.86
2008	2 450	−13.1	62	14.8	−1.13

取2003～2008年价格弹性系数的平均值−1.04作为2009年的价格弹性系数，即价格每降低10%，需求增长10.4%。

如果2009年空调价格下降到2000元/台，较2008年价格降低了（2450−2000）/2450＝18.4%，则2009年空调需求增长率为

$$\frac{\Delta Q}{Q} = E_P \cdot \frac{\Delta P}{P} = 1.04 \times 18.4\% = 19.1\%$$

于是得2009年空调需求量＝62×（1+19.1%）＝74（万台）。

例2-5　某市2007年在几家百货商场对彩电进行降价销售。根据这几家百货商场的调查，上半年彩电平均售价为2150元/台，销售量为3100台；下半年彩电平均售价降为1630元/台，销售量为4900台。而该市2007年全市彩电销售量为25 000台，预计2008年每台彩电在2007下半年每台1630元基础上，再降价300元。

试计算：①彩电的需求弹性系数；②用价格弹性预测法预测该市2008年彩电需求量。

解：先求2007年彩电价格弹性系数

$$E_P = (\Delta Q/Q) / (\Delta P/P) = \frac{4900-3100}{3100} / \frac{1630-2150}{2150} = -2.42$$

再预测该市2008年彩电需求量。根据题意，该市2008年彩电在2007下半年每台1630元基础上，再降价300元，因此有

$$\frac{Q-25\,000}{25\,000} \Big/ \frac{-300}{1630} = -2.42$$

解得 $Q=36\,135$ 台，所以该市 2008 年彩电需求量为 36 135 台。

3. 能源需求弹性

能源需求弹性可以反映许多经济指标与能源需求之间的关系。能源消费可以分解为电力、煤炭、石油、天然气等消费，反映国民经济的重要指标包括社会总产值、国内生产总值、工农业总产值、国民收入、主要产品产量等。因此，可按这些指标计算不同的能源需求弹性。

能源的国内生产总值弹性是指能源消费量变化率与国内生产总值变化率之比。即

能源的国内生产总值弹性 ＝ 能源消费量变化率 / 国内生产总值变化率

(2-41)

设 E_i（$i=1, 2, \cdots, n$）表示第 i 时期的能源消费量，GDP_i（$i=1, 2, \cdots, n$）表示第 i 时期的国内生产总值；ΔE_i 与 ΔGDP_i 分别表示相应的改变量，则能源的国内生产总值弹性计算公式为

$$Ee = (\Delta E/E)/(\Delta GDP/GDP) \qquad (2-42)$$

例 2-6 某市 2005 年 GDP 达到 1788 亿元，当年电力消费量 269 万千瓦小时。预计未来 10 年中前 5 年和后 5 年 GDP 将分别保持 9% 和 8% 的速度增长。经专家分析，该市电力需求弹性系数如表 2-6 所示。

表 2-6 该市电力需求弹性系数表

时间	"十一五"（2006～2010 年）	"十二五"（2011～2015 年）
弹性系数	0.66	0.59

试用弹性系数法预测 2010 年和 2015 年该市电力需求量。

解： 由于 2006～2010 年和 2011～2015 年的电力弹性系数分别为 0.66 和 0.59，则 2006～2010 年和 2011～2015 年年均电力需求增长速度为

2006～2010 年年均电力需求增长速度
＝电力消费弹性系数×GDP 年增长速度
＝0.66×9%
＝5.94%

2011～2015 年年均电力需求增长速度
＝电力消费弹性系数×GDP 年增长速度
＝0.59×8%
＝4.72%

2010 年该市电力需求量
= 2005 年电力消费量 × (1 + 2006~2010 年年均电力需求增长速度)^5
= 269 × (1 + 5.94%)^5
= 359.15 (万千瓦时)

2015 年该市电力需求量
= 2010 年电力需求量 × (1 + 2011~2015 年年均电力需求增长速度)^5
= 359.15 × (1 + 4.72%)^5
= 451.86 (万千瓦时)

2.3.7 移动平均法

移动平均法是根据时间序列资料逐项推移，依次计算包含一定项数的时序平均数，以反映长期趋势的方法。当时间序列的数值由于受周期变动和不规则变动的影响，起伏较大，不易显示出发展趋势时，可用移动平均法消除这些因素的影响，分析、预测序列的长期趋势。

移动平均法有简单移动平均法和加权移动平均法，分别介绍如下。

1. 简单移动平均法

设时间序列为 $y_1, y_2, \cdots, y_t, \cdots$，则简单移动平均公式为

$$M_t = \frac{y_t + y_{t-1} + \cdots + y_{t-N+1}}{N}, \quad t \geqslant N \tag{2-43}$$

式中，M_t 为 t 期移动平均数；N 为移动平均的项数。式（2-43）表明当 t 向前移动一个时期，就增加一个新数据，去掉一个远期数据，得到一个新的平均数。由于它不断地"吐故纳新"，逐期向前移动，所以称为移动平均法。

由于移动平均可以平滑数据，消除周期变动和不规则变动的影响，使长期趋势显示出来，因而可以用于预测。预测公式为

$$\hat{y}_{t+1} = M_t \tag{2-44}$$

即以第 t 期移动平均数作为第 $t+1$ 期的预测值。

例 2-7 某工厂 1997~2008 年实现利润如表 2-7 中第 2 列所示。试用简单移动平均法预测 2009 年利润。

解：分别取 $N=3$ 和 $N=4$，按预测公式

$$\hat{y}_{t+1} = \frac{y_t + y_{t-1} + y_{t-2}}{3} \quad 和 \quad \hat{y}_{t+1} = \frac{y_t + y_{t-1} + y_{t-2} + y_{t-3}}{4}$$

计算，其结果列于表 2-7 中，预测图如图 2-1 所示。

由图 2-1 可以看出，实际销售量的随机波动较大，经过移动平均法计算后，随机波动显著减少，即消除了随机干扰，而且求取平均值所用的月数越多，即 N 越大，修匀的程度也越大，因此波动也越小。但是，在这种情况下，对实际

销售量真实的变化趋势反应也越迟钝。反之，如果 N 取得越小，对销售量真实变化趋势反应越灵敏，但修匀性越差，容易把随机干扰作为趋势反映出来。因此，N 的选择甚为重要，N 取多大，应该根据具体情况作出选择。当 N 等于周期变动的周期时，则可消除周期变化的影响。

表 2-7　某工厂 1997～2008 年利润及移动平均预测值表（单位：万元）

年份	利润	3 年移动平均预测值		4 年移动平均预测值	
		预测值	相对误差%	预测值	相对误差%
1997	120.87				
1998	125.58				
1999	131.66				
2000	130.42	126.036 7	3.36		
2001	130.38	129.22	0.89	127.132 5	2.49
2002	135.54	130.82	3.48	129.51	4.45
2003	144.25	132.113 3	8.41	132	8.49
2004	147.82	136.723 3	7.51	135.147 5	8.57
2005	148.57	142.536 7	4.06	139.497 5	6.11
2006	148.61	146.88	1.16	144.045	3.07
2007	149.76	148.333 3	0.95	147.312 5	1.63
2008	154.56	148.98	3.61	148.69	3.8
2009（预测值）		150.976 7		150.375	

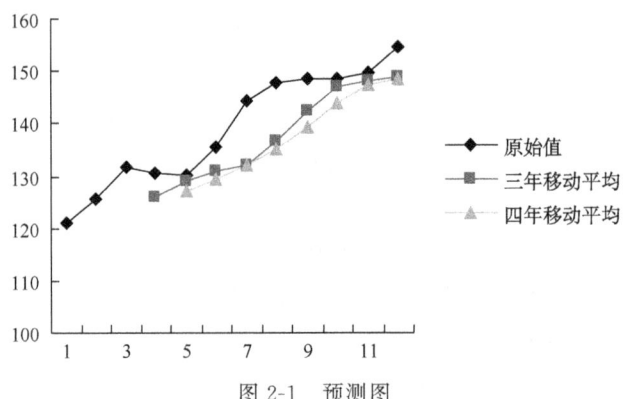

图 2-1　预测图

在实用上，一个有效的方法是取几个 N 值进行试算，比较它们的预测误差，从中选择最优的。

如在例 2-7 中，要再确定其利润的预测究竟应取 $N=3$ 合适，还是 $N=4$ 合适，可通过计算这两个预测公式的均方误差 S，选取使均方误差较小的那个 N 值。

当 $N=3$ 时，

$$S = \frac{1}{9}\sum_{t=4}^{12}(y_t - \hat{y}_t)^2 = \frac{385.389}{9} = 42.87$$

当 $N=4$ 时，

$$S = \frac{1}{8}\sum_{t=5}^{12}(y_t - \hat{y}_t)^2 = \frac{501.158}{8} = 62.64$$

计算结果表明：$N=3$ 时，S 较小，因此选取 $N=3$。预测 2009 年利润为 150.98 万元。

简单移动平均法只适合作近期预测，即只能对后续相邻的那一项进行预测。如例 2-7 中，只能对 2009 年的利润进行预测，而不能对 2010 年的利润进行预测。在预测时，还必须是在预测目标的发展趋势变化不大的情况下进行。如果目标的发展趋势存在其他的变化，采用简单移动平均法就会产生较大的预测偏差和滞后。

2. 加权移动平均法

在简单移动平均公式中，每期数据在求平均时的作用是等同的。但是，每期数据所包含的信息量不一样，近期数据包含着更多关于未来情况的信息。因此，把各期数据等同看待是不合理的，应考虑各期数据的重要性，对近期数据给予较大的权重，这就是加权移动平均法的基本思想。

设时间序列为 $y_1, y_2, \cdots, y_t, \cdots$，则加权移动平均公式为

$$M_{tw} = \frac{w_1 y_t + w_2 y_{t-1} + \cdots + w_N y_{t-N+1}}{w_1 + w_2 + \cdots + w_N}, \quad t = N \tag{2-45}$$

式中，M_{tw} 为 t 期加权移动平均数；w_i 为 y_{t-i+1} 的权数，它体现了相应的 y_t 在加权平均数中的重要性。

利用加权移动平均数来作预测，其预测公式为

$$\hat{y}_{t+1} = M_{tw} \tag{2-46}$$

即以第 t 期加权移动平均数作为第 $t+1$ 期的预测值。

例 2-8 对于例 2-7，试用加权移动平均法预测 2009 年的利润。

解：取 $w_1=3$，$w_2=2$，$w_3=1$，按预测公式

$$\hat{y}_{t+1} = \frac{3y_t + 2y_{t-1} + y_{t-2}}{3+2+1}$$

计算 3 年加权移动平均预测值，其结果如表 2-8 所示。2009 年某企业利润的预测值为

$$\hat{y}_{2009} = \frac{3 \times 154.56 + 2 \times 149.76 + 148.61}{6} = 151.968$$

从表 2-8 可以看出，利用加权移动平均法，可以更准确地反映实际情况。但在加权移动平均法中，w_t 的选择同样具有一定的经验性。一般的原则是：近期数据的权数大，远期数据的权数小。至于大到什么程度和小到什么程度，完全取

决于预测者对序列所作的了解和分析。

表 2-8　某工厂 1997~2008 年利润及加权移动平均预测值表　（单位：万元）

年份	利润	3 个月移动平均预测值	相对误差（%）
1997	120.87		
1998	125.58		
1999	131.66		
2000	130.42	127.835	1.98
2001	130.38	130.027	0.27
2002	135.54	130.607	3.64
2003	144.25	132.967	7.82
2004	147.82	139.035	5.94
2005	148.57	144.583	2.68
2006	148.61	147.6	0.68
2007	149.76	148.465	0.86
2008	154.56	149.178	3.48
2009（预测值）		151.968	

2.3.8　指数平滑法

前面介绍的移动平均法存在两个不足之处：一是存储数据量较大；二是对最近的 N 期数据等权看待，而对 $t-N$ 期以前的数据完全不考虑，这往往不符合实际情况。指数平滑法有效地克服了这两个缺点。它既不需要存储很多的历史数据，又考虑了各期数据的重要性，而且使用了全部历史资料。因此，它是移动平均法的改进和发展，应用更为广泛。

1. 预测模型

设时间序列为 $y_1, y_2, \cdots, y_t, \cdots$，移动平均数经过变形可得递推公式

$$M_t = M_{t-1} + \frac{y_t - y_{t-N}}{N} \tag{2-47}$$

以 M_{t-1} 作为 y_{t-N} 的最佳估计，则有

$$M_t = M_{t-1} + \frac{y_t - M_{t-1}}{N} = \frac{y_t}{N} + \left(1 - \frac{1}{N}\right)M_{t-1} \tag{2-48}$$

令

$$\alpha = \frac{1}{N}$$

以 S_t 代替 M_t，即得一次指数平滑公式为

$$S_t = \alpha y_t + (1-\alpha)S_{t-1} \tag{2-49}$$

式中，S_t 为一次指数平滑值；α 为加权系数，且 $0<\alpha<1$。

以这种平滑值进行预测，就是一次指数平滑法。预测模型为

$$\hat{y}_{t+1} = S_t \tag{2-50}$$

即

$$\hat{y}_{t+1} = \alpha y_t + (1-\alpha)\hat{y}_t \tag{2-51}$$

也就是以第 t 期指数平滑值作为 $t+1$ 期预测值。

由式（2-51）可以看出，只要知道上一期的实际值和上一期的指数平滑值，就可用 α 和 $1-\alpha$ 加权求和，得出当期的指数平滑值。由此可见，利用指数平滑法不需要很多的时间序列数据，而且也不需要确定几个权重，只要寻找一个 α 值即可。下面我们介绍如何进行权重的选择。

2. 加权系数的选择

在进行指数平滑时，加权系数的选择是很重要的。由式 $\hat{y}_{t+1}=\alpha y_t+(1-\alpha)\hat{y}_t$ 可以看出，α 的大小规定了在新预测值中新数据和原预测值所占的比重。α 值越大，新数据所占的比重就越大，原预测值所占的比重就越小，反之亦然。若把式 $\hat{y}_{t+1}=\alpha y_t+(1-\alpha)\hat{y}_t$ 改写为

$$\hat{y}_{t+1} = \hat{y}_t + \alpha(y_t - \hat{y}_t) \tag{2-52}$$

则可以看出，新预测值是根据预测误差对原预测值进行修正而得到的。α 的大小则体现了修正的幅度，α 值越大，修正幅度越大；α 值越小，修正幅度也越小。因此，α 值既代表预测模型对时间序列数据变化的反应速度，同时又决定了预测模型修匀误差的能力。

若选取 $\alpha=0$，则

$$\hat{y}_{t+1} = \hat{y}_t \tag{2-53}$$

即下期预测值就等于本期预测值，在预测过程中不考虑任何新信息。

若选取 $\alpha=1$，则

$$\hat{y}_{t+1} = y_t \tag{2-54}$$

即下期预测值就等于本期观测值，完全不相信过去的信息。

在这两种极端情况下很难作出正确的预测。因此，α 值应根据时间序列的具体性质在 $0\sim1$ 之间选择。具体如何选择一般可遵循下列原则：

（1）如果时间序列波动不大，比较平稳，则 α 应取小一点，如（0.1～0.3），以减小修正幅度，使预测模型能包含较长时间序列的信息。

（2）如果时间序列具有迅速且明显的变动倾向，则 α 应取大一点，如（0.6～0.8），使预测模型灵敏度高一些，以便迅速跟上数据的变化。

在实际应用上，类似于移动平均法，多取几个 α 值进行试算，看哪个预测误差较小，就采用哪个 α 值作为权重。

3. 初始值的确定

用一次指数平滑法进行预测，除了选择合适的 α 外，还要确定初始值 S_0。初始值是由预测者估计或指定的。当时间序列的数据较多，如在 20 个以上时，初始值对以后的预测值影响很小，可选用第一期数据为初始值。如果时间序列的数据较少，如在 20 个以下时，初始值对以后的预测值影响很大，这时就必须认真研究如何正确确定初始值。一般以最初几期实际值的平均值作为初始值。

4. 指数平滑法的程序

指数平滑法的工作程序如图 2-2 所示。

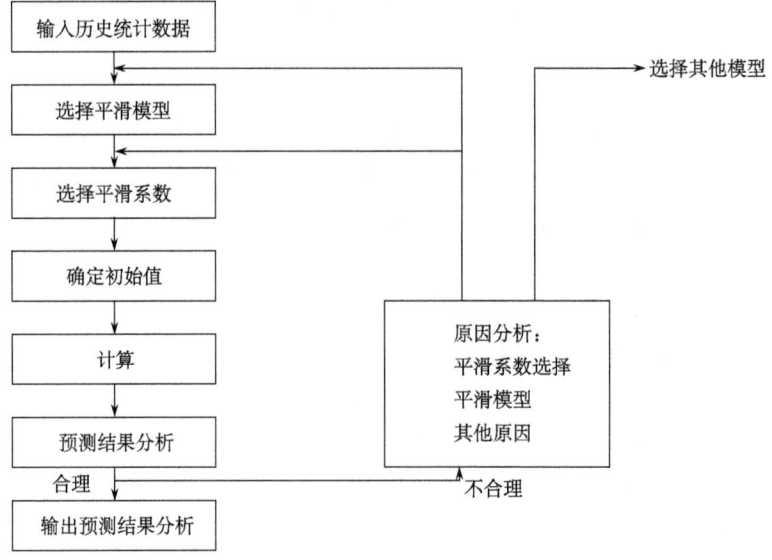

图 2-2　指数平滑法的工作程序图

例 2-9　某地区 1996～2008 年国内生产总值如表 2-9 中第 2 列所示，试用指数平滑法预测该地区 2009 年的国内生产总值。

解：采用指数平滑法，并分别取 α 值为 0.2，0.5 和 0.8 进行计算，初始值 $S_0 = \dfrac{y_1 + y_2}{2} = 219.1$，即按预测模型

$$\hat{y}_{t+1} = \alpha y_t + (1-\alpha)\hat{y}_t$$

$$\hat{y}_1 = S_0 = 219.1$$

计算各期预测值，结果列于表 2-9 中。

表 2-9　某地区 1996～2008 年国内生产总值及预测值表（单位：亿元）

年份	国内生产总值 y_t	预测值 $\hat{y}_t(\alpha=0.2)$	预测值 $\hat{y}_t(\alpha=0.5)$	预测值 $\hat{y}_t(\alpha=0.8)$
1996	227.7	219.1	219.1	219.1
1997	210.5	220.82	223.4	225.98
1998	208.6	218.756	216.95	213.596
1999	224.8	216.724 8	212.775	209.599 2
2000	228.9	218.339 8	218.787 5	221.759 8
2001	236.7	220.451 9	223.843 8	227.472
2002	232.4	223.701 5	230.271 9	234.854 4
2003	243.6	225.441 2	231.335 9	232.890 9
2004	238.4	229.073	237.468	241.458 2
2005	251.2	230.938 4	237.934	239.011 6
2006	242.9	234.990 7	244.567	248.762 3
2007	248.6	236.572 6	243.733 5	244.072 5
2008	246.3	238.978	246.166 7	247.694 5
2009（预测值）		240.442 4	246.233 4	246.578 9

从表 2-9 可以看出，α 值为 0.2，0.5 和 0.8 时，预测值是很不相同的。究竟 α 取何值为好，可通过计算它们的均方误差 S，选取使 S 较小的那个 α 值。

当 α＝0.2 时，

$$S^2 = \frac{1}{12}\sum_{t=1}^{12}(y_t - \hat{y}_t)^2 = 151.2$$

当 α＝0.5 时，

$$S^2 = 83.9$$

当 α＝0.8 时，

$$S^2 = 80.6$$

计算结果表明：α＝0.8 时，S 较小，故选取 α＝0.8，2009 年该地区的国内生产总值为

$$\hat{y}_{2009} = 246.58(亿元)$$

▶ 练习题

1. 市场调查可采用哪些方法？它们各有什么优缺点？
2. 某地区 2008 年 1～11 月社会消费品零售总额如表 2-10 所示。

表 2-10　某地区 2008 年 1～11 月社会消费品零售总额　（单位：万元）

月份	1	2	3	4	5	6
零售额（万元）	380.04	729.15	1 052.80	1 366.10	1 690.30	2 011.49
月份	7	8	9	10	11	12
零售额（万元）	2 334.40	2 653.09	3 005.78	3 379.80	3 755.90	

试分别以 3 个月和 5 个月移动平均法，预测 12 月份的零售额，并比较它们的优劣。

3. 某企业 2001～2008 年营业收入如表 2-11 所示：

表 2-11　某企业 2001～2008 年营业收入表　（单位：亿元）

年份	2001	2002	2003	2004	2005	2006	2007	2008
营业收入	6 242.2	7 408.0	8 651.1	9 876.0	11 444.1	13 395.2	16 386.0	18 903.6

试用加权平均法预测 2009 年该企业的营业收入（三年加权系数分别为 0.5，1，1.5）。

4. 某地区 2001～2008 年国内生产总值如表 2-12 所示。

表 2-12　某地区 2001～2008 年国内生产总值表　（单位：亿元）

年份	2001	2002	2003	2004	2005	2006	2007	2008
国内生产总值	20 019.3	22 913.5	24 941.1	28 406.2	29 854.7	32 917.7	37 213.5	43 499.9

试用一次指数平滑法预测 2009 年国内生产总值（取 $\alpha=0.3$，初始值为 20 000）。

第3章 建设方案评价

建设方案评价是投资项目评价的一项重要工作，是在市场分析的基础上，通过多方案比选，构造和优化项目方案的过程。

3.1 建设方案评价概述

3.1.1 建设方案的作用

建设方案研究是指在投资项目前期研究中，对投资项目的各种建设方案进行分析、研究、比选和优化，选择最佳方案的全过程。它的任务就是对两个以上可能的建设方案进行优化选择，选择合理的建设规模和产品方案、先进适用的工艺技术、性能可靠的生产设备，制订明确的资源供应、运输方案，选择适宜的场址、合理的总图布置及相应的配套设施方案。

在项目前期研究中，不同阶段的建设方案其研究的深度不同。项目建议书阶段的建设方案可以比较粗略，可行性研究阶段中的建设方案要求就相对较高。在各层次的项目评价中，应对项目建设方案的可行性进行评价。

建设方案是项目可行性研究的重要组成部分，具有承前启后的作用。

(1) 在市场、资源研究的基础上，深入研究并提出实现项目目标和项目战略的工程和技术方案。

(2) 确定产品方案和建设规模。

(3) 为投资估算、项目融资、成本分析、财务评价、经济评价、环境评价等后续分析工作提供条件。

（4）通过反复开展的技术、经济比较，在逐步完善设计方案的同时，实现项目优化，为项目的初步设计提供全面的基础方案和依据。

（5）为建设用地预审报告、项目选址报告、项目安全条件论证与项目安全预评价、项目申请报告、环境影响报告书（含项目环境风险评价）、水资源论证报告、工程场地地震安全性评价、地质灾害危险性评估、职业病危害预评价、金融机构贷款评估等相关工作提供基础数据和材料。

（6）为建设资源节约型社会提供合理的节能、节水、节材、节地等资源性利用标准和设计技术。

3.1.2 建设方案研究的内容

建设方案研究的内容随行业和项目复杂程度而异，大型或复杂工业项目的建设方案一般包括以下内容。

1. 产品方案和建设规模

（1）产品方案的组合和比选。

（2）推荐产品方案及其理由。

（3）建设规模方案比选。

（4）推荐建设规模及其理由。

2. 生产工艺技术方案

（1）生产工艺（包括原料路线）。

（2）生产流程（流程图、物料平衡图、物料消耗定额表）。

（3）工艺技术来源。

（4）工艺技术方案的比选。

（5）自控技术方案的比选。

（6）推荐方案及其理由。

3. 主要生产设备方案

（1）主要设备选型。

（2）主要设备来源。

（3）推荐方案的设备清单。

4. 场（厂）址

（1）场（厂）址所在位置现状。

（2）场（厂）址建设条件。

（3）场（厂）址条件比选。

（4）推荐方案及其理由。

（5）场（厂）址地理位置图。

5. 原材料、燃料供应
(1) 主要原材料供应。
(2) 燃料供应。
(3) 主要原材料与燃料年需要量表。

6. 总图运输
(1) 总图布置。
(2) 场内外运输。
(3) 厂区道路布置。
(4) 系统管线规划。

7. 土建工程方案
(1) 主要建筑物、构筑物的建筑特征、结构及面积方案。
(2) 扩建工程方案。
(3) 特殊基础工程方案。
(4) 土建工程量及"三材"用量估算。
(5) 技术改造项目原有建筑物、构筑物利用情况。
(6) 主要建筑物、构筑物工程一览表。

8. 公用、辅助及厂外配套工程
(1) 给水排水工程。
(2) 供电与通信工程。
(3) 供热工程。
(4) 通风与除尘工程。
(5) 压缩空气系统。
(6) 氮、氧及其他工业气体系统。
(7) 冷冻与空调系统。
(8) 厂外配套工程。

9. 节能、节水
(1) 节能与节水措施。
(2) 能耗指标分析。
(3) 水耗指标分析。

10. 环境保护
(1) 场（厂）址环境现状。
(2) 执行的标准。
(3) 项目的主要污染源及污染物。
(4) 环境保护措施方案。
(5) 环境保护投资。

11. 劳动安全、卫生与消防

(1) 劳动安全卫生危害因素分析、防护措施与投资。

(2) 火灾因素分析、消防设施与投资。

12. 组织机构与人力资源配置

(1) 组织机构。

(2) 人力资源配置。

13. 项目进度计划

(1) 建设工期。

(2) 项目进度安排。

(3) 项目进度计划表。

实践中根据项目特点或复杂程度的不同,可对上述建设方案设计的内容进行修改或简化,投资估算可以列为建设方案研究工作的一部分,也可以单独列出。本书将投资估算的相关内容列入第4章详细介绍。

3.1.3 建设方案研究的要求

1. 工业项目建设方案研究的要求

(1) 符合有关政策、法规和规划的要求。

(2) 满足项目业主单位对该项目的功能、盈利性等投资方面的要求。

(3) 采用先进、适用和前瞻性技术,提高项目竞争力和市场适应性。

(4) 形成以人为本和美观的工厂环境,体现企业文化和企业形象。

(5) 满足环保和可持续发展的要求。

(6) 满足节水、节能要求。

(7) 充分估计各类工程风险,采取规避措施,满足工程可靠性要求。

(8) 多方案比选以节约投资和运行成本,满足投资和成本控制的要求。

(9) 达到投资前期相应阶段的深度的要求,为其他研究和决策分析提供依据。

2. 投资前期对建设方案研究深度的要求

处于不同评价阶段的建设方案研究的深度不同,在初步可行性研究阶段的建设方案研究应满足国家对项目建议书的内容和深度的要求,而在可行性研究阶段的建设方案研究应满足以下深度的要求。

(1) 各主要条件和数据应有文件或意向书作为依据。

(2) 各层次建设方案研究经比选后提出倾向性意见。

(3) 满足投资估算误差不超过±10%的要求。

(4) 投资项目评价的结论最终能满足投资决策的要求。

3.1.4 建设方案比选

建设方案的研究任务就是对两个以上可能的建设方案进行优化选择，因此，在对投资项目方案进行比选时，必须要有可靠的数据、合适的比选指标及比选方法。

1. 基础资料及数据

对建设方案进行比选，应有可靠、可比的数据，一般情况下，我们需要收集的基础资料和数据会随投资项目的不同而有所区别。在实际工作中收集的基础资料与数据主要有：

(1) 地区资料，主要包括地理、气象、水文、地质、经济、社会发展、交通运输和环保等基础数据。

(2) 工程规范资料，主要包括国家、地区和行业颁发的工程、技术、经济方面的规范、标准和定额等。

(3) 市场调研资料，主要包括细分市场、目标市场、市场容量等。

2. 比选的指标体系

比选指标体系包括技术层面、经济层面和社会层面（含环境层面）。不同类别的项目选择不同的比选层面和不同的比选指标，每一个比选层面都包括若干个比选指标，不同类别的项目即使比选层面相同，它们的比选指标也会有较大的差异。因此，我们在对投资项目建设方案进行比选时，不仅要选择比选层面，同时还要选择比选指标。对于市场竞争类项目，比选层面着重于技术层面和经济层面；对于公共产品、基础设施类项目，比选层面着重于社会层面和技术层面。

3. 常用的比选方法

在建设方案研究过程中，要结合各方面的因素，开展多层次、多方案分析和比选，优化投资项目建设方案。建设方案比选的方法包括定性分析法和定量分析法，无论采用哪一种比选方法，其最终的表现形式都是以考察项目对整个社会的贡献，都是以经济效益、社会效益、环境效益的大小作为衡量方案优劣的重要标准。

(1) 定性分析法。定性分析法是投资项目建设方案评价常用的一种方法。它是分析建设方案的各种因素及这些因素的影响程度，或者是把建设方案的各个方面与项目的要求进行比较，分析建设方案对项目目标的满足程度。

(2) 定量分析法。定量分析法的核心是提出建设方案优化的数学模型，用指标评价建设方案的经济效益、环境效益和社会效益，效益较大的方案就是较优的建设方案。

(3) 定性分析和定量分析相结合的方法。一些指标在评价时很难定量化，如可靠性、社会环境、人文因素等，因此在评价建设方案时，通常采用专家组进行定性分析和定量分析相结合的方法进行评议，可以采用加权或不加权的计分方法，也可以直接用技术经济指标来表达，还可以直接利用该指标数据进行评价。具体的评价经济指标（如净现值、内部收益率等）及评价方法（净现值比较法、差额投资内部收益率法等）将在后面的章节介绍。

例 3-1 某单位准备建设一幢综合楼，有 3 种设计方案对比如下：

（1）A 方案：结构方案为大柱网框架轻墙体系，采用预应力大跨度迭合楼板，墙体材料采用多孔砖及移动式可拆装式分室隔墙，窗户采用单框双玻璃钢塑窗，面积利用系数 93%，造价 1437.58 元/m²。

（2）B 方案：结构方案同 A，墙体采用内浇外砌，窗户采用单框双玻璃空腹钢窗，面积利用系数为 87%，造价 1108 元/m²。

（3）C 方案：结构方案采用砖混结构体系，采用多孔预应力板，墙体材料采用标准粘土砖，窗户采用单玻璃空腹钢窗，面积利用系数 70.69%，造价 1081.8 元/m²。

专家给出的各方案对应各指标得分与指标的重要程度如表 3-1 所示。试应用方案比较法选择出最优设计方案。

表 3-1 方案指标得分与指标的重要程度

方案功能	方案指标得分			方案指标重要系数
	A	B	C	
结构体系 f_1	10	10	8	0.15
模板类型 f_2	10	10	9	0.05
墙体材料 f_3	8	9	7	0.15
面积系数 f_4	9	8	7	0.25
窗户类型 f_5	9	7	8	0.10
成本 f_6	1 437.48	1 108.00	1 081.80	0.30

解：(1) 计算各指标的评价值。

6 个指标中前 5 个指标是正向指标，最后 1 个是逆向指标，因此需要把成本指标变换为正向指标，同时还要把指标值进行归一化处理。

如对结构体系 f_1 评价值进行计算：

$$A 方案的指标评价值为 \frac{10}{10+10+8}=0.357$$

$$B 方案的指标评价值为 \frac{10}{10+10+8}=0.357$$

$$C 方案的指标评价值为 \frac{8}{10+10+8}=0.286$$

对成本 f_6 评价值进行计算比较麻烦一些，先把该指标进行正向化处理，具体步骤如下：

A 方案的成本指标得分为 $\dfrac{1437.48+1108.0+1081.8}{1437.48}=2.523$

B 方案的成本指标得分为 $\dfrac{1437.48+1108.0+1081.8}{1108.0}=3.274$

C 方案的成本指标得分为 $\dfrac{1437.48+1108.0+1081.8}{1081.8}=3.353$

然后对评价值进行归一化处理即可，具体计算结果见表 3-2。

表 3-2 方案指标的评价值

方案功能	方案指标评价值		
	A	B	C
结构体系 f1	0.357	0.357	0.286
模板类型 f2	0.345	0.345	0.310
墙体材料 f3	0.333	0.375	0.292
面积系数 f4	0.375	0.333	0.292
窗户类型 f5	0.375	0.292	0.333
成本 f6	0.276	0.358	0.366

（2）计算各方案得分。利用方案指标的评价值与指标重要系数乘积得方案评价得分，具体计算结果见表 3-3。

表 3-3 方案评价得分

方案功能	方案指标得分		
	A	B	C
结构体系 f1	0.054	0.054	0.043
模板类型 f2	0.017	0.017	0.016
墙体材料 f3	0.050	0.056	0.044
面积系数 f4	0.094	0.083	0.073
窗户类型 f5	0.038	0.029	0.033
成本 f6	0.083	0.107	0.110
合计	0.335	0.347	0.318

通过对 A、B、C 方案进行评分比较，B 方案得分最高，因此 B 方案为最优方案。

下面我们将重点介绍建设方案中的产品方案和建设规模、厂址选择和原材料、燃料供应及环境保护等问题，而生产工艺技术方案、主要生产设备方案、总图运输、土建工程方案、公用和辅助及厂外配套工程、节能与节水、劳动安全、卫生与消防、组织机构与人力资源配置、项目进度计划等在建设方案研究中也是比较重要的，限于篇幅，在此不作介绍，有兴趣的读者可以参考其他相关资料。

3.2 产品方案和建设规模

3.2.1 产品方案

产品方案（也称产品大纲）是指拟建项目的主导产品、辅助产品或副产品及其生产能力的组合方案。当有多种产品时，应逐一列出主产品和主要副产品名称，同时还需列出产品规格标准及标准选择依据。

产品方案需要在产品组合研究的基础上形成。产品组合是指项目的各种不同产品的划分及其比例，包含产品种类、品种的结构和相互间的数量关系。产品组合的深度，即产品品种的数量；产品组合的广度，即产品线（产品种类）的数量；产品组合深度与广度的关联性，表现为产品线之间的相关程度。

项目的产品组合策略应根据市场需求及项目的资源、设备、资金、技术力量等内部条件来选择。扩大产品组合的广度可以分散项目投资的风险，尽量利用项目的潜力；挖掘产品组合的深度可以占有更多的细分市场，提高用户或消费者的满足程度以扩大经营；加强产品组合的关联性，可以提高企业的知名度，增强企业的竞争地位。

确定产品方案时应关注以下因素：

(1) 国家产业政策和企业发展战略。项目产品方案应符合国家发布的产品目录，符合企业发展战略，使产品具有先进性，以提高其在国内外市场的竞争力。

(2) 市场需求。应从市场需求导向和目标市场来确定产品品种、数量、质量，项目产品方案应能适应市场多变的要求。产品市场的界定应具有战略价值。

(3) 专业化协作。应从社会和区域的角度考察项目产品方案是否符合专业化协作以及上下游产品链衔接的要求。

(4) 资源的综合利用。在确定产品方案时，应综合考虑资源的合理应用，提出主导产品、辅助产品或副产品的组合方案。

(5) 环境保护。在确定产品方案时，应综合考虑当地的环境要求和可能提供的环境容量。

(6) 原材料、燃料供应。在确定产品方案时，应遵循行业对原材料、燃料供应的相关规定、规范，根据项目所采用的原材料、燃料的可得性及其数量、品质、供应的稳定性来确定项目产品方案。

（7）适应技术设备条件。项目产品方案要与可能获得的技术装备水平相适应。

（8）满足生产储存条件。对生产、运输包装、储存有特别要求的项目，在确定产品方案时，应综合考虑满足这些要求的可能性。

3.2.2 建设规模

建设规模又称设计生产能力（或生产规模），是指项目在设定的正常生产运营年份可能达到的生产或服务能力。一般用实物单位或标准实物单位来计量。

建设规模是在产品方案的基础上，结合生产工艺技术、原材料和能源供应、协作配套和项目投融资条件以及规模经济等研究而进行的。

建设规模研究主要包括以下内容：

（1）建设总规模，包括主要产品年产量、主要副产品年产量和主要设备装置。

（2）主要生产车间的生产能力、生产线数量。

（3）说明项目经济规模，进行不同规模下项目效益与费用的比较分析，说明本项目确定的建设规模的合理性。

（4）如果项目采用分期建设方法，应说明项目总规模、分期建设规模，并说明分期建设的起止时期和各期建设的主要内容。

建设规模研究应关注以下因素：

（1）市场需求对项目建设规模的影响。市场对拟建项目的产品品种、规格和数量的需求，在一定程度上制约了拟建项目的建设规模，因此，应以市场调查和预测得出的产品市场容量、目标市场、市场占有率等结论，确定拟建项目的建设规模。评估人员在确定拟建项目的建设规模时，必须对市场分析的结果进行研究，分析项目产品的市场供求关系及项目产品的市场需求量，并将其作为制约和决定项目建设规模的重要因素。一般来讲，在市场分析阶段，通过市场调查和预测，已经明确了项目产品的市场供求情况及市场需求量。如果项目产品无市场，或者市场需求量很小，在市场分析阶段就已经否定了项目，就谈不上确定生产规模的问题；如果项目产品有一定的市场需求量，就要根据规模经济理论，参照这个需求量和其他制约及决定项目建设规模的因素，确定拟建项目的建设规模。当产品市场需求变化快、品种规格多时，拟建项目应采用中、小型规模；当产品市场需求量大、产品适应性强、品种规格变化小时，拟建项目应采用大、中型规模。

（2）自然资源、原材料能源供应和外部建设条件。资源包括土地资源、矿产资源、能源、水资源和人力资源等。项目的基本投入物是指用于项目经营的主要原材料、中间产品和主要的燃料及动力等。在一定时期内，资源的需求和资源的供给总是存在矛盾。这是因为对资源的需求是无限的，而资源的供给又总是有限的，这就是资源的稀缺性。项目所需的基本投入物资源可能受到三方面的限制：一是总的供应量满足不了项目的需要。项目所需的基本投入物种类比较多，有些基本投入物的供给量相对比较大，不会影响项目建设规模的确定，而有些或某种重要的基本投入物可能供给不足，在生产工艺、产品方案一定的条件下，这项基本投入物的供给就成了选择项目建设规模的一个重要因素。二是基本投入物的质量满足不了项目的要求。在一定的生产工艺、设备和产品方案的条件下，对基本投入物的质量有比较严格的要求，有些基本投入物可能在数量上能满足供应，但质量上满足不了项目的要求。当然，如果全部基本投入物或部分基本投入物的质量满足不了项目的要求，那么该项目的技术、工艺和设备的选择就是错误的，项目不可行。这里讲的是在这些技术条件一定的情况下，可供基本投入物可满足质量要求的数量，这也是确定项目建设规模必须考虑的因素。三是使用基本投入物的成本问题。即使基本投入物的质和量都能满足项目的要求，也可能因有些基本投入物运距长、运输成本高而影响项目的建设规模。项目所需的基本投入物，可能供应地比较集中，在一定的区域范围内基本都可以解决；也可能项目消耗的某种基本投入物的量比较大，由许多厂家来供应，而这些厂家布局比较分散；还可能从国外全部或部分进口，这就要考虑运输成本问题。因此，确定项目建设规模也应考虑自然资源、原材料、能源供应。同时，各类原材料及燃料供应、交通运输、通信、施工能力等都可以对项目建设规模产生影响。

（3）生产技术和设备的先进性及其来源。在确定建设规模时，要综合考虑技术设备对应的标准规模、主导设备装置制造商的水平等因素。因为在不同的工业部门中，可供使用的加工工艺和设备通常可以按某种生产能力进行标准化处理，如果按照某种适用的标准化工艺和设备所确定的建设规模不处于规模经济区间，就应当按照其他组合方式来确定拟建项目的建设规模，使其达到规模经济。确定规模经济并不完全取决于标准化的工艺和设备因素，还需要考虑其他限制因素。

（4）资金的可供应量。无论在什么时候，可用于投资的资金都是有限的，有时是非常短缺的。资金供给量的大小与确定多大的建设规模密切相关，即使是在工艺和设备的选择上进行充分的比较和遴选，能节约的资金也是很有限的。资金的有限性表现在自有资金不足，银根紧缩，又难以得到金融机构的支持，如果项目所需的设备和投入物全部或部分需要从国外进口，又会受到外汇供给的限制。没有投资资金的支持，无论确定什么样的建设规模，都是难以实现的。因此，在确定建设规模时要结合项目资金的可得性来考虑项目建设规模，量力而行。

（5）环境容量。环境保护问题越来越受到重视，不同的建设规模，对环境的影响也是不同的。对因项目而出现的"三废",国家规定了排放标准,因此在确定建设规模时,既要考虑当地环境的承受能力,又要考虑控制企业污染物总量。也就是说,项目建设规模要按照可得的自然环境选择。

(6) 合理经济规模。合理经济规模是指项目投入产出处于较优状态,资源和资金可以得到充分利用,并可获得最佳经济效益规模。有的行业会有国家或行业制定的生产经济规模标准,在确定建设规模时,就要尽可能接近并达到合理经济规模,提高项目竞争力。

经济效益是制约和决定项目建设规模的关键因素。在项目评估中,按照经济效益的高低,通常可以把项目建设规模分为以下四种类型:

① 亏损规模,即销售收入小于总成本费用的规模。在图 3-1 的规模效果曲线图中,小于 QE_1 与大于 QE_2 的规模都属于"亏损规模"。② 起始规模(或最小经济规模),即销售收入等于总成本费用的保本最小规模。在图 3-1 的规模效果曲线图中,QE_1 点即为"起始规模"。③ 合理经济规模(或适宜经济规模),即销售收入大于总成本费用,并保证一定盈利水平的生产规模。在图 3-1 的规模效果曲线图中,该规模位于 QE_1 与 QE_2 之间。④ 最佳经济规模,即能够产生最高经济效益的生产规模。在图 3-1 的规模效果曲线图中,QE 点即为最佳经济规模。

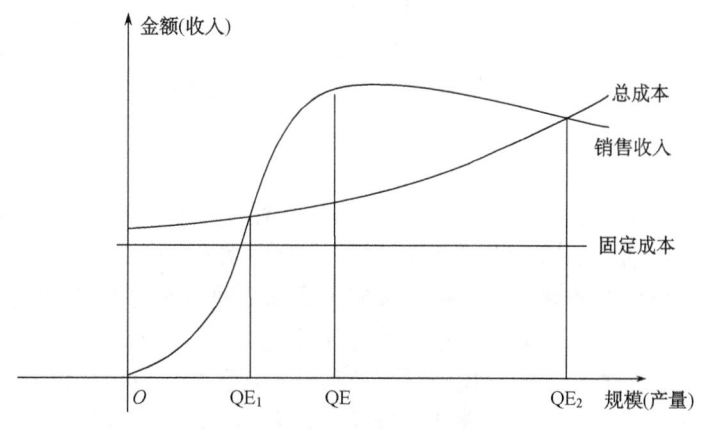

图 3-1 规模效果曲线图

(7) 国家经济计划和产业政策因素。经济计划是指各级政府的计划安排和规定。要使经济稳定发展,保持合理的产业结构和区域经济结构必不可少,而产业结构和区域经济结构是由产业投资结构和区域投资结构形成的,各级政府制定经济计划时已安排了各个产业和区域的投资结构,同时包括项目的建设规模,特别是生产有关国计民生产品的大中型项目的建设规模。

制定产业政策是国家加强和改善宏观调控，有效调整和优化产业结构，提高产业素质，促进国民经济持续快速健康发展的重要手段。产业政策包括产业结构政策、产业组织政策、产业技术政策和产业布局政策，以及其他对产业发展有重大影响的政策和法规。确定拟建项目的建设规模要考虑国家产业政策，主要是按照产业政策所规定的投资项目的经济规模标准作为项目的最低建设规模。在我国，投资项目小型化、分散化是工业企业达不到规模经济、生产效率低下的主要原因之一。为此，对于部分规模效益比较显著、市场供需矛盾比较突出的热点产品国家产业政策规定了其经济规模标准。

（8）行业因素。不同行业、不同类型的项目在确定建设规模时应考虑与行业相关的一些特殊因素：① 煤炭、金属与非金属矿山、石油、天然气等矿产资源开发项目要考虑资源合理开发、采储量和储存条件。② 水利水电项目要考虑水资源量、可开发利用量、地质条件、建设条件、库区生态影响、占用土地和移民安置。③ 铁路、公路建设项目要考虑修建线路的等级、线路的长度及一定时期区域内运输量的需求预测。

在研究项目建设规模时，应对其合理性进行分析，主要有：

（1）产业政策和行业特点的符合性。为了实现国民经济有序发展、有效节约资源，国家和行业制定了某些重要产品的生产规模标准和鼓励发展、限制发展及禁止发展的产业（含规模）目录。建设项目的规模要符合国家和行业的产业政策，这是建设规模合理性分析的首要因素。

（2）收益的合理性。建设规模的变动会引起收益的变动，适当的经营规模可实现费用的节约，提高竞争力，获得相应的经济效益。项目规模的经济性问题是建设方案总体设计时需要考虑的重要问题：① 并不是所有的项目都是规模越大越经济。② 不同产业规模的经济性可能不同。着重对规模效益显著的产业研究规模的经济性，选择能实现规模收益递增的经济规模。③ 在确定建设规模时，理论上应追求最优经济规模，但由于现实中受到各种因素的制约，最优经济规模往往难以达到，一般寻求的是合理的经济规模。

（3）资源利用的合理性。投资项目的建设和运营要以资源的耗费为基础，资源利用的合理性是建设规模合理性分析的重要内容。从资源利用的合理性角度考察建设规模合理性，主要应考虑资源利用的可靠性、有效性和经济性：① 资源利用的可靠性。投入物的来源和规模的确定以资源的可靠性为前提。广义的资源包括物质资源、人力资源和资金等。② 资源利用的有效性。有效利用资源不仅实现了资源的节约，同时也降低了成本、提高了效益。③ 资源利用的经济性。资源利用的经济性与有效性存在着内在的联系。达到一定的合理规模，一方面可以更加有效地利用资源，另一方面有利于合理组合、综合利用资源。

（4）外部条件的适应性与匹配性。项目的建设规模会受到外部条件的制约，因此，分析建设规模的合理性必须考虑外部条件的适应性与匹配性。这里的外部条件泛指项目之外的所有方面，包括市场、原材料供应和其他外部建设条件（包括物资条件、交通条件、自然环境和社会人文环境等）：① 项目的建设规模应与市场需求相适应，产品的目标市场定位、竞争能力和营销策略都应使项目产品的销售计划能得以实现。② 投入物（包括自然资源、原材料、能源、土地、资金等）供应能满足建设规模的要求，并且稳定可靠、价格合理。③ 其他外部建设条件与建设规模相互适应和匹配。

(5) 技术改造项目的特殊问题。建设规模的合理性受现有装置的影响，建设规模需要能够与现有装置有效结合和匹配。

3.3 投资项目厂址选择

新建项目在进行了市场预测、建设规模等基本研究之后，就应为项目选择合适的建厂地区和场（厂）址。所谓投资项目厂址选择，就是确定建设项目的坐落位置。由于建设项目类别众多，其厂址选择名称也有多种，如对企业生产建设项目地址的选择称为厂址选择，对铁路、公路和城市轨道交通项目建设地址的选择称为路线选择，对输油气管道、输电线路项目建设地址的选择称为路径选择，对水利、水电枢纽建设地址的选择称为坝址选择等。投资项目的厂址选择不仅关系到工业布局的落实、投资的地区分配、经济结构、生态平衡等具有全局性、长远性的重要问题，还将直接或间接地决定着项目投产后的生产经营。可以说，它直接或间接地决定着项目投产后的经济效益，因此，它是投资项目评价的前提。实践表明，投资项目厂址选择是投资决策的关键环节，厂址选择必须从国民经济和社会发展的全局出发，运用系统观点和方法来分析评价，最终实现资源的合理配置。

3.3.1 投资项目厂址选择的基本原则

投资项目厂址选择是极其复杂的、政策性很强的技术经济论证过程。在投资项目厂址选择时要遵循以下原则：

(1) 符合国家经济布局及城镇建设规划。项目的厂址选择是落实国家产业布局的重要一环，任何部门和单位都不得违背国家总体布局的安排而任意设址。城镇建设规划是根据每个城镇特点制定的，并经国家批准实施的一种建设计划，不能任意破坏。因此，在投资项目厂址选择时，要妥善处理全局与局部的关系，做到合理布局、统筹安排。

(2) 合理利用土地。随着经济建设的发展，建设土地紧张的问题日趋严重，所以应节约用地，合理使用土地，充分利用荒地、劣地，尽可能避免占用农田和耕地。

（3）节省投资。尽可能做到就地取材、就地生产、就地销售，以较少的投入取得较大的产出。因此，在投资项目厂址选择时，厂址要尽量靠近有丰富可靠的原材料的供应市场和产品销售市场，减少运输环节；同时，要有充足的水源和能源供应。

（4）注重环境保护和生态平衡。应注意保护风景区和名胜古迹，要全面考虑项目对周围环境的影响及由此而要付出的代价，经营过程中产生的"三废"必须符合国家的环保要求，有关"三废"治理项目必须要与拟建项目达到同时设计、同时施工、同时投产。

（5）有利于专业化协作。按照专业化协作组织工业生产和上下游加工一体化，有利于原料资源的合理利用，防止资源浪费，这样可以大大节约原材料、建设用地和建设投资，最大限度实现原料的有效利用和"三废"的综合治理，便于采用先进的工艺技术和设备，提高劳动生产率。

（6）投资项目厂址地形要与投资项目相适合。在项目厂址选择时，要充分考虑当地地形、地貌，使投资项目的建设符合地质特点。同时，还要考虑保证生产的需要和职工生活条件的便利，尽可能协调好生产与生活的关系。

3.3.2 投资项目厂址选择的影响因素

1. 自然因素

自然因素包括自然资源条件和自然条件两方面。

1）自然资源条件

自然资源条件包括矿产资源、水资源、土地资源、能源、海洋资源、环境资源、人力资源、社会资源等，这些条件对一个项目的影响是全面的，要综合考虑。

有些项目可能本身并没有对环境造成不利影响，但对环境影响的结果更为敏感。如农产品加工项目明显依赖使用的原材料，这些原材料可能由于被污染的水和土壤问题而降低等级；有的项目对加工水的需求量很大，而且质量要求也很高，如果其邻近的工厂将废水排入河中，该项目将受到损害。

2）自然条件

自然条件包括气象条件、地形地貌、工程地质、水文地质等。自然条件在选择建厂地区时可能是一个重要因素，除了直接影响项目成本，对环境方面的影响也很重要。项目类型不同，自然条件对项目所起作用的方式也不同，可以从气温、湿度、日照时间、风向、降水量和飓风风险等方面说明自然条件，对这些方面中的每一项都可以进行更详细的分析，如日平均最高气温、日平均最低气温及日平均气温等。一般情况下，地理勘察问题对选择适当的厂址影响更大，它包括土壤条件、地下水位和一些特殊的对厂址的危害，如地震、洪水泛滥等，这些都可以波及很大的区域。

2. 社会经济因素

1) 产业布局政策

对于关系到国计民生的国家重点建设项目，要从社会发展的整体利益出发，在投资项目布局时正确处理城市与农村、沿海与内地、生产与生活、工业与农业、现在与未来等各种关系，从而使项目的布局与国民经济发展规划和生产力布局相适应。在产业布局时政府会考虑到集中布局可能造成的外部的不经济性，往往要求工业分散布局。即使公共政策并未过分限制某一特定区域或地区工业的增长，仍有必要了解有关选择建厂地区的政策，以适当考虑可能获得的各种特许及鼓励政策。

2) 规划、财政及法律问题

投资项目的选址要求了解当地的经济发展规划、有关的财政和法律条例及程序，并对各种政策进行评价。如有些地区就自然环境而言很适合建厂，但法规或条例无法变更，投资者的权益就得不到保障；或当地政府采取过度的限制措施，存在税率高或双重征税，这样该项目就不适宜在此建厂。同时，还应弄清新建工业项目所能得到的鼓励和优惠政策。

3. 基础设施条件

1) 基础设施的依赖性

对于一个项目来说，能有可资利用的、发达的、多样的经济及社会基础设施是非常重要的。评估时，应当确定这些重要设施的需要量，这对任何项目的经营都是必要的。为此，要了解项目的范围及其技术经济特性，了解装机生产能力和所采用的工艺。

建厂地区也可能对项目规模构成严重的制约。如果项目相对较大，则可能只有少数几个建厂地区能够满足项目在建设和生产时期对能源、设备、劳动力、土地等的质量与数量的需要。

项目经营过程中，为了运进各种投入物和运出产品，需要各种能够利用的运输设施（铁路、公路、空运及水运），应对运输总量及运输费用进行仔细分析，并在各个建厂地区方案间进行比较。

2) 燃料动力

水的供应应当加以鉴定。项目所需的用水量可以根据工厂生产能力及工艺确定。首先，必须确定供水的来源能否满足供应及所要花费的成本；其次，对不同地区的水质应就其不同用途进行分析。

电力供应是工业项目的重要制约因素。动力需要可以按工厂生产能力相应确定，应对不同地区的供应和成本加以分析。

要对燃料的数量、质量、热量值及化学组成（以确定排污量）、来源、与不同厂址的距离、运输设施以及在不同厂址的成本进行比较分析。

3）人力资源

对于一个项目来说，能否聘用到管理人员及技术人员可能是一个极其重要的问题。在考虑各个建厂地区时，应把人力资源考虑在内。大多数项目包括培训规划，或是在工厂建设期间培训，或是在工厂内部进行岗位培训。

4）基础设施服务

对于某些项目来说，应考虑不同地区的可供土建工程、机械安装及工厂维修的设施。

5）排污物及废物处理

大多数工厂产生的废物或排放物都可能对环境造成重大影响。这些废物的处理及排放物的净化，对于一个项目的社会、经济及财务上的可行性来说，可能是一个关键的影响因素。

选择适当的建厂地区，除要求分析市场和销售问题之外，还要分析项目主要投入物（如原材料和燃料动力）的来源，项目的技术要求、工业类型、工艺和加工特性、产品、生产规模、组织要求和管理结构。

总之，建厂地区应在原材料和燃料动力的产区（即面向资源）或与企业有关的主要消费中心所在地（即面向市场）之间进行选择。

最简单的选择建厂地区的方式是根据原材料来源地及主要市场的交通情况，提出几个可供选择的厂区方案，并计算其运输、生产成本。以资源为基础的项目，由于运输费用较高，应选择建设在基本原材料产地附近；易变质的产品或农产品加工工业应面向市场，因此，这类项目应建在主要消费中心附近。但是，许多工业产品不可能由一个特定因素决定，如石油产品及石油化工产品，既可以建在资源地，也可以建在消费中心附近，甚至可以设在中间的某些点上。大量的生产消费产业的项目和其他工业项目也可以建在距原材料和市场远近不等的地区，而且并不会过分地破坏项目的经济合理性。对于不过分面向资源或市场的项目，最好的建厂地区应能够将下列因素很好地结合起来：距原材料和市场的距离合理；环境条件良好；劳动力储备丰富；能以合理的价格获得充足的动力和燃料；运输条件良好及具有废物处理设施。

3.3.3 投资项目厂址的选择条件

在选定的区域内确定厂址，应当考虑以下条件：

（1）厂址基本要求：① 尽量接近原材料、燃料产地及产品销售地区；② 远离重要的铁路枢纽站、大型桥梁、大型储油库、重要军事工程、飞机场等战略目标；③ 避开高压输电线路，不压城市地下管线；④ 可能产生工业废水的项目应位于城镇、江河、港区、水源地等的下游；⑤ 可能产生大量废气的项目应位于城镇的下风向；

⑥ 厂址在文物地区或风景保护区时，应有当地主管部门的同意文件。

对于地形和地貌，厂址地势应尽量平坦或略有坡度，以减少平整场地的土方工程量和便于排水。一般情况下自然地面坡度以 4～5 度为宜，不宜过大。

（2）厂址对工程地质、水文地质与气象的要求：① 不在熔岩、断层、滑坡、泥石流、土崩易发的地区及八级以上的地震区和矿藏区选址；② 尽量避免因工程地质问题而使工程基础复杂化，地基承载力等条件要满足项目要求；③ 地下水位最好低于地下室和地下构筑物的深度，最好无侵蚀性；④ 考虑高温、高湿、云雾、风沙、台风等对项目的影响；⑤ 考虑冰冻线对建（构）筑物基础和地下管线铺设的影响。

（3）土地费用。土地费用是厂址决定因素中的一个重要因素，这方面的资料通常可以通过项目所在地的政府土地规划管理部门和房地产市场获取。在比较可供选择的厂址时，也应当考虑场地的平整费用。

（4）建筑要求。在项目建设期间所进行的建筑和安装工程，对建厂地区和厂址选择的影响也很大，如在当地能否取得建筑材料、运送大型设备的运输工具、已开发的社会基础设施等。另外，现有的不同类型的设施，可以降低建筑成本，从而减少投资费用。

（5）项目所在地的基础设施。在确定的建厂地区内，对于多数厂址来说，电力的来源和成本都是相同的。如果项目必须建立一个独立的动力设施，那么在全地区范围内，建在不同的厂址上，其成本大致是类似的。但是，延伸到工厂的输电线路的成本，在不同的厂址之间会有很大的不同，必须加以估算和比较。

在生产规模确定以后，就可以确定投入物和产出物的数量，从而就可以对不同厂址的运输方案和费用进行计算和比较。因此，应对下述各项作出初步估算：能源和其他材料的到达站；从最近的铁路接轨站到厂区的铁路支线；连接主要高速公路的支线道路；水路运输等。

根据生产规模确定各种用途所需的用水量（如冷却、蒸汽和饮用等），如果制造过程本身就需要水（如纸浆生产），那么更有必要对用水量进行估计。而且对于不同厂址的水源和供水费用，必须进行估算。

（6）排污物及废物处理。正如本节前文所述，对于许多工业项目而言，排污物的处理可能会成为一个棘手的问题，在不同的厂址处理排污物应当考虑排污物的不同类型并加以认真研究，如水泥厂的厂址不应选择在人口稠密地区的上风向，而炼油厂的污水不应排放到饮用水源的上游。

（7）人力资源。招聘管理人员和技术工人是项目成功的关键因素。高标准的技术工人和管理人员有可能供不应求，因此，必须分析和评价劳动力来源、招聘条件和培训设施等问题。

厂址选择要依据上述条件，在综合分析的基础上，进行多方案的比选，以选择出一个合理的方案。

3.3.4 投资项目厂址比选的内容

投资项目厂址比较的内容一般包括建设条件比较、建设费用比较、经营费用比较、环境影响比较和安全条件比较。

（1）建设条件比较。建设条件比较包括拟建项目地理位置、土地资源、地势地貌、工程地质、土石方工程量、资源和燃料供应条件等，具体比较如表3-4所示。

表3-4 建设条件比较表

序号	比较内容	厂址		
		方案1	方案2	方案3
一	厂址地理位置			
1	与土地利用总体规划的关系			
2	与城市总体规划的关系			
3	拆迁工作量			
二	土地资源			
1	用地总规模			
1.1	基本农田			
1.2	基本农田以外耕地			
1.3	其他土地			
2	发展条件			
三	地势地貌			
1	地势走向			
2	地势高差			
四	工程地质条件			
1	土壤种类			
2	地基承载力			

续表

序号	比较内容	厂址		
		方案1	方案2	方案3
3	地下水深度			
4	区域稳定情况及地震烈度			
五	土石方工程量			
1	挖方工程量			
2	填方工程量			
六	资源和燃料供应			
1	水源及供水条件			
1.1	自来水			
1.2	地表水			
1.3	地下水			
2	排水条件			
2.1	地区污水处理厂			
2.2	纳污水体			
2.3	距排污口距离			
3	电力			
4	供热			
七	交通运输			
1	铁路			
2	公路			
3	水运			
4	航空			
5	管道			
八	施工条件			
九	生活条件			

（2）建设费用比较。建设费用比较包括土地购置费（地费、拆安费）、基础工程费（基础、抗震）、场外运输投资（铁路、公路、码头、管道）、场外公用工程投资、防洪工程投资、环保投资等费用，具体比较如表3-5所示。

表 3-5 建设费用比较表

序号	比较内容	建设投资		
		方案1	方案2	方案3
一	土地购置费			
1	土地补偿费			
2	安置补助费			
3	拆迁补偿费			
4	场地平整费			
二	基础工程费			
1	基础处理费			
2	抗震措施费			
三	场外运输投资			
1	铁路			
2	公路			
3	码头			
4	管道			
5	其他运输方式			
四	场外公用工程投资			
1	防洪工程			
2	排涝工程			
3	取水及净化工程			
4	排水工程			
5	给水灌渠			
6	供电工程			
7	供热工程			
五	防洪工程投资			
六	环保工程投资			

（3）经营费用比较。经营费用比较包括原材料、燃料和运输费、动力费、排污费及其他经营费用，具体比较如表 3-6 所示。

表 3-6 经营费用比较表

序号	比较内容	经营费用		
		方案1	方案2	方案3
一	原材料、燃料和运输费			
1	原材料			
2	燃料			
3	辅助料			
4	运输费			
二	动力供应			
1	给水			
2	排污			
3	供电			
4	供热			
5	其他			
三	排污费			
四	其他经营费用			

（4）环境保护影响比较。环境保护影响比较包括是否符合城市规划、厂区地理位置与环境的敏感性、周边土地是否污染、环境条件（包括大气环境质量、水环境质量、固体废物处置环境容量等）、气象等。

（5）安全条件比较。安全条件比较包括厂址地理位置内是否有危险品的生产与储存、拟建项目对周边环境的影响、周边环境对拟建项目的影响和建设条件对项目的影响等。

3.3.5 投资项目厂址比选的方法

厂址选择可采用的方法很多，如方案比较法、评分比选法、最小运输费用法、费用比选法、净现值、差额内部收益率法等。在此仅介绍前面三种方法，其他几种方法的具体应用将于后面几章介绍。

1. 方案比较法

厂址选择的方案比较法是指通过对项目不同选址方案的投资费用和经营费用的对比，作出选址决定的一种方法。其基本步骤是先在建厂地区内选择几个厂址，列出可比较因素，进行初步分析比较后，从中选出两三个较为合适的厂址方案，再进行详细的调查、勘察，并分别计算出各方案的建设投资和经营费用。其中，建设投资和经营费用均为最低的方案为可取方案。建设投资与经营费用的比较，可根据具体情况设计列表，参考格式如表 3-7 所示。

表 3-7 建设投资与经营费用对比表

序号	方案 费用 项目	甲	乙	丙
1	建设投资（K）	K_1	K_2	K_3
2	经营费用（C）	C_1	C_2	C_3

如果两个方案的建设投资和经营费用都不一致时，且满足甲方案的投资额小于乙方案的投资额，甲方案的经营成本大于乙方案的经营成本，则需要利用追加投资回收期法来作出选择。所谓追加投资回收期法，就是以追加投资回收期作为厂址选择方案决策依据的一种方法，追加投资回收期的计算公式为

$$T = \frac{K_2 - K_1}{C_1 - C_2} \tag{3-1}$$

式中，T 为追加投资回收期；K_1，K_2 分别为甲和乙两方案的投资额（假定 $K_2 > K_1$）；C_1，C_2 分别为甲和乙两方案的经营费用（假定 $C_1 > C_2$）。

这个公式的实质是用节省的经营费用（$C_1 - C_2$）补偿多花费的投资费用（$K_2 - K_1$），即增加的投资要多少年才能通过经营费用的节约收回来。

计算出追加投资回收期后，应与行业的标准投资回收期相比，如果小于标准投资回收期，说明增加投资的方案可取，否则不可取。

如果备选方案超过两个，且均符合应用追加投资回收期法的条件，就需要对每两个方案进行筛选比较。

2. 评分优选法

厂址选择的评分优选法是指通过计算影响厂址选择的有关因素评价分值，并据此作出相应厂址选择的方法。该方法的步骤如下：首先，在厂址方案比较表中列出各种判断因素；其次，将各判断因素按其重要程度给予一定的比重因子和评价值；再次，将各方案所有比重因子与对应的评价值相乘，求出指标评价分；最后，从中选出评价分最高的方案作为最佳方案。采用这种方法的关键是确定比重因子和评价值。

例 3-2 已知某重型汽车发动机厂厂址选择有两个可供比选的方案，具体数据如表 3-8 所示。试用评分优选法选择评价方案。

第3章 建设方案评价

表3-8 发动机厂厂址方案比较表

序号	指标（判断因素）	方案甲	方案乙
1	厂址位置	某市半山工业区	某市重型汽车厂附近
2	占地面积	占地面积14.8万平方米	占地面积36万平方米
3	可利用固定资产原值	2900万元	7600万元
4	可利用原有生产设施	没有	生产性设施14.7万平方米，现有铸造车间3.4万平方米，其中可利用1.9万平方米
5	交通运输条件	无铁路专用线	有铁路专用线
6	土方工程量	新建3万平方米厂房和公用设施，填方6万平方米	无大的土方施工量
7	所需投资额	7500万元	5000万元
8	消化引进技术条件	易于掌握引进技术	消化引进需较长时间

解：根据各方案的实际条件计算各指标评价值，如表3-9所示。

表3-9 指标评价值表

序号	指标（判断因素）	不同方案的指标评价值		指标评价值之和
		方案甲	方案乙	
1	厂址位置	0.350	0.650	1.000
2	占地面积	0.300	0.700	1.000
3	可利用固定资产原值	0.276	0.724	1.000
4	可利用原油生产设施	0.000	1.000	1.000
5	交通运输条件	0.200	0.800	1.000
6	土方工程量	0.100	0.900	1.000
7	所需投资额	0.400	0.600	1.000
8	消化引进技术条件	0.800	0.200	1.000

表3-9中指标评价值的确定，有的可根据经验判断，有的可根据已知数据计算出其中一个方案指标值在总评价值中的比重，如甲方案第3项指标评价值的计算过程为

$$2900/(2900+7600) \times 100\% = 27.6\%$$

对各指标可以根据专家意见，给出各指标的重要性（比重因子），如表3-10中第3列所示。

根据比重因子求出各方案每项指标的评价分及其总分合计，其中不同方案的指标评价得分等于比重因子与评价值的乘积，如表3-10所示。

表 3-10　方案评价得分计算表

序号	指标（判断因素）	比重因子（WF）	不同方案的指标评价值得分		指标评价值得分之和
			方案甲	方案乙	
1	厂址位置	15%	0.052 5	0.097 5	0.150 0
2	占地面积	15%	0.045 0	0.105 0	0.150 0
3	可利用固定资产原值	10%	0.027 6	0.072 4	0.100 0
4	可利用原油生产设施	10%	0.000 0	0.100 0	0.100 0
5	交通运输条件	5%	0.005 0	0.045 0	0.050 0
6	土方工程量	10%	0.010 0	0.090 0	0.100 0
7	所需投资额	15%	0.060 0	0.090 0	0.150 0
8	消化引进技术条件	20%	0.160 0	0.040 0	0.200 0
	合计	100%	0.360 1	0.639 9	1.000 0

因为乙方案的得分高于甲方案，所以应选定乙方案。

3. 最小运输费用法

厂址选择的最小运输费用法是指在分别计算不同选址方案的运输费用（包括原材料、燃料的运进费用和产品销售的运出费用）的基础上，通过选择运输费用最小的方案作为选址方案的方法。此法的适用条件是，项目几个选址方案中的其他因素都基本相同，只有运输费用不相同。在计算运输费用时，要全面考虑运输距离、运输方式、运输价格等因素。

3.4　原材料、燃料及动力供应

在研究确定建设规模、产品方案、工艺技术方案的同时，要明确项目所需主要原材料和燃料的品种、数量、规格、质量等要求，同时对价格也要进行分析研究，并结合厂址方案的比选确定其供应方案。

3.4.1　资源条件评估

在项目评价中，要从我国国情出发，实事求是地分析我国的资源情况。我国许多资源从总量上讲是比较丰富的，居世界前列，但由于我国人口众多，按人均计算占有量就很少。例如土地资源，我国的国土面积仅次于俄罗斯和加拿大，居世界第三位，但人均耕地面积却很小，低于世界平均水平。因此，这就要求我们在资源的开发利用方面必须统筹兼顾、合理开采、综合利用，使有限的资源得到合理配置。

资源的内容非常广泛，而项目评价中的资源是指狭义的资源，即项目所需要的能够为工业生产提供原材料和能量的自然资源，如各种矿产资源、土地资源、水资源及各种能源等。就整个社会而言，资源是十分有限的，而且其分布也不均衡。所谓项目资源条件评估，就是为了使项目能最大限度地利用资源，结合本地区的资源特点，通过对资源的分布、储量、品位、开采利用的可能性和经济性等所进行的实事求是的分析评价。资源条件评估主要包括下列内容：

（1）矿产资源要有国家矿产储备委员会批准的关于该资源储量、品位、开采价值及运输条件的报告。各种矿产品的物理和化学组成是大不相同的，而且每种类型矿石的处理都要采用不同的方法和设备，因此在项目评估报告中应提供对矿产品的物理、化学和其他性质的详细分析。

（2）要明确项目所需资源的种类和性质。例如，是矿产资源，还是农产品资源；若是矿产资源，是可再生资源，还是不能再生资源等。同时还要分析和评价其矿床规模、类型特征、矿体形态及其大小、矿体埋藏条件、矿石质量、矿石含有其他元素成分及选矿需要的详细情况。

（3）要分析项目所需资源的供应数量、质量、服务年限、开采方式和供应方式、成本高低及运输难易等，要区分地质储量和工业储量的界线，根据开采的工业储量来衡量其能够满足项目需求的程度。无论采用什么样的开采方式和供应方式，都要分析其对项目的经济效果和成本高低构成的直接影响，同时要合理安排开采强度和服务年限。

（4）要分析资源的综合开发利用。我国矿产资源共生性多的特点，要求我们综合找矿、综合评价、综合开采，如在采煤时应注意其他矿的利用等。同一矿床中有富矿也有贫矿，品位有高也有低，矿层有厚也有薄，必须作好规划，做到贫富兼采、厚薄兼顾，避免和尽量减少资源的浪费。将资源开发与工业布局相结合，合理利用资源，如在石油开采的同时，对石油进行深加工，可以提高石油资源的经济效益。

（5）要分析和评价稀缺资源的供需情况，注意开发新资源的前景和寻找替代途径。

（6）对农产品资源不仅要分析其质量、供应数量和来源，还要注意农村经济的发展及世界农产品市场的变化对农产品资源供应量的影响。

（7）要分析和评价水资源条件。水资源往往成为项目开发的制约条件，尤其是水力发电、航运、农业、城市建设及多种耗水工业的一些项目，因为我国是人均水资源贫乏的国家，许多地方缺水比较严重，所以要重视水资源条件的评价。

3.4.2 原材料供应

原材料供应是指项目在建成投产后生产经营过程中所需各种主要原材料、辅助材料及半成品等的供应质量、数量、价格、来源、运输距离及仓储设施等。它是工业生产所必备的基本条件。每个项目所需的原材料是多种多样的,在项目评估阶段没有必要对项目所需的全部原材料进行分析评价,应着重对几种主要的或关键的原材料供应进行分析评价。

原材料供应条件评估主要包括下列内容:

(1) 分析和评价原材料的质量、性能是否符合生产工艺的要求。这是根据产品方案和工艺技术方案研究确定所需原材料的质量和性能(含物理和化学性能)。在评价时,要对所需的主要原材料的名称、品种、规格、化学和物理性质及其他质量上的要求加以分析,做到物尽其用,使原材料的质量适应生产工艺要求,满足项目产品设计功能的需要。一般来说,投入物的质量和性能特征对项目的生产工艺、产品质量和资源利用程度影响极大,因此,还必须分析其是否符合项目对这些投入物在质量和性能上的要求。

(2) 分析和评价原材料的供应数量能否满足项目的要求。这是按照项目产品方案提出的各种产品品种、规格及建设规模和物料消耗定额,来计算出的各种物料年消耗量。对于工业项目来说,如果所需原材料没有稳定的来源和长期的供应保证,其生产将会受到极大影响。在评价时应根据项目的设计生产能力、选用的工艺技术和使用的设备来估算所需原材料的数量,并分析预测其供应的稳定性和保证程度。

(3) 分析和评价原材料的价格及其变动趋势对项目产品成本的影响。一般来说,项目主要投入物的价格是影响项目经济效益的关键因素之一,因此,不但要观察主要投入物价格目前的变化动向,还要预测其未来的变化趋势。要充分估计到原材料供应的弹性和互补性,以保证原材料的合理替换和选择,这实质上是体现了资源优势利用和加工工艺的经济合理性。如果是需进口的原材料还应注意今后汇率和税率的变化,这些对控制项目成本和保证资源优化利用具有重要的意义。

(4) 分析和评价原材料的运输距离与运输方式对项目产品成本的影响。项目所需主要原材料的运输距离与运输方式直接关系到运输费用的高低,它对项目生产的连续性和产品成本的高低都有很大的影响。运输费用的高低与运输距离的长短及采用的运输方式是密切相关的,所以就地取材、缩短距离、采用合理的运输方式,将有助于降低运输费用,从而也会减少产品成本。因此,在项目评价时,应分析计算其运输能力和运输费用,以作出正确的评价。

(5) 分析和评价原材料的存储设施条件。根据生产周期、生产批量、采购运输条件等,可以进一步计算出各种物料的经常储备量、保险储备量、季节储备量和物料总储备量,并作为生产物流方案研究的依据。因此,在项目评价时,应分析拟建项目存储设施规模是否适应生产的连续性,其原材料的储备量是否合理。

有条件的情况下,应编制原材料和能源平衡流程图或表示数量流动的图表。

这些图表应当说明不同的各项在何时以及如何进入生产流程的各个部分，制造过程之外的部分也应包括进来，特别是不同的投入物的供应、投入物的储运、成品包装、产品的储运及各不同部分的排放物应加以确定。

总之，评价原材料的供应条件的目的是选择适合项目要求的、来源稳定可靠的、价格经济合理的原材料作为项目的主要投入物，这样可以保证项目生产的连续性和稳定性。

3.4.3 燃料及动力供应

在项目评价中，燃料和动力是项目建设和生产过程中的基本要素和重要物质保证。建设和生产过程中所需的燃料通常有煤炭、石油和天然气等，所需动力主要有电力、蒸汽和水等。

燃料和动力供应评估主要包括以下内容：

（1）分析和评价项目所需燃料的需求量能否得到满足。首先要依据产品生产过程、成本、质量及区域环境对所用燃料的要求来选择燃料供应的种类；其次要分析燃料供应政策、供应数量、质量、来源及供应方式。如果是消耗大宗燃料的项目，还要落实燃料的运输及储存设施。

（2）分析和评价供水条件。工业用水范围是极为广泛的，而且用水量也较大，在项目评估时，要根据项目对水源、水质的要求，分析和审查水文地质资料，并分析计算出项目生产建设的用水量，再结合当地的供水价格，分析耗水费用对产品成本的影响。同时，要考察工业用水的循环设施和生产中污水净化设施是否具备，估算水源、供水泵站及管网等供水设施的成本，分析供水方式和供水方案。

（3）分析和评价供电条件。电力是工业生产的主要动力。对耗电量大而又要求连续生产的工业项目（如轧钢项目），需要作电力的专题研究和评价，分析估算项目最大用电量、高峰负荷、备用量、供电来源，还要按生产工艺要求计算日耗电量、年耗电量及对产品成本的影响，要尽可能保证动力供应的稳定性。

（4）分析和评价其他动力供应条件。在评估时，还要对产品生产中所需的其他动力（如蒸汽、煤气等）的总需要量进行测算，分析供应方式（集中供应、分散供应及从厂外购进等）对产品成本的影响，分析自备设备投资、规模及管网布置的合理性。

3.5 环境影响评价

《中华人民共和国环境保护法》明确规定："一切企业、事业单位的选址、设计、建设都必须充分注意防止对环境的污染和破坏。在进行新建、改建和扩建工程时,必须提出对环境影响评价报告书,经环境保护部门和其他有关部门审查批准后才能进行设计;建设项目中防治污染的设施,必须与主体工程同时设计、同时施工、同时投产使用;各项有害物质的排放必须遵守国家规定的标准。"在项目评价中,应贯彻《环境保护法》和《建设项目环境保护管理办法》,结合当地有关环境保护的法规,对环境影响进行评价。

3.5.1 环境影响评价的内容

环境保护问题是我国经济建设中面临的一个十分严峻的问题,工业生产所造成的环境污染已经严重地影响了人民生活和生产建设。根据国家有关环境保护的规定,在项目评估中必须对建设项目的环境保护条件作出分析评价。

建设项目对环境的影响千差万别,不仅不同的行业、产品、规模、工艺、原材料产生的污染物种类和数量不同,对环境的影响也不同,而且即使是相同的企业处于不同的地点、区域,对环境的影响也不一样。国家对建设项目的环境保护实行分类管理,坚决防止对环境的污染和生态破坏。对环境影响小的建设项目适当简化评价内容和审批程序,以促进经济的快速发展。

导致工业项目对自然环境和生态平衡产生不良影响主要来自以下三个方面:一是生产中投入物产生的污染,如有毒或易爆的投入物,在没有密封和安全设施的情况下,会污染自然环境;二是生产过程中产生的污染,如生产过程中产生的"三废"直接对空气、土壤和水质等自然环境产生的污染;三是项目产出物产生的污染,如有些产出物对周围环境产生有害影响,有些产出物对生态产生不良影响。环境影响评价通常包括以下内容:

(1) 可能对环境造成重大影响的,应当编制环境影响报告书,对产生的环境影响进行全面评价。

(2) 可能对环境造成轻度影响的,应当编制环境影响报告表,对产生的环境影响进行分析或专项评价。

(3) 对环境影响很小的,不需要进行环境影响评价的,应当填报环境影响登记表。

根据建设项目环境保护分类管理的要求,建设项目环境影响评价分为环境影响报告书、环境影响报告表和环境影响登记表。

建设项目环境影响报告书包括以下内容:

(1) 建设项目概况。

(2) 建设项目周围环境现状。

(3) 建设项目对环境可能造成的影响的分析、预测和评价。

(4) 建设项目的环境保护措施及其技术、经济论证。

(5) 建设项目对环境影响的经济损益分析。

(6) 对建设项目实施环境监测的建议。
(7) 建设项目环境影响评价的结论。

3.5.2 环境保护措施评估

环境保护是指采取行政、法律、经济、科学技术等多方面的措施，合理利用自然资源，防止环境污染和破坏，以求保持和发展生态平衡，扩大有用自然资源的再生产，保障人类社会的发展。在实施投资项目时，充分考虑项目所产生的污染及采取相应的环保措施是实行环境保护的有效方法。

根据《中华人民共和国环境保护法》的规定，对所有会造成环境污染的工程项目，都必须采取相应的环境保护措施。因此，在对建设项目评价时，应着重分析评价这些措施是否能够达到环境保护的目的。具体步骤如下：

(1) 审查分析可行性研究报告的附件中是否有环境影响报告书（表）和各级环保部门的审查意见。

(2) 全面分析项目对环境的影响并提出治理对策。在分析产生污染的种类、可能污染的范围及程度的基础上对治理对策进行评估，尤其要关注生产过程产生的污染的控制方案是否科学可靠。

(3) 分析评价投入环保工程的资金有无保证、是否落实。应执行环保工程与主体工程同时设计、同时施工、同时投产使用的方针，以达到控制环境污染和恶化的目的。

(4) 分析评价治理后能否达到有关标准要求。项目在规划治理措施时，必须保证各种污染物的排放低于国家环境保护部门规定允许的最大排放量。在评估时，以国家颁发的有关标准作为依据，检测项目的治理是否达到这些标准要求的限度。对于国家尚未颁发标准的一些行业，则应根据项目的具体情况，分析其对环境造成的污染程度，并结合国家关于环境质量的一些标准，如大气环境质量标准、城市噪音标准等，来判断该项目的污染治理措施是否符合环境保护的要求。只有符合环保要求的项目，才能进行建设。

3.6 社会影响评价

3.6.1 社会影响评价概述

投资项目是在一定的社会经济环境下实施的。社会是由经济、政治、文化、教育、卫生、安全、国防、环境保护等各个领域组成的。对于一些较大规模的投资建设项目，仅从财务和经济上进行评估是不足以对项目作出最优选择的，还必须从项目对社会发展目标的贡献和影响方面分析其利弊得失，以保证项目的实施不仅实现经济效益,同时实现社会效益,促进社会进步。对投资项目进行社会影响评价是项目评价的一个重要方面。

项目社会影响评价是从社会角度评价投资项目对实现国家(地方)各项社会发展目标所作的贡献与产生的影响,是在系统调查和预测投资项目的建设、运营产生的社会影响与社会效益的基础上,分析评价投资项目所在地的社会环境对拟建项目的适应性和可接受程度。社会影响评价的范围是指社会基本特征(社会经济结构和功能、种族特点、人口、居住条件等)和社会设施(商业设施、文化娱乐设施、社会服务设施、地方交通设施等)。通过分析项目所涉及的各种社会因素,评估项目的社会可行性,提出项目与当地社会协调关系、规避社会风险、促进项目顺利实施、保持社会稳定的方案。社会影响评价体现了环境效益、经济效益和社会效益三方面的统一。

进行社会影响评价有利于项目经济效益目标、国民经济发展目标与社会发展目标协调一致,实现经济和社会稳定、协调和持续发展,保护人类生存环境;有利于项目与所在地区利益协调一致,保障不同地区之间的公平协调发展,实现经济的合理布局;有利于避免或减少项目建设和运营的社会风险,提高投资效益,加强政府对投资项目的宏观管理与调控。

2001年年底,国家计委审定批准发布了《投资项目可行性研究指南》(以下简称"指南")。该指南要求对那些社会影响因素复杂、社会影响久远、社会效益显著、社会矛盾突出、社会风险较大的投资项目进行社会影响评价。

不同于其他评价,社会影响评价具有下列特点。

1. 宏观性

投资项目社会影响评价所依据的社会发展目标,如经济增长目标、公平分配目标、社会安全目标、就业目标、国防目标、环境保护目标等,一般是根据国家宏观经济与社会发展需要制定的。因而,社会影响评价必须从全社会的宏观视角考察项目对社会的影响。

2. 长期性

经济评价计算期一般为20年,而社会影响评价要考察一个国家和地区中期和远期的发展规划与要求,时间跨度可能为几十年,甚至上百年。因而,社会影响评价往往具有长期性,如南水北调、西气东输、沪宁高铁等投资建设项目,在进行社会影响评价时,时间跨度可能为上百年。

3. 多目标性

后面要介绍的财务评价和经济评价,目标相对单一,主要从项目的盈利能力与经济增长方面考虑。而社会影响评价涉及社会生活各个领域的发展目标,并且针对国家、地区和社区等不同范围,这些目标往往具有层次性。因此,社会影响评价需要从国家、地方、社区三个不同的层次进行分析。如果要综合考察项目的社会效益、判断其可行性，一般采用多目标综合评价的方法。

4. 多样性

社会效益与影响多种多样，许多不仅不能用货币定量，也难以用实物定量。例如，项目对文化的影响，对社会稳定安全的影响，对增加人们闲暇时间的影响，对人民风俗习惯的影响，常常都不好量化。因此，项目社会影响评价中，通用指标少，专用指标多；定量指标少，定性指标多。这对参与社会影响评价的人员提出了较高的要求，需要其充分发挥主观能动性。

3.6.2 社会影响评价的内容

社会影响评价从以人为本出发，评价内容包括项目的社会影响分析、项目与社会所在地区的互适性分析和社会风险分析。

1. 社会影响分析

项目的社会影响分析从三个层面（即国家、地区、社区上展开）分析项目带来的正面影响和负面影响。

（1）对所在地居民收入的影响。分析预测由于项目实施可能造成当地居民收入变化的范围、程度及其原因；收入分配是否公平，如果存在不公平、贫富差距加大的现象，提出促进收入公平分配的建议。对于扶贫项目，着重分析项目实施对改变当地居民贫困现状、提高收入方面的实现程度。

（2）对所在地居民生活水平和生活质量的影响。分析预测项目实施对当地居民居住水平、消费水平、消费结构、人均寿命等的影响。

（3）对所在地居民就业的影响。分析预测项目实施对当地居民的就业机会和就业结构带来的影响，并研究由此可能带来的社会矛盾问题。例如，在一个地区建设钢铁厂，可能带来钢铁业就业人口的增加，改变当地就业结构。

（4）对所在地不同利益相关者的影响。分析预测项目实施后，哪些群体受益，哪些群体利益受损，以及对受损群体如何补偿等。例如，大型水电项目建设、交通枢纽工程建设、城市基础设施建设等往往引起移民问题。

（5）对弱势群体利益的影响。社会评价的主题是以人为本，因此，需要重点评价对贫困人口、女性和儿童、非自愿移民等弱势群体利益的正面和负面影响。

（6）对所在地文化、教育、卫生的影响。分析预测项目实施对当地文化教育水平、卫生健康程度的影响，以及对当地人文环境的影响，提出减轻不利影响的措施建议。对于公益项目，应特别重视该项的分析。

（7）对所在地基础设施、社会服务容量和城市化进程的影响。分析预测项目实施后，对当地基础设施（包括道路、桥梁、水电气等）和社会服务容量产生的影响，以及对促进当地城市化进程的影响。

（8）对所在地少数民族风俗习惯和宗教的影响。分析项目实施是否符合国家的民族、宗教政策，是否充分考虑了当地民族的风俗习惯、生活方式、宗教信仰，是否会引发民族矛盾、宗教纠纷，进而影响社会稳定。

通过上述方面的分析，作出项目的社会影响评价，并编制项目社会影响分析表，如表3-11所示。

表3-11 项目社会影响分析表

序号	社会因素	影响的程度	可能出现后果	措施建议
1	对居民收入的影响			
2	对居民生活水平和生活质量的影响			
3	对居民就业的影响			
4	对不同利益相关者的影响			
5	对弱势群体利益的影响			
6	对文化、教育、卫生的影响			
7	对基础设施、社会服务容量和城市化进程的影响			
8	对少数民族风俗习惯和宗教信仰的影响			

2. 互适性分析

社会影响分析需要从项目实施给项目所在地带来的社会影响的角度进行考虑。但现实中，项目所在地的社会环境、人文条件等也对项目的顺利实施产生着影响。互适性分析主要考察项目与所在地的相互适应关系。

（1）分析预测与项目直接相关的不同利益相关者对项目建设和运营的态度及参与程度，选择可以促使项目成功的各利益相关者的参与方式，对可能阻碍项目存在与发展的因素提出防范措施。

（2）分析预测项目所在地的社会组织对项目建设和运营的态度，以及其可以在哪些方面、在多大程度上对项目予以支持和配合。这里的社会组织包括当地政府、社团组织和群众等。

（3）分析预测项目所在地的社会环境、人文环境同项目建设和发展的适应程度。

通过对项目与所在地的互适性分析，评价当地社会对项目的适应性和接受程度，编制项目适应性和可接受程度分析表，如表3-12所示。

表 3-12　项目适应性和可接受程度分析表

序号	社会因素	影响的程度	可能出现后果	措施建议
1	不同利益相关者态度			
2	当地社会组织态度			
3	当地社会环境条件			

3. 社会风险分析

对可能影响项目的各种社会因素进行识别和评价后，按照重要程度进行排序，对于那些影响面大、持续时间长，并容易导致较大矛盾的社会因素进行风险分析，如大型水利工程，需要对移民安置和受损补偿等问题进行风险分析。如果在这方面不能得到合理解决，群众产生抵触情绪，可能会导致项目工期的拖延，阻碍项目经济效益和社会效益的实现。因此，应未雨绸缪，提出相应的应对措施，编制社会风险分析表，如表 3-13 所示。

表 3-13　项目社会风险分析表

序号	风险因素	持续时间	可能导致的后果	措施建议
1				
2				
3				

3.6.3　社会影响评价的步骤

社会影响评价步骤如下。

1. 调查社会资料

通过对项目所在地的社会环境方面的资料进行调查，收集社会调查资料，为下一步识别社会因素作准备。社会调查的方法包括历史文献查阅、统计资料查阅、问卷调查、现场访谈、座谈会等。社会环境方面的资料包括人口资料、基础设施状况、风俗习惯、宗教文化、科教文卫、各利益相关者对项目的反应及其参与程度等。

2. 识别社会因素

根据调查所获得资料，对项目涉及的各种社会因素进行类别划分，主要分为以下三类：影响人民群众生活和行为的因素、影响社会环境变迁的因素、影响社会稳定与发展的因素。然后，从这些因素中识别与选择影响项目的主要社会因素，作为社会评价和对项目方案进行论证比选的重点。

3. 论证比选方案

对拟建项目的工程方案、技术方案所涉及的主要社会因素进行定性、定量分析，选择社会正面影响大、负面影响小的方案。具体包括：确定评价目标和范围；选择评价指标、确定评价标准；制定备选方案；进行项目评价；编制社会评价报告。

➤ 练习题

1. 建设方案研究包括哪些内容？
2. 建设规模研究的内容主要有哪些？
3. 试述建设规模研究的合理性分析。
4. 项目厂址选择应遵循哪些原则？
5. 项目厂址选择需要考虑哪些因素？
6. 进行厂址选择可采用哪几种方法？
7. 试述厂址选择的评分优选法的步骤。
8. 试述建设项目环境影响报告书包括的内容。
9. 什么是社会影响评价？
10. 试述社会影响评价的内容和步骤。

第 4 章

投 资 估 算

投资估算是在给定项目的建设规模、产品方案、设备方案、厂址选择等基础上,估算项目建设所需的费用。投资估算的结果作为项目融资的重要依据,也是进行财务分析和经济分析的基础。本章主要介绍投资估算的内容、作用和方法。

4.1 投资估算概述

4.1.1 投资估算的内容

1. 建设项目总投资

建设项目总投资由建设投资、建设期利息和流动资金构成。建设项目总投资按概算法分类构成如图 4-1 所示。

2. 建设投资

建设投资是指建设单位在项目筹建与建设期间所花费的全部费用。建设投资按形成资产法分类,包括固定资产投资、无形资产投资、其他资产费用和预备费用。

固定资产投资是指形成项目固定资产所花费的全部费用,固定资产投资由建筑工程费、设备购置费、安装工程费、工程建设其他费用构成。

建筑工程费是指永久性和临时性(为施工服务的)建筑物和构筑物的工程费,如设备基础、办公用房、厂房、工业窑炉、管线铺设及场地平整等工程费用。

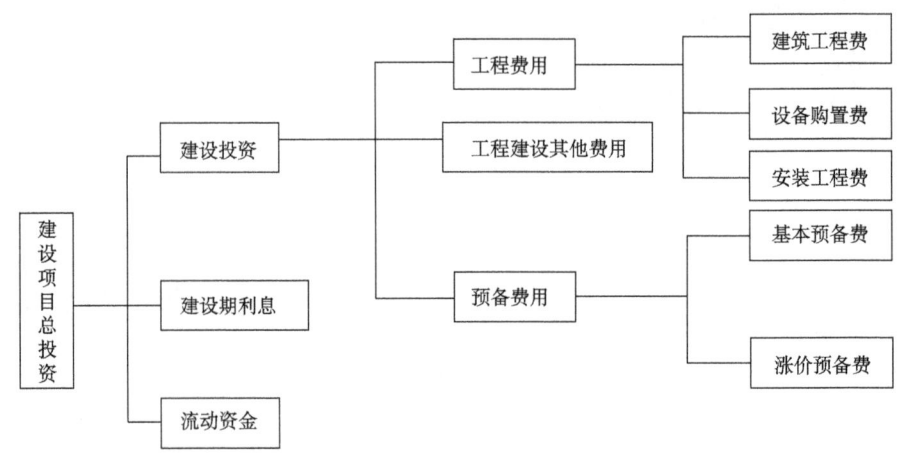

图 4-1 建设项目总投资按概算法分类构成图

设备购置费是指用于购买设备的费用,主要包括购买生产工艺设备、辅助设备、科学研究设备、管理设备、公用设备和监测设备等的费用。

安装工程费是指各种机械加工、动力、起重、运输、试验和检测等需要安装设备、装置等的费用,以及设备安装后的调试、生产或流程系统联动无负荷试运转等发生的费用。

工程建设其他费用是指该费用按规定应列在固定资产投资中支付,并列在建设项目总概算内,除建筑工程费、设备购置费和安装工程费以外必须支付的费用。其主要包括土地、青苗等补偿和安置拆迁费、建设单位管理费、研究试验费、生产人员培训费等。

预备费是指在投资估算时用以处理实际与计划不相符而追加的费用,包括基本预备费和涨价预备费两部分。

(1) 基本预备费主要考虑在进行初步设计、技术设计、施工图设计和施工过程中,在批准的建设投资范围内可能增加的投资费用,因一般自然灾害所造成的损失和预防自然灾害而采取必要措施所支付的费用,以及在有关部门组织验收时,验收委员会(或小组)为鉴定工程质量而必须开挖和修复隐蔽工程而支付的费用等。

(2) 涨价预备费主要考虑因项目建设期的投入物价格上涨而需要增加的费用。对投资项目进行评估时,一般以当时当地的材料、设备、工资等的价格和标准作为估算的依据,在项目的实施过程中,这些费用可能会发生变化,即投入物的价格有可能上涨,因此设置该项费用。

3. 建设期利息

建设期利息是指项目在建设期内因使用外部资金而支付的利息,因为这种利息需要根据实际用途将其分别计入固定资产原值或无形资产原值中去，故又称为资本化利息。

建设投资借款的资金来源渠道不同，其建设期利息的计算方法也不同。国内借款利息的计算比较简单，国外借款利息中还要包括承诺费、管理费等。为简化计算，承诺费等一般不单独计算，可采用适当提高利率的方法处理。

4. 无形资产投资

无形资产投资是指为取得或形成无形资产而发生的投资，其构成与特定无形资产的内容密切相关。我国现行《企业会计制度》规定，无形资产是指企业为生产商品或者提供劳务出租给他人，或为管理目的而持有的没有实物形态的非货币性长期资产。无形资产是一种特殊的资产，与其他资产相比，具有如下特点：不存在实物形态；可以在较长时期内为其拥有者提供经济效益；与特定企业或企业的有形资产具有不可分离性；有偿取得；所提供的未来经济效益具有不确定性。无形资产包括可辨认无形资产和不可辨认无形资产两大类，前者包括专利权、非专利技术、商标权、著作权、土地使用权等，后者是指外购商誉。

（1）专利权。专利权是指国家专利主管机关依法授予发明创造专利申请人对其发明创造在法定期限内所享有的专有权利，包括发明专利权、实用新型专利权和外观设计专利权。专利权是一种财产权，具有排他性，未经专利持有人许可，任何其他人或单位不得使用其专利，即不得以生产经营为目的使用其专利方法或制造、销售其专利产品，否则将受到法律的制裁。项目建设投资中作为构成无形资产的专利权既包括外购专利权，也包括投资者自己发明创造的专利权。

（2）非专利技术。非专利技术亦称专有技术、技术秘密或技术诀窍，它是指不为外界所知，在生产经营活动中已采用了的不享有法律保护的各种技术和经验。非专利技术一般包括工业专有技术、商业贸易专有技术和管理专有技术等。非专利技术具有经济性、机密性和动态性等特点。

非专利技术与专利技术均属于技术的范畴，但二者又有明显的区别：首先，就法律保护而言，专利技术受《专利法》的保护，而非专利技术则没有专门的法律予以保护，只有签订非专利技术许可证，其权利内容才能表现出来；其次，就机密性而言，专利技术是在公开后，法律才保护发明人的专利权，而非专利技术是靠其拥有者自己保密的，在向他人转让非专利技术的使用权时，则靠合同来进行保密；再次，就期限而言，各国的法律大都规定，专利技术有一定的法律期限，期满后，专利权随即终止，失去法律保护，而非专利技术则没有法律规定的期限，拥有者可以长期享有，当然，一旦泄露，就不称其为非专利技术。

（3）商标权。商标是用来辨认特定的商品和劳务的标记。商标权是指专门在某类指定的商品或产品上使用特定的名称或图案的权利。商标经过注册，就获得了法律的保护。商标权包括独占使用权（即商标权享有人在商标注册的范围内独家使用其商标的权利)和禁止权(即商标权享有人排除和禁止他人对商标独占使用权进行侵犯的权利)两方面的权利。

作为无形资产的商标,通常代表信誉较高的名牌产品。这种能够给享有者带来获利能力的商标,常常是通过多年的广告宣传和客户的信赖建立起来的。根据《商标法》的规定,商标可以转让,但受让人应当保证使用商标的产品的质量。

(4) 著作权。著作权又称版权,它是指创作者对其所创作的文学、科学和艺术作品所依法享有的某些特殊权利。著作权包括精神权利和经济权利。精神权利也称人身权利,是指作品署名、发表作品、确认作者身份、保护作品的完整性、修改已经发表的作品等项权利,包括发表权、署名权、修改权和保护作品完整权;经济权利也称财产权利,是指对通过出版、表演、广播、展览、录制唱片、摄制影片等方式使用作品及因授权他人使用作品而获得经济利益的权利。受《版权法》保护的作品应具备三个条件,即独创性、可复制性和合法性。

(5) 土地使用权。土地使用权是指国家准许某企业在一定期间内对国有土地享有开发、利用和经营的权利。根据我国《土地管理法》的规定,我国土地实行公有制,任何单位和个人不得侵占、买卖或者以其他形式非法转让。国有土地可以依法确定给全民所有制单位或者集体所有制单位使用。国有土地和集体所有土地的使用权可以依法转让。企业取得土地使用权的方式大致有行政划拨取得、外购取得、投资者投入取得等。

(6) 商誉。商誉通常是指企业由于所处的地理位置优越,或由于信誉好获得客户信任,或由于组织得当、生产经营效益高,或由于技术先进、掌握了生产诀窍等原因而形成的无形价值。这种无形价值具体表现在该企业的获利能力超过一般的企业。

商誉与整体企业密切相关,因而它不能单独存在,也不能与企业可辨认的各种资产分开出售。由于有助于形成商誉的个别因素不能单独计价,因而商誉的价值只有把企业作为一个整体看待时才能按总额加以确定。

4.1.2 投资估算的作用

投资估算是建设项目决策的一个重要依据。根据国家规定,在整个建设项目投资决策过程中,必须对拟建设工程造价(投资)进行估算,并据此研究是否进行投资建设。投资估算的准确性是十分重要的,若估算误差过大,必将导致决策的失误。因此,准确、全面地估算建设项目的工程造价是建设项目可行性研究的重要依据,也是整个建设项目投资决策阶段工程造价管理的重要任务。

投资估算在项目开发建设过程中的作用有以下几点:

(1) 投资估算是建设项目投资决策的重要依据。建设项目投资估算所确定的项目建设与运营所需资金量,是决策者进行投资决策的重要依据之一。

(2) 投资估算是评价项目投资经济效果的基础。财务评价与经济评价指对建设项目的费用与效益作出全面的评价与分析。建设项目所需投资是建设项目费用的重要组成部分,是经济效益分析的基础。投资估算准确与否,将直接影响建设项目财务评价与经济评价的可靠性。

(3) 投资估算对工程设计概算起控制作用。投资估算是编制建设项目投资额的依据,项目的工程设计概算不得突破投资估算额,应控制在投资估算额以内。

(4) 投资估算可作为项目资金筹措及制定建设贷款计划的依据。建设项目投资估算所确定的项目建设与运营所需资金量,是项目制订融资方案、进行资金筹措的依据。投资估算准确与否,将直接影响建设项目融资方案的可靠性,以及各类资金在币种、数量和时间要求上是否满足项目建设的需要。

(5) 投资估算是核算建设项目固定资产投资需要额和编制固定资产投资计划的重要依据。

4.2 建设投资与建设期利息估算

建设投资的估算方法有简单估算法和详细估算法两种。简单估算法又包括单位生产能力投资估算法、生产能力指数估算法、比例估算法、系数估算法和指标估算法等。前四种估算法估算的准确度相对不高,主要适合于机会研究和初步可行性研究阶段。项目可行性研究阶段一般采用指标估算法和详细估算法。

4.2.1 建设投资估算

1. 单位生产能力投资估算法

单位生产能力投资估算法是指根据已建成的同类项目单位生产能力所耗费的固定资产投资额(如铺设每公里铁路的固定资产投资、形成每吨煤生产能力的煤矿固定资产投资、形成每千瓦发电能力的电站固定资产投资等)来估算拟建项目投资额的一种估算方法。其计算公式如下:

$$I_2 = \frac{I_1}{P_1} \cdot P_2 \cdot C_F \tag{4-1}$$

式中,I_2 为拟建项目所需固定资产投资额;I_1 为同类项目实际固定资产投资额;P_2 为拟建项目生产规模;P_1 为同类项目生产规模;C_F 为不同时期、不同地点的单价、费用变更等的调整系数。

该方法将项目的建设投资与其生产能力的关系视为简单的线性关系,与实际情况差距较大。就一般项目而言,在一定的范围内,投资的增加幅度要小于生产能力增加的幅度。使用该方法要求拟建项目与所选已建项目相类似,仅存在规模大小和时间上的差异,否则误差会很大。该方法估算简便迅速,但精确度较低。

例 4-1 已知 2002 年某公司建设污水处理能力 16 万立方米/日的污水处理厂，其建设投资为 32 000 万元，2009 年拟建污水处理能力 20 万立方米/日的污水处理厂一座，工程条件与 2002 年已建设项目类似，调整系数为 1.25。试估算该项目的建设投资。

解：利用单位生产能力投资估算法计算公式，该项目的建设投资为

$$I_2 = \frac{I_1}{P_1} \cdot P_2 \cdot C_F = \frac{32\ 000}{16} \times 20 \times 1.25 = 50\ 000(万元)$$

2. 生产能力指数估算法

生产能力指数估算法，亦称生产规模指数估算法，是指根据同类项目实际固定资产投资额和规模指数来估算拟建项目固定资产投资额的一种估算方法。其计算公式如下：

$$I_2 = \left(\frac{P_2}{P_1}\right)^n \cdot I_1 \cdot C_F \tag{4-2}$$

式中，n 为生产能力（或生产规模）指数（$0 < n \leqslant 1$），它是根据不同类型企业的统计资料加以确定的；其他符号含义同单位生产能力投资估算法。

运用该方法进行投资估算时，同样应注意拟建项目与同类项目的可比性，其他条件也应大体相似，否则误差会很大。该方法将同类项目的固定资产投资额与其生产能力的关系视为非线性关系，比较符合实际情况，因而投资估算值比前述方法要准确一些，但要有合理的生产能力指数。

不同性质的建设项目，n 的取值是不同的。该方法仅适用于同类型的项目，且规模扩大的幅度不宜大于 50 倍。生产能力指数应视项目的具体情况加以确定，当 P_2 与 P_1 的比值在 0.5~2 时，则生产能力指数 n 的取值近似为 1；当 P_2 与 P_1 的比值在 2~50，且拟建项目依赖加大设备规格来扩大生产规模时，则生产能力指数 n 的取值为 0.6~0.7；当拟建项目依赖增加相同设备数量来扩大生产规模时，则生产能力指数 n 的取值为 0.8~1.0；对于高温高压工业项目，n 的取值一般为 0.3~0.5。

例 4-2 已知建设年产 20 万吨聚酯项目的装置投资 25 000 万元，现拟建年产 80 万吨聚酯项目，工程条件与上述建设项目类似，生产能力指数为 0.8，调整系数为 1.2。试估算该项目的装置投资。

解：利用生产能力指数估算法计算公式，该项目的装置投资为

$$I_2 = \left(\frac{P_2}{P_1}\right)^n \cdot I_1 \cdot C_F = \left(\frac{80}{20}\right)^{0.8} \times 25\ 000 \times 1.2 = 90\ 900(万元)$$

3. 比例估算法

比例估算法分为两种：一种是以拟建项目的设备购置费为基数进行估算；另一种是以拟建项目的工艺设备投资为基数进行估算。

1) 以拟建项目的设备购置费为基数进行估算

该方法是以拟建项目的设备购置费为基数,根据已建成的同类项目的建筑工程费和安装工程费占设备购置费的百分比,求出相应的建筑工程费和安装工程费,再加上拟建项目的其他费用(包含工程建设其他费用和预备费用等),其总和即为拟建项目的建设投资。其计算公式如下:

$$C = E(1 + f_1 m_1 + f_2 m_2) + L \tag{4-3}$$

式中,C 为拟建项目的建设投资;E 为拟建项目根据当时当地价格计算的设备购置费;m_1,m_2 为已建项目中建筑工程费和安装工程费占设备购置费的百分比;f_1,f_2 为不同时期、不同地点的单价、费用变更等的调整系数;L 为拟建项目的其他费用。

例 4-3 某拟建项目的设备购置费为 25 000 万元,根据已建同类项目统计资料,建筑工程费占设备购置费的 21%,安装工程费占设备购置费的 12%,该拟建项目的其他费用为 2000 万元,调整系数 f_1,f_2 均为 1.2。试估算该项目的建设投资。

解:利用以拟建项目的设备购置费为基数进行估算的计算公式,该项目的建设投资为

$$\begin{aligned} C &= E(1 + f_1 m_1 + f_2 m_2) + L \\ &= 25\,000 \times (1 + 1.1 \times 0.21 + 1.1 \times 0.12) + 2000 \\ &= 35\,075 (万元) \end{aligned}$$

2) 以拟建项目的工艺设备投资为基数进行估算

该方法是以拟建项目的工艺设备投资为基数,根据已建成的同类项目的有关统计资料,各专业工程(包括总图、土建、管道、电气、自控等)占工艺设备投资(包括运杂费和安装费)的百分比,求出拟建项目各专业工程的投资,然后把各部分投资相加求和,再加上拟建项目的其他有关费用,即为拟建项目的建设投资。其计算公式如下:

$$C = E(1 + f_1 m'_1 + f_2 m'_2 + \cdots) + L \tag{4-4}$$

式中,E 为拟建项目根据当时当地价格计算的工艺设备投资;m'_1,m'_2,… 为已建项目中各专业工程费用占工艺设备投资的百分比;其他符号含义同前。

4. 详细估算法

简单估算法计算简单,操作便利,但得出的估算值误差较大,在项目评估阶段一般不宜采用,而应采用详细估算法进行固定资产投资估算。详细估算法是指先分别估算构成固定资产投资的各个组成部分,即工程费用(包括建筑工程费、设备购置费和安装工程费)、工程建设其他费用和预备费用(包括基本预备费和涨价预备费),然后再加以汇总得出建设投资的一种估算方法。其基本步骤为:

(1) 分别估算各单项工程的工程费用（包括各单项工程所需建设工程费、设备购置费和安装工程费），然后汇总得到拟建项目的工程费用。

(2) 工程建设其他费用估算。应按国家有关部门或行业规定的内容、计算方法和费率（或取费标准）分项估算，最后编制工程建设其他费用估算表。

(3) 预备费的估算（包括基本预备费和涨价预备费估算）。其中，

$$基本预备费 = （工程费用 + 工程建设其他费用）× 基本预备费率 \quad (4-5)$$

工程费用、工程建设其他费用可由上面步骤的计算结果获得，只要将基本预备费率代入上式，计算即可获得结果。在确定工程费用分年投资计划的基础上，估算涨价预备费。

(4) 汇总各项费用，编制建设投资估算表。

下面对各种费用估算方法进行详细介绍。

1) 建筑工程费用估算

建筑工程费用一般根据项目建筑面积与相应的概算指标加以估算。其计算公式为

$$建筑工程费用 = \sum (建筑面积 \times 每平方米造价) \quad (4-6)$$

式中，建筑面积（单位：平方米）根据工业建筑标准或经验数据来确定，每平方米造价根据有关部门制定的概预算编制文件或经验数据来确定。

运用上述公式时应当注意，不同类型的建筑物或构筑物，其单位造价是不同的，应分别加以估算，并与相应的每平方米造价相乘，最后汇总得出总建筑工程费用。

2) 设备购置费用估算

拟建项目所需的设备既可能来源于国内生产厂家，也可能从国外引进。从不同渠道购置的设备，其购置费用的计算方法是不同的。设备购置费用估算包括国内设备购置费、进口设备购置费和工器具及生产家具购置费。

(1) 国内设备购置费用估算。

国内设备购置费是指为建设项目购置或自制的达到固定资产标准的各种国产设备的购置费用。它由设备原价和设备运杂费构成。就标准设备而言，其计算公式为

$$设备购置费 = 设备原价 \times (1 + 运杂费率) \quad (4-7)$$

设备原价一般指的是设备制造厂的交货价，即出厂价。设备出厂价可以通过向厂家多方询价来加以确定，运杂费包括运输费、装卸费、运输包装费和保险费等各项费用，可以根据设备供应厂家到项目场地的距离、供货方式、运输方式等加以确定。

对于非标准设备，其购置费用的计算公式为

$$设备购置费 = 设计费 + 生产成本 + 计划税金 + 计划利润 + 运杂费 \quad (4-8)$$

式中，设计费、生产成本由建设单位与供货厂家根据预计支出额加以确定，运杂费的确定方式同上，计划税金与计划利润根据下列公式计算：

$$计划利润 = （设计费 + 生产成本）\times 成本利润率 \qquad (4-9)$$

$$计划税金 = \frac{设计费 + 生产成本 + 计划利润}{1 - 税率} \times 税率 \qquad (4-10)$$

式中，成本利润率、税率均取同行业平均水平。

(2) 进口设备购置费用估算。

进口设备购置费由进口设备货价、进口从属费用和国内运杂费组成。

进口设备货价按交货地点和方式的不同，可分为离岸价（FOB）与到岸价（CIF）两种。离岸价是指出口货物运抵出口国口岸交货的价格；到岸价是指进口货物抵达进口国口岸交货的价格。

进口从属费用包括国外运费、国外运输保险费、进口关税、进口环节消费税、进口环节增值税、外贸手续费和银行财务费。

国内运杂费是由运输费、运输保险费、装卸费、包装费和仓库保管费组成。

因此，对于从国外进口的设备，其购置费用的计算公式为

$$\begin{aligned}进口设备购置费 =\ & 到岸价格 + 进口关税 + 进口消费税 + 进口增值税 \\ & + 外贸与银行手续费 + 国内运杂费\end{aligned} \qquad (4-11)$$

$$到岸价格 = 离岸价格 + 国外运费 + 国外运输保险费 \qquad (4-12)$$

式中，离岸价格通过向外商询价情况来加以确定，国外运费、国外运输保险费的计算公式为

$$国外运费 = 离岸价格 \times 国外运费费率 \qquad (4-13)$$

$$国外运输保险费 = （离岸价格 + 国外运费费率）\times 国外保险费费率 \qquad (4-14)$$

国外运费率视设备的价值和运输距离而定，可向外贸部门调查获得；国外运输保险费费率视设备价值、类别和易损程度而定，可向外贸、商检、海关和保险公司等部门调查获得。

进口设备关税的计算公式为

$$应纳关税额 = 到岸价格 \times 关税税率 \qquad (4-15)$$

设备进口关税税率有两种：普通税率和最低税率。对于产自与我国未订有关税互惠条约或协定国家的进口设备，按照普通税率征收；对于产自与我国订有关税互惠条约或协定国家的进口设备，按照最低税率征税。关税税率可向海关等部门调查获得。

对于进口适用消费税的设备（如汽车），应按规定缴纳进口环节消费税，其计算公式为

$$\text{进口环节消费税} = \frac{\text{进口设备到岸价} + \text{进口关税}}{1 - \text{消费税税率}} \times \text{消费税税率} \quad (4\text{-}16)$$

进口环节增值税的计算公式为

$$\text{进口环节增值税} = (\text{到岸价格} + \text{关税税额} + \text{消费税税额}) \times \text{增值税税率} \quad (4\text{-}17)$$

进口环节增值税税率可查阅国家颁布的有关进口增值税的法律或规定获得，目前进口设备适用税率为17%。

外贸手续费的计算公式为

$$\text{外贸手续费} = \text{到岸价格} \times \text{外贸手续费费率} \quad (4\text{-}18)$$

外贸手续费费率可向外经贸部门调查而得。

银行财务费的计算公式为

$$\text{银行财务费} = \text{合同货价} \times \text{银行财务费费率} \quad (4\text{-}19)$$

式中，合同货价既可能是离岸价格，也可能是离岸价格加运费价格，还可能是到岸价格，根据项目建设单位与外商的意向而定，银行财务费率可向有关银行调查而得。

国内运杂费包括国内运输费、装卸费和保险费等，根据设备重量、体积、运输方式及运费标准加以估算。

在上述估算中，应根据预计使用的币种分别加以计算，外币一般以美元计算，并按当时的汇率将外币换算成人民币。

估算进口设备购置费应编制进口设备购置费估算表，具体表格如表4-1所示。

表 4-1　进口设备购置费估算表

序号	设备名称	台（套）数	离岸价	国外运费	国外运输保险费	到岸价	进口关税	进口环节消费税	进口环节增值税	外贸手续费	银行财务费	国内运杂费	设备购置费总价
1													
2													
…													
N													
合计													

例 4-4　某企业拟进行改扩建，项目主要生产设备拟从国外进口，设备重量为680吨，离岸价为1200万美元，其他有关费用参数为：国外运费标准为480

美元/吨；国外运输保险费费率为0.25%；银行财务费率为0.5%；外贸手续费率为1.5%；关税税率为20%；增值税的税率为17%；设备的国内运杂费率为3%。美元与人民币汇率为6.83。试估算进口设备购置费。

解：进口设备货价＝离岸价×6.83＝1200×6.83＝8196（万元）
国外运费＝单位运价×运量＝480×680×6.83＝222.93（万元）
国外运输保险费＝（离岸价＋国外运费）×国外保险费率
　　　　　　　＝（8196＋222.93）×0.25%＝21.05（万元）
到岸价＝离岸价格＋国外运费＋国外运输保险费
　　　＝8196＋222.93＋21.05
　　　＝8439.98（万元）
进口关税＝（进口设备离岸价＋国外运费＋国外运输保险费）×进口关税率
　　　　＝（8196＋222.93＋21.05）×20%＝1688（万元）
进口环节增值税＝（离岸价＋国外运费＋国外运输保险费
　　　　　　　＋进口关税）×增值税值
　　　　　　　＝（8196＋222.93＋21.05＋1688）×17%
　　　　　　　＝1721.76（万元）
银行财务费＝离岸价×银行财务费率＝8196×0.5%＝40.98（万元）
外贸手续费＝（离岸价＋国外运费＋国外运输保险费）×外贸手续费率
　　　　　＝（8196＋222.93＋21.05）×1.5%＝126.60（万元）
国内运输费＝离岸价×3%＝8196×3%＝245.88（万元）
进口设备购置费＝离岸价＋国际运费＋国际运输保险费＋进口关税＋进口环节增值税＋银行财务费＋外贸手续费＋国内运输费＝8196＋222.93＋21.05＋1688＋1721.76＋40.98＋126.60＋245.88＝12 263.20（万元）

3）安装工程费用估算

安装工程费用一般根据设备购置费与相应的安装费率或设备重量（单位：吨）与相应的每吨设备安装费加以估算。其计算公式分别为

$$安装工程费用 = 设备购置费 \times 安装费率 \quad (4-20)$$

$$安装工程费用 = 设备吨位 \times 每吨设备安装费 \quad (4-21)$$

设备购置费、设备吨位的数据可以从生产厂家或贸易公司获得，安装费率、每吨设备安装费则可根据国家有关规定或经验数据加以确定。

4）工程建设其他费用估算

工程建设其他费用包括的项目较多，其中有规定收费标准的，可按有关规定和收费标准进行估算，如供电贴费是按照日用电量和每单位用电量增容费来计算，供水贴费也是按照日用水量和每单位用水量增容费来计算；没有规定收费标准的，可按实际可能发生的费用进行估算。

将上述建筑工程费用、设备购置费用、设备安装工程费用和工程建设其他费用四项投资费用合计，即可得出拟建项目固定资产投资总额。

5）预备费估算

预备费包括基本预备费和涨价预备费两部分，因此预备费的估算也分为两部分。

基本预备费是以工程费用和工程建设其他费用之和为基数，按部门或行业主管部门规定的基本预备费费率进行估算。其计算公式为

$$\text{基本预备费} = (\text{工程费用} + \text{工程建设其他费用}) \times \text{基本预备费费率}$$

(4-22)

涨价预备费是以分年的工程费用为基数进行估算。其计算公式为

$$\text{PC} = \sum_{t=1}^{n} I_t [(1+f)^t - 1] \qquad (4-23)$$

式中，PC 为涨价预备费；I_t 为第 t 年的工程费用；f 为建设期价格上涨指数；n 为建设期；t 为年份。

6）无形资产投资估算

无形资产包括的内容较多，取得的形式多种多样，因而其计价较为复杂。我国现行财务会计制度规定，无形资产按照取得时的实际成本计价。具体计价方法为：

（1）投资者作为资本金或合作条件投入的，按照评估确认或者合同、协议约定的金额计价；

（2）从企业外部购入的，按照实际支付的金额计价；

（3）自行开发的，按照实际开发费用计价；

（4）接受捐赠的，按照所附单据或者参照同类无形资产市价计价；

（5）商誉只有在企业合并、接受投资和从外部购入时，方可作价入账，否则不能作为无形资产入账。

决定无形资产价格的主要因素有：买方使用无形资产可以获得收益的大小和时间的长短；无形资产的研发费用；出让无形资产所损失的利润；类似替代无形资产的价格；无形资产的寿命期，如专利有效期等。

在项目评估阶段，投资者尚缺乏详细的资料，难以对无形资产作出准确的估算，需聘请有关方面的专家，在综合各种因素的基础上作出大致的估算。首先对无形资产进行鉴别，看其是否符合相对应的无形资产的条件；然后再用一定的方法进行估价。目前除土地使用权以外，比较认可的其他无形资产的估价方法有两种，即收益现值法和现行市价法。

将上述估算进行汇总，即可得到拟建项目建设投资，建设投资估算汇总表可以按概算法或形成资产法进行列表，具体格式如表 4-2 与表 4-3 所示。

第4章 投资估算

表 4-2　建设投资估算表（概算法）（单位：万元、万美元）

序号	工程或费用名称	估算价值					占建设投资的比例（%）	备注
		建筑工程费	设备购置费	安装工程费	其他费用	合计	其中外币	
1	工程费用							
1.1	主体工程							
	⋮							
1.2	辅助工程							
	⋮							
1.3	公用工程							
	⋮							
1.4	服务性工程							
	⋮							
1.5	厂外工程							
	⋮							
2	工程建设其他费用							
2.1	×××							
2.2	×××							
3	预备费							
3.1	基本预备费							
3.2	涨价预备费							
4	建设投资合计(1+2+3+4)							

表 4-3　建设投资估算表（形成资产法）（单位：万元、万美元）

序号	工程或费用名称	估算价值					占建设投资的比例（%）	备注
		建筑工程费	设备购置费	安装工程费	其他费用	合计	其中外币	
1	固定资产费用							
1.1	工程费用							
	⋮							
1.2	设备购置费							
	⋮							
1.3	安装工程费							
	⋮							
1.4	工程建设其他费用							
	⋮							
2	无形资产费用							
2.1	土地使用权							
2.2	其他							
3	其他资产费用							
4	预备费							
4.1	基本预备费							
4.2	涨价预备费							
5	建设投资合计(1+2+3+4)							

4.2.2 建设期利息估算

建设期利息是债务资金在建设期内发生并应计入固定资产原值的利息,包括借款(或债券)利息及手续费、发行费、管理费等融资费用。

在投资项目评价中,无论各种外部借款是按年计息,还是按季、月计息,均可简化为按年计息,即将名义利率折算为有效年利率。其计算公式为

$$R = (1+\frac{r}{m})^m - 1 \qquad (4-24)$$

式中,R 为有效年利率;r 为名义年利率;m 为每年计息次数。

项目在建设期内如能按期支付利息,应按单利计息;在建设期内如不支付利息,应按复利计息。

在投资项目评价中,假定各种外部借款均在年中发生,则当年借款使用额按半年计息,在以后年份按全年计息,此时建设期每年计息的计算公式为

每年应计利息 =(年初借款本息累计 + 本年借款额÷2)× 年利率 (4-25)

若外部借款均在年初发生,则应按全年计息,此时建设期每年计息的计算公式为

每年应计利息 =(年初借款本息累计 + 本年借款额)× 年利率 (4-26)

建设期利息估算表如表 4-4 所示。

表 4-4 建设期利息估算表   (单位:万元)

序号	年份 项目	合计	建设期				
			3	4	5	6	…	n
1	借款						
1.1	建设期利息						
1.1.1	期初借款余额						
1.1.2	当期借款						
1.1.3	当期应计利息						
1.1.4	期末借款余额						
1.2	其他融资费用						
1.3	小计(1.1+1.2)						
2	债券						
2.1	建设期利息						
2.1.1	期初债务余额						
2.1.2	当期债务金额						
2.1.3	当期应计利息						
2.1.4	期末债务余额						
2.2	其他融资费用						
2.3	小计(2.1+2.2)						
3	合计(1.3+2.3)						
3.1	建设期利息合计(1.1+2.1)						
3.2	其他融资费用(1.2+2.2)						

注:①本表适合于新设法人项目与既有法人项目的新增建设期利息的估算。
②原则上应分别估算外汇和人民币债务。

例 4-5 某新建项目建设期为 3 年,第 1 年年初借款 200 万元,第 2 年年初借款 300 万元,第 3 年年初借款 200 万元,借款年利率为 5.31%,每年计息 1 次,建设期内不支付利息。试计算该项目的建设期利息。

解:第 1 年借款利息 $Q_1 = (P_{1-1} + A_1) R = 200 \times 5.31\% = 10.62$(万元)

第 2 年借款利息 $Q_2 = (P_{2-1} + A_2) R$
$= (210.62 + 300) \times 5.31\% = 27.11$(万元)

第 3 年借款利息 $Q_3 = (P_{3-1} + A_3) R$
$= (210.62 + 327.11 + 200) \times 5.31\% = 39.17$(万元)

则该项目的建设期利息为 $10.62 + 27.11 + 39.17 = 76.90$(万元)。

例 4-6 某新建项目建设期为 4 年,第 1 年借款 200 万元,第 2 年借款 300 万元,第 3 年借款 200 万元,第 4 年借款 300 万元,各年借款均在年内均衡发生,借款年利率为 5.31%,每年计息 1 次,建设期内按期支付利息。试计算该项目的建设期利息。

解:第 1 年借款利息 $Q_1 = (P_{1-1} + A_1/2) R = \dfrac{200}{2} \times 5.31\% = 5.31$(万元)

第 2 年借款利息 $Q_2 = (P_{2-1} + A_2/2) R = \left(200 + \dfrac{300}{2}\right) \times 5.31\% = 18.59$(万元)

第 3 年借款利息 $Q_3 = (P_{3-1} + A_3/2) R = \left(500 + \dfrac{200}{2}\right) \times 5.31\% = 31.86$(万元)

第 4 年借款利息 $Q_4 = (P_{4-1} + A_4/2) R = \left(700 + \dfrac{300}{2}\right) \times 5.31\% = 45.14$(万元)

则该项目的建设期利息为 $5.31 + 18.59 + 31.86 + 45.14 = 100.90$(万元)。

4.3 流动资金估算

流动资金是指项目运营期内长期占用并周转使用的营运资金,不包括运营中临时性需要的资金。流动资金估算的基础主要是营业收入和经营成本。因此,流动资金估算应在营业收入和经营成本估算之后进行。

不同类型的项目,其流动资金的需要量差异较大,一般可根据项目的类型与同类项目的经验数据加以估算。流动资金常用的估算方法主要有以下几种。

4.3.1 扩大指标估算法

流动资金的扩大指标估算法是指在拟建项目某项指标的基础上,按照同类项目相关资金比率估算出流动资金需用量的方法，又分为营业收入资金率法、总成本（或经营成本）资金率法、固定资产价值资金率法和单位产量资金率法等具体方法。

1. 营业收入资金率法

营业收入资金率是指项目流动资金需要量与其一定时期内（通常为一年）的营业收入的比率。

营业收入资金率法的计算公式为

$$流动资金需要量 = 项目年营业收入 \times 营业收入资金率 \qquad (4-27)$$

式中，项目年营业收入取项目正常生产年份的数值；营业收入资金率根据同类项目的经验数据加以确定。

一般加工工业项目多采用该方法估算流动资金。

2. 总成本（或经营成本）资金率法

总成本（或经营成本）资金率法是指项目流动资金需要量与其一定时期（通常为一年）内总成本（或经营成本）的比率。其计算公式为

$$流动资金需要量 = 项目年总成本(或经营成本) \times 总成本(或经营成本)资金率$$

$$(4-28)$$

式中，项目年总成本（或经营成本）取正常生产年份的数值；总成本（或经营成本）资金率根据同类项目的经验数据加以确定。

一般采掘工业项目多采用该方法估算流动资金。

3. 固定资产价值资金率法

固定资产价值资金率是指项目流动资金需要量与固定资产价值的比率。其计算公式为

$$流动资金需要量 = 固定资产价值 \times 固定资产价值资金率 \qquad (4-29)$$

式中，固定资产价值根据前述方法得出；固定资产价值资金率根据同类项目的经验数据加以确定。

某些特定的项目（如火力发电厂、港口项目等）可采用该方法估算流动资金。

4. 单位产量资金率法

单位产量资金率是指项目单位产量所需的流动资金金额。其计算公式为

$$流动资金需要量 = 达产期年产量 \times 单位产量资金率 \qquad (4-30)$$

式中，单位产量资金率根据同类项目经验数据加以确定。

某些特定的项目（如煤矿项目）可采用该方法估算流动资金。

4.3.2 分项详细估算法

分项详细估算法是根据企业流动资产与流动负债的差额估算流动资金的一种

方法，可以根据流动资金估算表进行估算。流动资金估算表的格式见表 4-5。

表 4-5　流动资金估算表　　　　　　　　　　（单位：万元）

序号	年份／项目	最低周转天数	周转次数	投产期		达到设计能力生产期				合计
				1	2	3	4	…	n	
1	流动资产									
1.1	现金									
1.2	应收账款									
1.3	存货									
1.3.1	原材料									
1.3.2	燃料									
1.3.3	在产品									
1.3.4	产成品									
1.3.5	其他									
1.4	预付账款									
2	流动负债									
2.1	应付账款									
2.2	预收账款									
3	流动资金（1－2）									
4	流动资金本年增加额									

注：①本表适合于新设法人项目与既有法人项目的"有项目"、"无项目"和增量流动资金的估算。
②不发生预付账款和预收账款的项目可以不列此两项。
③原材料、燃料栏目应分别列出具体名称，分别计算。
④流动资金本年增加额＝本年流动资金－上年流动资金；某年流动资金＝该年流动资产估算额－该年流动负债估算额。

1. 年周转次数及周转天数的计算

年周转次数的计算公式为

$$年周转次数 = \frac{360 \text{ 天}}{最低周转天数} \qquad (4\text{-}31)$$

各类流动资金和流动负债的最低周转天数参照同类企业的平均周转天数并结合项目的特点确定，或按部门（行业）规定执行。不同项目的周转天数构成不同，如下所示：

外购原材料燃料最低周转天数 ＝ 在途天数 ＋ 平均供应间隔天数 × 供应间隔系数
　　　　　　　　　　　＋ 验收天数 ＋ 整理储备天数 ＋ 保险天数

$$(4\text{-}32)$$

在产品最低周转天数 ＝ 产品生产加工周期 ＋ 半成品储备天数　(4-33)

产成品最低周转天数 ＝ 在库天数 ＋ 在途或结算天数　(4-34)

2. 流动资产估算

流动资产是指可以在 1 年（含 1 年）或者超过 1 年的一个营业周期内变现或耗用的资产，主要包括货币资金、短期投资、应收及预付账款、存货、待摊费用等。为简化计算，项目投资评价中仅考虑现金、应收账款、存货三项。其估算公式为

$$\text{流动资产} = \text{年现金} + \text{年应收账款} + \text{年存货} \tag{4-35}$$

其中，

$$\text{年现金} = \frac{\text{年工资或薪酬} + \text{年其他费用}}{\text{现金年周转次数}} \tag{4-36}$$

其中，

年其他费用 = 制造费用 + 营业费用 + 管理费用 + 财务费用 − （以上四项中所含的工资及福利费、折旧费用、摊销费、修理费、利息支出、维简费） (4-37)

$$\text{年应收账款} = \frac{\text{年经营成本}}{\text{应收账款年周转次数}} \tag{4-38}$$

年存货 = 外购原材料估算额 + 外购燃料及动力 + 其他材料 + 在产品 + 产成品

(4-39)

其中，

$$\text{外购原材料估算额} = \frac{\text{年外购原材料费用}}{\text{外购原材料年周转次数}} \tag{4-40}$$

$$\text{外购燃料及动力} = \frac{\text{年外购燃料费用}}{\text{外购燃料年周转次数}} \tag{4-41}$$

$$\text{其他材料} = \frac{\text{年外购其他材料费用}}{\text{外购其他材料年周转次数}} \tag{4-42}$$

$$\text{在产品} = \frac{\text{年外购原材料、燃料、电力} + \text{年工资或薪酬} + \text{年修理费} + \text{年其他制造费}}{\text{在产品年周转次数}}$$

(4-43)

$$\text{产成品} = \frac{\text{年经营成本} - \text{年其他营业费用}}{\text{产品年周转次数}} \tag{4-44}$$

3. 流动负债估算

流动负债是指将 1 年（含 1 年）或者超过 1 年的一个营业周期内偿还的债务，主要包括货币短期借款、应付账款、预收账款、应付工资、应付福利费、应交税金、应付股利、预提费用等。为简化计算，项目投资评价中仅考虑应付账款和预收账款。

应付账款是因购买材料、商品或接受劳务等而发生的债务，是买卖双方在购

销活动中由于取得物质与支付货款在时间上不一致而产生的负债。其估算公式为

$$应付账款 = \frac{年外购原材料、燃料、电力和其他材料费}{应付账款年周转次数} \quad (4-45)$$

预收账款是买卖双方协议商定，由购买方预先支付一部分货款给销售方，从而形成销售方的负债。其估算公式为

$$预收账款 = \frac{年预收的营业收入金额}{预收账款年周转次数} \quad (4-46)$$

4.4 项目总投资估算

按投资估算内容和估算方法将上述各项估算进行汇总，编制项目总投资估算表，如表 4-6 所示。

表 4-6 项目总投资估算表 （单位：万元、万美元）

序号	费用名称	投资额		估算说明
		合计	其中：外币	
1	建设投资			
1.1	建筑工程费			
1.2	设备购置费			
1.3	安装工程费			
1.4	工程建设其他费用			
1.5	基本预备费			
1.6	涨价预备费			
2	建设期利息			
3	流动资金			
	项目总投资（1+2+3）			

例 4-7 某企业拟进行改扩建，扩建内容包括生产主车间、与工艺生产相适应的辅助生产设施、公用工程及有关的生产管理、生活福利等设施。预计建设期为 3 年。

项目主要生产设备拟从国外进口，设备重量为 680 吨，离岸价为 1200 万美元，其他有关费用参数为：国际运费标准为 480 美元/吨，海上运输保险费率为 0.25%，银行财务费率为 0.5%，外贸手续费率为 1.5%，关税税率为 20%，增值税的税率为 17%，设备的国内运杂费率为 3%。美元与人民币汇率为 6.83。

建筑工程费、设备及工器具购置费和安装工程费情况如表 4-7、表 4-8 和表

4-9 所示。工程建设其他费用为 3042 万元，预备费中基本预备费用为 3749 万元。

投资分年使用，计划按第一年 20%、第二年 55%、第三年 25% 的比例分配。项目建设期利息为 3801 万元，正常年时总成本 20 745 万元，总成本资金率为 0.341 50。

表 4-7　建筑工程费表　　　　　　　　（单位：万元）

序号	项目	建筑工程费
1	主要生产项目	1 031
2	辅助生产项目	383
3	公用工程项目	449
4	服务性工程项目	262
5	环境保护工程	185
6	总图运输	52
7	生活福利工程	1 104

表 4-8　设备及工器具购置费表　　　　（单位：万元）

序号	项目	设备及工器具购置费
1	主要生产项目	12 263
2	辅助生产项目	1 052
3	公用工程项目	2 488
4	环境保护工程	1 100
5	总图运输	248

表 4-9　设备及工器具安装费表　　　　（单位：万元）

序号	项目	设备及工器具安装费
1	主要生产项目	7 320
2	辅助生产项目	51
3	公用工程项目	1 017
4	厂外工程项目	38
5	环境保护工程	225

试编制建设投资（不含建设期利息）估算表和项目总投资资金估算汇总表，并估算项目总投资。

解：进口设备购置费估算见例 4-4，为 12 263.20 万元。

(1) 编制建设投资（不含建设期利息）估算表，如表 4-10 所示。

表 4-10 建设投资（不含建设期利息）估算表 （单位：万元）

序号	工程或费用名称	建筑工程费	设备及工器具购置费	安装工程费	其他费用	合计	投资比例（%）
1	工程费用	3 466	17 151	8 651		29 268	81.2
1.1	主要生产项目	1 031	12 263	7 320		20 614	
1.2	辅助生产项目	383	1 052	51		1 486	
1.3	公用工程项目	449	2 488	1017		3 954	
1.4	服务性工程项目	262				262	
1.5	厂外工程项目			38		38	
1.6	环境保护工程	185	1 100	225		1510	
1.7	总图运输	52	248			300	
1.8	生活福利工程	1 104				1 104	
2	工程建设其他费用				3 042	3 042	8.4
3	预备费				3 749	3 749	10.4
3.1	基本预备费				3 749	3 749	
3.2	涨价预备费						
4	建设投资（不含建设期利息）	3 466	17 151	8 651	6 791	36 059	100
	投资比例（%）	9.6	47.6	24.0	18.8	100	

(2) 流动资金估算。根据扩大指标估算法，

流动资金额＝年总成本×总成本资金率＝20 745×0.3415＝7084（万元）

(3) 项目总投资估算。根据建设投资（不含建设期利息）估算表、流动资金和建设期利息数据，编制项目总投资资金估算汇总表，如表 4-11 所示。

表 4-11 项目投入资金估算汇总表 （单位：万元）

序号	费用名称	投资额合计	估算说明
1	建设投资	39 860	
1.1	建设投资工程费	36 059	
1.1.1	建设工程费	3 466	
1.1.2	设备及工器具购置费	17 151	
1.1.3	安装工程费	8 651	
1.1.4	工程建设其他费用	3 042	
1.1.5	基本预备费	3 749	
1.2	建设期利息	3 801	
2	流动资金	7 084	
3	项目投入总资金（1+2）	46 944	

由此估算出项目投入总资金为 46 944 万元。

➢ 练习题

1. 试述建设项目总投资的内容。
2. 试述投资估算在项目开发建设过程中的作用。
3. 进口设备购置费一般包括哪些内容?
4. 试述扩大指标估算法。
5. 试述固定资产投资和流动资金投资的内容。
6. 工程建设其他费用包括哪些内容?
7. 流动资产估算包括哪些内容?
8. 某进口设备的离岸价是 100 万美元,已知:国外运费率 6%,国外运输保险费率 0.35%,外汇牌价 1 美元兑换 6.83 元人民币,进口关税率 10%,进口环节增值税率 17%,外贸手续费率 1.5%,银行财务费率 4‰。试计算该设备的外贸手续费、进口环节增值税。
9. 某项目建筑工程费为 5500 万元,设备及工器具购置费为 12 000 万元,安装工程费为 3500 万元,工程建设其他费用为 9600 万元,建设期各年价格上涨指数均为 5%,项目建设期 2 年,各项费用的第一年和第二年的分年投入比例为 4∶6。问该项目的涨价预备费为多少?
10. 某新建项目建设期为 3 年,借款额在各年年内均衡发生,第 1 年借款 200 万元,第 2 年借款 400 万元,第 3 年借款 200 万元,年利率 6%,建设期内不支付利息。问建设期利息是多少?

第 5 章

融资方案评价

5.1 融资方案概述

现代市场经济高速发展的同时，资本市场也得到了高速的发展，项目的融资方式和融资技术也在不断发展。项目的资金筹措是项目实施的一项重要工作，项目的融资研究应该从项目前期阶段开始。在项目决策分析与评价阶段要考虑融资方案的设计并进行必要的分析研究或评估，以便为最终的融资决策提供依据。特别是大型投资项目的融资，通常需要良好的组织和系统的融资方案。融资技术和技巧对于项目的成败越来越起到决定性的作用。按期足额投入资金是保证投资项目顺利实施的基本前提，因此，融资方案评价是在确定项目投资估算所需的资金的基础上，对项目资金的来源、筹集方式、融资成本、筹资风险及资金使用计划等进行合理性、可靠性的评估，目的是保障投资项目对资金的需求和使用。

项目投资资金来源渠道的多元化，导致了项目融资方案的多样化，在评估时应对各种融资方案进行分析比选，从中选择具有资金获取方便可靠、融资结构合理、使用安排最佳、融资条件优惠、综合融资成本低和融资风险小的融资方案。

对融资方案进行分析评价，一方面有利于选择条件优惠成本低廉的投资资金，避免或减少融资风险，提高项目投资收益；另一方面有利于确保建设资金在项目建设期内及时到位，使项目能按期建成投产，较快产生效益。

5.2 资本金与债务资金的筹措

5.2.1 资本金筹措分析评价

项目投入资金的需求主要靠适当的资金来源渠道和融资方案予以满足。资金来源分析主要是分析可行性研究报告中提出的各种资金来源是否恰当、合理、可靠，以寻求更为有利的资金渠道。此外，还应评价资金来源是否符合国家有关规定，各项资金来源是否能够落实，使用条件是否合理。

我国现行财税制度规定，建设项目所需要投入的资金总额主要由自有资金、赠款和借入资金三部分组成，如图5-1所示。投资项目融资主要包括资本金筹措和负债融资两部分。资本金筹措

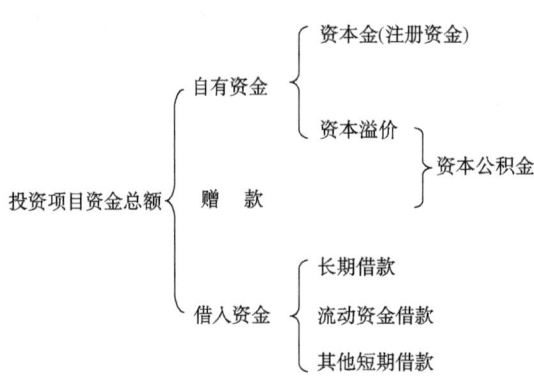

图5-1 投资项目资金来源构成

是属于自有资金，即股东权益资金，以权益方式投资的资金取得产权；以负债方式筹集的资金，提供资金方只取得债权。项目资本金是指由项目的发起人、股权投资人（以下称投资者）以获得项目财产权和控制权的方式投入的资金。对于提供债务融资的债权人来说，项目资本金是获得负债融资的一种信用基础，因为项目资本金后于负债受偿，可以降低债权人债权回收风险。在项目的融资研究中，应根据项目融资目标的要求，在拟定的融资模式前提下研究资本金筹措方案。

1. 项目资本金制度

为了建立投资风险约束机制，有效地控制投资规模、提高投资效益，国家对于固定资产投资实行资本金制度。根据国务院发布的规定，从1996年开始，国有单位和集体投资项目必须首先落实资本金才能进行建设，个体和私营企业的经营性投资项目参照执行，公益性投资项目不实行资本金制度。

资本金的最低需要量是拟投资项目的固定资产投资总额与铺底流动资金（为全部流动资金的30%）之和，乘以国家规定的各行业最低资本金比例。其计算公式为

$$项目资本金最低需要量 = (项目固定资产投资总额 + 铺底流动资金)$$
$$\times 国家规定的项目最低资本金比例 \quad (5-1)$$

$$项目资本金比例 = \frac{项目资本金}{项目总投资(含铺底流动资金)} \times 100\% \quad (5-2)$$

根据国务院的规定，投资项目资本金占总投资的比例，根据不同行业和项目的经济效益等因素确定，具体规定如表 5-1 所示。

表 5-1 项目资本金占项目总投资的比例表

序号	投资行业	项目资本金占项目总投资的比例
1	钢铁	40% 及以上
2	交通运输、煤炭	35% 及以上
3	邮电、化肥	25% 及以上
4	电力、机电、建材、化工、石油加工、有色、轻工、纺织、商贸及其他行业	20% 及以上

注：项目资本金占项目总投资的比例随经济的发展而在动态调整中。

项目资本金的具体比例，由项目审批单位根据投资项目的经济效益及银行贷款意愿和评估意见等情况，在审批可行性研究报告时核定。经国务院批准，对个别情况特殊的国家重点建设项目，可以适当降低资本金比例。作为计算资本金基数的总投资，是指投资项目的建设投资与铺底流动资金之和。

外商投资项目（包括外商投资、中外合资、中外合作经营项目）目前不执行上述项目资本金制度，而是按照外商投资企业的有关法规执行。按照目前有关法规，要求外商投资企业的注册资金与生产经营规模相适应，明确规定了注册资金占投资总额的最低比例，如表 5-2 所示。这里的投资总额是指投资项目的建设投资与流动资金之和。

表 5-2 注册资金占投资总额的最低比例表

序号	投资总额	注册资金占总投资的最低比例	附加条件
1	300 万美元以下	70%	
2	300 万～1 000 万美元	50%	其中投资总额 420 万美元以下的，注册资金不低于 210 万美元
3	1 000 万～3 000 万美元	40%	其中投资总额在 1 250 万美元以下的，注册资金不低于 500 万美元
4	3 000 万美元以上	1/3	其中投资总额在 3 600 万美元以下的，注册资金不低于 1 200 万美元

对于一些特殊行业的外商投资企业，资本金有特别要求，如表 5-3 所示。

表 5-3　特殊行业的外商投资企业注册资金最低要求表

序号	行业	注册资金最低要求
1	从事零售业务的商业中外合营企业	不低于 5 000 万人民币（中西部地区不低于 3 000 万）
2	从事批发业务的中外合作企业	不低于 8 000 万人民币（中西部地区不低于 6 000 万）
3	外商投资（包括独资及中外合资）举办投资公司	不低于 3 000 万美元
4	外商投资电信企业	经营全国的或跨省、自治区、直辖市范围的基础电信业务的，其注册资本最低限额为 20 亿元人民币；在此区域内经营增值电信业务的，其注册资本最低限额为 1 000 万元人民币。经营省、自治区、直辖市范围内的基础电信业务的，其注册资本最低限额为 2 亿元人民币；在此区域内经营增值电信业务的，其注册资本最低限额为 100 万元人民币

资本金的出资方式可以是货币资金、实物、工业产权、非专利技术、土地使用权等。如果采用实物、工业产权、非专利技术和土地使用权等无形资产作为资本金来源，则必须经过有资质的资产评估机构依照法律、法规进行评估作价，不得有意高估或低估。同时规定，无形资产作价出资的比例不得超过项目资本金总额的 20%，但对于高新技术成果出资入股的，作价总额可以超过公司注册资本的 20%，但不得超过 35%。

2. 公司融资项目资本金——自有资金

采取传统的公司融资方式进行项目的融资的，项目资本金来自公司的自有资金，主要包括企业现有的现金、未来生产经营中获得的可用于项目的资金、企业资产变现和企业增资扩股。在项目研究中，应通过分析公司财务报表，判断现有企业是否具有足够的自有资金投资拟建项目。

1）企业现有的现金

企业库存现金和银行存款可以由企业的资产负债表得以反映，其中可能有一部分可以投入项目，即扣除保持必要的日常经营所需货币金额，多余的资金可以用于项目投资。

2）未来生产经营中获得的可用于项目的资金

在未来的项目运营期间，企业可以从生产经营中获得新的现金，扣除生产经营开支及其他日常开支之后，剩余部分可以用于项目投资。未来企业经营获得的净现金流量，需要通过对企业未来现金流量的预测来估算。实际中常采用经营收益间接估算企业未来的经营净现金流量。

$$经营净现金流量 = 经营净收益 - 流动资金占用的增加 \quad (5\text{-}3)$$

$$经营净收益 = 净利润 + 折旧 + 无形及其他资产摊销 + 财务费用 \quad (5\text{-}4)$$

$$\text{经营净现金流量} = \text{净利润} + \text{折旧} + \text{无形及其他资产摊销}$$
$$+ \text{财务费用} - \text{流动资金占用的增加} \quad (5\text{-}5)$$

企业未来经营净现金流量中，财务费用及流动资金占用的增加部分将不能用于固定资产投资，折旧、无形及其他资产摊销通常认为可以用于再投资或偿还债务，净利润中有一部分可能需要用于分红或留作盈余公积金和公益金留存，其余部分可以用于再投资或偿还债务。因此，可以用于再投资及偿还债务的企业经营净现金可按下式估算：

$$\text{可以用于再投资及偿还债务的企业经营净现金} = \text{净利润} + \text{折旧}$$
$$+ \text{无形及其他资产摊销} - \text{流动资金占用的增加} - \text{利润分红}$$
$$- \text{利润中需要留作企业盈余公积金和公益金的部分} \quad (5\text{-}6)$$

3）企业资产变现

企业可以将现有资产转让变现，取得现金用于项目投资。企业资产变现通常包括短期投资、长期投资、固定资产和无形资产。流动资产中的应收账款、其他应收款等应收款项降低，能够增加企业可以使用的现金，存货降低有同样的作用，这类流动资产的变现通常在企业未来流动资金占用的增加中综合估算。如果没有在未来的企业经营净现金预测中估算，也可以在资产变现中估算。

企业资产变现可以采取的方式有单项资产变现、资产组合变现、股权转让变现、经营权变现、对外长期投资变现和证券资产变现等。

4）企业增资扩股

企业可以通过原有股东增资及吸收新股东增资扩股，包括国家股、企业法人股、个人股和外资股的增资扩股。

3. 项目融资项目资本金

采取项目融资方式进行融资，需要组建新的独立法人。项目的资本金是新建法人的资本金，是项目投资者为拟建项目提供的资本金。为项目投资而组建的新法人大多是企业法人，包括有限责任公司、股份公司、合作制公司等。企业法人的资本金通常以注册资金的方式投入。有限责任公司及股份公司的注册资金由企业的股东按股权比例认缴，合作制公司的注册资金由合作投资方预先约定金额投入。股东投入企业的资金超过注册资金的部分，通常以资本公积金的形式记账。项目资本金的来源主要有以下几种渠道：

（1）各级政府的财政预算内资金、国家批准的各种专项建设基金、"拨改贷"和经营性基本建设基金回收的本息、土地批租收入、国有企业产权转让收入、地方人民政府按国家有关规定收取的各种税费及其他预算外资金；

（2）国家授权投资的机构及企业法人的所有者权益（包括资本金、资本公积金、盈余公积金、未分配利润及股票上市收益等）、企业折旧资金，以及投资者按照国家规定从资本市场上筹措的权益性资金（如发行股票和可转换债券）；

（3）社会个人合法所有的资金；

（4）国家规定的其他可以用作资本金的资金。

4. 在资本市场上募集股本资金

有些项目的资本金需要在资本市场上募集。在资本市场募集资本金可以采取两种基本方式：私募与公开募集。私募是指将股票直接出售给投资者，不通过公开市场销售；公开募集是指在证券市场上公开向社会发行股票。在证券市场上公开发行股票，需要取得证券监管机构的批准，并且通过证券公司或投资银行向社会推销，需要提供冗长的文件，保证公司的信息披露，保证公司的经营及财务透明。采用公开募集方式，筹资费用较高，筹资时间较长；私募程序相对简化，但在信息披露方面仍必须满足投资者的要求。另外，项目公司可以在资本市场上以增发配股方式募集资金。增发配股是向公司现有股东增发股、配股募集资金。需要注意的是，如果每个股东都全额认购了增发配股，增发配股的发行价只影响募集资金的多少，不会影响公司的股权比例，但如果有股东放弃或转让增发配权，股东的股权比例将会发生变化。

5. 准资本金

1）优先股

优先股是一种介于股本资金与负债之间的融资方式，优先股股东不参与公司的经营管理，没有公司的控制权。发行优先股通常不需要还本，但要支付固定股息，固定的股息通常高于银行的贷款利息。优先股后于其他债权受偿，其他债权人可将其视为准股本。而对于普通股股东来说，优先股是一种负债。

2）股东借款

股东借款是指公司的股东对公司提供的贷款。在项目融资中，股东不愿意向项目公司提供更多的注册资金时，常常用附加股东借款。对于项目的银行借款，提供准资本金支持，一方面可以降低注册资金，另一方面可以获得利息在税前支付的优惠。在这种情况下，通常附加有贷款保证条件，要求在银行贷款偿清之前，股东必须保持一定的预先约定的股东借款，使得项目公司在扣除股东借款后的负债与包括股东借款在内的资本金和准资本金之比保持在安全水平。

6. 赠款及资本公积金

接受捐赠款也是投资项目的资金来源之一，但仅限于极少数项目。捐赠款是一种投资，捐赠人不是企业所有者，也不为企业承担任何责任，这种投资不形成企业的实收资本，但可增加企业权益。捐赠的资产价值作为投资各方的共同财产，与资本溢价一起构成资本公积金，属于企业所有者权益。从筹资的角度看，捐赠款是属于主权资金范畴，即为自有资金的范围。

资本公积金是一种资本储备形式。当资本公积金超出注册资本的50%以上时，其超出部分的资金就可以按照法定程序转增资本金。因此，资本公积金亦是所有者权益的构成之一，主要由以下几部分构成：

（1）资本溢价。投资者实际缴付的出资额超出其资本金的差额。

（2）股票溢价。发行股票获得的净收入超出股票面值的溢价收入。

（3）接受捐赠的资产价值，作为企业各方共有的财产，记为资本公积金。

（4）法定财产重估值。当企业实行股份制改组、兼并或重组、吸收外商投资、对外联营投资或按国家统一组织清产核资时，企业均应进行财产重估，其重估价值超出原账面净值的差额，即为法定财产重估增值，作为企业资本公积金。但在项目评估时，项目投资方应按重估值作为出资的资本金，不计入资本公积金。

（5）资本汇率折算差额。企业在收到外币投资时，需将其折合为记账本位币金额，但由于资产账户和实收资本账户的记账日期不同，所采用的汇率也不同，产生的资本汇率折算差额就作为资本公积金处理。但在项目评估时，投资估算只采用一个汇率，因而不存在资本汇率差额的问题。

因此，在项目评估的筹资方案中只需将资本溢价和接受捐赠款这两部分当做资本公积金。

7. 资本金来源的评估

对于项目资本金来源的可靠性评估，主要应从以下几方面进行考虑：

（1）对出资方、出资方式、资本金来源及数额、资本金认缴度进行评估，并审核各出资者承诺出资和资产评估证明的文件及材料。

（2）对以货币方式投入的资本金，主要应根据出资人近三年的生产经营、资产负债和财务状况变动情况，重点审查其资金来源与使用的平衡情况及落实程度。

（3）对以实物、工业产权、非专利技术、土地使用权等方式投入的，重点审查其所有权是否归出资者所有，估价是否符合法律、法规的要求，投入比例是否符合国家规定等。

（4）对以发行股票方式的筹资，应评估其是否符合国家规定，发行的方式和股票数额是否经有关部门审批同意，是否具有应提交国家有关部门的批复文件。按年度审批计划的，应有分年安排意见。

（5）对于通过发行可转换债券来筹资的项目，应审核负债主体是否符合国家有关法规并经有关部门批准，是否具有应提交国家有关部门的批复文件，并应审核分析转换比率、债券转换对项目法人财务结构的影响、转换前的公司债务负担及转换失败风险。

（6）在评估资本金时，应防止项目法人将对外筹措的负债资金作为项目资本金，并严禁以金融机构借款作为资本金。

（7）对地方承诺的项目资本金应评估资本金到位的可能性。

5.2.2 债务资金的筹措分析评价

债务资金是指项目法人通过向国内外银行和金融机构申请借款、经批准发行企业债券、进行融资租赁等方式筹集的用于项目建设的资金。债务资金是投资项目的重要资金来源之一，是需要还本付息的资金，亦可称为负债融资；而投资者出资的自有资金不必还本付息，属于非债务性资金，项目法人不承担这部分资金的任何利息和债务。债务资金的来源渠道较多，大致可分为国内和国外两类负债融资渠道。

1. 国内债务资金的主要渠道

国内债务融资的主要渠道可以分为银行贷款、发行债券、融资租赁等方式，如图5-2所示。

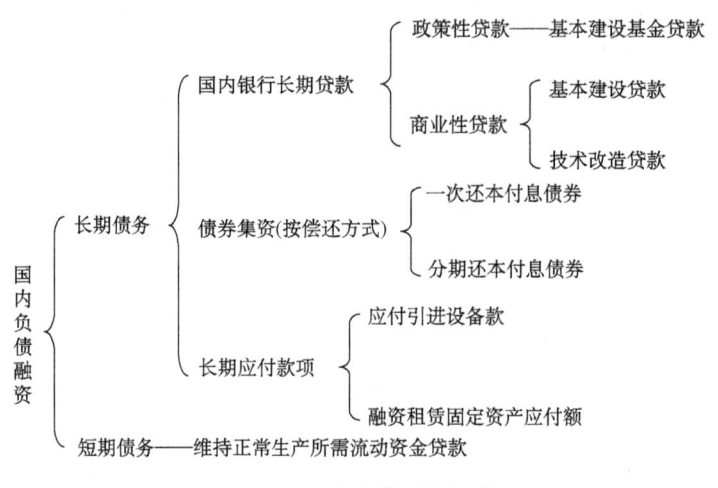

图 5-2　国内负债融资渠道

1）商业银行贷款

商业银行贷款是企业和新建项目筹集债务资金的一个重要渠道。按照贷款期限，商业银行的贷款分为短期贷款、中期贷款和长期贷款。贷款期限在1年以内的为短期贷款，1~3年的为中期贷款，3年以上期限的为长期贷款。商业银行贷款通常不超过10年，超过10年期限，商业银行需要特别报人民银行备案。按照资金使用用途分类，商业银行贷款在银行内部管理中分为固定资产贷款和流动资产贷款。企业公司法人或者新建项目公司法人使用商业银行贷款，需要满足银行的要求，向银行提供必要的资料。项目融资贷款中，银行要求的材料除了一般贷款要求的借款人基本材料之外，还要有项目投资的有关材料（包括项目可行性研究报告、项目建议书等前期工作资料)、政府对于项目投资及环境影响批准文件、与项目有关的重要合同、与项目有利害关系的主要方面的基本材料等。商业银行为了规避贷款风险，保证信贷资金的安全，需要审查借款人的偿债能力。借款人偿债能力不足时，需提供必要的保证担保。

项目投资使用中长期银行贷款，银行要进行独立的项目评估，评估内容主要包括项目建设内容、项目建设必要性、产品市场需求、项目建设的生产条件、工艺技术及主要设备、投资估算与筹资方案、财务盈利性、偿债能力、信贷风险、保证措施等。按照目前国家的基本建设管理程序，政府的投资计划管理部门在审批项目可行性研究报告时，对使用银行贷款的项目，要求附有银行的贷款承诺。另外，一些城市或农村信用社、信托投资公司等非银行金融机构也提供商业贷款。

2) 政策性银行贷款

为了支持一些特殊的生产、贸易、基础设施建设项目，国家政策性银行可以提供政策性银行贷款。政策性银行贷款利率通常比商业银行贷款利率低。我国的政策性银行有国家开发银行、进出口银行和农业发展银行。国家开发银行主要提供基础设施建设及重要的生产性建设项目的长期贷款，一般贷款期限较长；进出口银行主要为产品出口提供贷款支持，进出口银行提供的出口信贷利率通常低于一般的商业贷款利率；农业发展银行主要为农业、农村发展项目提供贷款，贷款利率通常较低。

3) 发行债券

企业可以通过发行企业债券，筹集资金用于项目投资。企业债券融资是一种直接融资。发行债券融资可以从资金市场直接获得资金，资金成本一般应低于向银行借款。国内发行的债券通常都是固定利率的。由于有较为严格的证券监管，只有资信好、实力强的企业才有可能发行企业债券。

4) 融资租赁

通常由承租人选定需要的设备，由出租人购置后租赁给承租人使用，承租人向出租人支付租金，承租人租赁取得的设备按照固定资产计提折旧，租赁期满，设备一般由承租人所有，并由承租人以事先约定的很低的价格向出租人收购的形式取得设备的所有权。通过这种方式筹集资金，承租人可以对设备的全部价款得到融资。融资额度比使用贷款要大，租赁费中所含的利息也比贷款利率要高。

2. 国外债务资金的主要渠道

国外负债融资的主要渠道主要有国际金融组织贷款、出口信贷、外国政府贷款和银团贷款等，如图 5-3 所示。

1) 国际金融机构贷款

提供项目贷款的主要国际金融机构有世界银行、国际金融公司、欧洲复兴与

国外负债融资 {
- 国际金融组织贷款
- 出口信贷
- 外国政府贷款
- 政府混合贷款
- 国际融资租赁
- 补偿贸易
- 发行海外债券
- 外国银行商业贷款与银团贷款
- 外商直接投资
- 国内金融机构的外汇贷款和调剂外汇等
}

图 5-3 国外债务融资渠道

开发银行、亚洲开发银行、美洲开发银行等全球性或地区性金融机构。这些机构的贷款常带有一定的优惠性，利率要低于一般的商业银行利率，期限较长。

2）出口信贷

项目建设需要进口设备的，可以使用设备出口国的出口信贷。按照获得贷款资金的对象，出口信贷分为买方信贷与卖方信贷。出口信贷通常不能对设备价款全额贷款，只能提供设备价款 85%～90% 的贷款，其余设备价款需要由进口商以现金支付。

3）外国政府贷款

政府贷款是一国政府向另一个国家的政府或企业提供的贷款，这种贷款通常在利率及期限上有很大的优惠。外国政府贷款经常与出口信贷混合使用，利率较低，期限较长。常附有限制性条件。

4）银团贷款

大型建设项目融资中，由于融资金额巨大，一家银行难于承担巨额贷款的风险，可以由多家甚至几十家银行组成银团贷款。

3. 债务融资的评估

（1）对于使用银行及其他金融与非金融机构贷款的投资项目，应要求借款人提交有关金融机构的承诺文件，了解和评估贷款条件及落实情况，包括金额、利率、期限和担保情况等。

（2）对利用外资的项目，应要求借款人提交国家有关部门的批复文件，重点审查和评估外资的落实情况及使用条件。

（3）对项目生产经营所需的流动资金应全部落实并加以评估，同时要求借款人提交相关的有效承诺文件。

（4）对负债融资进行评估，主要是对长期借款、长期债券、融资租赁、流动资金借款及其他短期负债等的融资数额、融资方式、融资成本、计划安排或审批等进行落实和评估。

5.2.3 资本金与债务资金的筹措评价内容

对资本金的筹措及债务资金的筹措主要从以下几方面进行评价：

(1) 评价资金来源的可靠性。要评价资金来源渠道的可靠程度，可以从不同资金来源的角度对不同性质项目的不同限制条件和优惠政策进行分析评估，还应依据资金供需单位双方签订的书面协议和其他证明文件来评价资金来源的可靠性。

(2) 评价资金渠道的合法性。项目各项资金来源，必须符合国家有关政策规定，以免造成投资的风险，而且还应按国家有关政策合理使用资金，提高投资效益。

(3) 评价融资数量的保证性。每个项目投资可以有多种资金来源，应逐项落实融资金额的数量，保证项目总投资额不留缺口，保证总资金的需求量全部落实，以确保顺利地按规定期限完成投资项目和减少投资成本。

(4) 评价外资附加条件的可接受性。主要是对于利用外资项目，应特别注意在筹集外资过程中，外方提出的附件条件是否有有损我国主权的原则问题，要坚持原则，正确抉择。

(5) 分析评价项目所需总投资和分年投资能否得到足够和持续的资金供应，力求使融资的数量、比重及投入时序能与项目建设进度和投资使用计划相匹配，以确保项目建设的顺利进行。

5.3 基础设施项目的融资模式

基础设施由于其公共服务性，通常需要由政府投资、运营、管理。传统上，我国采取由政府直接投资并管理或由政府控制的国有企业投资并运营两种投资方式。

近年来，国家投资体制改革在基础设施投资方面开始引入新的投资机制，以特许经营的方式引入非国有的其他投资人投资。基础设施特许经营是由国家或地方政府将基础设施的投资和经营权，通过法定的程序有偿或者无偿地交给选定的投资人投资经营。典型的基础设施特许经营方式有 BOT、PPP、ABS 和 TOT 模式等。

5.3.1 BOT 项目融资模式

BOT 模式是近十几年来国际上逐渐兴起的一种基础设施建设的融资模式，是一种利用外资和民营资本兴建基础设施的新兴融资模式。BOT 是 build（建设）、operate（经营）和 transfer（转让）三个英文单词第一个字母的缩写，代表着一个完整的项目融资过程。20 世纪 80 年代初期到中期，是项目融资发展的一个低潮时期。在这一阶段，虽然有大量的资本密集型项目，特别是发展中国家的基础设施项目在寻找资金，但是，由于世界性的经济衰退和第三世界债务危机所造成的恶劣影响还没有从人们心中消除，所以如何提高项目抵御政治风险、金融风险、债务风险的能力，以及如何提高项目的投资收益和经营管理水平，成为银行、项目投资者、项目所在国政府在安排融资时所必须面对和解决的问题。BOT 模式就是在这样的大背景下发展起来的一种主要用于公共基础设施建设的项目融资模式。这种模式的基本思路是由一国财团或投资人作为项目的发起人，从一个国家的政府或所属机构获得某些基础设施的建设特许权，然后由其独立或联合其他方组建的项目公司，负责项目的融资、设计、建造和运营，整个特许期内项目公司通过项目的运营来获得利润，并用此利润来偿还债务。在特许期满之时，整个项目由项目公司无偿或以极少的名义价格转交给东道国政府。

1. BOT 模式的特点

BOT 模式实质上是一种债权与股权相混合的产权组合形式，整个项目公司对项目的设计、咨询和施工实行一揽子承包。与传统的承包模式相比，BOT 模式的特点主要体现在以下方面：

（1）通常采用 BOT 模式的项目主要是基础设施建设项目，包括道路、桥梁和铁路等。特许期内项目生产的产品或提供的服务可能销售给国有单位或直接向最终使用者收取费用等。

（2）能减少政府的直接财政负担，减轻政府的借款负债义务。所有的项目融资负债责任都被转移给项目发起人，政府无须保证或承诺支付项目的借款，从而也不会影响东道国和发起人其他项目融资的信用，避免了政府的债务风险，政府可将原来用于这些方面的资金转用于其他项目的投资与开发。

（3）有利于转移和降低风险。国有部门把项目风险全部转给项目发起人，BOT 模式通过将发起人的投资收益与他们履行合同的情况相联系，从而降低项目的超支预算风险。

（4）有利于提高项目的运作效益。BOT 模式多被视为提高设计管理实效的一种方式。采用 BOT 模式的项目一般具有巨额资本投入、项目周期长等因素带来的风险，同时由于私营企业的参与，贷款机构对项目的要求会比政府更加严格；另一方面，私营企业为了减少风险，获得较多的收益，客观上会促使其自身加强管理、控制造价。因此，尽管项目前期工作量较大，但是进入实施阶段，项目的设计、建设和运营效率会比较高，用户也可以得到较高质量的服务。

（5）BOT 模式可以提前满足社会和公众的需求。采用此方式可使一些本来急需建设而政府目前又无力投资建设的基础设施项目得以实施。其他资金的介入，可以在政府有能力建设前建成基础设施项目并发挥作用，从而加速社会生产力的提高，促进经济的进一步发展。

2. BOT 模式的操作程序

BOT 项目虽然不尽相同，但一般来说，每个项目都经过项目确定、准备、招标、各种协议和合同的谈判与签订,以及建设、运营和移交等过程。在此将其大致分为准备、实施和移交三个阶段。

1)准备阶段

这一阶段主要是选定 BOT 项目,通过资格预审与招标,选定项目承办人。项目承办人选择合作伙伴并取得他们的合作意向,提交项目融资与实施方案文件,项目参与各方草签合作合同,申请成立项目公司。政府依据项目发起人的申请,批准成立项目公司,并通过特许权协议,授予项目公司特许权。项目公司股东之间签订股东协议,项目公司与财团签订融资等主合同后,项目公司另与 BOT 项目建设、运营等各参与方签订子合同,提出开工报告。

2)实施阶段

实施阶段包括 BOT 项目的建设阶段与运营阶段。在建设阶段,项目公司通过顾问咨询机构,对项目组织设计与施工,安排进度计划与资金营运,控制工程质量与成本,监督工程承包商,并保证财团按计划投入资金,确保工程按预算、按时完工;在项目运营阶段,项目公司的主要任务是要求运营公司尽可能边建设、边运营,争取早投入、早受益,特别要注意外汇资产的风险管理及现金流量的安排,以保证按时还本付息,并最终使股东获得一定的利润。同时在运营过程中要注意项目的维修与保养,以期项目实现最大效益的运营,最后顺利地移交。

3)移交阶段

这是指在特许期期满时,项目公司把项目移交给东道国政府。项目移交包括资产评估、利润分红、债务清偿和纠纷仲裁等。

5.3.2 PPP 项目融资模式

PPP 是英文 private（私有的）、public（公共的）、partnership（合伙）的缩写,即公共民营合伙制模式,是指政府、盈利性企业和非盈利性企业基于某个项目而形成的相互合作关系的形式。通过这种合作形式,合作各方可以达到比预期单独行动更有利的结果。合作各方参与某个项目时,政府并不是把项目的责任全部转移给私营企业,而是由参与合作的各方共同承担责任和融资风险。

PPP 模式在城市基础设施建设中通过引入私营企业,将市场竞争机制引入基础设施建设中,以更有效地提供公共服务。

1. PPP 模式的特点

1)PPP 模式促进政府管理的改革

政府在基础设施管理中的效率低下是一个共识。这种模式通过引入市场竞争机制,改变其传统的管理机制,努力提高自身的效率。

2）PPP模式可以作为政府对在基础设施中面临的资金问题进行转移的有效方式

在PPP模式下，政府扮演的是投资经纪人的角色，其任务就是以基础设施项目为基础，引入私营企业参与合作，借助于私营企业的资金来进行基础设施建设。同时，私营企业也带来了先进的技术。此外，在PPP模式中，城市的可持续发展与其商业可行性是一致的。因为私营企业带来的先进技术使得在进行基础设施建设的同时，最大限度地减少了给城市带来的污染，保护了城市生态平衡，从而使城市获得了可持续发展。

3）PPP模式下政府实现了融资风险的转移

在PPP模式下，政府引入私营企业参与基础设施建设，由私营企业筹集项目建设过程中所需的资金，这样，项目进行过程中的融资风险就被转移给了私营企业。

4）PPP模式下的权力是共享的

在传统的基础设施建设中，政府的角色是所有者和管理者，私营企业是被管理者，而在PPP模式下，权力共享使得政府和私营企业的关系发生了根本性的变化。首先，合作和信任取代了命令和控制式的关系；其次，在合作关系中，双方共同分担风险和责任，交流知识；再次，在PPP模式下，合作各方就一些需要诉讼的问题进行协商，可以达成比较一致的意见。

一个成功的PPP模式需要一定程度的公共和私营部门之间关系的重新组合，以创造权利合理配置的实施环境。PPP方式的优点在于将市场机制引入基础设施的投融资过程中，以达到市场资源的合理配置。

2. PPP模式的操作程序

PPP模式是一个完整的项目融资概念，但并不是对项目融资的彻底更改，而是对项目生命周期过程中的组织机构设置提出了一个新的模式。它是政府、营利性企业和非营利性组织基于某个项目而形成的以"双赢"或"多赢"为理念的相互合作模式，参与的各方可以达到与预期单独行动相比更为有利的结果。PPP模式的操作程序包括确立项目、成立项目公司、招投标、项目融资、项目建设、项目运营管理和项目移交等环节，如图5-4所示。

PPP模式可以使参与基础设施项目的私营企业在项目的前期就参与进来，有利于利用私营企业的先进技术和管理经验，双方可以形成互利的长期目标，突破了目前引入私营企业参与基础设施项目组织的多种限制。在这种模式下，项目的投资者和经营者一般是以项目公司的形式存在，贯穿项目的全过程。

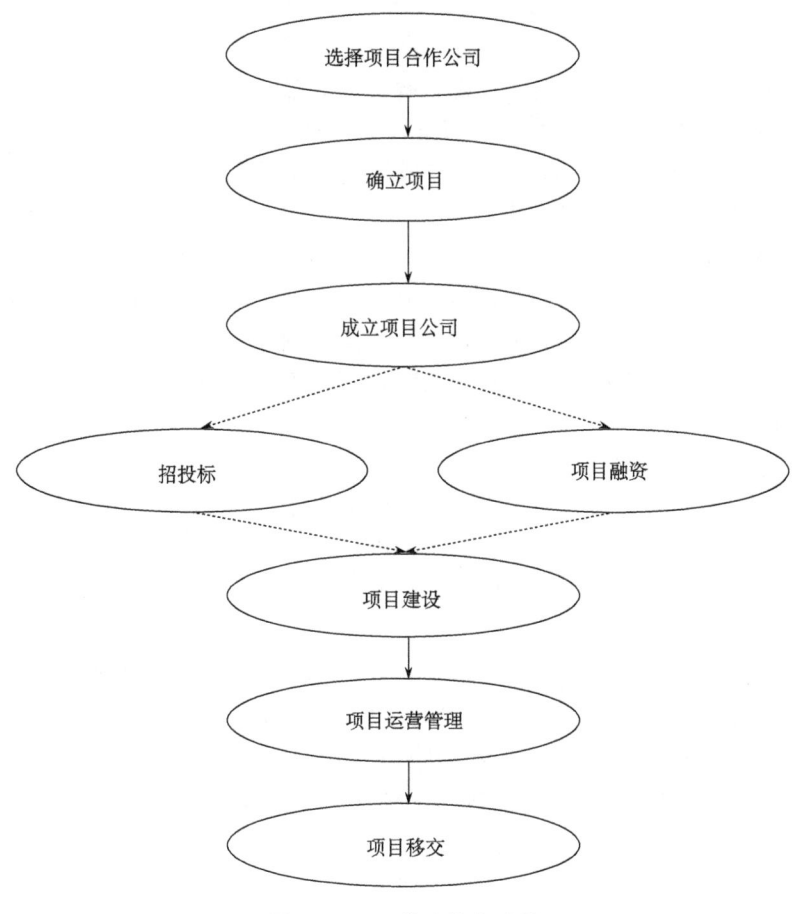

图 5-4　PPP 模式操作过程

5.3.3　ABS 项目融资模式

ABS (asset backed securitization) 模式是以项目所属的资产为支撑的证券化融资方式。这种模式是以项目所拥有的资产为基础，以该项目资产可以带来的预期收益为保证，通过在资本市场上发行债券筹集资金的一种项目融资模式。ABS 模式的目的在于通过其特有的提高信用等级的方式，使原本信用等级较低的项目照样可以进入信用等级较高的证券市场，利用该市场信用等级高、债券安全性和流动性高、债券利率低的特点大幅度降低发行债券筹集资金的成本。

1. ABS 模式的特点

（1）通过证券市场发行债券筹集资金，是 ABS 模式不同于其他项目融资方式的一个显著特点，而证券化融资模式也是未来项目融资的一个发展方向。

(2) ABS模式消除了项目原始权益人自身的风险和项目资产未来现金收入的风险，使其清偿债券本息的资金仅与项目资产的未来现金收入有关，加之在国际证券市场发行的债券是由众多投资者购买，从而分散了投资风险。

(3) ABS模式是通过发行债券募集资金，这种负债不反映在原始权益人自身的资产负债表上，从而避免了原始权益人资产质量的限制。同时，利用成熟的项目融资改组技巧将项目资产的未来现金流量包装成证券投资对象，充分显示了金融创新的优势。

(4) ABS模式下债券的信用风险得到了SPC（special purpose corporation）的信用担保，并且还能在国际市场进行转让，变现能力强，投资风险小，因而有较大的吸引力，易于债券的发行和销售，而且利息率较低，使融资成本降到较低水平。

2. ABS模式运行程序

ABS模式在资本市场通过发行债券筹集资金，按照规范化的证券市场方式运作，必须对发债主体进行信用评级，以确定债券的投资风险和信用水平。债券的筹资成本和信用等级密切相关，信用等级越高，通过发行债券筹集资金的成本越低。具体的运作过程主要包括以下几个方面。

1）组建SPC

组建SPC（special purpose corporation）是指组建一个有特别用途的公司。该公司可以是一个信托投资公司、信用担保公司、投资保险公司或是其他独立法人，并且能够获得国际权威资信评估机构较高级别的信用等级。由于SPC是进行ABS融资的载体，成功组建SPC是ABS融资能够成功运作的基本条件和关键因素。

2）SPC与项目结合

一般来说，投资项目所依附的资产只要在未来一定时期内能带来现金收入，都可以进行ABS融资。拥有这种未来现金流量所有权的项目公司成为原始权益人。这些未来现金流量所代表的资产是ABS融资方式的物质基础。在进行该模式融资时，一般应选择未来现金流量稳定、可靠、风险较小的项目资产，这样SPC进行ABS模式融资时，融资风险仅与项目资产未来现金收入有关，而与项目的原始权益人本身的风险无关。

3）利用信用增级手段使该资产获得预期的信用等级

为此就要调整项目资产现有的财务结构，使项目融资债券达到投资级水平，达到SPC关于承保ABS债券的条件要求。SPC通过提供专业化的信用担保进行信用升级。

4）SPC发行债券阶段

SPC直接在资本市场上发行债券募集资金，或者通过信用担保，由其他机构组织债券发行，并将通过发行债券筹集的资金用于项目建设。

5）SPC 债券偿还阶段

由于项目原始收益人已将项目资产的未来现金收入权利转让给 SPC，因此 SPC 就能利用项目资产的现金收入清偿它在证券市场上发行债券的本息。

除了上述基础设施项目的融资模式之外，常见的还有 TOT 项目融资模式等。TOT（transfer-operate-transfer）模式是从特许经营方式 BOT 模式演变而来的。这种模式是指政府或需要融入资金的企业，把已经投产运行的项目（公路等）移交（T）给出资方经营（O），凭借项目在未来若干年内的现金流量，一次性地从出资方那里融得一笔资金，用于建设新的项目；原项目经营期满，出资方再把它移交（T）回来。TOT 模式可以积极盘活资产，只涉及经营权或收益转让，不存在产权、股权问题，可以为已经建成项目引进新的管理，为拟建的其他项目筹集资金。

5.4 融资方案优化

项目的融资方案是在充分调查项目的运行和投融资环境基础上，向政府、各种可能的投资方、融资方征询意见，不断地修改、完善，最终拟定一套或几套可行的融资方案，并且最终的融资方案应当是能够保证公平性和融资效率、风险可接受、方案可行的融资方案。

5.4.1 项目资金筹措方案编制

项目融资研究的成果最终归结为编制一套完整的资金筹措方案。项目的投资计划应涵盖项目的建设期及建成后的投产试运行和正式的生产经营。项目的资金筹措需要满足项目投资资金使用的要求。一个完整的项目资金筹措方案，主要由项目资金来源计划表、分年投资计划与资金筹措表两部分构成。

1. 编制项目资金来源计划表

表 5-4 为某新建公司投资项目资金来源计划表，简要地说明了项目各项资金的来源及条件。

表 5-4　某新建公司投资项目资金来源计划表

序号	资金来源	金额	融资条件	融资可信程度
1	资本金	3 100 万元		
1.1	股东 A 股本投资	1 800 万元		公司书面承诺
1.2	股东 B 股本投资	700 万元		董事会书面承诺
1.3	股东 C 股本投资	600 万元		公司预计
2	债务资金	6 330 万元		

续表

序号	资金来源	金额	融资条件	融资可信程度
2.1	某国买方信贷	400万美元（2 730万元）	贷款期限8年，其中宽限期3年，宽限期内只付息，不还本；还本期内等额分期偿还本金；年利率6%，按季付息；国内商业银行转贷手续费0.4%；无其他银行附加费用；以进口设备抵押，抵押率70%	公司意向
2.2	某银行长期贷款	3 600万元	贷款期限6年，其中宽限期2年；还款期内等额还本付息；年利率8%，按季付息；由公司股东按股权比例担保，担保费率1%；无其他财务费用	银行书面承诺、股东各公司书面承诺担保
合计		9 430万元		

2. 编制分年投资计划与资金筹措表

某新建公司新建投资项目分年投资计划与资金筹措表如表5-5所示。

表5-5　某新建公司新建投资项目分年投资计划与资金筹措表

序号	项目	建设期 第1年			建设期 ...			运营期 第i年			运营期 ...			合计
		外币	折人民币	小计	外币	折人民币	小计	外币	折人民币	小计	外币	折人民币	小计	
1	投资项目													
1.1	不含建设期利息的建设投资													
1.2	建设期利息													
1.3	流动资金													
2	资金筹措													
2.1	资本金													
2.1.1	股东A													
2.1.2	股东B													

续表

序号	年份\项目	建设期 第1年				...				运营期 第i年				...				合计
		外币	折人民币	人民币	小计	外币	折人民币	人民币	小计	外币	折人民币	人民币	小计	外币	折人民币	人民币	小计	
2.1.3	股东C																	
2.2	借款																	
	长期借款																	
2.2.1	X银行借款																	
	Y银行借款																	
2.2.2	短期借款																	
2.3	发行债券																	
2.4	融资租赁																	
	年末资金节余																	

其中，建设期利息的计算通常按照当年借入的贷款按半年计息，以前年度的借款计全年息。

5.4.2 融资成本分析评估

融资成本是指项目为了筹集和使用资金而付出的全部费用。融资成本包括资金筹集费用和资金占用费用。资金筹集费用是在融资过程中所发生的一次性支付成本费用，如承诺费、手续费、担保费和代理费等；资金占用费用是反映资金占用和使用时期内应付出的经常性费用，如利息。资金成本是拟建项目必须获得的最低投资收益率，以补偿投资者为取得和使用资金所付出的代价。投资者把通过各种渠道筹集的资金，在各个可供选择的投资项目中进行分配时，应选择综合资金成本最低的最佳融资方案项目，资金成本就成了选择项目时需要考虑的主要因素。因此，融资成本不仅是选择资金来源和拟定融资方案的重要依据，而且还是评估投资项目投资收益，决定投资方案取舍的重要标准；同时，还可以作为衡量企业经营成果的基准尺度，使经营利润率高于融资成本，这也是判断项目融资方案是否合理的重要因素。

项目融资成本一般采用资金成本率相对数来表示，它是企业资金占用费与融资总额扣除资金融资费用后的净额之比率，表达式如下：

$$K = \frac{D}{P-F} = \frac{D}{P(1-f)} \tag{5-7}$$

式中，P 为融资总额；F 为融资费用，是指在融资过程中所需支付的各项费用，如发行债券手续费、律师费、资信评估费、担保费、承诺费等，这些费用在融资时一次性支出，可作为融资总额的一项扣除；f 为融资费率，即为融资费用（F）占融资总额（P）的百分比；D 为资金占用费，是指占用资金所需支付的费用，如股票的股息、银行借款或发行债券的利息、融资租赁所需租金等，或因使用资金而向资金提供者支付的报酬，属于经常性费用。

在实际的应用过程中，一笔借贷资金成本 i 可以由下式计算得出：

$$\sum_{t=0}^{n} \frac{F_t - C_t}{(1+i)^t} = 0 \tag{5-8}$$

其中，F_t 为各年实际借贷资金流入额；C_t 为各年实际借贷资金成本支出额，包括资金占用成本及筹资费用；i 为资金成本；n 为借贷期限。

例 5-1 某公司发行面值 100 元债券，发行价格 100 元，票面年利率 4%，3 年期，到期一次性还本付息，发行费 0.5%，在债券发行时支付，兑付时支付兑付手续费 0.5%。计算债券的资金成本。

解：由上述公式可得

$$100 - 100 \times 0.5\% - 100 \times \frac{(1+3 \times 4\%)}{(1+i)^3} - 100 \times \frac{0.5\%}{(1+i)^3} = 0$$

则可计算得到 $i = 4.18\%$。

融资成本利率通常采用年利率表示，如果借贷资金不是按年结息，还要将名义利率换算为有效利率，方法如下：

$$I = (1 + \frac{i}{m})^m - 1 \tag{5-9}$$

式中，I 为有效利率；i 为名义利率；m 为每年结息次数。

由于借贷的筹资费用和利息支出均在所得税税前支付，对于股权投资方，可以取得抵减所得税的好处。

$$\text{所得税后的借贷资金成本} = \text{税前资金成本} \times (1 - \text{所得税率}) \tag{5-10}$$

例 5-2 如果税前资金成本为 5%，所得税税率为 33%，计算税后资金成本。

解 由上述公式可得

$$5\% \times (1 - 33\%) = 3.35\%$$

借贷资金利息通常包含通货膨胀因素的影响，这种影响既来自于近期实际通货膨胀，也来自于未来预期通货膨胀。扣除通货膨胀影响的资金成本可按下式来计算：

$$\text{扣除通货膨胀影响的资金成本} = \frac{1 + \text{未扣除通货膨胀影响的资金成本}}{1 + \text{通货膨胀率}} - 1 \tag{5-11}$$

例 5-3 如果资金成本为 5%，通货膨胀率为 3%，计算扣除通货膨胀后的资金成本。

解 由上述公式可得

$$\frac{1+5\%}{1+3\%} - 1 = 1.94\%$$

需要注意的是，在计算扣除通货膨胀影响的资金成本时，只能先扣除所得税的影响，然后扣除通货膨胀的影响，次序不能颠倒，否则会得到错误的结果，这是由于所得税也受到通货膨胀的影响。

1. 优先股的融资成本

发行优先股股票融资需支付的融资费用包括注册费、代销费、广告费和印刷费等，其股息也要定期支付，类似于负债融资，股息是由税后利润支付。因此，优先股的融资成本可按下式计算：

$$K_p = \frac{D_p}{P_1 - P_0 f} \tag{5-12}$$

其中，K_p 为优先股融资成本率；D_p 为优先股每年股息；P_0 为优先股股票面值；P_1 为优先股发行价；f 为融资费率。

优先股的税前融资成本则需要加上所需支付的所得税，计算公式如下：

$$C_p = \frac{K_p}{(1-t)} \tag{5-13}$$

其中，C_p 为优先股税后融资成本率；t 为所得税税率。

例 5-4 某优先股面值 100 元，发行价格 99 元，发行成本 3%，每年付息一次，固定股息率为 5%，所得税税率 33%。计算税后融资成本以及税前融资成本。

解：

$$税后融资成本 = \frac{100 \times 5\%}{99 - 100 \times 3\%} = 5.21\%$$

$$税前成本 = \frac{5.21\%}{1 - 33\%} = 7.78\%$$

2. 普通股融资成本

普通股融资成本的估算比较困难，因为很难对项目未来的收益及股东对未来风险所要求的风险溢价作出准确的测定。普通股融资成本可采用资本资产定价模型法、税前债务成本加风险溢价法和股利增长模型法等方法进行估算，也可直接采用投资方的预期报酬率和既有法人的净资产收益率进行估算。

（1）采用资产定价模型法。按照"资本资产定价模型法"，普通股融资成本的计算公式为

$$K_s = R_f + \beta(R_m - R_f) \tag{5-14}$$

式中，K_s 为普通股融资成本；R_f 为社会无风险投资收益率；β 为项目的投资风险系数；R_m 为市场投资组合预期收益率。

例 5-5　设社会无风险投资收益率为 3%（长期国债利率），市场投资组合预期收益率为 12%，某项目的投资风险系数为 1.2。采用资本资产定价模型计算普通股融资成本。

解：普通股资金成本为

$$K_s = R_f + \beta(R_m - R_f) = 3\% + 1.2 \times (12\% - 3\%) = 13.8\%$$

（2）采用税前债务成本加风险溢价法。根据"投资风险越大，要求的报酬率越高"的原理，投资者的投资风险大于提供债务融资的债权人，因而会在债权人要求的收益率上再要求一定的风险溢价。据此，普通股融资成本的计算公式为

$$K_s = K_b + RP_c \tag{5-15}$$

式中，K_s 为普通股融资成本；K_b 为税前债务资金成本；RP_c 为投资者比债权人承担更大风险所要求的风险溢价。

风险溢价是凭借经验估计的。一般认为，某企业普通股风险溢价对其自己发行的债券来讲，大约在 3%～5%，当市场利率达到历史性高点时，风险溢价较低，在 3% 左右；当市场利率处于历史性低点时，风险溢价较高，在 5% 左右；通常情况下，一般采用 4% 的平均风险溢价。

（3）采用股利增长模型法。股利增长模型法是依照股票投资的收益率不断提高的思路来计算普通股资金成本的方法。一般固定收益以固定的增长率递增，其普通股资金成本的计算公式为

$$K_s = \frac{D_1}{P_0} + G \tag{5-16}$$

式中，K_s 为普通股资金成本；D_1 为预期年股利额；P_0 为普通股市价；G 为股利期望增长率。

例 5-6　某上市公司普通股目前市价为 16 元，预期年末每股发放股利 0.8 元，股利增长率为 6%。计算该普通股资金成本。

解：该普通股资金成本为

$$K_s = \frac{D_1}{P_0} + G = \frac{0.8}{16} + 6\% = 5\% + 6\% = 11\%$$

3. 租赁成本

采取融资租赁方式所支付的租赁费一般包括类似于借贷融资的资金占用费和对本金的分期偿还额。其资金成本的计算举例如下。

例 5-7　某融资租赁公司提供的设备融资额为 100 万元，年租赁费费率为

15%，按年支付，租赁期限 10 年，到期设备归承租方，忽略设备余值的影响，资金筹集费为融资额的 5%。计算融资租赁资金成本。

解：由 $\sum_{t=0}^{n} \frac{F_t - C_t}{(1+i)^t} = 0$ 可得

$$100 - 100 \times 5\% - 100 \times 15\% \left[\frac{(1+i)^{10} - 1}{i(1+i)^{10}} \right] = 0$$

通过计算得到 $i = 9.3\%$。因此，该融资租赁的资金成本为 9.3%。

4. 综合融资成本

投资项目中，不同来源的资金，其融资成本各不相同，通过各种融资方式的有机组合，将项目各种融资的资金成本以该融资额占总融资额的比例为权数进行加权平均，得到项目的加权平均成本，即为综合融资成本。

$$K = \sum_{i=1}^{n} W_i \cdot K_i \tag{5-17}$$

其中，K 为综合融资成本；W_i 为第 i 种资金来源占全部资金的比重；K_i 为第 i 种资金来源的融资成本。

例 5-8 某家电科技产业公司拟投资 9500 万元新建微型磁记录设备和磁疗器项目，各项资金来源比重及各资金来源的融资成本如表 5-6 中第 2 列和 4 列所示。计算其综合融资成本。

解： 综合融资成本 $K = \sum_{i=1}^{n} W_i \cdot K_i$
$= 2.33\% + 2.39\% + 4.74\% + 1.89\%$
$= 11.35\%$。

表 5-6 各资金来源及其融资成本表

资金来源	融资金额（万元）	资金来源占总金额的比重 W_i（%）	资金来源的融资成本 K_i（%）	$W_i \cdot K_i$（%）
银行长期贷款	2 500	26.3	8.85	2.33
发行债券	1 900	20	11.94	2.39
普通股	3 600	37.9	12.5	4.74
接受捐赠	1 500	15.8	11.94	1.89

5.4.3 融资方案优化

在项目的融资方案优化过程中，首先，要对融资结构进行分析。项目的融资结构指各种融资方式的结构比例，即项目融资方案中各种资金来源的构成及其比例关系，尤其要注意掌握自有资金（资本金）与债务融资（负债）的结构比例，这将直接影响到项目投产运营后企业的资产负债比例、项目借款的还本付息能力及投资回收情况。其次，还要进行最佳融资结构的财务分析。融资方案的最佳结构比例应能使项目投产经营后企业的总体资金结构达到最优，企业的总价值最大，而风险最小。对于在市场竞争机制比较完善情况下已经建立现代企业制度的企业及一些技术改造项目，在进行投资决策时，应从财务管理的角度进一步分析项目的融资结构是否合理。通过计算、分析不同融资结构下的综合融资成本和企业总价值，寻找企业价值最大、融资成本最低的融资结构，这就是项目的最佳融资结构。

融资方案优化过程中，通过对不同融资结构的优化选择，实现融资结构的最优组合，使得综合融资成本最低。可以从以下两种情况分别计算综合融资成本。

1. 各融资来源融资成本已定，但资金来源比例未定的方案优选

例 5-9 某项目经过分析测算，决定从申请贷款、发行债券和股票三个方面筹集资金，其融资成本已经分别确定，如表 5-7 所示。试从以下四种资金来源结构及融资成本中选择最优的融资方案。

表 5-7 融资方案及其融资成本表

资金来源	融资方案（%）				已定资金融资成本（%）
	A	B	C	D	
贷款	35	20	30	50	7
债券	20	40	25	20	9
股票	45	40	45	30	10

解：根据表 5-7 的相关数据，可以计算得到各融资方案下项目的综合融资成本如下：

A 融资方案融资成本 $=0.35\times0.07+0.2\times0.09+0.45\times0.1=8.75\%$

B 融资方案融资成本 $=0.2\times0.07+0.4\times0.09+0.44\times0.1=9.4\%$

C 融资方案融资成本 $=0.3\times0.07+0.25\times0.09+0.45\times0.1=8.85\%$

D 融资方案融资成本 $=0.5\times0.07+0.2\times0.09+0.3\times0.1=8.3\%$

从以上计算结果可以看出，D 融资方案的综合融资成本为 8.3%，在四种融资方案中最低。因此，在该项目融资过程中，应以贷款 50%、发行债券 20% 和发行股票 30% 的比例进行融资。

2. 各融资来源的融资成本未定，但资金来源比例已定的方案优选

例 5-10 某项目决定在所筹资金中，贷款、债券和股票的比例分别为 55%、25% 和 20%。试根据表 5-8 确定最优的融资成本。

表 5-8 融资方案及其融资成本表

资金来源	已定资金来源结构（%）	融资方案的融资成本结构（%）			
		A	B	C	D
贷款	55	6	7	6.5	7.5
债券	25	9	8.5	8	8
股票	20	10	9.5	9	10.5

解：根据表 5-8 的相关数据，可以计算得到各融资方案下项目的综合融资成本如下：

A 融资方案融资成本 $= 0.55 \times 0.06 + 0.25 \times 0.09 + 0.2 \times 0.1 = 7.55\%$

B 融资方案融资成本 $= 0.55 \times 0.07 + 0.25 \times 0.085 + 0.2 \times 0.095 = 7.875\%$

C 融资方案融资成本 $= 0.55 \times 0.065 + 0.25 \times 0.08 + 0.2 \times 0.09 = 7.375\%$

D 融资方案融资成本 $= 0.55 \times 0.075 + 0.25 \times 0.08 + 0.2 \times 0.105 = 8.225\%$

从以上计算结果可以看出，C 融资方案的综合融资成本为 7.375%，在四种融资方案中最低。因此，在该项目融资过程中，应以贷款融资成本 6.5%、发行债券融资成本 8% 和发行股票融资成本 9% 的方式进行融资。

▷ 练习题

1. 试述融资方案评价的概念及意义。
2. 试述投资项目资金来源的构成。
3. 自有资金包括哪些内容？
4. 试述资本金与债务资金筹措的评价内容。
5. 试述基础设施项目融资中 BOT 模式的主要特点。
6. 某公司发行面值 100 元债券，发行价格 100 元，票面年利率 6%，4 年期，到期一次还本付息，发行费 0.5%，在债券发行时支付，兑付手续费 0.5%。试计算该债券的资金成本。
7. 某优先股面值 100 元，发行价格 97 元，发行成本 2%，每年付息一次，固定股息率为 6%，所得税税率 33%。试计算税前融资成本及税后融资成本。
8. 某项目经过分析测算，决定从申请贷款、发行债券和股票三个方面筹集资金，其融资成本已经确定，如表 5-9 所示。试根据表 5-9 从以下四种资金来源结构中选择最优的融资方案。

表 5-9 融资方案及融资成本表

资金来源	待定融资方案（%）				已定资金融资成本（%）
	A	B	C	D	
贷款	33	29	34	45	7.7
债券	22	31	21	20	9.3
股票	45	40	45	35	10.8

第6章

资金等值计算与方案经济比选

资金在进入生产与流通环节后,由于劳动者的工作,使其在生产与流通过程中获得了一定的收益,也就是说,资金在使用过程中产生了增值。相应于资金在使用过程中产生增值的情况,资金不投入使用就相当于放弃了资金的增值,或可理解为资金闲置就相当于付出了一定的代价,其大小就是资金的时间价值。

■ 6.1 资金时间价值与等值计算

6.1.1 资金时间价值与等值计算的相关概念

1. 资金时间价值的概念

资金在投入使用后经过一段时间,便产生了增值。由于资金在生产和流通环节中运动,使投资者得到了收益或盈利,不同时间发生的等额资金在价值上的差别,就是资金的时间价值。同理,如果把资金存入银行,经过一段时间后也会产生增值,这就是我们通常所说的利息。客户按期得到的利息是银行将吸纳的款项投资于工程项目之中所获得的盈利的一部分,盈利的另一部分则是银行承担风险运作资金的收益。盈利和利息是资金时间价值的两种表现形式,都是资金时间因素的体现,是衡量资金时间价值的绝对尺度。

在商品经济条件下,资金在生产与交换过程中产生了增值,给投资者带来了利润,其实质是劳动者在生产过程中创造了价值。从投资者的角度看,资金增值特性使资金具有时间价值,资金用于投资后则不能再用于现时消费,个人储蓄和国家积累的目的也是如此；从消费的角度来看，资金时间价值是对放弃现时消费带来的损失所做的必要补偿。

资金时间价值是工程技术经济分析中重要的基本原理之一，是用动态分析法对项目投资方案进行对比、选择的依据和出发点。资金的时间价值是客观存在的，要正确地评价投资项目或技术方案的经济效果，不仅要考虑投资额与收回的效益大小，还必须考虑投资与效益发生的时间，有效地利用"资金只有运作才会增值"的规律，以便取得更好的经济效益，促进经济和生产的发展。资金时间价值的大小主要取决于投资收益率、通货膨胀率和项目投资的风险。投资收益率反映出该工业项目或技术方案所能取得的盈利大小；通货膨胀率则反映投资者必须付出的因货币贬值所带来的损失；而投资风险往往又和投资回报相联系，通常回报越高，风险越大。投资风险的分析、判断、评价涉及政治、经济、金融和资源等多方面的因素。

2. 资金等值计算的概念

资金的时间价值表明，在不同的时间付出或得到同样数额的资金，其经济价值是不等的，也就是说，一笔数额确定的资金的经济价值随着时间的不同而不同；同样，数额不等的资金在不同的时间可能会具有相同的经济价值。例如，在年利率为 2.52% 的条件下，今年的 100 元钱与明年的 102.52 元是等值的，即

$$100 \times (1 + 2.52\%) = 102.52(元)$$

而今年的 100 元钱又与去年的 97.54 元等值，即

$$100 / (1 + 2.52\%) = 97.54(元)$$

资金等值是指在不同时期（时点）绝对值不等而价值相等的资金。如上例中，可以认为在年利率为 2.52% 的情况下，现在的 100 元与明年的 102.52 元是等值的；同样，还可以说，现在的 100 元与一年前的 97.54 元是等值的。

在比较工业项目或技术方案时，应该对项目或方案的各项投资与收益进行对比，而这些投资或收益往往发生在不同的时期，于是就必须将其按照一定的利率折算至某一相同时点，进行等值计算，使之具有可比性。等值计算是投资项目评价中的一项重要内容，资金时间价值的计算方法是根据银行计算利息的方法而得到的。

6.1.2 利息、利率及计算

如果将一笔资金存入银行，经过了一段时间以后，资金所有者就能除该笔资金之外再得到一些报酬，我们称之为利息。一般来说，利息是指占用资金所付出的代价（或放弃使用资金所得到的补偿），存入银行的资金叫做本金，于是有

$$F_n = P + I_n \tag{6-1}$$

式中，F_n 为本利和；P 为本金；I_n 为利息；下标 n 表示利息计算的周期数，计息周期通常为年、季、月等。

利息通常由本金和利率计算得出，利率是指在一个计息周期内所应付出的利息额与本金额之比，一般以百分数表示：

$$i = \frac{I_1}{P} \times 100\% \tag{6-2}$$

式中，i 为利率；I_1 为一个计息周期的利息。

利率是银行根据国家的政治、经济形势及方针政策确定的，它可以反映国家在一定经济发展时期的经济状况及特色。利率的含义是每单位本金经过一个计息周期后的增值额。

1. 单利与复利

利息的计算分为单利法和复利法两种。

1) 单利法

单利法是每期均按原始本金计息，即不管计息周期为多少，每一期按原始本金计息一次，利息不再产生利息。单利计息的计算公式为

$$I_n = P \cdot n \cdot i \tag{6-3}$$

式中，I_n 为总利息；n 为计息期数；i 为利率。

n 个计息周期后的本利和为

$$F_n = P(1 + i \cdot n) \tag{6-4}$$

例如，存入银行 1000 元本金，年利率为 3.6%，共存五年，每个计息周期的本金、利息及本利和如表 6-1 所示。

表 6-1 单利计算法本利和表

年	本金（元）	当年利息（元）	本利和（元）
1	1 000	1 000×0.036=36	1 000+36×1=1 036
2	1 000	1 000×0.036=36	1 000+36×2=1 072
3	1 000	1 000×0.036=36	1 000+36×3=1 108
4	1 000	1 000×0.036=36	1 000+36×4=1 144
5	1 000	1 000×0.036=36	1 000+36×5=1 180

2) 复利法

复利法按本金与累计利息额的和计算，也就是说除本金计息外，利息也产生利息，每一计息周期的利息都要并入本金。其计算公式为

$$F_n = P(1 + i)^n \tag{6-5}$$

上例中若按复利法计息得到的本金、当年利息及本利和如表 6-2 所示。

表 6-2　复利计算法本利和

年	本金（元）	当年利息（元）	本利和（元）
1	1 000	1 000×0.036＝36	1 000 (1＋3.6%)^1＝1 036
2	1 000	1 036×0.036＝37.30	1 000 (1＋3.6%)^2＝1 073.3
3	1 000	1 073.3×0.036＝38.64	1 000 (1＋3.6%)^3＝1 111.93
4	1 000	1 111.93×0.036＝40.03	1 000 (1＋3.6%)^4＝1 151.96
5	1 000	1 151.96×0.036＝41.47	1 000 (1＋3.6%)^5＝1 193.44

从上面的例子可以看出，同一笔本金，在利息、计息周期相同的情况下，用复利法计息所得本利和比用单利法计息所得要多，而实际占用资金的情况也正是复利所表达的，复利计息更符合资金在社会再生产过程中运动的实际情况。

2. 名义利率和实际利率

在投资项目评价中，复利的计算通常是以年为计息周期，但是实际上计息周期也有比一年短的，如半年、一个季度或一个月等。当利率的时间单位与计息周期不一致时，同样的年利率下，不同计息周期所得的利息不同，这是因为名义利率与实际利率不同所致。

名义利率是计息周期的利率与一年的计息次数之乘积。例如，按月计算利息，月利率为 1%，即年利率为 12%，每月计息一次，年利率 12% 称为名义利率。若按单利计息，名义利率与实际利率是一致的，但按复利计算，名义利率与实际利率则不相等。

例如，有本金 1000 元，若按年利率 12%，每年计息一次，一年后的本利和为

$$F = 1000 \times (1+12\%) = 1120$$

若按月利率 1%，每月单利计息一次，一年后的本利和为

$$F = 1000 \times (1+12 \times 1\%) = 1120$$

可见，此种情况下的计算结果相同。

若按年利率 12%，每月复利计息一次，一年后本利和则为

$$F = 1000 \times (1+\frac{12\%}{12})^{12} = 1126.83$$

实际年利率为

$$i = \frac{1126.83-1000}{1000} \times 100\% = 12.683\%$$

按名义利率计算相当于将本金与年利率运算后得到年息进而得出利率，而按实际利率计算，例如，每月计息一次，即是将年利率除以 12，计算后，利息连同本金作为下次计息的本金，这样得出的年利息显然高于名义利率得出的年利息，即实际利率高于名义利率。若名义利率为 r，一年中计息次数为 n，那么，一个计息周期的利率就是 $\frac{r}{n}$，一年后的本利和为

$$F = P(1+\frac{r}{n})^n \tag{6-6}$$

利息为

$$I = F - P = P\left[(1+\frac{r}{n})^n - 1\right] \tag{6-7}$$

实际利率为

$$i = \frac{I}{P} = (1+\frac{r}{n})^n - 1 \tag{6-8}$$

式中，当 $n=1$ 时，名义利率等于实际利率；当 $n>1$ 时，实际利率大于名义利率，且 n 越大，即一年中计算复利的次数越多，则实际利率相对于名义利率就越高。

3. 间断计息与连续计息

复利计息有间断复利和连续复利之分。如果计息周期为一定的时间（年、季、月），并按复利计息，称为间断计息；如果计息周期缩短，短到任意短的时期均可，也就是无限缩短，则称为连续复利。由上面的讨论可知，对同年利率，计息次数越多，也就是计息周期越小，实际利率就越高。对于名义利率 r，若在一年中计息次数无限多，也就是使计息周期无限小，就可得出连续复利的一次性支付计算公式：

$$i = \lim_{n \to \infty}(1+\frac{r}{n})^n - 1 = e^r - 1 \tag{6-9}$$

式中，i 为实际利率；e 为 2.718 282…。

当年利率为 12% 时，其连续复利为

$$i = e^{0.12} - 1 = 12.75\%$$

当年利率为 6% 时，其连续复利为

$$i = e^{0.06} - 1 = 6.1837\%$$

从理论上来讲，资金每时每刻都会在生产和流通环节中增值，应采取连续复利计算资金的时间价值，而在实际经济活动中，计息周期不可能无限缩短，通常采取较简易的间断计息法计算利息。

6.1.3 资金的等值计算

在投资项目评价中,资金时间价值的等值是一个非常重要的概念。由于资金时间价值的存在,不同时刻发生的资金的支出或收入不能直接相加,为了达到支出或收入的时间可比性要求,要进行资金的等值计算,并且是考虑了资金时间价值后的等值。

决定资金等值的因素有以下几个方面:一是资金数额;二是资金发生的时刻;三是利率。其中利率是关键性因素,在考察资金等值的问题中通常都以相同利率作为依据进行比较计算。利用等值的概念,把在不同时点发生的资金金额换算成同一时点的等值金额,这一过程叫做资金等值计算。把将来某一时点的资金金额换算成现在等值金额的换算过程称为"折现"或"贴现"。将来时点上的资金折现到现在时点资金的价值称为"现值"。与现值等价的将来某时点的资金价值称为"终值"或"未来值"。现值是指资金的现在瞬时价值,而当对未来某时点发生的资金折现到现在的某个时点,所得到的等值资金就是未来那个时点上资金的现值。终值则是资金现值按照一定的利率,经过一定时间后所得到的资金新值。

资金的等值计算是以资金时间价值原理为依据,以利率为杠杆,结合资金的使用时间及增值能力,对投资项目和技术方案的现金流量进行折算,以期找出共同时点上的等值资金额来进行比较、计算和选择。资金的等值计算要借助于复利利率进行,计算公式与复利公式相同,下面分一次支付和等额分付两种类型进行介绍。

1. 一次支付类型

一次支付是指在分析经济系统现金流量时,现金流入或流出均在一个时点发生,现金流量图如图6-1所示。在考虑资金时间价值的情况下,现金流入F与现金流出P相等,则P与F是等值的。

图 6-1 现金流量图

1) 一次支付终值计算公式

一次支付终值是指期初投资的资金为P,利率为i,在第n年末一次偿还本利F,则计算公式可以表示为

$$F = P(1+i)^n \tag{6-10}$$

在等值计算中，F 为 n 年末的终值，P 为现值，i 为折现率，n 为计息周期，系数 $(1+i)^n$ 称为一次支付终值系数，记为 $(F/P, i, n)$，其数值可以从相应的复利表中查到。式中，斜线右边字母表示的是已知参数，左边表示的是待求的等值现金流量。

2）一次支付现值计算公式

一次支付现值公式是已知终值 F 来求现值 P 的等值公式，它是一次支付终值的逆运算。

$$P = F\left[\frac{1}{(1+i)^n}\right] \tag{6-11}$$

系数 $\frac{1}{(1+i)^n}$ 称为一次支付现值，记为 $(P/F, i, n)$，是一次支付终值系数的倒数。

2. 等额分付类型

一次支付类型的现金流量研究的只是发生在一个时点上的情况，而现金流量还可以发生在多个时点，其数额可以是相等的，也可以是不相等的，下面从等额分付的几个类型来进行讨论。

1）等额分付终值计算公式

一个投资项目，在每一个计息周期期末均支付相同的数额 A，求在年利率为 i 的情况下，与 n 年内项目的总现金流出等值的项目现金流入，即项目 n 年后一次支付总的终值，这就是等额分付终值计算问题。

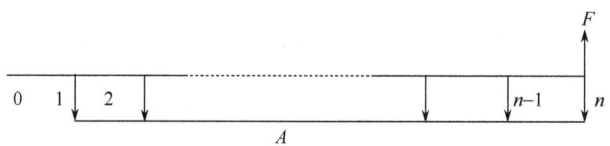

图 6-2　等额分付终值现金流量图

如图 6-2 所示，如果在每年末投资 A，A 的系列支付本利和为 F，F 与 A 之间的关系如表 6-3 所示。

由表 6-3 可以得到，n 年后的本利和 F 如下式表示为

$$F = A + A(1+i) + A(1+i)^2 + \cdots + A(1+i)^{n-1} = A\left[\frac{(1+i)^n - 1}{i}\right]$$

$$\tag{6-12}$$

第6章 资金等值计算与方案经济比选

表 6-3 等额系列本利和

年份	等额年金	累计本利和（F）
1	A	A
2	A	$A+A(1+i)$
3	A	$A+A(1+i)+A(1+i)^2$
⋮	⋮	⋮
n	A	$A+A(1+i)+A(1+i)^2+\cdots+A(1+i)^{n-1}$

$\dfrac{(1+i)^n-1}{i}$ 称为等额分付终值系数，记为 $(F/A, i, n)$。

等额分付终值计算公式应满足每期支付金额相同、支付间隔相同以及每次支付都在对应的期末并且终值与最后一期支付同时发生等条件。

例 6-1 某公司为职工募集退休基金，每年年末从利润中提取 100 万元存入银行，设年利率为 8%，则 10 年后的基金总额是多少？

解：
$$F = A(F/A, i, n) = 100(F/100, 8\%, 10)$$
$$= 100 \times 14.487 = 1448.7 \text{（万元）}$$

2) 等额分付偿债基金公式

如果已知未来需提供的资金 F，给定利率 i 和计息周期 n，把第 n 年年末的资金 F 换算为与之等值的 n 年中每年年末的等额资金，则为等额分付偿债基金公式。该公式为等额分付终值计算的逆运算，即

$$A = F\left[\dfrac{i}{(1+i)^n-1}\right] \tag{6-13}$$

$\dfrac{i}{(1+i)^n-1}$ 称为等额分付偿债基金系数，又称为基金储蓄系数，记为 $(A/F, i, n)$。

例 6-2 某企业计划 10 年后进行扩建，需筹集资金 1000 万元，设年利率为 10%，每年以等额资金存入银行，那么该企业每年应向银行存入多少资金？

解：
$$A = F\left[\dfrac{i}{(1+i)^n-1}\right] = 1000 \times \left[\dfrac{0.1}{(1+0.1)^{10}-1}\right]$$
$$= 1000 \times 0.06289 = 62.89 \text{（万元）}$$

在利用上面两种公式进行等值计算时，只适用于从第一年末开始有现金流入或流出的情况。若是从第一年年初就有现金流入或流出的情况，则需将每一年年初的发生值折现到年末进行计算，将本金当年的时间价值计入，折算成年末的资金额，即在公式右边的项乘以 $(1+i)$。

3) 等额分付资金回收公式

设某项目当年一次投资额为 P，当工程竣工投产后用逐年的利润偿还投资，

按规定的利息率 i，在 n 年内本利全部还清，求每年等额偿付的资金。

由当年的一次投资额 P 可得，一次支付终值本利和为 $F=P(1+i)^n$，那么

$$A = F\left[\frac{i}{(1+i)^n-1}\right] = P(1+i)^n\left[\frac{i}{(1+i)^n-1}\right] = P\left[\frac{i(1+i)^n}{(1+i)^n-1}\right] \quad (6\text{-}14)$$

$\frac{i(1+i)^n}{(1+i)^n-1}$ 称为等额分付资金回收系数，记为 $(A/P, i, n)$。

例 6-3 某项目工程贷款金额为 1000 万元，年利率为 10%，分 5 年等额偿还，求每年年末的偿付金额 A 为多少？

解： $A = P(A/P, i, n) = 1000(A/P, 10\%, 5)$
$= 1000 \times 0.2638 = 263.8$（万元）

4）等额分付现值公式

已知某项目 n 年内每年年末等额偿付额为 A，年利率为 i，则现值 P 可由等额分付资金回收公式（6-14）得到。其计算公式为

$$P = A\left[\frac{(1+i)^n-1}{i(1+i)^n}\right] \quad (6\text{-}15)$$

$\frac{(1+i)^n-1}{i(1+i)^n}$ 称为等额分付现值系数，它是一次支付现值系数和年金终值系数的乘积，可表示为 $(P/A, i, n)$。常用资金等值公式如表 6-4 所示。

表 6-4 常用资金等值公式表

类型	名称	已知	求解	公式
一次支付	终值公式	现值 P	终值 F	$F=P(1+i)^n$
	现值公式	终值 F	现值 P	$P=F/(1+i)^n$
等额分付	终值公式	年值 A	终值 F	$F=A\left[\frac{(1+i)^n-1}{i}\right]$
	偿债基金	终值 F	年值 A	$A=F\left[\frac{i}{(1+i)^n-1}\right]$
	资金回收	现值 P	年值 A	$A=P\left[\frac{i(1+i)^n}{(1+i)^n-1}\right]$
	现值	年值 A	现值 P	$P=A\left[\frac{(1+i)^n-1}{i(1+i)^n}\right]$

$$(P/A,i,n) = \frac{(1+i)^n-1}{i(1+i)^n} = \frac{(1+i)^n-1}{i} \times \frac{1}{(1+i)^n} = (F/A,i,n) \times (P/F,i,n)$$

例 6-4 一辆轿车每年的维护费为 10 000 元,使用寿命为 15 年,若从购车之日起每年年末支付维护费,在年利率 7% 的情况下,现在应预存多少资金?

解: $P = A\left[\dfrac{(1+i)^n-1}{i(1+i)^n}\right] = 10\ 000 \times \left[\dfrac{(1+7\%)^{15}-1}{7\% \times (1+7\%)^{15}}\right] = 91\ 080(元)$

6.2 投资效果评价指标

对于任何一项投资项目,完成后能否获得好的投资效果是评价该项目甚至决定是否投资该项目的重要依据。为保证投资的科学性,全面准确地分析、评价投资项目的投资效果,建立一套合理的投资效果评价指标体系,是一项具有重要意义的工作。

投资项目的投资效果评价一般采用两种基本方法:一种方法是确定投资项目的绝对经济效益,即通过投资项目方案本身的收益与费用的计算、比较和评价,选择投资项目方案;另一种方法是确定投资项目的相对经济效益,即仅就方案的不同要素部分进行比较,计算经济效益,确定投资项目方案。

6.2.1 投资项目绝对经济效益指标

投资项目绝对经济效益指标主要有投资回收期、投资利润率、净现值、等额年值、净现值率和内部收益率等。

1. 投资回收期

投资回收期是指以项目的净收益抵偿全部投资所需的时间,一般以年为计算单位,从项目投建之年算起,如果从投产年或达产年算起时,应予注明。投资回收期是反映投资项目财务上偿还总投资的能力和资金周转速度的综合性指标。一般情况下,这一指标越短越好,其计算公式如下:

$$\sum_{t=0}^{P_t}(CI_t - CO_t) = 0 \qquad (6-16)$$

式中,P_t 为以年表示的投资回收期(静态投资回收期);CI_t 为第 t 年现金流入;CO_t 为第 t 年现金流出。

项目求得的投资回收期 P_t,要与同类项目的历史数据或部门及行业的基准投资回收期 P_c 相比较,当 $P_t \leqslant P_c$ 时,认为项目是可以接受的;反之,当 $P_t > P_c$ 时,认为项目是不可取的。

例 6-5 某项目现金流量如表 6-5 所示,基准投资回收期为 6 年,试用投资回收期法评价投资方案是否可行。

表 6-5　现金流量表　　　　　　　　　　　　（单位：万元）

年份	0	1	2	3	4	5	6
投资	1 000						
净收益		200	300	500	900	1 100	1 500

解： $\sum_{t=0}^{P_t}(CI_t - CO_t) = -1000 + 200 + 300 + 500 = 0$

得 $P_t = 3$

因 $P_t < P_c$，所以方案可行。

另外，在计算投资回收期时，也可以根据全部投资的财务现金流量表中累计净现金流量计算求得，计算公式如下：

$$P_t = （累计净现金流量开始出现正值的年份数）- 1 + \frac{上年累计净现金流量绝对值}{当年净现金流量}$$

(6-17)

例 6-6　某投资项目设计方案的基建期为 2 年，投产后头 3 年的净收益分别为达产年的 40%、60% 和 80%，达产年净收益为 2000 万元。项目期初一次投资 6000 万元，基准投资回收期为 7 年，试计算该方案的经济效益并评价是否可行。

解： 设该方案的投资回收期为 P_t，现金流量如表 6-6 所示。

表 6-6　现金流量表　　　　　　　　　　　　（单位：万元）

年份 项目	0	1	2	3	4	5	6	7	…
净现金流量	-6 000	0	0	800	1 200	1 600	2 000	2 000	…
累计净现金流量	-6 000	-6 000	-6 000	-5 200	-4 000	-2 400	-400	1600	…

由表 6-6 中的数据可得

$$P_t = 7 - 1 + \frac{400}{2000} = 6.2$$

6.2 年小于基准投资回收期 7 年，因此该方案可以接受。

投资回收期指标存在如下局限性：一是没有考虑计划投资的项目使用年限；二是没有考虑投资回收期以后的收益；三是没有考虑投资方案的整个计算期内现金流量发生的时间。因此，在用投资回收期作为评价依据时，有一定的不足之处，通常要与其他指标结合使用。

2. 投资利润率

投资利润率是指项目方案达到设计能力后正常生产年份的年利润与总投资的

比率，它适用于项目处在初期勘察阶段或者生产比较稳定的财务盈利性分析。这是一个不考虑资金时间价值的评价指标，计算公式如下：

$$E = \frac{R_P}{K} \tag{6-18}$$

式中，E 为投资利润率；R_P 为年利润总额；K 为投资总额。

通过上述公式计算得到的项目方案的投资利润率（E），必须与部门或行业的基准收益率（i_c）进行比较。当 $E \geq i_c$ 时，认为方案可以接受；反之，当 $E < i_c$ 时，认为方案不可取。基准收益率 i_c 是部门或行业平均利润率的概念，是评价项目方案经济效益的合理性尺度，是选择方案的决策标准，它应由国家、部门或行业制定。

3. 净现值

净现值法是在投资项目财务评价中计算投资经济效果的一种常用的动态分析方法，是反映项目方案在计算期内获利能力的综合性评价指标。净现值和等额年值都是利用资金等值原理，将各方案的年收支按规定的基准收益率折算到基准年，以绝对值作为评价方案的依据。

1) 净现值概念

净现值就是利用投资项目方案所期望的基准收益率，将各年的净现金流量折算到建设初期的现值，从而得到历年现值的累加和。其数学表达式为

$$\text{NPV} = \sum_{t=0}^{n} \frac{\text{CI}_t - \text{CO}_t}{(1+i_c)^t} \tag{6-19}$$

式中，NPV 为净现值；CI_t 为第 t 年流入现金；CO_t 为第 t 年流出现金；n 为计算期；i_c 为基准收益率。

当 NPV＝0 时，表示项目实施后的投资收益率正好达到基准收益率；当 NPV＞0 时，表示项目实施后的经济效益不仅达到了基准收益率的要求，而且还有富余；当 NPV＜0 时，表示项目实施后的经济效益达不到基准收益率，并且尚不能确定是否亏本。

因此，只有当 NPV≥0 时，即项目实施后的收益率不小于基准收益率时，认为方案是可以接受的。当进行多方案比较时，以净现值大的方案为优。

例 6-7 某投资项目设计方案总投资 1995 万元，投产后年经营成本 500 万元，年销售额 1500 万元，第三年末该项目配套追加投资 1000 万元。若计算期为 5 年，基准收益率为 10%，残值等于 0，试计算投资项目的净现值。

解： 现金流量如图 6-3 所示：

$$\text{NPV} = -1995 + \frac{1500 - 500}{1 + 0.1} + \frac{1500 - 500}{(1 + 0.1)^2} + \frac{1500 - 500 - 1000}{(1 + 0.1)^3}$$

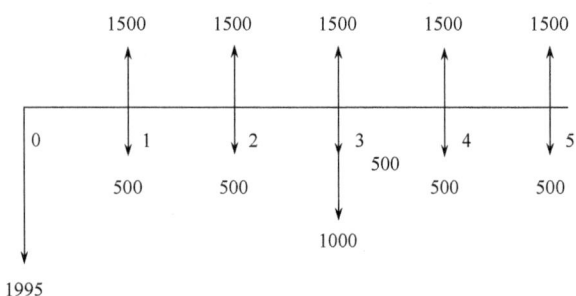

图 6-3 投资项目现金流量图

$$+\frac{1500-500}{(1+0.1)^4}+\frac{1500-500}{(1+0.1)^5}$$
$$=1045$$

通过计算可以得到，该投资项目的净现值为 1045 万元，说明该项目实施后的经济效益除达到 10% 的收益率外，还有 1045 万元的收益现值。

2）净现值函数

所谓净现值函数，就是指 NPV 随折现率 i 变化的函数关系。从净现值的计算公式可知，当方案的净现金流量固定不变而折现率 i 变化时，净现值 NPV 将随着 i 的增大而减小。若 i 连续变化，则可得出 NPV 随 i 变化的函数曲线，即净现值函数。净现值函数一般具有以下两个特点：一是同一净现金流量的净现值随 i 的增大而减小，故当基准折现率 i_c 越大，净现值就越小，甚至为零或负值，因而可被接受的方案也就越少；二是净现值随折现率的增大可以从正值变成负值，必然会有当 i 为某一数值 i^* 时，使得净现值为零，当 $i<i^*$ 时，NPV(i)>0，当 $i>i^*$ 时，NPV(i)<0。

3）净现值率

净现值率是指投资项目方案的净现值与总投资现值之比，即为单位投资现值的净现值，这是一种类似投资利润率的效率指标。当比较的各方案具有不同投资要求，且用于投资的金额也受到限制时，采用净现值率判断可以反映资金的利用效率。采用净现值率对投资项目方案进行比较时，应选择净现值率较大的方案。其计算公式为

$$\text{NPVR}=\frac{\text{NPV}}{K_P} \tag{6-20}$$

式中，NPVR 为投资项目的净现值率；NPV 为净现值；K_P 为投资项目总投资现值，表示单位投资现值所取得的净现值额。当 NPVR≥0 时，方案可行；当 NPVR<0 时，方案不可行。

第 6 章 资金等值计算与方案经济比选

例 6-8 已知某工程项目总投资 3000 万元，投产后年经营成本 1000 万元，第 1 年经营收入 1500 万元，从第 2 年到第 5 年，年经营收入 2500 万元。试求该投资项目的净现值率（基准收益为 10%）。

解：$\text{NPV} = -3000 - 1000\,(P/A,\,10\%,\,5) + 1500\,(P/F,\,10\%,\,1)$
$\qquad\qquad + 2500\,(P/A,\,10\%,\,4) \cdot (P/F,\,10\%,\,1)$
$\qquad = 1777\,(万元)$

$$\text{NPVR} = \frac{\text{NPV}}{K_P} = \frac{1777}{3000} = 0.5923$$

计算结果表明，项目的净现值率为 0.5923，说明该项目除了能满足 10% 的基准收益要求外，每元投资现值还能获得 0.5923 元的收益现值。

4. 等额年值

净现值是把投资项目各年的净现金流量按照基准收益率折算到建设初期的代数和。若把项目各年的净现金流量按照基准收益率折算到项目的最后一年，其代数和就是净终值，然后经过资金回收系数或基金存储系数的折算，就可以得到等额年值。等额年值是把每个方案在生命周期内不同时点发生的所有现金流量都按设定的基准收益率换算成与其等值的等额支付序列年金。因为把项目生命周期内不同时点发生的现金流量换算成了各年的等额现金流量，所以满足了时间上的可比性。等额年值越大，表示方案的经济效益越好。

1) 用现值计算等额年值
设 NAV 为等额年值，则计算公式为

$$\text{NAV} = \sum_{t=0}^{n}\left[\frac{\text{CI}_t - \text{CO}_t}{(1+i_c)^t}\right] \cdot (A/P, i_c, n) \qquad (6\text{-}21)$$

2) 用终值表示等额年值

$$\text{NAV} = \sum_{t=0}^{n}\left[(\text{CI}_t - \text{CO}_t)(1+i_c)^{n-t}\right] \cdot (A/F, i_c, n) \qquad (6\text{-}22)$$

例 6-9 某投资方案的净现金流量如图 6-4 所示，设基准收益率为 10%，求该方案的等额年值。

解：用现值法计算等额年值
$\text{NAV} = [-5000 + 2000(P/F, 10\%, 1) + 4000(P/F, 10\%, 2)$
$\qquad\quad - 1000(P/F, 10\%, 3) + 7000(P/F, 10\%, 4)] \cdot (A/P, 10\%, 4)$
$\qquad = 1311\,(万元)$

用终值法表示等额年值
$\text{NAV} = [-5000(F/P, 10\%, 4) + 2000(F/P, 10\%, 3)$
$\qquad\quad + 4000(F/P, 10\%, 2) - 1000(F/P, 10\%, 1)$

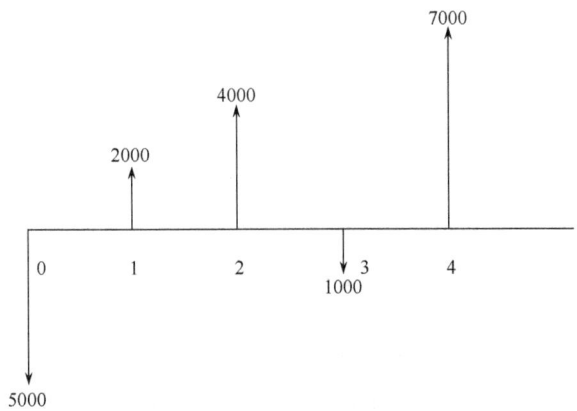

图 6-4 投资方案现金流量

$+7000] \cdot (A/F, 10\%, 4)$

$= 1311(万元)$

从上述计算结果可以看出,两种方法得到的结论是一致的,净现值均为 1311 万元,说明投资方案可以接受。

5. 内部收益率

内部收益率又称内部报酬率,它是除净现值以外的另一个重要的动态经济评价指标。净现值计算的是项目现金流量现值的绝对值,而内部收益率是求它们的相对值。内部收益率是指在投资项目计算期内各年净现金流量现值累计等于零时的折现率,它用来衡量项目的盈利能力。当求得的项目的内部收益率大于或等于基准收益率时,认为项目是可以接受的;反之,则表明项目不可行。其表达式如下:

$$\sum_{t=0}^{n} \left[\frac{CI_t - CO_t}{(1+IRR)^t} \right] = 0 \qquad (6-23)$$

式中,IRR 为内部收益率。

直接求解内部收益率的方法比较复杂,因此在实际应用中通常采用线性插值法来求内部收益率的近似解,其步骤如下:

(1) 计算各年的现金流入量、现金流出量,从而得到各年的净现金流量。

(2) 在满足两个条件($i_1 < i_2$,且 $i_1 - i_2 \leqslant 5\%$;NPV(i_1) > 0,NPV(i_2) < 0)的基础上预先估计两个适当的折现率 i_1 与 i_2。

(3) 用线性插值法求得近似的内部收益率 IRR,其公式为

$$IRR = i_1 + \frac{NPV(i_1)}{NPV(i_1) + |NPV(i_2)|} \cdot (i_2 - i_1) \qquad (6-24)$$

例 6-10 某投资项目的现金流量如表 6-7 所示,基准收益率为 10%。试用内部收益率法分析该投资方案是否可行。

表 6-7 现金流量表

年份	0	1	2	3	4	5
现金流量	−2000	300	500	500	500	1200

解:当取 $i_1=12\%$ 时,

$$\text{NPV}(i_1) = -2000 + 300(P/F,12\%,1) + 500(P/A,12\%,3) \cdot (P/F,12\%,1)$$
$$+ 1200(P/F,12\%,5)$$
$$= 21$$

当取 $i_2=14\%$ 时,

$$\text{NPV}(i_2) = -2000 + 300(P/F,14\%,1) + 500(P/A,14\%,3) \cdot (P/F,14\%,1)$$
$$+ 1200(P/F,14\%,5)$$
$$= -9$$

因此,可以确定 IRR 在 12% 与 14% 之间,由线性插值法可以得到该投资项目的 IRR 为

$$\text{IRR} = i_1 + \frac{\text{NPV}(i_1)}{\text{NPV}(i_1) + |\text{NPV}(i_2)|} \cdot (i_2 - i_1)$$
$$= 12\% + \frac{21}{21+9}(14\% - 12\%)$$
$$\approx 12.4\%$$

因为 IRR=12.4%,大于基准收益率,所以该方案可行。

内部收益率是用以研究项目方案全部投资的经济效益问题的指标,其数值大小并不是一个项目初始投资的收益率,而是尚未收回的投资余额的年盈利率。内部收益率的大小与项目初始投资和项目在寿命期内各年的净现金流量大小有关。

例 6-11 某企业用 10 000 元购买某种设备,计算期为 5 年,各年的现金流量如图 6-5 所示。

解:由 $\text{NPV} = \sum_{t=0}^{n} \frac{\text{CI}_t - \text{CO}_t}{(1+i)^t} = 0$ 可得

$$-10\,000 + \frac{2000}{1+i} + \frac{4000}{(1+i)^2} + \frac{7000}{(1+i)^3} + \frac{5000}{(1+i)^4} + \frac{3000}{(1+i)^5} = 0$$

取 $i_1=28\%$ 代入上式可得,NPV (i_1) =79(元)。

取 $i_2=30\%$ 代入上式可得,NPV (i_2) =−352(元),根据线性插值法可得

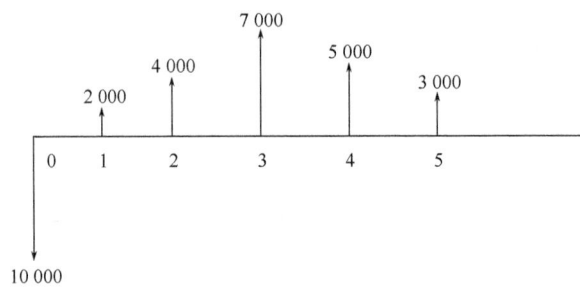

图 6-5 某设备现金流量图

$$IRR = 28\% + \frac{79}{79+352}(30\%-28\%) = 28.35\%$$

以 IRR＝28.35％计算每一期末被回收的投资余额可获得的利息，如表 6-8 所示。

表 6-8 投资余额利息计算表　　　　　　（单位：元）

年限	t 期期初没被回收的投资	t 至 $t+1$ 期应支付的利息	t 期期末的现金流量	$t+1$ 期期初没被回收的投资
	(1)	(2) = (1) × i	(3)	(4) = (1) + (2) + (3)
0			−10 000	−10 000
1	−10 000	−2 835	2 000	−10 835
2	−10 835	−3 072	4 000	−9 907
3	−9 907	−2 809	7 000	−5 716
4	−5 716	−1 621	5 000	−2 337
5	−2 337	−663	3 000	0

在 5 年内现金收入偿还投资过程如图 6-6 所示。

从图 6-6 可以看出，IRR＝28.35％不仅是使各期现金流量的现值之和为零的折现率，而且也是使各年未回收的投资和它的收益在投资项目计算期终了时正好全部回收的利率。

由此也可以看出，内部收益率是一个用以计算随时间变化、尚未回收的投资余额所赚利息的年利率，用这个年利率计算的结果，投资在项目结束时正好全部回收。

6.2.2 投资项目相对经济效益指标

相对经济效益是与绝对经济效益相比较而言的，它舍弃了方案的相同部

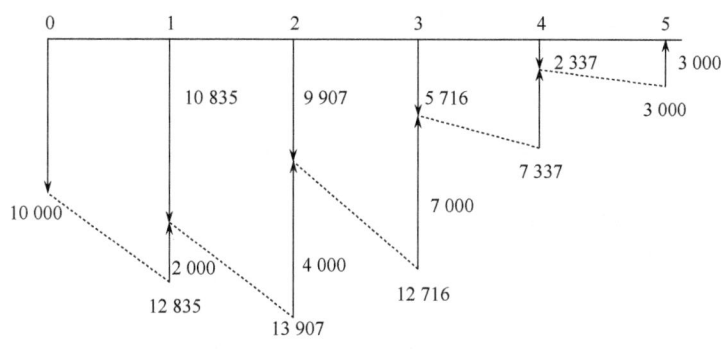

图 6-6 资金偿还过程

分,只计算不同部分的经济效益,一方面可以在方案的产出相同的情况下,比较方案的费用部分,以费用最小原则选择最优方案;另一方面也可以在方案的目标和计算期相同的情况下,比较方案的差额部分,以收益最大原则选择最优方案。

1. 费用现值

费用现值就是把不同方案计算期内的年成本按基准收益率换算为基准年的现值,再加上方案的总投资现值。费用现值越小,说明方案的经济效益越好。

当不考虑资金时间价值时,费用现值称为总折算费用,它是投资方案计算期投资与总成本之和。其计算公式为

$$Z = K + P_c \cdot C \tag{6-25}$$

式中,Z 为总折算费用;K 为总投资;C 为年成本;P_c 为基准投资回收期。

在应用总折算费用法选择方案时,要求比较方案为期初一次性投资和等额年成本。考虑资金时间价值的费用,现值公式可以表示为

$$PC = \sum_{t=0}^{n}(K + C - K_l - W)_t \cdot (P/F, i_c, t) \tag{6-26}$$

式中,PC 为考虑资金时间价值的费用现值;K 为投资总额;C 为年经营总成本;K_l 为计算期末回收固定资产残值;W 为计算期末回收流动资金。

例 6-12 某一投资项目有 A、B、C 三个方案均能满足同样的需求,其费用数据如表 6-9 所示,基准折现率为 10%。试用费用现值法确定最优方案。

表 6-9　各个方案费用数据表　　　　　　（单位：万元）

方案	总投资（第 0 年末）	年费用（第一年至第十年末）
A	200	80
B	300	50
C	500	20

解：A 方案的费用现值为

$$PC_A = 200 + 80(P/A, 10\%, 10) = 691.6（万元）$$

B 方案的费用现值为

$$PC_B = 300 + 50(P/A, 10\%, 10) = 607.25（万元）$$

C 方案的费用现值为

$$PC_C = 500 + 20(P/A, 10\%, 10) = 622.9（万元）$$

从上述计算结果可以看出，B 方案为最佳方案。

2. 等额年费用

等额年费用就是把各方案的投资和年成本换算为系列等额年值，不考虑资金时间价值的等额年费用，称为折算费用。它是年成本与按照基准收益率换算的年投资费用总额之和。其计算公式为

$$Z' = C + i_c \cdot K \tag{6-27}$$

式中，Z' 为年折算费用；C 为年成本；K 为总投资。

考虑资金时间价值的等额费用，也称现值成本。以等额年费用为依据进行方案比较与选择时，年费用较低的方案为最优方案。其计算公式为

$$AC = \sum_{t=0}^{n} [(K + C' - K_l - W)_t \cdot (P/F, i_c, t)] \cdot (A/P, i_c, t) \tag{6-28}$$

式中，AC 为等额年费用。

等额年费用指标适用于计算期不同的方案比较，当计算期不同的方案采用费用现值法时，可按诸方案中最短的计算期计算。

3. 差额净现值

差额净现值是指被比较的两个方案净现金流量差额的现值之和。差额净现值大于零，选择投资大的方案；差额净现值小于零，选取投资小的方案。其计算公式为

$$\Delta NPV = \sum_{t=0}^{n} \frac{\Delta CF_t}{(1+i_c)^t} \tag{6-29}$$

式中，ΔNPV 为两个方案的差额净现值；ΔCF_t 为第 t 年两个方案的差额净现金

流量。

4. 差额投资回收期

对于投资不同，产出相同的两个方案，往往有投资大的方案年成本低，投资小的方案年成本高的情况，在比较方案优劣时就可以采用差额投资回收期指标。差额投资回收期，就是一个方案较另一个方案多支出的投资，用年成本的节约额逐年回收的年限。它只反映方案之间的相对经济性。差额投资回收期 P_a 与基准投资回收期 P_c 相比较，当 $P_a < P_c$ 时，说明投资的增加部分经济效益是好的，应当选择投资大的方案；当 $P_a > P_c$ 时，说明增加的投资不经济，应选择投资小的方案。其计算公式为

$$P_a = \frac{K_2 - K_1}{C_1 - C_2} \quad (6-30)$$

式中，P_a 为差额投资回收期；K_1，K_2 分别为方案Ⅰ、方案Ⅱ的投资总额，且令 $K_2 > K_1$；C_1，C_2 分别为方案Ⅰ、方案Ⅱ的年成本，且令 $C_2 < C_1$。

当产出不同的两个方案进行比较时，采用单位产品投资与单位产品成本进行比较，计算公式如下：

$$P_a = \frac{K_2/Q_2 - K_1/Q_1}{C_1/Q_1 - C_2/Q_2} \quad (6-31)$$

式中，Q_1，Q_2 分别为方案Ⅰ、方案Ⅱ的年产量。

5. 差额投资内部收益率

差额投资内部收益率，是指两个方案各年净现金流量差额的现值之和等于零时的折现率，用它和基准收益率的比较作为选择方案的依据。当差额投资内部收益率大于基准收益率时，投资大的方案较优；当差额投资收益率小于基准收益率时，投资小的方案较优。其计算公式如下：

$$\sum_{t=0}^{n} [(CI_t - CO_t)_l - (CI_t - CO_t)_s] \cdot (1 + \Delta IRR)^{-t} = 0 \quad (6-32)$$

式中，$(CI_t - CO_t)_l$ 为投资大的方案 t 年的净现金流量；$(CI_t - CO_t)_s$ 为投资小的方案 t 年的净现金流量；ΔIRR 为差额内部收益率。

6.3 投资项目方案比选

投资项目方案的比选，是从投资项目的几种可供选择的方案中选出技术上先进、经济上合理、社会效益大的最优方案。根据方案的性质，可以将方案分为互斥型方案、独立型方案和混合型方案。下面主要对互斥型方案和独立型方案的比选方法分别作简单的介绍。

6.3.1 互斥型方案比选

互斥型方案是指在多方案中只能选择一个,其余方案必须放弃,方案不能同时存在,方案之间的关系具有互相排斥的性质。在对互斥型方案进行选择时,一般先以绝对经济效益方法考察各个方案自身的经济效果,进行方案筛选;然后以相对经济效益方法考察通过第一步筛选的各个方案,选出最优方案。比选步骤如下:

(1) 按项目方案投资额大小对方案进行排序;

(2) 以投资额最低的方案为临时最优方案,计算此方案的绝对经济效益指标,并与判别标准比较,直至成立;

(3) 依次计算各方案的相对经济效益,并与判别标准如基准收益率相比较,优胜劣汰,最终取胜者即为最优方案。

例 6-13 有三个互斥型的投资方案,寿命周期均为 10 年,各方案的初始投资和年净收益如表 6-10 所示。试在折现率为 10% 的条件下选择最佳投资方案。

表 6-10 互斥型方案的净现金流量表 (单位:万元)

方案	初始投资	年净收益
A	170	44
B	260	59
C	300	68
B-A	90	15
C-B	40	9

解: 投资方案按投资额大小排列顺序分别是方案 A、B 和 C。首先计算方案 A 的净现值,即方案 A 的一种绝对经济效益指标。

$NPV_A = -170 + 44 (P/A, 10\%, 10) = 100.34$(万元),可以得出方案 A 的绝对经济效果是好的。

$NPV_{B-A} = -90 + 15 (P/A, 10\%, 10) = 2.17$(万元),根据差额净现值的判别准则,可以判断得到方案 B 优于方案 A,淘汰方案 A。

$NPV_{C-B} = -40 + 9 (P/A, 10\%, 10) = 15.30$(万元),根据差额净现值的判别准则,可以判断得到方案 C 优于方案 B,淘汰方案 B。

因此,可以判断方案 C 为最佳方案。

在这里,根据差额净现值的判别准则,采用了一个较简化的过程来对投资方案的选择进行了计算。对于需要比较的多个互斥型方案,首先将它们按投资额的大小顺序排列，然后从小到大进行比较，每比较一次就淘汰掉一个方案，从而减少了比较的次数。需要注意的是，作为比较基准的方案其绝对效果必须是好的。

例 6-14　两个互斥型投资方案 A 和方案 B，寿命周期为 10 年，基准收益率为 10%，净现金流量如表 6-11 所示。试选择最优投资方案。

表 6-11　互斥方案的净现金流量表　　　　　（单位：万元）

方案	初始投资	年净收益
A	2 300	650
B	1 500	500

解：首先计算两个方案的绝对经济效益指标 NPV 和 IRR。

$$\mathrm{NPV_B} = -1500 + 500(P/A, 10\%, 10) = 1572(万元)$$

由方程式

$$-1500 + 500(P/A, \mathrm{IRR_B}, 10) = 0$$

可以得到 $\mathrm{IRR_B} = 31.22\%$，从这两个绝对经济效益指标来看，方案 B 是可以接受的。再计算方案 A 的绝对经济效益指标：

$$\mathrm{NPV_A} = -2300 + 650(P/A, 10\%, 10) = 1693.6(万元)$$

由方程式

$$-2300 + 650(P/A, \mathrm{IRR_A}, 10) = 0$$

解得

$$\mathrm{IRR_A} = 25.34\%$$

从方案 A 这两个绝对经济效益指标来看，方案 A 也是可以接受的。绝对经济效果指标如表 6-12 所示。

表 6-12　互斥方案的 NPV 和 IRR 指标表　　　（单位：万元）

方案	NPV	IRR
A	1 693.6	25.34%
B	1 572	31.22%

由于 $\mathrm{NPV_A} > \mathrm{NPV_B}$，按净现值最大化的判别标准，方案 A 为最优选择方案；又由于 $\mathrm{IRR_B} > \mathrm{IRR_A}$，那么按照内部收益率最大化的判别标准，方案 B 为最优选择方案。可以发现，通过绝对经济效益指标得到的结果相矛盾，因此借助于相对经济效益指标进行比较选择。

方案 A 与方案 B 的差额净现值为

$$\Delta \text{NPV}_{A-B} = -800 + 150(P/A, 10\%, 10) = 121.6(万元)$$

由此可判断,方案 A 优于方案 B。

由方程式

$$-800 + 150(P/A, \Delta \text{IRR}_{A-B}, 10) = 0$$

可得到差额内部收益率 $\Delta \text{IRR}_{A-B} \approx 13.6\%$,因为 $\Delta \text{IRR}_{A-B} > 10\%$(基准收益率),所以方案 A 优于方案 B,这两种指标得到的判断结论是一致的。因此,我们可选择方案 A 为最优方案。

6.3.2 独立型方案比选

独立型方案是指如果采纳(或放弃)某一方案并不显著地改变其他方案的现金流量,或者不影响其他方案的采纳(或放弃),两个方案在经济上是不相关的。独立型方案比选具有以下特点:

(1) 独立方案的取舍只取决于方案自身的经济性,即只需检验它们是否能够通过净现值、净年值或内部收益率等绝对经济效益评价指标。因此,一组独立方案中各方案之间无需进行相互比较。

(2) 一组独立方案可以接受一个或几个方案,也可以一个都不接受,这取决于与评价标准相比较的结果。

例 6-15 两个独立方案 A 和 B,其现金流量如表 6-13 所示,计算期为 10 年,基准收益率为 12%。试判断其经济可行性。

表 6-13 方案的净现金流量表 (单位:万元)

方案	初始投资	年净收益
A	20	5.8
B	30	7.8

解:通过对绝对经济效益指标如净现值、等额年值、内部收益率的计算,根据判别准则确定方案的可行性。

首先,计算净现值:

$$\text{NPV}_A = -20 + 5.8(P/A, 12\%, 10) = 12.77(万元)$$

$$\text{NPV}_B = -30 + 7.8(P/A, 12\%, 10) = 14.07(万元)$$

根据净现值的判别准则,独立方案 A 和独立方案 B 都是可接受的。

其次,计算等额年值:

$$\text{AE}_A = \text{NPV}_A(A/P, 12\%, 10) = 2.26(万元)$$

$$AE_B = NPV_B(A/P, 12\%, 10) = 2.49(万元)$$

根据等额年值的判别准则，独立方案 A 和独立方案 B 都是可接受的。

最后，计算内部收益率：

$$-20 + 5.8(P/A, IRR_A, 10) = 0$$
$$-20 + 5.8(P/A, IRR_A, 10) = 0$$

根据插值法，可以分别解得独立方案 A 和 B 的内部收益率分别为 $IRR_A = 26\%$，$IRR_B = 23\%$，均大于基准收益率，因此，独立方案 A 和独立方案 B 都是可接受的。

对于独立型方案来说，经济上是否可行取决于其绝对经济效益指标，不论采用哪一种绝对经济效益评价指标，其结论都是一样的。在实践过程中，有时由于资源方面的约束，不可能满足所有投资方案的要求，或者由于投资项目的不可分性，这些约束条件意味着接受某几个方案必须要放弃另一些方案，使之成为相关的互相排斥方案。解决这一类对立方案互斥化的基本思想是：可以按效率指标排序法进行排序，用这些指标按投资效率的高低顺序排序，在资金的约束下选择最优方案组合，使有限资金获得最大收益，一般可使用净现值率排序法和内部收益率排序法。

例 6-16 设有七个相互独立的投资方案如表 6-14 所示，寿命期均为 8 年，基准折现率为 10%，若资金总额为 380 万元。试用净现值率法进行比选。

表 6-14 投资方案的流量数据表　　　　（单位：万元）

方案	投资额	年净收益
A	80	24.7
B	115	25.6
C	65	15.5
D	90	30.8
E	100	26
F	70	12.2
G	40	8

解：根据净现值公式，可以得到各个独立方案的净现值以及净现值率（NPVR）：

$NPV_A = -80 + 24.7(P/A, 10\%, 8) = 51.77(万元)$，$NPVR_A = NPV_A/80 = 0.647$

$NPV_B = -115 + 25.6(P/A, 10\%, 8) = 21.58(万元)$，$NPVR_B = NPV_B/115 = 0.188$

$NPV_C = -65 + 15.5(P/A, 10\%, 8) = 17.69(万元)$，$NPVR_C = NPV_C/65 = 0.272$

$NPV_D = -90 + 30.8(P/A, 10\%, 8) = 74.34(万元)$，$NPVR_D = NPV_D/90 = 0.826$

$\mathrm{NPV_E} = -100 + 26(P/A, 10\%, 8) = 38.41(万元), \mathrm{NPVR_E} = \mathrm{NPV_E}/100 = 0.384$

$\mathrm{NPV_F} = -70 + 12.2(P/A, 10\%, 8) = -4.91(万元), \mathrm{NPVR_F} = \mathrm{NPV_F}/70 = -0.0701$

$\mathrm{NPV_G} = -40 + 8(P/A, 10\%, 8) = 2.68(万元), \mathrm{NPVR_G} = \mathrm{NPV_G}/40 = 0.0670$

根据净现值率的大小，可得独立方案的优先顺序为 DAECBG。因为方案 F 中的净现值为负值，所以该方案被淘汰。又因为受到总投资额 380 万元的限制，所以可得投资组合为方案 DAECG。

需要注意的是，用净现值率排序法或内部收益率排序法评选得到独立方案的组合，并不一定是最佳组合。只有当各方案投资占总投资比例很小或者入选方案正好分配完总投资时，才能保证获得最佳的投资组合。

▶ 练习题

1. 什么是资金的时间价值？资金为什么具有时间价值？
2. 什么是名义利率和实际利率？它们之间有什么关系？
3. 资金等值的含义是什么？
4. 在银行存款 5000 元，存期 8 年，试计算下列两种情况下的本利和：①单利，年利率为 7%；②复利，年利率为 7%。
5. 一项工程准备 5 年后启动，计划投资 100 万元，若年利率为 8%，每年都存入等量资金，问年末存款和年初存款每次需存入多少资金才能达到工程建设所需投资？
6. 一学生向银行贷款上学，年利率为 6%，上学期限为 4 年，并承诺毕业后 6 年内还清全部贷款，预计每年偿还能力为 6000 元，问该学生每年初可从银行等额贷款多少？
7. 某项目各年净现金流量如表 6-15 所示，基准收益率为 10%，试计算该项目的净现值和内部收益率。

表 6-15 某项目各年净现金流量表

年份	0	1	2~10
净现金流量（元）	-250 000	-200 000	120 000

8. 某项目初始投资为 1000 万元，第一年年末投资 2000 万元，第二年年末再投资 1500 万元，从第三年起连续 8 年每年年末获利 1450 万元，残值忽略不计，基准收益率为 12%，计算该项目的净现值，并判断该项目是否可行。
9. 某工程项目有两个设计方案，设基准收益率为 15%，两方案的现金流量如表 6-16 所示，计算期均为 6 年，试以差额内部收益率方法进行方案比选。

表 6-16　某工程项目两方案的现金流量表　　　（单位：万元）

方案＼年限	0	1	2	3	4	5	6	残值
A	5 000	1 000	1 000	1 000	1 200	1 200	1 200	1 500
B	4 000	1 100	1 100	1 100	1 400	1 400	1 400	1 000

10. 某厂为降低成本，现考虑三个相互排斥的方案，三个方案的寿命周期均为 10 年，各方案的初始投资和年成本节约金额如表 6-17 所示，折现率为 10%，试选择经济上最有利的方案。

表 6-17　各方案的初始投资和年成本节约金额表　　　（单位：万元）

方案	初始投资	年成本节约
A	40	12
B	55	15
C	72	17.8

第 7 章

投资项目的财务评价

7.1 财务评价概述

7.1.1 财务评价的概念和作用

财务评价又称财务分析,是投资项目评价中为判定投资项目财务可行性所进行的一项重要工作,是项目经济评价的重要组成部分,是投融资决策的重要依据。投资项目的财务评价是从企业(或项目)角度,在现行会计准则、会计制度、税收法规和价格体系下,通过分析测算项目直接发生的财务效益及费用,编制财务报表,计算评价指标,进行盈利能力、偿债能力和财务生存能力分析,据以评价项目的财务可行性。

投资项目业主或发起人是项目投资后果的直接承担者,因此,投资项目财务评价的目的主要是从项目投资者或企业的角度考察项目的盈利能力,为项目投资者或企业决策提供信息支持,同时兼顾项目相关利益主体的利益要求。投资项目财务评价的意义主要体现在以下几个方面。

1. 投资项目决策分析与评价的重要依据

投资项目评价应从多角度、多方面进行。无论是项目的前评价、中间过程评价还是后评价,财务评价都是必不可少的重要内容。进行项目投资的目的是为了收益,通过财务评价可以科学地分析项目的盈利能力、偿债能力和财务生存能力,从而做出是否投资的决策。

2. 银行及金融机构发放贷款的重要依据

银行及金融机构是以货币为经营对象的实体，其安全性、流动性、增值性的"三性"原则要求其经营活动的主要目的是增值、盈利。一般项目的投资借款，尤其是固定资产的投资借款具有数额大、风险大、周期长等特点，稍有不慎就有可能收不回贷款本息。通过财务评价，银行及金融机构可以科学地分析投资项目的贷款偿还能力，进而确定是否可以贷款。

3. 有关部门审批项目的重要依据

在现阶段，我国国有经济占主导地位。国有企业投资项目的效益如何，不仅与企业自身的发展息息相关，而且对整个国民经济的发展水平及国家的财政收支状况产生重要影响。因此，有关部门在审批投资项目时，投资项目的财务评价结果是其重要的决策依据。

4. 项目或方案比选中起着重要作用

投资项目决策中，在规模、技术、工程等方面都必须通过方案比选予以优化。财务评价结果可以反馈到方案构造和研究中，用于方案比选，优化方案设计，使项目整体更趋于合理。

7.1.2 财务评价的基本原则

财务评价应遵循以下原则。

1. 稳妥原则

基础数据是财务评价的起点，财务分析结果的准确性取决于基础数据的可靠性。在投资项目评价过程中，大量基础数据来自于预测和估计，难免有不确定性。为了使财务分析结果更为可靠，避免人为的乐观估计所带来的风险，更好地满足投资决策的需要，在基础数据的确定和选取中应遵循稳妥原则。

2. 口径一致性原则

只有费用效益的计算口径一致，计算结果才具有可比性，才可以计算项目的盈利能力。因此，为了正确评价项目的获利能力，必须遵循项目的直接费用与直接效益计算口径一致性的原则。

3. 有无对比原则

有无对比是国际上项目评价中通用的效益与费用识别的基本原则。财务效益与费用的识别与估算需要遵循这条原则。采用有无对比的方法，就是为了识别那些真正应该算作项目效益的部分，即增量效益，排除那些由于其他原因产生的效益，同时也要找出与增量效益相对应的增量费用，只有这样才能真正体现项目投资的净效益。

4. 动态分析为主原则

国际通行的财务分析与评价都是以动态分析为主，即根据资金时间价值原理，考虑项目整个计算期内各年的效益和费用，采用现金流量分析的方法，计算内部收益率和净现值等评价指标。我国分别于 1987 年、1993 年和 2006 年由国家发展和改革委员会（原国家计委）和建设部发布实施的《建设项目经济评价方法与参数》（以下简称《方法与参数》）第一版、第二版和第三版，都是采用动态分析与静态分析相结合，以动态分析为主的原则制定一整套项目的经济评价方法与指标体系。

7.1.3 财务评价的内容和步骤

1. 财务评价的内容

（1）明确项目评价范围。

（2）根据项目性质和融资方式选取适宜的方法。

（3）选取必要的基础数据进行财务效益与费用的估算，包括营业收入、成本费用估算和相关税金估算等，同时编制相关辅助报表。

（4）编制财务分析报表和计算财务分析指标，进行财务评价。财务评价应包括盈利能力、偿债能力和财务生存能力三个方面的评价。

（5）实际中，常常需要将财务分析的结果反馈，优化原设计的建设方案（称为基本方案），有时甚至会对原设计的建设方案进行较大的调整。为了更好地优化、改进，在对原设计的建设方案进行分析后，还应进行不确定性分析，包括盈亏平衡分析和敏感性分析。

2. 财务评价的步骤

1）财务效益与费用估算

识别收益和费用是投资项目财务效果评价的前提。根据项目市场分析和实施条件分析的结果，以及现行的有关法律、法规和政策，对项目总投资、资金筹措方案、产品成本费用、营业收入、税金和利润，以及其他和项目有关的财务基础数据进行分析和估算，并将所得数据编制成辅助报表材料。

2）编制财务评价基本报表

将分析和估算所得的财务基础数据进行汇总，编制出现金流量表、资金来源与运用表、资产负债表等财务评价基本报表。财务评价基本报表是反映项目盈利能力、偿债能力、财务生存能力等财务评价指标的基础。

3）计算与分析财务效益指标

根据编制的财务评价基本报表，计算一系列项目盈利能力、偿债能力、财务生存能力的指标。反映项目财务盈利能力的指标包括静态指标投资利润率、投资利税率、资本金净利润率和静态投资回收期等，反映项目偿债能力的指标包括借款偿还期、利息备付率和偿债备付率等。

4）进行不确定性分析与风险分析

通过敏感性分析与盈亏平衡分析等不确定性分析和风险分析的方法，评价项目可能存在的风险及在不确定的条件下适应变化和抗风险的能力，得出项目在不确定的条件下的财务效果评价的结论或决策。

5）得出财务评价结论

将上述确定性分析和不确定性分析的结果，与国家有关部门公布的基准值，或与以往经验、历史标准和目标标准等加以比较，并从盈利的角度做出项目可行与否的结论。

7.2 财务评价的价格体系

7.2.1 财务分析涉及的价格体系

1. 价格变动的影响因素

从价格变动的相对性划分，影响价格变动的因素可以归纳为两类：一是相对价格变动因素；二是绝对价格变动因素。

相对价格变动是指商品间的价格比例变动。导致商品相对价格发生变化的因素很复杂，例如，供应量的变化、价格政策的变化、劳动生产率的变化等都有可能引起商品间相对价格的改变；消费水平变化、消费习惯的改变、替代商品的价格变动等引起的供求关系变化，从而使供求均衡价格发生变化，也可能引起商品间相对价格发生变化。

绝对价格是指用货币单位表示的商品价格水平。绝对价格变动一般表现为物价总水平的变化，即因货币贬值（通货膨胀）引起的大多数商品价格的普遍增长，或因货币升值（通货紧缩）引起大多数商品价格的普遍下降。

2. 财务评价涉及的三种价格

在投资项目财务评价中，需要对项目整个计算期的价格进行预测，这必然会涉及价格变动问题。价格变动问题是指在整个计算期内，是采用一个固定价格，还是各年都变动价格以及如何变动，即投资项目的财务评价采用什么价格体系的问题。财务评价涉及的价格体系有三种，即固定价格体系、实价体系和时价体系，相应地涉及三种对应价格，即基价、实价和时价。

（1）基价，也称固定价格，是以基年价格水平表示的。采用基价，项目计算期内各年价格都是相同的，就形成了财务评价的固定价格体系。一般选择评价工作进行的年份为基年，也有选择预计开始建设年份的。基价是确定项目涉及的各种货物预测价格的基础，也是估算投资的基础。

例如，某项目财务评价在 2008 年进行，则一般选择 2008 年为基年。若某货物 A 在 2008 年的价格为 100 元，那么其基价为 100 元，是以 2008 年价格水平表示的。

（2）时价，是指某一时点的市场价格，它包括了相对价格变动和绝对价格变动的影响，以当时的价格水平表示。以基价为基础，按照预计的各种货物的不同价格上涨率（可称为时价上涨率），就可分别求出在计算期任何一年的时价。

例如，假设 2009 年货物 A 的时价上涨率为 -3%，在 2008 年基价为 100 元，2009 年的时价为 100×（1-3%）= 97（元）。若 2010 年货物 A 的时价上涨率为 2%，则 2010 年货物 A 的时价为 100×（1-3%）×（1+2%）= 98.94（元）。

设基价为 P_b，时价为 P_c，各年的时价上涨率为 c_i，$i=1, 2, \cdots, n$，则第 n 年的时价

$$P_{cn} = P_b(1+c_1)(1+c_2)\cdots(1+c_n) \tag{7-1}$$

若各年时价上涨率相同，$c_i = c$，则有

$$P_{cn} = P_b(1+c)^n \tag{7-2}$$

（3）实价，是以基年价格水平表示的，剔除绝对价格变动因素影响，只反映相对价格变动因素影响的价格。可以由时价中扣除物价总水平变动的影响来求得实价。

例如，2009 年物价总水平上涨率为 -3.5%，则 2009 年货物 A 的实际价格为 [97/（1-3.5%）]，即 100.52 元。这说明，虽然 2009 年货物的价格比 2008 年的价格下降了 3%，但扣除物价总水平上涨的影响，2009 年货物 A 的实际价格比 2008 年是上升了，这是由于某种原因所导致的相对价格变动所致。如果把实际价格的变化率称为实价上涨率，那么 A 的实价上涨率为

$$(1-3\%)/(1-3.5\%) - 1 = 0.52\%$$

只有当时价上涨率大于物价总水平上涨率时，该货物的实价上涨率才为正数，此时说明该货物价格上涨超过物价总水平的上涨。设第 i 年的实价上涨率为 r_i，第 i 年的时价上涨率为 c_i，物价总水平上涨率为 f_i，则三者之间的关系为

$$r_i = \frac{(1+c_i)^i}{(1+f_i)^i} - 1 \tag{7-3}$$

7.2.2 财务评价的取价原则

1. 财务评价应采用预测价格

财务评价是基于对拟投资建设项目未来数年或更长时间的效益与费用的估算，而无论投入还是产出的未来价格都会发生各种各样的变化，为了合理反映项目的效益和财务状况，财务评价应采用预测价格。预测价格应是在选定的基年价

格基础上得到的，一般选择评价当年为基年。至于采用上述何种价格体系，要视具体情况而定。

2. 现金流量分析原则上应采用实价体系

采用实价计算净现值和内部收益率进行现金流量分析是国际上比较通行的做法。这样做，便于投资者考察投资的实际盈利能力，因为实价排除了通货膨胀因素的影响，消除了因通货膨胀（物价总水平上涨）带来的"浮肿利润"，能够相对真实地反映投资的盈利能力，为投资决策提供较为可靠的依据。

3. 偿债能力分析和财务生存能力分析原则上应采用时价体系

用时价进行财务预测，编制利润和利润分配表、财务计划现金流量表及资产负债表，有利于描述项目计算期内各年当时的财务状况，能相对合理地进行偿债能力分析和财务生存能力分析，这也是国际上比较通行的做法。

为了满足实际投资的需要，在投资估算中同时包含两类价格变动因素引起的投资增长的部分，一般通过计算涨价预备费来体现；同样，在融资计划中也应考虑这部分费用，在投入运营后的还款计划中自然包括该部分费用的偿还。因此，只有采用既包括了相对价格变化，又包括通货膨胀因素影响在内的时价价值表示的投资费用、融资数额进行计算，才能真实反映项目的偿债能力和财务生存能力。

4. 对财务评价采用价格体系的简化

在实践中，并不要求对所有项目或在所有情况下，都必须采用上述价格体系进行财务评价，多数情况下可以根据实际情况进行适当的简化。

《建设项目经济评价方法与参数》提出了一些简化方法，主要有以下几点：

（1）对于建设期的投入物，因为需要预测的年限较短，所以既要考虑通货膨胀因素，又要考虑相对价格变化。建设期投入物品种繁多，分别预测难度较大，还可能增加不确定性，因此，在实际中一般以涨价预备费的形式综合计算。

（2）在项目运营期内，因为运营期比较长，对将来的物价上涨水平较难预测，而且预测结果的可靠性也难以保证，所以，一般只预测到经营期初的价格。运营期各年采用统一的不变价格，即预测的运营期初价格。

（3）在项目运营期内，可根据项目和产出的具体情况，选用固定价格（项目运营期内各年价格不变），在对未来市场价格信息有充分可靠判断的情况下，本着客观、谨慎的原则，也可以采用相对变化的变动价格（项目运营期内各年价格不同，或某些年份价格的不同），甚至可以考虑通货膨胀的因素。

（4）当有明确要求或通货膨胀严重时，项目偿债能力分析和财务生存能力分析要采用时价体系。

7.2.3 价格中的增值税问题

对于产出物适用增值税的项目,应注意其投入物和产出物价格是否包含增值税。

按照我国现行增值税条例的规定,对于生产和销售产品或提供劳务征收增值税,同时可以抵扣进项税额。增值税的征收实行价税分离,在销售产品和提高劳务时,单独开具增值税专用发票。会计制度规定,企业财务报表中的成本费用和营业收入都以不含增值税的价格表示。在投资项目评价阶段,财务评价所采用的价格可以是含增值税的价格,也可以是不含增值税的价格,但要予以说明。

按照增值税条例规定的方法计算增值税,只要处理和计算得当,采用价格是否含税一般不会对项目收益的计算产生影响,具体计算可参见7.3中的例7-3。

7.3 财务效益与费用的估算

财务效益与费用是指项目运营期内所获得的收入和支出,主要包括营业收入、成本费用和有关税金等。某些项目可能得到的补贴收入也应计入财务收益。财务效益与费用是财务评价的重要基础,其估算的准确性与可靠程度直接影响财务评价结论。

7.3.1 项目计算期的确定

项目计算期是指对项目进行财务评价应延续的年限,对于投资建设项目,往往包括建设期和运营期。因为项目财务效益和费用的估算都要涉及计算的年限问题,所以项目计算期是财务分析的重要参数。

1. 建设期

项目评价建设期是指从项目资金正式投入起到项目建成投产止所需要的时间。建设期的确定应综合考虑项目的建设规模、建设性质(新建、扩建和技术改造)、项目复杂度、当地建设条件、管理水平和人员素质等因素,并与项目进度计划中的建设工期相协调。项目进度计划中的建设工期是指从项目主体工程正式破土动工起到项目建成投产止所需要的时间。两者的终点相同,起点可能不同。对于既有法人融资的项目,评价用的建设期与建设工期一般无差异,但新设法人项目需要先注册企业,届时就需要投资者投入资金,其后项目才开工建设,因而两者的起点会有差异。因此,项目评价建设期可能大于或等于项目实施进度中的建设工期。

对于一期、二期连续建设的项目和滚动发展的总体项目等,应结合项目的具体情况来确定项目评价的建设期。

2. 生产经营期

项目生产经营期以项目主要固定资产的经济寿命期作为确定项目生产经营期的主要依据，这样可以充分考虑技术进步对固定资产的影响，同时能够确保项目生产经营期与固定资产折旧年限计算口径的一致性。

项目评价涉及的运营期应根据多种因素综合确定，包括行业特点、主要装置（或设备）的经济寿命期（考虑主要产出物生命周期、主要装置综合折旧年限等）等。对于中外合资项目，还要考虑合资双方商定的合资年限。在按上述原则估定评价运营期后，还要与合资生产年限相比较，再按两者孰短的原则确定。

一般工业项目的生产经营期分为两个阶段：第一阶段是投产期（亦称试产期），即实际生产能力没有达到设计能力100%的时期；第二阶段是达到设计能力生产期，即生产能力达到设计能力100%的时期，简称达产期。

7.3.2 建设投资

建设投资的构成可按概算法分类或按形成资产法分类。

1. 按概算法分类

按概算法分类，建设投资由工程费用、工程建设其他费用和预备费三部分构成。

其中，工程费用由建筑工程费、设备购置费（含工器具及生产家具购置费）和安装工程费构成；工程建设其他费用内容较多，且随行业和项目的不同而有所区别；预备费包括基本预备费和涨价预备费。

2. 按形成资产法分类

按形成资产法分类，建设投资由形成固定资产费用、无形资产费用、其他资产费用和预备费四部分组成。

固定资产费用是指项目投产时将直接形成固定资产的建设投资，包括工程费用、工程建设其他费用中按规定将形成固定资产的费用，后者称为固定资产其他费用，主要包括建设单位管理费、可行性研究费、研究试验费、勘察设计费、环境影响评价费、场地准备及临时设施费、引进技术和引进设备其他费、工程保险费、联合试运转费、特殊设备安全监督检验费和市政公用设施建设及绿化费等；无形资产费用是指将直接形成无形资产的建设投资，主要是专利权、非专利技术、商标权、土地使用权和商誉等；其他资产费用是指建设投资中除形成固定资产和无形资产以外的部分，如生产准备及开办费等。

对于土地使用权的特殊处理，按照有关规定，在尚未开发或建造自用项目前，土地使用权作为无形资产核算；房地产开发企业开发商品房时，将其账面价值转入开发成本；企业建造自用项目时，将其账面价值转入在建工程成本。因此，为了与以后计算折旧和摊销相协调，在建设投资估算表中，通常可将土地使用权直接列入固定资产其他费用。

7.3.3 建设期利息

估算建设期利息，需要根据项目进度计划，提出建设投资分年计划，列出各年投资，并明确其中的外汇和人民币。

在估算建设期利息时，应注意名义年利率和有效年利率的换算。当用自有资金按期支付利息时，可不必进行换算，直接采用名义年利率计算建设期利息。

为了简化计算，通常假定借款均在每年的年中使用，借款当年按半年计息，其余各年份按全年计息。采用自有资金支付利息，单利计算情况下，

各年应计利息 =（年初借款本金累计 + 本年借款额/2）× 名义年利率

(7-4)

采用复利方式计息时，

各年应计利息 =（年初借款本金累计 + 本年借款额/2）× 有效年利率

(7-5)

另外，需要说明的是，对于分期建成投产的项目，其投产后继续发生的借款费用不作为建设期利息计入固定资产原值，而是作为运营期利息计入总成本费用。

7.3.4 营业收入

营业收入是指销售产品或提供服务取得的收入，是投资项目财务收益的主体，在现金流量表中是现金流入的主体，是利润表的主要科目，是财务分析的重要数据，其估值的准确性极大地影响着项目财务效益的估计。对于销售产品的项目，营业收入即为销售收入。在估算营业收入的同时，往往完成相关的流转税金的估算，主要包括营业税、增值税、消费税以及营业税金附加等。需要注意的是，在项目评价中，营业收入的估算基于一项重要的假定，即当年的产品（实际指商品，由产品扣除自用量）当年全部销售，也就是当年商品量等于当年销售量。

营业收入估算的具体要求如下。

1. 合理确定运营负荷

计算营业收入，首先要正确估计各年运营负荷（或称生产能力利用率和开工率）。运营负荷是指项目运用过程中负荷达到设计能力的百分数。它的高低与项目复杂程度、产品生命周期、技术成熟程度、市场开发程度、原材料供应、配套条件、管理因素等都有关系。在市场经济条件下，如果其他方面没有大问题，运营负荷的高低主要取决于市场。在项目评价中，通过对市场和营销策略所做研

究，结合其他因素研究确定分年运营负荷，作为计算各年营业收入和成本费用的基础。

运营负荷的确定一般有两种方式：一是经验设定法，即根据以往项目的经验，结合该项目的实际情况，粗略估计各年的运营负荷，以设计能力的百分数表示；二是营销计划法，通过制订详细的分年营销计划，确定各种产出物各年的生产量和商品量。

2. 合理确定产品或服务的价格

为提高营业收入估算的准确性，应遵循前述稳妥原则，采用适宜的方法，合理确定产品或服务的价格。对于某些基础设施项目，其提供服务的价格或收费标准有时需要通过倒推的方式来确定。

3. 多种产品分别估算或合理折算

对于生产多种产品和提供多项服务的项目，应分别估算各种产品及服务的营业收入。对那些不便于按详细的品种分类计算营业收入的项目，也可采取折算为标准产品的方法计算营业收入。

4. 编制营业收入估算表

营业收入估算表可随行业和项目而异，项目的营业收入估算表格可同时列出各种应缴营业税金及附加以及增值税。

7.3.5 补贴收入

按照《企业会计准则》，企业从政府无偿取得的货币性资产或非货币性资产称为政府补助，并按照是否形成长期资产区分为与资产相关的政府补助和与收益相关的政府补助。与资产相关的政府补助是指企业取得的用于购建或以其他方式形成长期资产的政府补助。这里仅包括与收益相关的政府补助，与资产相关的政府补助不在此处核算。

由于在项目财务分析中通常可忽略营业外收入科目，特别是非经营性项目财务分析。对非经营性投资项目，为了计算维持正常经营或实现微利所需要的政府补助，操作上需要单列一个财务效益科目，称为补贴收入。补贴收入同营业收入一样，应列入利润与利润分配表、财务计划现金流量表、项目投资现金流量表与项目资本金现金流量表。各类补贴收入应根据财政、税务部门的规定，分别计入或不计入应税收入。

补贴收入包括先征后返的增值税、按销量或工作量等依据国家规定的补助定额计算并按期给予的定额补贴，以及属于财政扶持而给予的其他形式补贴等。

按照有关会计及税收制度，先征后返的增值税应记作补贴收入，作为财务效益进行核算，但在财务分析中，有别于财务实际处理的是，不考虑"征"和"返"的时间差。对于提供公共产品、服务于社会或以保护环境等为目标的非经营性项目，往往没有直接的营业收入，也就没有直接的财务效益，政府对该类项目提供的补贴就作为项目的财务效益。对于为社会提供准公共产品或服务，且运营维护采用经营方式的项目，如市政公用设施项目、交通、电力项目等，其产出价格往往受到政府管制，营业收入往往不能满足补偿成本的要求，需要政府提供补贴才具有财务生存能力，这类项目的财务效益包括营业收入和补贴收入。

7.3.6 成本与费用

中国成本协会发布的CCA2101：2005《成本管理体系 术语》第2.1.2条对成本术语的定义是：为过程增值或结果有效已付出或应付出的资源代价。美国会计学会（AAA）所属的"成本与标准委员会"对成本的定义是：为达到特定目的而发生或未发生的价值牺牲，它可用货币单位加以衡量。

按照《企业会计准则——基本准则》（2006），费用是指企业在日常经营活动中发生的、会导致所有者权益减少的、与向所有者分配利润无关的经济利益的总流出。费用只有在经济利益可能流出从而导致企业资产减少或者负债增加，且经济利益的流出额能够可靠计量时才能予以确认。企业为生产产品、提供劳务等发生的可归属于产品成本、劳务成本等的费用，应当在确认产品销售收入、劳务收入等时，将已销售产品、已提供劳务的成本等计入当期损益。企业发生的支出不产生经济利益的，或者即使能够产生经济利益但不符合或者不再符合资产确认条件的，应当在发生时确认为费用，计入当期损益。企业发生的交易或者事项导致其承担了一项负债而又不确认为一项资产的，应当在发生时确认为费用，计入当期损益。其他符合费用确认要求的支出，应当直接作为当前损益列入利润表（主要有管理费用、财务费用和运营费用）。在项目财务分析时，为了对运营期间的总费用一目了然，将管理费用、财务费用和运营费用这三项费用与生产成本合并为总成本费用。这是财务分析对会计规定所做的不同处理，并不会影响利润的计算。在项目评价中，成本与费用按其计算范围可分为单位产品成本和总成本费用；按成本与产量的关系分为固定成本和可变成本；按会计核算的要求分为生产成本或称制造成本；按财务分析的特定要求有经营成本。

财务效益与费用的识别与估算应注意以下问题：

（1）财务效益与费用的估算应注意遵守现行财务、会计及税收制度的规定。由于财务效益与费用的识别和估算是对将来情况的预测，经济评价允许做有别于财会制度的处理，但要求财务效益与费用的识别和估算在总体上与会计准则和会计以及税收制度相适应。

（2）财务效益与费用的估算应遵守有无对比的原则。财务效益与费用的估算应体现效益和费用对应一致的原则。

（3）财务效益与费用的估算应根据项目性质、类别和行业特点，明确相关的政策和其他依据，选取适宜的方法，进行文字说明，并编制相关报表。

在成本与费用估算中，要求如下：

（1）成本与费用的估算，原则上应遵循国家现行《企业会计准则》和《企业会计制度》规定的成本和费用核算方法，同时应遵循有关税法中准予在所得税前列支科目的规定。当两者有矛盾时，一般应按从税的原则处理。

（2）结合运营负荷，分年确定各种投入的数量，注意成本费用与收入的计算口径对应一致。

（3）合理确定各项投入的价格，并注意与产出价格体系的一致性。

（4）各项费用划分清楚，防止重复计算或低估漏算。

（5）成本费用估算的行业性很强，应注意根据项目具体情况增加其构成科目或改变名称，反映行业特点。

1. 总成本费用

总成本费用只是在一定时期（项目评价中一般指一年）为生产和销售产品或提供服务而发生的全部费用。财务分析中总成本费用的构成和计算通常由以下两种公式表达。

1）生产成本加期间费用估算法

$$总成本费用 = 生产成本 + 期间费用 \tag{7-6}$$

其中，

$$生产成本 = 直接材料费 + 直接燃料和动力费 + 直接工资$$
$$+ 其他直接支出 + 制造费用 \tag{7-7}$$

$$期间费用 = 管理费用 + 财务费用 + 营业费用 \tag{7-8}$$

项目评价一般只考虑财务费用中的利息支出，所以上式可以改写为

$$期间费用 = 管理费用 + 利息支出 + 营业费用 \tag{7-9}$$

采用这种方法一般需要先分别估算各种产品的生产成本，然后与估算的管理费用、利息支出和营业费用相加。

2）生产要素估算法

$$总成本费用 = 外购原材料、燃料及动力费 + 工资及福利费$$
$$+ 折旧费 + 摊销费 + 修理费 + 利息支出 + 其他费用 \tag{7-10}$$

按现行会计制度，制造费用、管理费用和营业费用中均包括多项费用，且行业间不尽相同。为了估算方便，财务分析中可将其归类结算。上式其他费用是指由这三项费用中分别扣除工资及福利费、折旧费、摊销费、修理费以后的其余部分。

这种方法是从估算各种生产要素的费用入手汇总得到项目总成本费用，而不

管其具体应归集到哪个产品上,即将生产和销售过程中消耗的全部外购原材料、燃料及动力等费用要素加上全部工资及福利费、当年应计提的全部折旧费、摊销费以及利息支出和其他费用,构成项目的总成本费用。采用这种估算方法,不必考虑项目内部各生产环节的成本结转,同时也较容易计算可变成本、固定成本和增值税进项税额。

下面以生产要素估算法总成本费用构成公式为例,分别说明总成本费用各分项的估算要点。

1) 外购原材料、燃料及动力费

按"生产要素法"估算总成本费用时,原材料、燃料及动力费是指外购的部分,其估算需要相关专业所提出的外购原材料、燃料及动力年耗用量,以及在选定价格体系下的预测价格。该价格应按入库价格计算,即到厂价格并考虑途库耗;或者按到厂价格计算,同时把途库耗量换算到年耗用量中。采用的价格时点和价格体系应与营业收入的估算一致。

2) 工资及福利费

财务分析中的工资及福利费,是指企业为获得职工提供的服务而给予各种形式的报酬,通常包括职工工资、奖金、津贴和补贴及职工福利费等。医疗保险费、养老保险费、失业保险费、工伤保险费、生育保险费等社会保险费和住房公积金中由企业缴付的部分,应按规定计入其他管理费用。按照生产要素估算法计算总成本费用时,所采用的职工人数为项目全部定员。

确定人工工资及福利费时,需考虑项目性质、项目地点、行业特点等因素。依托原企业的项目,还要考虑原企业的工资水平。根据不同项目需要,财务分析中可视情况选择按项目全部人员年工资的平均数值计算或者按照人员类型和层次分别设定不同档次的工资进行计算。

3) 固定资产原值和折旧费

固定资产是指为生产产品、提供劳务、出租或经营管理而持有,同时使用寿命超过一个会计年度的有形资产。

计算固定资产折旧,首先需要确定原值。固定资产原值是指项目投产时(达到预定可使用状态)按规定由投资形成固定资产的部分。按照《企业会计准则-租赁》,融资租入的固定资产,承租人应将租赁开始日租赁资产的公允价值与最低租赁付款额的现值中较低者作为租入资产的入账价值。计算最低租赁付款额的现值所用的折现率,应首先使用出租人的租赁内涵利率,其次使用租赁合同规定的利率,若都无法获悉,应用同期银行贷款利率。项目评价中条件不清楚的,也可直接按资产公允价值计算。

按照生产要素估算法估算总成本费用时,在折旧计算中需要的是项目全部固定资产原值。

固定资产在使用过程中会受到磨损,其价值损失通常是通过提取折旧的方式得以补偿。按照财税制度规定,企业固定资产应当按月计提折旧,并根据用途计入相关资产的成本或者当期损益。财务分析中,按生产要素估算法估算总成本费用时,固定资产折旧可直接列支于总成本费用。固定资产的折旧方法可在税法允许的范围内由企业自行确定,一般采用直线法,包括年限平均法和工作量法。我国税法也允许对某些机器设备采用快速折旧法,即双倍余额递减法和年数总和法。

固定资产折旧年限、预计净残值率可在税法允许的范围内由企业自行确定,或按行业规定。项目评价中一般应按税法明确规定的分类折旧年限,也可按行业规定的综合折旧年限。对于融资租赁的固定资产,如果能够合理确定租赁期满时承租人会取得租赁资产所有权,即可认为承租人拥有该项资产的全部尚可使用年限,因此应将其作为折旧年限;否则,应以租赁期与租赁资产尚可使用年限两者中较短者作为折旧年限。

我国允许的固定资产折旧方法如下:

(1) 年限平均法。

$$年折旧率 = \frac{1 - 预计净残值率}{折旧年限} \times 100\% \quad (7-11)$$

$$年折旧额 = 固定资产原值 \times 年折旧率 \quad (7-12)$$

(2) 工作量法。

工作量法分为两种:一是按照行驶里程计算折旧;二是按照工作小时计算折旧。计算公式如下:

按照行驶里程计算折旧的公式为

$$单位里程折旧额 = \frac{固定资产原值 \times (1 - 预计净残值率)}{总行驶里程} \quad (7-13)$$

$$年折旧额 = 单位里程折旧额 \times 年行驶里程 \quad (7-14)$$

按照工作小时计算折旧的公式为

$$每工作小时折旧额 = \frac{固定资产原值 \times (1 - 预计净残值率)}{总工作小时} \quad (7-15)$$

$$年折旧额 = 每工作小时折旧额 \times 年工作小时 \quad (7-16)$$

(3) 双倍余额递减法。

$$年折旧率 = \frac{2}{折旧年限} \times 100\% \quad (7-17)$$

$$年折旧额 = 年初固定资产净值 \times 年折旧率 \quad (7-18)$$

$$年初固定资产净值 = 固定资产原值 - 以前各年累计折旧 \quad (7-19)$$

实行双倍余额递减法的,应在折旧年限到期前两年内,将固定资产净值扣除净残值后的净额平均摊销。

(4) 年数总和法。

$$年折旧率 = \frac{折旧年限 - 已使用年数}{折旧年限 \times (折旧年限 + 1) \div 2} \times 100\% \qquad (7-20)$$

$$年折旧额 = (固定资产原值 - 预计净残值) \times 年折旧率 \qquad (7-21)$$

在上述几种折旧方法中,按年限平均法计算的各年折旧率和折旧额都相同;而按双倍余额递减法计算的各年折旧率虽然相同,但折旧额因按固定资产净值计算,故逐年减少;按年数总和法计算时,虽按原值进行计算,但因各年折旧率逐渐变小,因此折旧额也逐年变小。

例 7-1 某企业投资 A 项目购入并形成固定资产,原值为 20 万元,使用期限为 5 年,预计净残值率为 5%。试分别用年限平均法、双倍余额递减法和年数总和法计算历年折旧额。

解:(1) 年限平均法。

$$年折旧率 = \frac{1 - 预计净残值率}{折旧年限} \times 100\% = \frac{1 - 5\%}{5} \times 100\% = 19\%$$

则 5 年的折旧额分别为 $20 \times 19\% = 3.8$(万元)。

(2) 双倍余额递减法。

第 1~3 年:年折旧率 $= \frac{2}{折旧年限} \times 100\% = \frac{2}{5} \times 100\% = 40\%$。

第 1 年折旧额:$20 \times 40\% = 8$(万元)。

第 2 年折旧额:$(20 - 8) \times 40\% = 4.8$(万元)。

第 3 年折旧额:$(20 - 8 - 4.8) \times 40\% = 2.88$(万元)。

第 4 年和第 5 年折旧额:$(20 - 8 - 4.8 - 2.88 - 20 \times 5\%) \div 2 = 1.66$(万元)。

(3) 年数总和法。

第 1~5 年的年折旧率分别为 $\frac{5}{15}, \frac{4}{15}, \frac{3}{15}, \frac{2}{15}, \frac{1}{15}$,则有:

第 1 年折旧额:$(20 - 20 \times 5\%) \times \frac{5}{15} = 6.33$(万元)。

第 2 年折旧额:$(20 - 20 \times 5\%) \times \frac{4}{15} = 5.07$(万元)。

第 3 年折旧额:$(20 - 20 \times 5\%) \times \frac{3}{15} = 3.8$(万元)。

第 4 年折旧额:$(20 - 20 \times 5\%) \times \frac{2}{15} = 2.53$(万元)。

第 5 年折旧额：$(20-20\times 5\%)\times \dfrac{1}{15}=1.27$（万元）。

4）固定资产修理费

固定资产修理费是指为保持固定资产的正常运转和使用，充分发挥其使用效能，在运营期内对其进行必要修理所发生的费用。按其修理范围的大小和修理时间间隔的长短，可以分为大修理和中小修理。

修理费允许直接在成本中列支，如果当期发生的修理费用数额较大，可实行预提或摊销的方法。

按照"生产要素估算法"估算总成本费用时，修理费可直接按固定资产原值（扣除所含的建设期利息）的一定百分数估算，百分数的选取应考虑行业和项目特点。计算修理费的基数应为项目全部固定资产原值（扣除所含的建设期利息）。在生产运营的各年中，修理费率的取值一般采用固定值，根据项目的特点也可以间断性地调整修理费率，开始取较低值，以后逐步提高。

5）无形资产和其他资产原值及摊销费

无形资产是指企业拥有或控制的没有实物形态的可辨认非货币性资产，包括专利权、非专利技术、商标权、著作权、土地使用权和特许权等。项目分析评价中，可将项目投资中包括的技术转让或技术使用费（包括专利权、非专利技术）、土地使用权、商标权等费用直接转入无形资产原值。房地产开发企业开发商品房时，相关的土地使用权账面价值应当计入所建造的房屋建筑物成本。按照有关规定，无形资产从开始使用之日起，在有效使用期限内平均摊入成本。法律和合同规定了法定有效期或者受益年限的，摊销年限从其规定，否则摊销年限应注意符合税法要求。无形资产的摊销一般采用年限平均法，不计残值。

其他资产原值称递延资产，是指除固定资产、无形资产和流动资产之外的其他资产，如长期待摊费用。项目分析与评价中，可将生产准备费、开办费、样品样机购置费、农业项目的开荒费等直接形成其他资产。其他资产的摊销也采用年限平均法，不计残值，摊销年限应注意符合税法的要求。

6）其他费用

其他费用包括其他制造费用、其他管理费用和其他营业费用这三项费用，是指由制造费用、管理费用和营业费用中分别扣除工资及福利费、折旧费、摊销费和维修费等以后的其余部分。产品出口退税和减免税项目按规定不能抵扣的进项税额也可包括在内。

(1) 其他制造费用。

按照《企业会计制度》，制造费用是指企业为生产产品和提供劳务而发生的各项间接费用，包括生产单位管理人员工资和福利费、折旧费、修理费、办公费、水电费、劳动保护费，以及季节性和修理期间的停工损失等，但不包括企业行政管理部门为组织和管理生产经营活动而发生的管理费用。

项目评价中的制造费用是指项目包含的各分厂或车间的总制造费用。为了简化计算，常将制造费用归类为生产单位（分厂或车间）管理人员工资及福利费、折旧费、修理费和其他制造费用几部分。其他制造费用是指由管理费用中扣除工资及福利费、折旧费、修理费后的其余部分。常用的估算方法有按固定资产原值（扣除所含的建设期利息）的百分数估算和按人员定额估算方法。

（2）其他管理费用。

管理费用是指企业行政管理部门为组织和管理企业生产经营活动所发生的费用。为了简化计算，项目评价中将管理费用归类为行政管理部门管理人员工资及福利费、折旧费、无形资产和其他资产摊销费、修理费和其他管理费用几部分。其他管理费用是指由管理费用中扣除工资及福利费、折旧费、摊销费、修理费以后的其余部分。常见的估算方法是按人员定额或取工资及福利费总额的倍数估算。

若管理费用中的技术使用费、研究开发费和土地使用税等数额较大，可单独核算后并入其他管理费用，或另外列项计入总成本费用。

（3）其他营业费用。

营业费用是指企业在销售产品过程中发生的各项费用及专设销售机构的各项经费，还包括企业委托其他单位代销产品时所支付的委托代销手续费。为了简化计算，项目评价中将营业费用归为销售人员工资及福利费、折旧费、修理费和其他营业费用几部分。其他营业费用是指由营业费用中扣除工资及福利费、折旧费和修理费后的其余部分。常用的其他营业费用估算方法是按营业收入的百分数估算。

（4）不能抵扣的进项税额。

对于产品出口项目和产品国内销售的增值税减免税项目，应将不能抵扣的进项税额计入总成本费用的其他费用或单独列项。

7）利息支出

按照会计法规，企业为筹集所需资金等而发生的费用称为财务费用，又称为借款费用，包括利息支出（减利息收入）、汇兑损失（减汇兑收益）及相关手续费等。在大多数的项目财务评价中，一般只考虑利息支出。利息支出的估算包括长期借款利息（即建设投资借款在投产后需支付的利息）、流动资金的借款利息和短期借款利息三部分。

（1）长期借款利息。

长期借款利息是指对建设期间借款余额（含未支付的建设期利息）应在生产期支付的利息。项目评价通常使用等额还本付息方式或等额还本利息照付方式来计算长期借款利息。

第 7 章 投资项目的财务评价

等额还本付息方式是在指定的还款期内每年还本付息的总额相同。随着本金的偿还，每年支付的利息逐年减少，同时每年偿还的本金逐年增多。计算公式如下：

$$A = I_c \cdot \frac{i(1+i)^n}{(1+i)^n - 1} \tag{7-22}$$

式中，A 为每年还本付息额（等额年金）；I_c 为还款起始年年初的借款余额（含未支付的建设期利息）；i 为年利率；n 为预定的还款期；$\frac{i(1+i)^n}{(1+i)^n - 1}$ 为资金回收系数，可以自行根据该公式计算，也可查复利系数表。

在每年还本付息额 A 中，

$$\text{每年支付利息} = \text{年初借款余额} \times \text{年利率} \tag{7-23}$$

$$\text{每年偿还本金} = A - \text{每年支付利息} \tag{7-24}$$

$$\text{以后各年年初借款余额} = I_c - \text{本年以前各年偿还的本金累计} \tag{7-25}$$

等额还本利息照付方式是在每年等额还本的同时，支付逐年相应减少的利息。计算公式如下：

$$A_t = \frac{I_c}{n} + I_c \cdot (1 - \frac{t-1}{n}) \cdot i \tag{7-26}$$

式中，A_t 为第 t 年还本付息额；$\frac{I_c}{n}$ 为每年偿还本金额；$I_c \cdot (1 - \frac{t-1}{n}) \cdot i$ 为第 t 年支付利息额

例 7-2 某企业为投资一项目向银行借款 200 万元，年利率 5％，根据合同 5 年还清。采用等额还本付息方式和等额还本利息照付方式计算每年应付本息。

解：①等额还本付息方式下，每年所还的本息相同，为

$$A = I_c \times \frac{i(1+i)^n}{(1+i)^n - 1} = 200 \times \frac{5\%(1+5\%)^5}{(1+5\%)^5 - 1} = 46.195(万元)$$

年初借款余额、每年支付利息和每年偿还本金根据前述公式计算，结果如表 7-1 所示。

表 7-1　还本付息情况表　　　　　　　　（单位：万元）

年份	1	2	3	4	5
年初借款余额	200	163.805	125.800	85.895	43.995
每年支付利息	10	8.19	6.290	4.295	2.200
每年偿还本金	36.195	38.005	39.905	41.900	43.995
每年还本付息额	46.195	46.195	46.195	46.195	46.195

② 等额还本利息照付方式下,每年的还本金额相同,为 200÷5＝40(万元)。

第1年支付利息:$I_c \cdot (1-\frac{t-1}{n}) \cdot i = 200 \times 5\% = 10$(万元)。

第1年还本付息额:40＋10＝50(万元)。

该种计算方式下,年初借款余额、每年支付利息和每年偿还本金情况如表7-2所示。

表7-2　还本付息情况表　　　　　　　　　(单位:万元)

年份	1	2	3	4	5
年初借款余额	200	160	120	80	40
每年支付利息	10	8	6	4	2
每年偿还本金	40	40	40	40	40
每年还本付息额	50	48	46	44	42

(2) 流动资金借款利息。

项目评价中估算的流动资金借款利息从本质上说应归类为长期借款,但目前企业往往有可能与银行达成共识,按年终偿还、下年初再借的方式处理,并按一年期利率计息。流动资金借款利息可以按下式计算:

年流动资金借款利息 ＝ 年初流动资金借款余额 × 流动资金借款年利率

(7-27)

财务分析中,对流动资金的借款可以在计算期最后一年偿还,也可在还完长期借款后安排。

(3) 短期借款利息。

项目评价中的短期借款是指运营期间为了满足资金的临时需要而发生的短期借款。短期借款的数额应在财务计划现金流量表中得到反映,其利息应计入总成本费用的利息支出中。短期借款的偿还按照随借随还的原则处理,即当年借款应尽可能于下年偿还。

2. 经营成本

经营成本是项目分析评价的现金流量分析中所采用的一个特定的概念,作为项目现金流量表中运营期现金流出的主体部分,应得到充分的重视。经营成本与融资方案无关,因此,在完成建设投资和营业收入估算后就可以估算经营成本,为项目融资前的现金流量分析提供数据。

经营成本的构成可用下式表示:

经营成本 ＝ 外购原材料费 ＋ 外购燃料及动力费 ＋ 工资及福利费

　　　　＋修理费＋其他费用　　　　　　　　　　　　（7-28）
经营成本与总成本费用的关系如下：
　　　　经营成本 ＝ 总成本费用－折旧费－摊销费－利息支出　　（7-29）
3. 固定成本与可变成本

根据成本费用与产量的关系，可以将总成本费用分解为可变成本、固定成本和半可变成本。固定成本是指不随产品产量变化的各项成本费用。可变成本是指随产品增减而成比例变化的各项成本费用。有些费用属于半可变成本，如不能熄灭的工业炉的燃料费用等。必要时，半可变成本可进一步分解为可变成本和固定成本。

项目分析评价中，一般可以根据行业特点进行简化处理。通常可变成本主要包括外购原材料、外购燃料及动力费和计件工资等；固定成本主要包括工资及福利费（计件工资除外）、折旧费、摊销费、修理费和其他费用。

长期借款利息应视为固定成本；流动资金借款和短期借款利息可能部分与产品产量相关，可视为半可变成本，为简化计算，可将其视为固定成本。在进行盈亏平衡分析时，需要将总成本费用分解为固定成本和可变成本。

4. 维持运营投资费用

有些项目在运营期内需要投入一定的固定资产才能得以维持正常运营，如设备更新费用、油田的开发费用等。如发生维持运营投资时，应将其列入现金流量表作为现金流出，参与内部收益率等指标的计算，同时应反映在财务计划现金流量表中，参与财务生存能力分析。

按照《企业会计准则——固定资产》，该投资是否能予以资本化，取决于其是否能为企业带来经济利益，且该固定资产的成本是否能够可靠地计算得出。项目评价中，如果该投资投入后延长了固定资产的使用寿命，或使产品质量实质性地提高，或使成本实质性地降低，使可能流入企业的经济利益增加，那么该固定资产投资应予以资本化，即应计入固定资产原值，并计提折旧，否则该投资只能费用化，不形成新的固定资产原值。

5. 税费

项目财务分析评价中涉及的税费包括关税、增值税、营业税、资源税、消费税、所得税、城市维护建设税和教育费附加，有些行业可能还涉及土地增值税。不同项目涉及的税金种类和税率可能各不相同。税金计取得当与否是正确估算项目费用乃至净效益的重要因素。

财务分析评价时，应说明税种、征税方式、计税依据、税率等。如有减免税优惠，应说明减免依据及减免方式。

（1）关税。这是以进出口应税货物为纳税对象的税种。项目评价中涉及应税货物的进出口时，应按规定正确计算关税。引进技术、设备材料的关税体现在投资估算中，而进口原材料的关税体现在成本中。

(2) 增值税。对适用增值税的项目,财务分析应按税法规定计算增值税。当采用含税价格计算营业收入和原材料、燃料及动力成本时,利润与利润分配表和计算净现值的现金流量表中应单列增值税科目;采用不含税价格计算时,利润与利润分配表和计算净现值的现金流量表中不包括增值税科目。应明确说明采用何种计价方式,同时注意涉及出口退税(增值税)时的计算及相关报表的联系。目前,我国大部分地区仍然采用生产型增值税,不允许抵扣购进固定资产的进项税额。2004年7月起,我国开始对东北老工业基地的部分行业试行扩大增值税抵扣范围,允许抵扣购置固定资产的增值税额。项目评价中须注意按相关法规采用适宜的计税方法。

(3) 营业税。交通运输、建筑、邮电通信、服务等行业应按税法规定计算营业税。营业税是价内税,包含在营业收入内。

(4) 消费税。我国对部分货物征收消费税。项目评价中涉及适用消费税的产品或进口货物时,应按税法规定计算消费税。

(5) 土地增值税。这是按转让房地产取得的增值额征收的税种,房地产项目应按规定计算土地增值税。

(6) 资源税。这是国家对开采特定矿产品或者生产盐的单位和个人征收的税种,通常按照矿产的产量计征。税目包括原油、天然气、煤炭、其他非金属矿原矿、黑色金属矿原矿、有色金属矿原矿和盐。

(7) 企业所得税。这是针对企业应纳税所得额征收的税种。项目评价中,应注意按有关税法对所得税前扣除项目的要求,正确计算应纳税所得额,并采用适宜的税率计算企业所得税。同时,注意正确使用有关的所得税优惠政策,并加以说明。

(8) 城市维护建设税和教育费附加。以流转额(包括增值税、营业税和消费税等)为基数计算,属于地方税种。在项目评价中,应根据当地规定计算。

在会计处理上,营业税、消费税、土地增值税、资源税和城市维护建设税、教育费附加均可包含在营业税金及附加中。营业税金及附加应作为利润和利润分配表中的科目。

财务分析评价涉及的主要税种和计税涉及的费用效益科目如表 7-3 所示。

表 7-3　财务分析涉及税种表

税种名称	建设投资	总成本费用	营业税金及附加	增值税	利润分配
进口关税	√	√			
增值税	√	√		√	
消费税	√		√		
营业税			√		
资源税		自用√	销售√		
土地增值税			√		

续表

税种名称	建设投资	总成本费用	营业税金及附加	增值税	利润分配
耕地占用税	√				
企业所得税					√
城市维护建设税			√		
教育费附加			√		
车船税	√	√			
房产税		√			
印花税	√	√			

例 7-3 某项目正常生产年含税的总成本费用为 3340 万元（其中含税的外购原材料、燃料及动力费用为 2340 万元），该年度共交增值税 340 万元，增值税率为 17%。试计算该项目含税销售收入。

解：因为，

$$销项税额 = [含税收入 \div (1 + 增值税率)] \times 增值税率$$
$$= 不含税收入 \times 增值税率$$

$$进项税额 = [外购原材料、燃料动力含税成本 \div (1 + 增值税率)] \times 增值税率$$
$$= 外购原材料、燃料动力不含税成本 \times 增值税率$$

$$增值税 = 销项税额 - 进项税额$$

在该项目中，

$$进项增值税 = (2340 \times 17\%) \div (1 + 17\%) = 340 （万元）$$
$$销项增值税 = 进项增值税 + 所交增值税 = 340 + 340 = 680 （万元）$$

所以，含税销售收入 = $680 \div 17\% \times (1 + 17\%) = 4680$（万元）。

7.4 财务效益计算与分析

财务效益分析是指依据国家现行财税制度、现行价格和有关法规，鉴定、分析项目可行性研究报告提出的投资、成本、收入、税金和利润等信息，从项目（企业）的角度，考察项目建成投产后的盈利能力分析、偿债能力分析和财务生存能力分析，据此评价和判断项目财务可行性的一种经济评价方法。它是项目评估的重要组成部分。进行财务效益分析，首先要编制一系列表格，计算相应的技术经济指标，并按有关标准进行比较，从财务角度考虑判断拟建项目是否可行，或从中选择最佳方案。

财务效益分析的目标主要是考察项目的盈利能力、偿债能力和财务生存能力三项目标。

1. 盈利能力目标

盈利能力是反映项目财务效益大小的主要标志。项目的盈利主要是指建成投产后所产生的利润和税金等。在财务效益分析中，应当考察拟建项目建成投产后是否有盈利，盈利能力有多大，盈利能力是否足以使项目可行。

2. 偿债能力目标

偿债能力主要是指项目偿还建设投资借款和清偿债务的能力。

3. 财务生存能力目标

财务生存能力是指项目是否有足够的净现金流量维持正常运营。

7.4.1 财务盈利能力分析

财务盈利能力分析是项目财务分析评价中的重要组成部分，包括动态分析（现金流量分析）和静态分析。从是否在融资方案基础上进行分析的角度区分，财务盈利能力分析可以分为融资前分析和融资后分析。

1. 现金流量分析

现金流量分析是考虑资金时间价值，在项目计算期内，用前述的效益费用数据为现金流量，编制现金流量表，计算相关指标，考察项目盈利能力。

现金流量分析分为三个层次：项目投资现金流量分析、项目资本金现金流量分析和投资各方现金流量分析。各层次分析都应编制相应的现金流量表，并计算相应的指标。

1) 项目投资现金流量分析

(1) 项目投资现金流量分析的含义。

项目投资现金流量分析是针对项目基本方案进行的现金流量分析。它是在不考虑债务融资条件下进行的融资前分析，是从项目投资总获利能力的角度，考察项目方案设计的合理性。即不论实际可能支付的利息是多少，分析结果都不发生变化，因此可以排除融资方案的影响。融资前分析计算的相关指标，可作为初步投资决策的依据和融资方案研究的基础。

根据需要，融资前分析可从所得税前和所得税后两个角度进行考察，选择计算所得税前和所得税后分析指标。

(2) 项目投资现金流量识别与报表编制。

进行现金流量分析，首先要正确识别和选用现金流量，包括现金流入和现金流出。是否能作为融资前项目投资现金流量分析的现金流量，要看其是否与融资方案有关。从该角度识别的现金流量也被称为自由现金流量。按照上述原则，项目投资现金流量分析的现金流入主要包括营业收入（必要时还可包括补贴收入），在计算期的最后一年，还包括回收固定资产余值（该回收固定资产余值应不受利息因素的影响，它区别于项目资本金现金流量表中的回收固定资产余值）及回收流动资金；现金流出主要包括建设投资、流动资金、经营成本、营业税金及附加。如果运营期内需要投入维持运营投资，也应将其作为现金流出。所得税后分析还要将所得税作为现金流出。由于是融资前分析，该所得税与融资方案无关，其数值应区别于其他财务报表中的所得税。该所得税应根据不受利息影响的息税前利润（EBIT）乘以所得税税率计算，称为调整所得税，也可称为融资前所得税。

净现金流量（现金流入与现金流出之差）是计算评价指标的基础。根据上述现金流量编制的现金流量表称为项目投资现金流量表，如表7-4所示。

表 7-4 项目投资现金流量表　　　　　　（单位：万元）

序号	项目	合计	计算期					
			1	2	3	4	⋯	n
1	现金流入							
1.1	营业收入							
1.2	补贴收入							
1.3	回收固定资产余值							
1.4	回收流动资金							
2	现金流出							
2.1	建设投资							
2.2	流动资金							
2.3	经营成本							
2.4	营业税金及附加							
2.5	维持运营投资							
3	所得税前净现金流量（1−2）							
4	累计所得税前净现金流量							
5	调整所得税							
6	所得税后净现金流量（3−5）							
7	累计所得税后净现金流量							

计算指标：
项目投资财务内部收益率（所得税前）
项目投资财务内部收益率（所得税后）
项目投资财务净现值（所得税前）
项目投资财务净现值（所得税后）
项目投资回收期（所得税前）
项目投资回收期（所得税后）

注：①本表适用于新设法人项目与既有法人项目的增量和"有项目"的现金流量分析。
②调整所得税为以息税前利润为基数计算的所得税，区别于"利润及利润分配表"、"项目资本金现金流量表"和"财务计划现金流量表"中的所得税。

(3) 项目投资现金流量分析的指标。

依据项目投资现金流量表可以计算项目投资财务内部收益率（FIRR）和项目投资财务净现值（FNPV），这两个指标是财务盈利能力分析的主要指标。另外，还可借助于该表计算项目投资回收期，并且可以分别计算静态或动态投资回收期，我国的评价方法只规定计算静态投资回收期。以上三个指标计算均包括所得税前和所得税后。

项目投资财务净现值是指按设定的折现率 i_c 计算的项目计算期内各年净现金流量的现值之和。计算公式为

$$\mathrm{FNPV} = \sum_{i=1}^{n}(\mathrm{CI}-\mathrm{CO})_t(1+i_c)^{-t} \qquad (7\text{-}30)$$

式中，CI 为现金流入量；CO 为现金流出量；$(\mathrm{CI}-\mathrm{CO})_t$ 为第 t 年的净现金流量；n 为项目计算期年数；i_c 为设定的折现率（同基准收益率）。

项目投资财务净现值是考察项目盈利能力的绝对量指标，它反映项目在满足按设定折现率要求的盈利之外所能获得的超额盈利的现值。项目投资净现值等于或大于零，表明项目的盈利能力达到或超过了设定折现率所要求的盈利水平，该项目财务效益可以接受。

一般情况下，财务盈利能力分析只计算项目投资财务净现值，可根据需要选择计算所得税前净现值或所得税后净现值。

项目投资财务内部收益率是指使项目在整个计算期内各年净现金流量累计等于零时的折现率，它是考察项目盈利能力的相对量指标。计算公式为

$$\sum_{t=1}^{n}(\mathrm{CI}-\mathrm{CO})_t(1+\mathrm{FIRR})^{-t} = 0 \qquad (7\text{-}31)$$

式中，FIRR 为欲求的项目投资财务内部收益率。

注意，项目评价中的现金流量的期数往往按年计，即现金流量表按年编制，每年的现金流入和现金流出按年末计算。现值是指计算期内各年年末的净现金流量折现到建设起点，即第 1 年初的时点值，也即 $t=0$ 时的数值。

(4) 所得税前分析和所得税后分析。

按项目投资所得税前的净现金流量计算的相关指标是投资盈利能力的完整体现，可以考察项目的基本面，不受融资方案和所得税政策变化的影响，仅仅体现项目方案本身的合理性。所得税前指标应该受到项目有关各方（项目发起人、项目业主、银行和政府相关部门）广泛的关注，该指标还特别适用于建设方案研究中的方案比选。政府投资和政府关注项目必须进行所得税前分析。

项目投资所得税后分析也是一种融资前分析，是根据所得税后的净现金流量来计算相关指标。所得税后分析是所得税前分析的延伸。由于其计算基础——净现金流量剔除了所得税，有助于判断在不考虑融资方案的条件下项目投资对企业

价值的贡献，所以也是企业投资决策中偏爱的主要指标。

例 7-4 某公司将投资一个新项目，需要初始投资 2500 万元，用于设备和厂房建设，项目寿命期为 5 年，且寿命期期末剩余残值为 500 万元。该项目第一年产生营业收入 1150 万元，经营成本（不含折旧）320 万元。这些营业收入和成本在今后 4 年内预计每年递增 5%。该公司的所得税率为 33%，资本成本为 12%。试分别按照直线折旧法和双倍余额递减法计算折旧，并分别分析采用不同的折旧方法对项目的现金流量及评价指标的影响。

解： ① 采用直线折旧法。

每年折旧为 (2500－500)÷5＝400（万元）。

第 1 年所得税为 (1150－320－400)×33%＝142（万元）。

同理可计算其他年份现金流量及评价指标，如表 7-5 所示。

表 7-5　项目投资现金流量表　　　　　　　　（单位：万元）

序号	项目	计算期					
		0	1	2	3	4	5
1	现金流入		1 150	1 208	1 268	1 331	1 898
1.1	营业收入		1 150	1 208	1 268	1 331	1 398
1.2	补贴收入						
1.3	回收固定资产余值						500
1.4	回收流动资金						
2	现金流出	2 500	462	492	523	555	590
2.1	建设投资	2 500					
2.2	流动资金						
2.3	经营成本		320	336	353	370	389
2.4	营业税金及附加						
2.5	维持运营投资						
3	所得税前净现金流量 (1－2)	－2 500	830	872	915	961	1 509
4	累计所得税前净现金流量	－2 500	－1 670	－798	117	1078	2 587
5	调整所得税		142	156	170	185	201
6	所得税后净现金流量 (3－5)	－2 500	688	716	745	776	1 308
7	累计所得税后净现金流量	－2 500	－1 812	－1 096	－351	425	1 733

税前 IRR＝26.39%，税后 IRR＝18.37%，净现值 NPV＝450.71 万元。其中，

$$\text{NPV}(i=12\%)=-2500+688(1+12\%)^{-1}$$

$$+716(1+12\%)^{-2}+745(1+12\%)^{-3}$$
$$+776(1+12\%)^{-4}+1308(1+12\%)^{-5}$$
$$=450.71(万元)$$

② 采用双倍余额递减法。

第 1 年折旧额为 $2500\times2/5=1000$（万元）。

第 2 年折旧额为 $(2500-1000)\times2/5=600$（万元）。

第 3 年折旧额为 $(2500-1000-600)\times2/5=360$（万元）。

第 4、5 年折旧额为 $(2500-1000-600-360-500)/2=20$（万元）。

因第 1 年营业收入扣除营业成本和折旧后为 $1150-320-1000=-170$（万元），即亏损，所以不交所得税，并可在以后年度抵扣。因此，第 1 年应缴所得税为 0。

第 2 年应缴所得税为 $(1208-336-600-170)\times33\%=34$（万元）。

同理，可计算其他年份现金流量及评价指标，如表 7-6 所示。

表 7-6　项目投资现金流量表　　　　　　　　（单位：万元）

序号	项目	计算期					
		0	1	2	3	4	5
1	现金流入		1 150	1 208	1 268	1 331	1 898
1.1	营业收入		1 150	1 208	1 268	1 331	1 398
1.2	补贴收入						
1.3	回收固定资产余值						500
1.4	回收流动资金						
2	现金流出	2 500	320	370	536	681	715
2.1	建设投资	2500					
2.2	流动资金						
2.3	经营成本		320	336	353	370	389
2.4	营业税金及附加						
2.5	维持运营投资						
3	所得税前净现金流量 (1-2)	-2 500	830	872	915	961	1 509
4	累计所得税前净现金流量	-2 500	-1 670	-798	117	1 078	2 587
5	调整所得税		0	34	183	311	326
6	所得税后净现金流量 (3-5)	-2 500	830	838	732	650	1 183
7	累计所得税后净现金流量	-2 500	-1 670	-832	-100	550	1 733

税前 IRR=26.39%，税后 IRR=20.39%，净现值 NPV=514.50 万元。

其中，

$$\begin{aligned}\text{NPV}(i=12\%)=&-2500+830(1+12\%)^{-1}\\&+838(1+12\%)^{-2}+732(1+12\%)^{-3}\\&+650(1+12\%)^{-4}+1183(1+12\%)^{-5}\\=&\ 514.50(万元)\end{aligned}$$

比较分析可以看出，采用不同折旧政策对项目所得税前的现金流量和评价指标没有影响，但是对项目所得税后的现金流量和评价指标会产生影响。

2) 项目资本金现金流量分析

(1) 项目资本金现金流量分析的含义和作用。

项目资本金现金流量分析是融资后分析，其分析指标应能反映从项目权益投资者整体角度考察项目盈利能力的需求。

项目资本金现金流量分析指标是比较和取舍融资方案的重要依据。在通过融资前分析已对项目基本获利能力有所判断的基础上，通过项目资本金现金流量分析结果可以进而判断项目方案在融资条件下的合理性。因此，可以说项目资本金现金流量分析指标是融资决策的依据，有助于投资者在其可接受的融资方案下最终决策出资。

(2) 项目资本金现金流量识别和报表编制。

项目资本金现金流量分析需要编制项目资本金现金流量表，该表的现金流入包括营业收入（必要时还包括补贴收入），在计算期的最后一年，还包括回收固定资产余值及回收流动资金。现金流出主要包括建设投资和流动资金中的项目资本金（权益资金）、经营成本、营业税金及附加、还本付息和所得税。该所得税应等同于利润和利润分配表等财务报表中的所得税，而区别于项目投资现金流量表中的调整所得税。如果计算期内需要投入维持运营投资，也应将其作为现金流出（通常设定维持运营投资由企业自有资金支付）。由此可见，该表的净现金流量包括了项目（企业）在缴税和还本付息之后剩余的收益（含投资者应分得的利润），即企业的净收益，也是投资者的权益性收益。

项目资本金现金流量表的格式如表 7-7 所示。

表 7-7 项目资本金现金流量表　　　　　　　　（单位：万元）

序号	项目	合计	计算期					
			1	2	3	4	…	n
1	现金流入							
1.1	营业收入							
1.2	补贴收入							
1.3	回收固定资产余值							
1.4	回收流动资金							

续表

序号	项目	合计	计算期				
			1	2	3	4 …	n
2	现金流出						
2.1	项目资本金						
2.2	借款本金偿还						
2.3	借款利息支付						
2.4	经营成本						
2.5	营业税金及附加						
2.6	所得税						
2.7	维持运营投资						
3	净现金流量（1－2）						

计算指标：
资本金财务内部收益率

注：①项目资本金包括用于建设投资、建设期利息和流动资金的资金。
②对外商投资项目，现金流出中应增加职工奖励及福利基金科目。
③本表适用于新设法人项目与既有法人项目"有项目"的现金流量分析。

(3) 项目资本金现金流量分析指标。

按照我国财务分析方法的要求，一般可以只计算项目资本金财务内部收益率一个指标，其表达式和计算方法与项目投资财务内部收益率相同，只是所依据的表格和净现金流量的内涵不同，判读的基准参数也不同。

项目资本金财务内部收益率的基准参数应体现项目发起人对项目获利的最低期望值。当项目资本金财务内部收益率大于或等于该最低可接受收益率时，说明在该融资方案下，项目资本金获利水平超过或达到了要求，该融资方案是可以接受的。

3) 投资各方现金流量分析

对于某些项目，为了考察投资各方的具体收益，还需要编制从投资各方角度出发的现金流量表（表7-8），计算相应的财务内部收益率指标。

表 7-8 投资各方现金流量表　　　　　　　　（单位：万元）

序号	项目	合计	计算期				
			1	2	3	4 …	n
1	现金流入						
1.1	实分利润						
1.2	资产处置收益分配						
1.3	租赁费收入						
1.4	技术转让或使用收入						

续表

序号	项目	合计	计算期					
			1	2	3	4	…	n
1.5	其他现金流入							
2	现金流出							
2.1	实缴资本							
2.2	租赁资产支出							
2.3	其他现金流出							
3	净现金流量（1－2）							

计算指标：
投资各方财务内部收益率

投资各方现金流量表中的现金流入和现金流出科目需根据项目具体情况和投资各方因项目发生的收入和支出情况选择填列。依据该表计算的投资各方财务内部收益率指标，其表达式和计算方法与项目投资财务内部收益率相同，只是所依据的表格和净现金流量的内涵不同，判断的基准参数也不同。

投资各方财务内部收益率是一个相对次要的指标。在按股本比例分配利润和分担亏损及风险的原则下，投资各方的利益一般是均等的，可不计算投资各方财务内部收益率。只有存在投资各方股权之外的不对等的利益分配时，投资各方的收益率才会有差异。另外，不按比例出资和进行分配的合作经营项目，投资各方的收益率也可能会有差异。通过计算投资各方的财务内部收益率可以看出各方收益的非均衡性是否在一个合理的水平上，有助于促成投资各方在合作谈判中达成平等互利的协议。

4）现金流量分析基准参数的选取

（1）基准参数的确定要与指标的内涵相对应。所谓基准参数，即是设定的投资收益率（cut of rate），收益率低于这个水平则不予投资。基准参数是最低可接受收益率的概念。

对于不同的人，或者从不同的角度考虑，对投资收益率会有不同的最低期望值，因而在涉及最低可接受收益率时，应有针对性。因此，在项目财务分析评价中，不应该用同一个最低可接受收益率作为各种财务内部收益率的判别标准。

（2）基准参数的确定要与所采用的价格体系相协调。在项目分析评价中，所采用的投入和产出价格需要考虑通货膨胀因素，应与指标计算时对通货膨胀因素的处理一致。如果计算期内考虑通货膨胀，并采用时价计算财务内部收益率，则确定判别基准时，也应考虑通货膨胀因素，反之亦然。

（3）基准参数的确定要考虑资金成本。投资获益要大于资金成本，否则该项投资就没有价值。因此，通常把资金成本作为基准参数的确定基础，或称第一参考值。

(4) 基准参数的确定要考虑资金机会成本。投资获益要大于资金机会成本，否则该项投资就没有比较价值。因此，通常把资金机会成本作为基准参数的确定基础。

(5) 项目投资财务内部收益率的基准参数。项目投资财务内部收益率的基准参数可采用国家、行业或专业统一发布执行的财务基准收益率，或由评价者自行设定。一般可在加权平均资本成本基础上再加上调控意愿等因素来确定财务基准收益率。

(6) 项目资本金财务内部收益率的判别基准。项目投资财务内部收益率的基准参数应为项目资本金所有者整体的最低可接受收益率。其数值大小主要取决于资金成本、资本收益水平、风险以及项目资本金所有者对权益资金收益的要求，还与投资者对风险的态度有关，也可参照同类项目的净资产收益率确定。

(7) 投资各方财务内部收益率的判别基准。投资各方财务内部收益率的基准参数为投资各方对投资收益水平的最低期望值。它只能由投资者自行确定，因为不同投资者的决策理念、资本实力和风险承受能力有很大差异。另外，出于某些原因，投资者可能会对不同项目有不同的收益水平要求。

2. 静态分析

除了进行现金流量分析外，在盈利能力分析中，还可以根据具体情况，选择一些静态指标进行静态分析。

1) 静态分析指标

(1) 项目投资回收期（P_t）。

项目投资回收期是指以项目的净收益回收项目投资所需要的时间，一般以年为单位，并从项目建设开始时算起，若从项目投产开始时算起，应予以特别说明。其具体计算参见第 6 章内容。

(2) 总投资收益率。

总投资收益率表示总投资的盈利水平，是指项目达到设计能力后正常年份的年息税前利润或运营期内年平均息税前利润与项目总投资的比率。计算公式为

$$总投资收益率 = \frac{年息税前利润}{项目总投资} \times 100\% \quad (7-32)$$

$$息税前利润 = 利润总额 + 支付的全部利息与税金 \quad (7-33)$$

或

$$息税前利润 = 营业收入 - 营业税金及附加 - 经营成本 - 折旧和摊销 \quad (7-34)$$

总投资收益率高于同行业的收益率参考值，表明用总投资收益率表示的盈利

能力满足要求。

（3）项目资本金净利润率。

项目资本金净利润率表示项目资本金的盈利水平，是指项目达到设计能力后正常年份的年净利润或运营期内年平均净利润与项目资本金的比率。计算公式为

$$项目资本金净利润率 = \frac{年净利润}{项目资本金} \times 100\% \qquad (7-35)$$

项目资本金净利润率高于同行业的净利润率参考值，表明用项目资本金净利润率表示的盈利能力满足要求。

2）静态分析依据的报表

除投资回收期外，静态分析指标计算所依据的报表主要是"项目总投资使用计划与资金筹措表"和"利润表"。

7.4.2 偿债能力分析

偿债能力分析是通过编制相关报表，计算利息备付率、偿债备付率等比率指标，考察项目借款的偿还能力。项目（企业）的利润表以及资产负债表在偿债能力分析中也起着相当重要的作用。

1. 相关报表编制

1）借款还本付息计划表

应根据与债权人商定的或预计可能的债务资金偿还条件和方式计算并编制借款还本付息计划表，如表 7-9 所示。

表 7-9　借款还本付息计划表　　　　　　　　（单位：万元）

序号	项目	合计	计算期					
			1	2	3	4	…	n
1	借款 1							
1.1	期初借款余额							
1.2	当期还本付息							
	其中：还本							
	付息							
1.3	期末借款余额							
2	借款 2							
2.1	期初借款余额							
2.2	当期还本付息							

续表

序号	项目	合计	计算期					
			1	2	3	4	…	n
	其中：还本							
	付息							
2.3	期末借款余额							
3	债券							
3.1	期初债券余额							
3.2	当期还本付息							
	其中：还本							
	付息							
3.3	期末债务余额							
4	借款和债券合计							
4.1	期初借款和债券余额							
4.2	当期还本付息							
	其中：还本							
	付息							
4.3	期末借款和债券余额							
计算指标	利息备付率							
	偿债备付率							

注：①本表可与财务分析辅助表"建设期利息估算表"合二为一。

②本表直接适用于新设法人项目，如有多种借款或债券，必要时应分别列出。

③对于既有法人项目，在按有项目范围进行计算时，可根据需要增加项目范围内原有借款的还本付息计算；在计算企业层次的还本付息时，可根据需要增加项目范围外借款的还本付息计算；当简化直接进行项目层次新增借款还本付息计算时，可直接按新增数据进行计算。

④本表可另加流动资金借款的还本付息计算。

2）财务计划现金流量表

财务计划现金流量表是国际上通用的财务报表，用于反映计算期内各年的投资活动、融资活动和经营活动所产生的现金流入、现金流出和净现金流量、考察资金平衡和余缺情况，是表示财务状况的重要财务报表，如表7-10所示。

表 7-10　财务计划现金流量表　　　　　　　　　　　　（单位：万元）

序号	项目	合计	计算期					
			1	2	3	4	...	n
1	经营活动净现金流量（1.1－1.2）							
1.1	现金流入							
1.1.1	营业收入							
1.1.2	增值税销项税额							
1.1.3	补贴收入							
1.1.4	其他流入							
1.2	现金流出							
1.2.1	经营成本							
1.2.2	增值税进项税额							
1.2.3	营业税金及附加							
1.2.4	增值税							
1.2.5	所得税							
1.2.6	其他流出							
2	投资活动净现金流量（2.1－2.2）							
2.1	现金流入							
2.2	现金流出							
2.2.1	建设投资							
2.2.2	维持运营投资							
2.2.3	流动资金							
2.2.4	其他流出							
3	筹资活动净现金流量（3.1－3.2）							
3.1	现金流入							
3.1.1	项目资本金投入							
3.1.2	建设投资借款							
3.1.3	流动资金借款							
3.1.4	债券							

续表

序号	项目	合计	计算期					
			1	2	3	4	…	n
3.1.5	短期借款							
3.1.6	其他流入							
3.2	现金流出							
3.2.1	各种利息支出							
3.2.2	偿还债务本金							
3.2.3	应付利润（股利分配）							
3.2.4	其他流出							
4	净现金流量（1+2+3）							
5	累计盈余资金							

注：①对于新设法人项目，本表投资活动的现金流入为零。
②对于既有法人项目，可适当增加科目。
③必要时，现金流出中可增加应付优先股股利科目。
④对外商投资项目应将职工奖励与福利基金作为经营活动现金流出。

3）资产负债表

资产负债表通常按企业范围编制，它是国际上通用的财务报表，表中数据可由其他报表直接引入或经适当计算后列入，以反映企业某一特定日期的财务状况（表7-11）。在资产负债表的编制过程中，应实现资产与负债和所有者权益两方的自然权衡。与实际企业中的报表相比，财务分析与评价中资产负债表的科目可适当简化，反映的是各年末的财务状况，必要时也可以按"有项目"范围编制。

根据资产负债表的数据，可以计算资产负债率、流动比率、速动比率等比率指标，用以考察项目的财务状况。

$$资产负债率 = \frac{期末负债总额}{期末资产总额} \times 100\% \tag{7-36}$$

$$流动比率 = \frac{流动资产}{流动负债} \times 100\% \tag{7-37}$$

$$速动比率 = \frac{速动资产}{流动负债} \times 100\% \tag{7-38}$$

式中，速动资产＝流动资产－存货。

表 7-11　资产负债表　　　　　　　　　　　　　（单位：万元）

序号	项目	合计	计算期					
			1	2	3	4	…	n
1	资产							
1.1	流动资产总额							
1.1.1	货币资金							
1.1.2	应收账款							
1.1.3	预付账款							
1.1.4	存货							
1.1.5	其他							
1.2	在建工程							
1.3	固定资产净值							
1.4	无形及其他资产净值							
2	负债及所有者权益（2.4＋2.5）							
2.1	流动负债总额							
2.1.1	短期借款							
2.1.2	应付账款							
2.1.3	预收账款							
2.1.4	其他							
2.2	建设投资借款							
2.3	流动资金借款							
2.4	负债小计（2.1＋2.2＋2.3）							
2.5	所有者权益							
2.5.1	资本金							
2.5.2	资本公积金							
2.5.3	累计盈余公积金							
2.5.4	累计未分配利润							

计算指标：资产负债率（％）

注：①对外商投资项目，第2.5.3项改为累计储备基金和企业发展基金。

②对既有法人项目，一般只针对法人编制，可按需增加科目，此时表中资本金是指企业全部实收资本，包括原有和新增的实收资本。必要时，也可针对"有项目"范围编制。此时，表中资本金仅指"有项目"范围的对应数值。

③货币资金包括现金和累计盈余资金。

4）利润与利润分配表

利润与利润分配表如表 7-12 所示。

表 7-12 利润与利润分配表　　　　　　　　（单位：万元）

序号	项目	合计	计算期					
			1	2	3	4	…	n
1	营业收入							
2	营业税金及附加							
3	总成本费用							
4	补贴收入							
5	利润总额（1－2－3＋4）							
6	弥补以前年度亏损							
7	应纳税所得额（5－6）							
8	所得税							
9	净利润（5－8）							
10	期初未分配利润							
11	可供分配利润（9＋10）							
12	提取法定盈余公积金							
13	可供投资者分配的利润（11－12）							
14	应付优先股股利							
15	提取任意盈余公积金							
16	应付普通股股利（13－14－15）							
17	各投资方利润分配　　其中：××方　　　　　××方							
18	未分配利润（13－14－15－17）							
19	息税前利润（利润总额＋利息支出）							
20	息税折旧摊销前利润（息税前利润＋折旧＋摊销）							

注：①对外商投资项目，由第 11 项减去储备基金、职工奖励与福利基金和企业发展基金（外商独资项目可不列入企业发展基金）后，得出可供投资者分配的利润。

②法定盈余公积金按净利润计提。

2. 偿债能力分析

根据借款还本付息计划表数据与利润表以及总成本费用表的有关数据,可以计算利息备付率和偿债备付率。

1) 利息备付率

利息备付率是指在借款偿还期内的息税前利润与当年应付利息的比值。它从付息资金来源的充裕性角度反映支付债务利息的能力。利息备付率的含义和计算公式均与财政部对企业绩效评价的"已获利息倍数"指标相同。息税前利润等于利润总额和当年应付利息之和,当年应付利息是指计入总成本费用的全部利息。利息备付率计算公式如下:

$$\text{利息备付率} = \frac{\text{息税前利润}}{\text{应付利息}} \tag{7-39}$$

利息备付率应分年计算,即分别计算在债务偿还期内各年的利息备付率。若偿还前期的利息备付率数值偏低,为分析所用,也可以补充计算债务偿还期内的年平均利息备付率。

利息备付率表示利息支付的保证倍率。对于正常经营的企业,利息备付率至少应大于1,一般不宜低于2,并结合债权人的要求确定。利息备付率高,说明利息支付的保证度大,偿债风险小;利息备付率低于1,表示没有足够资金支付利息,偿债风险大。

2) 偿债备付率

偿债备付率是从偿债资金来源的充裕性角度反映偿付债务本息的能力,是指在债务偿还期内,可用于计算还本付息的资金与当年应还本付息额的比值。可用于计算还本付息的资金是指息税折旧摊销前利润(EBITDA,息税前利润加上折旧和摊销)减去所得税后的余额;当年应还本付息金额包括还本金额及计入总成本费用的全部利息。

$$\text{偿债备付率} = \frac{\text{息税折旧摊销前利润} - \text{企业所得税}}{\text{应还本付息额}} \tag{7-40}$$

如果运营期间支出了维护运营的投资费用,应从分子中扣减。

偿债备付率应分年计算,即分别计算在债务偿还期内各年的偿债备付率。若偿还前期的偿债备付率数值偏低,为分析所用,也可以补充计算债务偿还期内的年平均偿债备付率。

偿债备付率表示偿付债务本息的保证倍率,至少应大于1,一般不宜低于1.3,并结合债权人的要求确定。偿债备付率低,说明偿付债务本息的资金不充足,偿债风险大;当这一指标小于1时,表示可用于计算还本付息的资金不足以偿付当年债务。

7.4.3 财务生存能力分析

财务生存能力分析旨在分析考察"有项目"时企业在整个计算期内的资金充裕程度，分析财务的持续性，判断企业在财务上的生存能力，其应根据财务计划现金流量表进行。

财务生存能力分析应结合偿债能力分析进行，并可通过以下两个方面展开。

1. 分析是否有足够的净现金流量维持正常运营

在项目（企业）运营期间，只有能够从各项经济活动中得到足够的净现金流量，项目才能持续生存。财务生存能力分析应根据财务计划现金流量表，考察项目计算期内各年的投资活动、融资活动和经营活动所产生的各项现金流入和流出，计算净现金流量和累计盈余资金，分析项目是否有足够的净现金流量维持正常运营。

拥有足够的经营净现金流量是财务上可持续的基本条件，特别是在运营初期。一个项目具有较大的经营净现金流量，说明项目方案比较合理，实现自身资金平衡的可能性较大，不会过分依赖短期融资以维持运营；反之，一个项目不能产生足够的经营净现金流量，或经营净现金流量为负值，说明维持项目正常运行会遇到财务上的困难，实现自身资金平衡的可能性较小，有可能要靠短期融资来维持运营，一些项目可能需要通过政府补助来维持运营。

通常运营前期的还本付息负担较重，所以应特别注重运营前期的财务生存能力分析。如果拟安排的还款期过短，致使还本付息负担过重，导致为维持资金平衡必须筹借的短期借款较多，那么可以设法调整还款期，甚至寻求更有利的融资方案，以减轻各年还款负担。

2. 各年累计盈余资金不出现负值是财务上可持续的必要条件

在整个运营期间，允许个别年份的净现金流量出现负值，但不能容许任一年份的累计盈余资金出现负值。一旦出现负值，应适时进行短期融资。该短期融资应体现在财务计划现金流量表中，同时短期融资的利息也应纳入成本费用和其后的计算。较大的或较频繁的短期融资，有可能导致以后的累计盈余资金无法实现正值，致使项目难以持续运营。

7.5 改扩建项目的财务评价

7.5.1 改扩建项目的概念及特点

改扩建项目是指既有企业利用原有资产与资源，投资形成新的生产（服务）设施，扩大或完善原有生产（服务）系统的活动，包括扩建、改建、迁建和停产复建等，目的在于增加产品供给、开发新型产品、调整产品结构、提高技术水平、降低资源消耗、节省运行费用、提高产品质量、改善劳动条件和治理市场环境等。

改扩建项目具有如下特点：

（1）在不同程度上利用了原有资产和资源，以增量调动存量，以较小的新增投入取得较大的效益。

（2）原来已在生产，若不扩建，原有状况也会发生变化，因此，改扩建项目的效益与费用的识别和计算较新建项目复杂。

（3）建设期内建设与生产可能同步进行。

（4）项目与企业既有联系，又有区别。既要考察项目给企业带来的效益，又要考察企业整体财务状况。

（5）项目的效益和费用可随项目的目标不同而有很大差别。

（6）改扩建项目的费用多样，不仅包括新增投资、新增成本费用，还可能包括因改造引起的停产损失。

与从无到有的新建项目相比，改扩建项目的财务分析涉及面广，需要数据多，复杂程度高。项目范围的界定宜采取最小化原则，以能正确计算项目的投入和产出，说明项目给企业带来的效益为限，其目的是易于采集数据，减少工作量。

项目范围界定的方法如下：企业总体改造或虽局部改造但项目的效益和费用与企业的效益和费用难以分开的项目，应将项目范围界定为企业整体。企业局部改造且项目范围可以明确界定为企业的一个组成部分，可将项目直接有关的部分界定为项目范围，成为"项目范围内"，而企业的其他部分作为"项目范围外"。"项目范围内"的数据需详细了解和分项估算，用于估算项目给企业带来的增量效益和费用；而"项目范围外"的数据可归集在一起，必要时用于估算"有项目"时企业整体效益和费用。

7.5.2 改扩建项目的财务效益费用识别应注意的问题

1. 五种状态的识别

改扩建项目的财务评价应正确识别与估算"现状"、"无项目"、"有项目"、"新增"和"增量"五种状态下的资产、资源、效益与费用。

（1）"现状"数据，反映项目实施起点时的效益和费用情况，是单一的状态值。

（2）"无项目"数据，指不实施该项目时，在现状基础上考虑计算期内效益和费用的变化趋势，经合理预测得出的数值序列。

（3）"有项目"数据，指实施项目后计算期内的总量效益和费用数据，是数值序列。

(4)"新增"数据,是"有项目"相对于"现状"的变化额,即有项目效益和费用数据与现状数据的差额,实际上一般要先估算新增数据,然后加上现状数据,得出有项目数据。

(5)"增量"数据,是"有项目"效益和费用数据与"无项目"效益和费用数据的差额,即"有无对比"得出的数据,是数值序列。

"无项目"时的效益是由"老产出"产生,费用也是为"老产出"投入;"有项目"时的效益由"老产出"和"新产出"共同产生,费用也是为"老产出"和"新产出"共同投入。"老产出"的效益与费用在"有项目"与"无项目"时可能会有较大差异。现状数据是预测"无项目"数据的基点数据。如果不区分项目的具体情况,一律简单地用现状数据代替无项目数据,可能会影响增量数据的可靠性。

下面以固定资产数据为例说明各种数据之间的关系。

无项目固定资产价值 = 原有固定资产价值(现状数据)

$$+ 无项目追加投资形成固定资产价值 \quad (7-41)$$

有项目固定资产价值 = 新增固定资产价值

$$+ 原有固定资产价值(假设固定资产全部利用)$$

$$(7-42)$$

增量固定资产价值 = 有项目固定资产价值 − 无项目固定资产价值

$$= 新增固定资产价值 − 无项目追加投资形成固定资产价值$$

$$(7-43)$$

若无项目追加投资为零,则

$$增量固定资产价值 = 新增固定资产价值 \quad (7-44)$$

2. 改扩建项目的计算期和成本应注意的问题

1) 计算期确定

"有项目"和"无项目"的效益和费用的计算范围和计算期应保持一致。为使计算期保持一致,应以"有项目"的计算期为基础,对"无项目"的建设期进行调整。若"有项目"时也利用了原有资产,也应对其可利用的期限进行调整。

一般情况下,可通过追加投资来维持"无项目"时的生产运营或"有项目"时原有的旧资产继续使用;也可通过加大各年修理费的方式,延长其寿命期,使之与"有项目"新增资产的建设期相同,并在计算期末将固定资产余值回收。

在某些情况下,通过追加投资延长其寿命期在技术上不可行,或在经济上明显不合理时,可以使"无项目"的生产运营适时终止,其后各年的现金流量视为零。

2）沉没成本

沉没成本是指由过去的决策，而非当前的决策所能改变的、已经发生的费用。在改扩建项目评价中应注意沉没成本。即在项目增量盈利能力分析中，把已有资产作为沉没成本考虑，无论其是否在项目中得到使用。

例如，项目利用原有企业闲置厂房，若没有当前项目，这笔费用也无法收回，故应视为沉没成本。尽管它是项目资产的组成部分，但不能作为增量费用。

3）机会成本

企业资产一旦用于某项目，就同时丧失了用于其他项目带来的潜在收入的机会，这部分丧失的收入就是该资产用于某项目的机会成本。在财务分析评价中，必要时需要考虑机会成本，方法是把机会成本作为无项目时的效益计算。

3. 改扩建项目经济评价的简化处理

符合下列特定条件之一的改扩建项目，可按一般建设项目的评价方法简化处理。

（1）项目的投入和产出与既有企业的生产经营活动相对独立；

（2）以增加产出为目的的项目，增量产出占既有企业产出比例较小；

（3）利用既有企业的资产量资源量与新增量相比较小；

（4）效益和费用的增量流量较容易确定；

（5）其他特定情况。

7.5.3 改扩建项目的盈利能力分析

改扩建项目的盈利能力分析除了遵循前述盈利能力分析的报表编制和指标计算的一般性要求外，还需要注意以下几点。

1. 增量分析为主

改扩建项目的盈利能力分析要在明确项目服务和确定了上述五套数据的基础上进行，但不要求计算五套指标，而是强调以"有项目"和"无项目"对比得到的增量数据进行增量现金流量分析，并以分析结果作为投资决策的主要依据。

2. 总量分析为辅

必要时，改扩建项目的盈利能力分析也可以按"有项目"的效益和费用数据编制"有项目"的现金流量表进行总量盈利能力分析，目的是考察项目建设后的总体效果，作为决策的辅助依据。

改扩建项目盈利能力分析的报表与新建项目的财务报表基本相同，只是输入数据不同，科目可能略有增加。改扩建项目盈利能力分析的主要报表有项目投资现金流量表（增量）和利润表（有项目）。

7.5.4 改扩建项目的偿债能力分析

改扩建项目涉及项目和企业两个层次。当项目服务与企业范围一致时,"有项目"数据报表与企业一致,可直接进行借款偿还计算;当项目范围与企业范围不一致时,有可能出现项目和企业两个层次。

1. 项目层次的偿债能力分析

首先进行项目层次的偿债能力分析,编制"有项目"时的借款还本付息计划表计算利息备付率和偿债备付率,以表明项目用自身的各项收益偿付债务的能力,显示项目对企业整体财务状况的影响。计算得到的项目层次偿债能力指标可以给企业法人两种提示:一是靠本项目自身收益可以偿还债务,不会给企业法人增加债务负担;二是本项目的自身收益不能偿还债务,需要企业法人另筹资金偿还债务。企业投资计划部门和财务管理部门可由此获得是否会因项目给企业增加财务负担的信息。

2. 企业层次的偿债能力分析

银行等金融部门为了考察企业的整体经济实力,以决定是否贷款,往往在考察现有企业财务状况的同时还要了解企业各笔借款的综合偿债能力。为了满足债权人要求,不仅需要提供项目建设前3~5年的企业主要财务报表,还需要编制企业在建和投产后3~5年的综合借款还本付息表,并结合利润表、财务计划现金流量表和资产负债表,分析企业整体偿债能力。

在财务生存能力分析上,对于改扩建项目应编制"有项目"时的财务计划现金流量表。

7.6 非经营性项目财务评价

7.6.1 非经营性项目的概念

非经营性项目是指为了实现社会目标和环境目标,为社会公众提供产品或服务的非营利性投资项目,包括社会公益项目(教育、医疗卫生保健等项目)、环境保护与环境污染治理项目、某些公用基础设施项目(如市政项目)等。这些项目经济上的显著特点是为社会提供的服务和使用功能不收取费用或只收取少量费用。

7.6.2 非经营性项目财务评价的目的

非经营性项目的目的是服务社会,因此进行财务评价的目的不一定是作为投资决策的依据,而是为了考察项目的财务状况,了解是盈利还是亏损,以便采取措施维持其运营,发挥其功能。另外,对很多非经营性项目的财务评价实质上是在进行方案比选,以使所选择方案能在满足项目目标的前提下,费用最少。

7.6.3 非经营性项目财务评价的要求

1. 非经营性项目财务评价的要求视项目具体情况而有所不同

(1) 对于没有营业收入的项目,不需要进行盈利能力分析,其财务评价重在考察财务可持续性。这类项目通常需要政府长期补贴才能维持运营,并应同一般项目一样估算费用,包括投资和运营维护成本。在此基础上,推算项目运营期各年所需的政府补贴数额,并分析可能实现的方式。

(2) 对有营业收入的项目,财务评价应根据收入抵补支出的不同程度,区别对待。通常营业收入补偿费用的顺序是:支付运营维护成本、缴纳流转税、偿还借款利息、计提折旧和偿还借款本金。

营业收入在补偿运营维护成本、缴纳流转税、偿还借款利息、计提折旧和偿还借款本金后尚有盈余,表明项目在财务上有盈利能力和生存能力。其财务评价方法与一般项目基本相同。

对一定时期收入不足以补偿全部成本费用,但通过在运营期内逐步提高价格(收费)水平,可实现其设定的补偿运营维护成本、缴纳流转税、偿还借款利息、计提折旧和偿还借款本金的目标,并预期在中、长期产生盈余的项目,可只进行偿债能力分析和财务生存能力分析。由于项目运营前期需要政府在一定时期内给予补贴,以维持运营,因此,应估算各年所需的政府补贴数额,并分析政府在一定时期内提高财政补贴的能力。

2. 对收费项目应合理确定提供服务的收费价格

服务收费价格是指服务对象提供单位服务收取的服务费用。在项目评价中,需分析其合理性。分析方法一般是将预测的服务收费价格与消费者承受能力和支付意愿及政府发布的指导价格进行对比,也可以与类似项目进行对比。

有时需要在维持项目正常运营的前提下,采取倒推服务收费价格的方式,同时分析消费者的支付能力。

3. 效益难以货币化的非经营性项目

对效益难以货币化的非经营性项目,可采用效果费用比或费用效果比来进行方案比选。具体方法可参照经济分析一章,与经济分析的主要不同在于分析目标较为单一、采用的是财务数据。

1) 比选要求

(1) 遵循基本的方案比选原则和方法。

(2) 费用应包括从项目投资开始到项目终结的整个期间所发生的全部费用,可按费用现值或费用年值计算。

(3) 效果的计算单位应能切实度量项目目标实现的程度，且便于计算。

(4) 在效果相同的条件下，应选取费用最小的备选方案。

(5) 在费用相同的条件下，应选取效果最大的备选方案。

(6) 备选方案效果和费用均不同时，应比较两个备选方案之间的费用差额和效果差额，计算增量的效果费用比或费用效果比，分析获得增量效果所付出的增量费用是否值得。

2) 常用比选指标

在实际中，往往采用单位功能（效果）费用指标或者单位费用效果指标，包括投资指标和成本指标，习惯上常采用单位功能费用指标。

(1) 单位功能建设投资是提供一个单位功能或单位服务所需要的建设投资。

$$单位功能建设投资 = \frac{建设投资}{设计服务能力或设施规模} \qquad (7-45)$$

(2) 单位功能运营费用是提供一个单位的使用功能或提供单位服务所需要的营业费用。

$$单位功能运营费用 = \frac{年运营费用}{设计服务能力或设施规模} \qquad (7-46)$$

但是，以上指标有明显的缺陷：一是只分别计算了投资和成本，没有全面进行比较；二是没有考虑整个计算期的费用，未按资金时间价值原理计算。

➢ 练习题

1. 什么是财务评价？财务评价有何作用？
2. 简述财务评价的内容和步骤。
3. 比较分析财务评价中基价、时价和实价的区别以及不同价格的适用场合。
4. 简述财务评价中总成本费用估算与生产要素估算的区别。
5. 简述财务评价中其他管理费用与其他营业费用的构成。
6. 简述固定成本与可变成本的区别。
7. 简述项目投资现金流量分析、项目资本金现金流量分析和投资各方现金流量分析三种现金流量分析的区别。
8. 简述资产负债表的构成。如何利用资产负债表计算资产负债率、流动比率和速动比率？
9. 简述偿债能力分析的指标及其计算方法。
10. 改扩建项目有何特点？
11. 改扩建项目"现状"、"无项目"、"有项目"、"新增"和"增量"五种状态有何区别和联系？
12. 什么是非经营性项目？其财务评价有何要求？

第7章 投资项目的财务评价

13. 某企业固定资产原值为 110 万元时，使用期限为 10 年，预计净残值为 10 万元。试用双倍余额递减法和年数总和法计算每年的折旧额。

14. 某工厂从银行借款 1 万元，年利率为 10%，规定分 5 年年末等额偿还。问第 3 年年末偿还的本金和利息各为多少？

15. 某人购得轿车一辆，签订了一项价值 16 万元的抵押合同，每月均等偿还本金，直至第 15 年年末为止，按利率 $i=9\%$ 计息。求每月本金额、利息额及还本付息总额。

16. 某项目第 1 年和第 2 年各有固定资产投资 400 万元，第 2 年投入流动资金 300 万元并当年达产，每年有销售收入 580 万元，生产总成本 350 万元，折旧费 70 万元，项目寿命期为 10 年，期末有固定资产残值 50 万元，并回收全部流动资金。求：① 计算各年净现金流量；② 计算该项目的静态投资回收期（包括建设期）。

17. 某项目财务情况如下：

(1) 计算期 11 年，生产期 10 年，固定资产残值率为 4%，采用平均年限折旧法，折旧期限为 10 年，无形资产 20 万元，其他资产（递延资产）6 万元，无形资产、其他资产分 5 年摊销。计算期第 1 年投入资金如表 7-13 所示。

表 7-13 项目第 1 年投入资金状况表 （单位：万元）

项目	第 1 年
工程费用	200
工程建设其他费用	41
预备费	5
建设期利息	4
流动资金	50

(2) 第 2 年至第 11 年的年生产经营情况如表 7-14 所示。

表 7-14 项目生产期生产经营状况表 （单位：万元）

项目	建设期	生产期								
	1	2	3	4	5	6	7	8	9	10	11
营业收入		71	142	177	177	177	177	177	177	177	177
外购原材料		16	32	40	40	40	40	40	40	40	40
外购燃料、动力		8	16	20	20	20	20	20	20	20	20
工资及福利费		10	10	10	10	10	10	10	10	10	10
修理费		5	5	5	5	5	5	5	5	5	5
财务费用		2	2	2	2	2	2	2	2	2	2
其他费用		3	3	3	3	3	3	3	3	3	3

(3) 凡与增值税有关的数据均为含税价，增值税税率为 17%。营业税金及附加为增值税的 10%，所得税税率为 33%，基准收益率为 10%。

(4) 项目计算期结束时，将固定资产出售，售价为 20 万元。

求：

(1) 计算项目各年的现金流量，并依据计算结果求项目财务净现值（FNPV）（税后）和财务内部收益率（FIRR）（税后）。

(2) 判断项目是否可行。

第 8 章

投资项目的经济评价

8.1 投资项目经济评价概述

8.1.1 经济评价的概念和作用

经济评价又叫国民经济评价,是按合理配置资源的原则,采用社会折现率、影子汇率、影子工资和货物影子价格等经济分析参数,从项目对社会经济所作的贡献以及社会为此项目付出的代价的角度,评价项目的经济合理性。对于财务现金流量不能全面、真实反映其经济价值,需要进行经济评价的项目,应将经济评价作为项目决策的主要依据。

对投资项目进行经济评价具有以下意义和作用。

1. 正确反映项目对社会经济的净贡献,评价项目的经济合理性

财务评价主要是从企业(财务主体)的角度考察项目的效益。企业的利益并不总是与国家和社会的利益完全一致,项目的财务盈利性至少在以下几个方面难以全面、正确地反映项目的经济合理性:①国家给予项目补贴;②企业向国家缴税;③某些货物市场价格可能扭曲;④项目的外部效果。

因此,需要从项目对社会资源增加所作贡献和项目引起社会资源耗费增加的角度,进行项目的经济评价,以便正确反映项目的经济效率和对社会福利的净贡献。

2. 为政府合理配置资源提供依据

合理配置有限的资源(包括劳动力、土地、各种自然资源、资金等)是人类

经济社会发展所面临的共同问题。在完全的市场经济中，可通过市场机制调节资源的流向，实现资源的优化配置；在非完全的市场经济中，需要政府在资源配置中发挥调节作用。

对项目的资源配置效率，即项目的经济效益（或效果）进行分析评价，可为政府的资源配置决策提供依据，提高资源配置的有效性，主要体现在以下两方面。

1）对那些本身财务效益好，但经济效益差的项目进行调控

政府在审批或核准项目的过程中，对那些本身财务效益好，但经济效益差的项目可以限制，使有限的社会资源得到更有效的利用。

2）对那些本身财务效益差，而经济效益好的项目予以鼓励

政府对那些本身财务效益差，而经济效益好的项目，可以采取某些支持措施鼓励项目的建设，促进社会资源的有效利用。

因此，应对项目的经济效益费用流量与财务现金流量存在的差别以及造成这些差别的原因进行分析，特别是对一些国计民生急需的项目，如果经济评价合理，而财务评价不可行，可提出相应的财务政策方面的建议，调整项目的财务条件，使项目具有财务可持续性。

3. 政府审批或核准项目的重要依据

在我国新的投资体制下，国家对项目的审批和核准重点放在项目的外部性、公共性方面，经济评价强调从资源配置效率的角度分析项目的外部效果，是政府审批或核准项目的重要依据。

4. 为市场化运作的基础设施等项目提供财务方案的制定依据

对部分或完全市场化运作的基础设施等项目，可通过经济评价论证项目的经济价值，为制定财务方案提供依据。

5. 有助于实现企业利益与全社会利益有机地结合和平衡

政府在审批和核准项目时，应当特别强调从社会经济的角度评价和考察，支持和发展对社会经济贡献大的产业项目，并特别注意限制和制止对社会经济贡献小甚至有负面影响的项目。正确运用经济评价方法，在项目决策中可以有效地察觉盲目建设、重复建设项目，促进企业利益与全社会利益有机地结合。

6. 比选和优化项目的重要作用

为提高资源配置的有效性，方案比选应根据能反映资源真实经济价值的相关数据进行，而这只能依赖于经济评价。因此，经济评价在方案比选和优化中可发挥着重要作用。

8.1.2 经济评价的对象

由于经济评价是一项较为复杂的评价工作，在实际中，往往只对需要的项目

实施经济评价。

1. 确定适用范围的原则

1）市场自行调节的行业项目一般不必进行经济评价

在理想的市场经济条件下，依赖市场调节的行业项目，项目投资通常由投资者自行决策。对这类项目，政府调节的作用主要表现在构建合理有效的市场机制，而不是具体的项目投资决策。因此，这类项目一般不必进行经济评价。

2）市场配置资源失灵的项目需要进行经济评价

在现实经济中，由于市场本身的原因以及政府不恰当的干预，可能导致市场配置资源失灵，市场价格难以反映其真实经济价值，需要通过经济评价反映投资项目的真实经济价值，判断投资的经济合理性，为投资决策提供依据。

市场配置资源失灵的项目主要有以下几类：

（1）具有自然垄断特征的项目。对于电力、电信、交通运输等行业的项目，存在着规模效益递增的产业特征，企业一般不会按照帕累托最优规则进行运作，从而导致市场配置资源失效。

（2）产出具有公共产品特征的项目。即项目提供的产品或服务在同一时间内可以被共同消费，具有"消费的非排他性"和"消费的非竞争性"特征。因为市场价格机制只有通过将那些不愿意付费的消费者排除在该物品的消费之外才能得以有效运作，所以市场机制对公共产品项目的资源配置失灵。

（3）外部效果显著的项目。外部效果是指一个个体或厂商的行为对另一个体或厂商产生了影响，而该影响的行为主体又没有负相应的责任或没有获得应有报酬的现象。这样，这类行为主体在其行为过程中常常会低效率甚至无效率地使用资源，造成消费者剩余与生产者剩余的损失及市场失灵。

（4）涉及国家控制的战略性资源开发和关系国家经济安全的项目。这类项目往往具有公共性、外部效果等综合特征，不能完全依靠市场配置资源。

（5）受过度行政干预的项目。由于政府对经济活动的干预，干扰了正常的经济活动效率，也会导致市场失灵。

（6）资源开发项目。由于我国现在对资源开发的定价市场化程度偏低，其产品价格往往不能反映真实价格。

2. 需要进行经济评价的项目类别

（1）政府预算内投资（包括国债资金）的关系国家安全、国土开发和市场不能有效配置的公益性项目和公共基础设施建设项目、保护和改善生态环境项目、重大战略性资源开发项目。

（2）政府各类专项建设基金投资的交通运输、农林水利等基础设施、基础产业的建设项目。

（3）利用国际金融组织和外国政府贷款，需要政府主权信用担保的建设项目。

（4）法律、法规规定的其他政府性资金投资的建设项目。

（5）企业投资建设的，涉及国家经济安全、环境资源、公共利益、市场垄断、整体布局等公共性问题，需要政府核准的建设项目。

8.1.3 经济评价与财务评价的区别和联系

经济评价与财务评价共同组成了完整的投资项目经济分析，但由于这两类分析所代表的利益主体不同，使得这两类评价在目的、任务和作用上不尽相同。

1. 系统边界不同

财务效益评价从项目自身利益出发，分析项目的盈利能力和贷款偿还能力等内部经济效果，系统分析的边界就是项目自身；经济评价从国民经济的整体利益出发，分析项目对整个国民经济以至整个社会产生的效益，也就是评价国民经济对这个项目付出的代价（成本），以及这个项目建成之后可能对国民经济作出的贡献（效益）。经济评价不仅需要识别项目自身的内部经济效果，而且需要识别项目对国民经济其他部门和单位产生的外部效果；既要识别可用货币计量的有形效果，也要识别难以用货币计量的无形效果。其系统分析的边界是整个国家。

2. 追踪对象不同

财务评价追踪的对象是货币的流动。凡是由项目之外流入项目之内的货币就是财务收益；凡是由项目之内流出项目之外的货币就是财务费用。经济评价追踪的对象是资源的变动，目标是实现资源最优配置，保证国家收入的最大增长。对一个投资项目来说，项目资源的投入减少了这些资源在国民经济资源的使用，产生了国民经济费用。同理，项目的产出品能够增加社会资源，即项目的产出是国民经济收益。由此不难理解，凡是减少社会资源的项目投入都产生国民经济费用，凡是增加社会资源的项目产出都产出国民经济收益。

财务评价的基本指标是项目的"利润"，国民经济评价的基本指标是项目的"净产值"（即国民收入）或"纯收入"（即税金和利润）。

3. 价格体系不同

财务评价对投入物和产出物的估算采用财务价格，财务价格是以现行价格（市场交易价格）体系为基础的预测价格。经济评价采用影子价格体系，影子价格反映资源（货物）的价值及稀缺程度，可以使有限的资源得到最优配置，从而带来最大的经济增长，或者说实现最高的经济效益。

4. 主要参数不同

财务评价采用官方汇率和行业基准收益率；经济评价采用国家统一测定的影子汇率和社会折现率。

经济评价与财务评价的相同之处在于：

(1) 评价目的相同。两者都是寻求以最小的投入获得最大的产出。

(2) 评价的基础工作相同。两者都是在完成产品需求预测、厂址选择、工艺技术路线和工程技术方案论证、投资估算和资金筹措的基础上进行的。

(3) 基本分析方法和主要指标的计算方法相同。两者都采用现金流量分析方法，通过基本报表计算净现值、内部收益率等指标。

8.2 影子价格的计算

8.2.1 影子价格概述

影子价格的概念是 20 世纪 30 年代末 40 年代初由荷兰数理经济学、计量经济学创造人之一詹恩·丁伯根和苏联数学家、经济学家、诺贝尔经济学奖金获得者康托罗维奇分别提出来的。它最初来自于求解一个目标最大化的线性规划问题：某种资源每增加一个单位，其目标就增加一定的单位，不同的资源有不同的边际贡献，这种资源的边际贡献就定义为该资源的影子价格。

影子价格是指当社会经济处于某种最优状态时，能够反映社会劳动的消耗、资源稀缺程度和最终产品需求情况的价格。可见，影子价格是人为确定的、比交换价格更为合理的价格。这里所说的"合理"的标志，从定价原则来看，能更好地反映产品的价值，反映市场供求状况，反映资源稀缺程度；从价格产出的效果来看，能使资源配置向优化的方向发展。

影子价格反映在项目的产出上是一种消费者"支付意愿"或者"愿付意愿"。只有在供求完全均衡时，市场价格才代表愿付价格。影子价格反映在项目的投入上是资源不投入该项目而投入其他经济活动所能带来的效益。也就是说，项目的投入是以放弃了本来可以得到的效益为代价的，西方经济学家称其为"机会成本"。根据"支付意愿"或者"机会成本"的原则确定影子价格后，就可以测算出拟建项目要求经济整体支付的代价和为经济整体提供的效益，从而得出拟建项目的投资真正能给社会带来多少国民收入增加额或纯收入增加额。

8.2.2 市场定价货物的影子价格计算

在经济评价中，根据货物（广义的货物，指项目的各种投入物和产出物）的外贸性，将货物分为可外贸货物和非外贸货物；根据货物价格机制的不同，分为市场定价货物和非市场定价货物。可外贸货物通常属于市场定价货物。非外贸货物中既有市场定价货物，也有非市场定价货物。由于土地、劳动力和自然资源的特殊性，将它们归为特殊投入物。

1. 市场定价的可外贸货物的影子价格

项目使用或生产可外贸货物，将直接或间接地影响国家对这种货物的进口或出口,包括:①项目产出物直接出口、间接出口和替代进口;②项目投入物直接进口、间接进口和减少出口。

在实践中,为了简化,只对项目投入物中直接进口的部分和产出物中直接出口的部分,采用进出口价格测算影子价格,其他几种情况仍按国内市场价格定价。

$$直接进口投入物的影子价格 = 到岸价 \times 影子汇率 + 进口费用 \quad (8-1)$$
$$直接出口产出物的影子价格 = 离岸价 \times 影子汇率 - 出口费用 \quad (8-2)$$

其中:

(1) 离岸价是指出口货物运抵我国出口口岸交货的价格;

(2) 到岸价是指进口货物运抵我国进口口岸交货的价格,包括货物进口的货价、运抵我国口岸之前发生的境外运费和保险费;

(3) 影子汇率是指外汇的影子价格,应能正确反映国家外汇的经济价值,由国家指定的专门机构统一发布。

(4) 进口或出口费用只是货物进出口环节在国内所发生的各种相关费用,包括货物的交易、储运、再包装、短距离倒运、装卸、保险、检验等物流环节上的费用支出,也包括物流环节上的损失、损耗以及资金占用的机会成本,还包括工厂到口岸之间的长途运输费用。

2. 市场定价的非外贸货物的影子价格

(1) 价格完全取决于市场的,且不直接进出口的项目投入物和产出物,按照非外贸货物定价,其国内市场价格作为确定影子价格的基础,并按下列公式换算到厂价和出厂价:

$$投入物影子价格(到厂价) = 市场价格 + 国内运作费 \quad (8-3)$$
$$产出物影子价格(出厂价) = 市场价格 - 国内运作费 \quad (8-4)$$

(2) 产出物的影子价格是否含增值税销项税额,投入物的影子价格是否含增值税进项税额,应分析货物的供求情况,采取不同的处理方式。

对于项目产出物,若该产出物需求空间较大,项目的产出对市场价格影响不大,影子价格按消费者支付意愿确定,即采用含税的市场价格。若项目产出物用以顶替原有市场供应,应用节约的社会成本作为影子价格。对于市场定价的货物,其不含税的市场价格可以看作其社会成本。

对于可能导致其他企业减产或停产,产出物质量又相同的,甚至可以按被替代企业的分解可变成本定价。

对于项目投入物,若该投入物的生产能力比较富裕或较易扩容满足项目需要,或可通过新增供应来满足项目需求的,采用社会成本作为影子价格,这里的社会成本是指社会资源的新增消耗。对于市场定价的货物,其不含税的市场价格可以看作其社会成本。对于市场价格受到管制的货物，其社会成本通过分解成本法来确定。对于通过新增投资增加供应的投入物，用全部成本分解；而对于通过挖掘潜力增加供应的投入物，则用可变成本分解。若该投入物供应紧张，短期内无法通过增产或扩容来满足项目投入需要，影子价格按支付意愿确定，即用含税的市场价格。若不能判别产出物或投入物是增加供给还是挤占原有供给，可简化处理为：产出物的影子价格一般采用含税的市场价格，投入物的影子价格一般采用不含税的市场价格。

（3）如果项目的投入物或产出物规模很大，项目的实施将足以影响其市场价格，导致"有项目"和"无项目"两种情况下的市场价格不一致，在项目评价实践中，取两者的平均值作为测算影子价格的依据。

8.2.3 不具备市场价格的产出效果的影子价格

某些项目的产出效果没有市场价格，或市场价格不能反映其经济价值，特别是项目的外部效果往往很难由实际价格计量。这时，应遵循消费者支付意愿和接受补偿意愿的原则，采取以下两种方法测算影子价格：

（1）根据消费者支付意愿的原则，通过其他相关市场信号，按照"显示偏好"的方法，寻找揭示这些影响的隐含价值，间接估算产出效果的影子价格。

（2）按照"陈述偏好"的意愿调查方法，分析调查对象的支付意愿或接受补偿意愿，通过推断，间接估算产出效果的影子价格。

8.2.4 政府调控价格货物的影子价格

我国尚有部分产品或服务的价格不能完全由市场机制决定，而是采用政府调控价格，如水、电、铁路运输等。政府调控价格的手段包括政府定价、指导价、最高限价和最低限价等。这些产品或服务的价格不能完全反映其真实的经济价值，采用的方法有成本分解方法、支付意愿法和机会成本法。

成本分解法是对项目主要投入物和产出物中的非外贸货物按其边际生产成本（可变成本或全部成本）的成本构成要素进行分解定价。支付意愿法是指消费者为获得某种商品或服务所愿意付出的价格。机会成本法是指用于拟建项目的某种资源若改用于其他替代机会，在所有其他替代机会中所能获得的最大经济效益。

（1）电价作为项目的投入物时，电力的影子价格可以按成本分解法测定。一般情况下应当按当地的电力供应完全成本口径的分解成本定价。有些地区，若存在阶段性的电力过剩，可以按电力生产地可变成本分解定价。

作为项目的产出物时，电力的影子价格应当按照电力对当地经济的边际贡献测定。

（2）铁路运输作为项目投入时，一般情况下按完全成本分解定价。在铁路运输能力过剩的地区，可按照可变成本分解定价；在铁路运输紧张的地区，应当按照被挤占用户的支付意愿定价。

铁路运输作为项目产出时，经济效益的计算采取专门方法，按替代运输量运输成本的节约、诱发运输量的支付意愿及时间节约的效益等测算。

(3) 水价作为项目投入物的影子价格，按后备水源的边际成本分解定价，或者按恢复水功能的成本计算。水价作为项目产出物的影子价格，按消费者支付意愿或者按消费者承受能力加政府补贴测算。

8.2.5 特殊投入物的影子价格

1. 劳动力的影子价格

劳动力的影子价格是项目工资成本的影子价格，即影子工资。影子工资是反映国民经济为项目使用劳动力所付出的真实代价，由劳动力机会成本和劳动力转移而引起的新增资源耗费两部分构成。劳动力机会成本是指劳动力如果不就业于拟建项目而从事其他生产经营活动所创造的最大效益。它与劳动力的技术熟练程度和供求状况（过剩或稀缺）有关，技术越熟练，稀缺程度越高，其机会成本越高；反之，机会成本越低。劳动力的机会成本是影子工资的主要组成部分。新增资源耗费是指劳动力在本项目新就业或原来的岗位转移到本项目发生的经济资源耗费，包括搬迁费、新增的城市交通、城市基础设施配套等相关投资和费用。

总之，项目占用劳动力资源的经济价值，应按照机会成本原则，充分考虑项目所处的特定条件，分析和计算项目占用劳动力的实际代价。

2. 土地的影子价格

在我国，投资项目占用的土地可能具有也可能不具有直接费用（征购费等），但是占用土地的经济费用总是存在的。因为项目占用土地，将致使这些土地对国民经济的其他潜在贡献不能实现，这种因有了项目而不能实现的贡献就是项目占用土地的经济费用。因此，土地的影子价格也是建立在被放弃的收益这一机会成本的概念上。

1) 非生产性土地的影子价格

项目所占用的住宅、休闲用地等非生产性用地，当市场完善时，可根据市场价格估算土地经济价值；如无市场交易价格或市场机制不完善时，应根据支付意愿价格估算土地经济价值。

2) 生产性土地的影子价格

项目所占用的生产性土地主要指农业、林业、牧业、渔业及其他生产性用地，按照这些土地的机会成本及因土地用途改变而发生的新增资源消耗计算影子价格。

$$土地影子价格 = 土地机会成本 + 新增资源消耗 \tag{8-5}$$

土地机会成本按照项目占用土地而使社会成员损失的该土地的"最佳可行替代用途"的净效益计算。在计算过程中，应适当考虑净效益的递增速度及净效益技术基年距项目开工年的年数。计算公式如下：

$$OC = NB_0(1+g)^{\tau+1}[1-(1+g)^n(1+i_s)^{-n}]/(i_s-g) \qquad (8-6)$$

式中，OC 为土地机会成本；n 为项目计算期；NB_0 为基年土地的最佳可行替代用途的净效益（用影子价格计算）；τ 为净效益计算基年距项目开工年的年数；g 为土地的最佳可行替代用途的年平均净效益增长率；i_s 为社会折现率（$i_s \neq g$）。

例 8-1 某项目预计建设期为 2 年，生产期 10 年，占用农田 200 亩，基年（2008 年）土地最大单位面积经济净效益为 754 元/亩，计算期内年净效益增长率 $g=3\%$，土地费用中新增资源消耗与机会成本大小相当。计算该土地的影子价格（社会折现率取 8%）。

解：$NB_0 = 754$ 元/亩，$g=3\%$，$i_s=8\%$，$\tau=2$，$n=12$，每亩土地的机会成本为

$$\begin{aligned}
OC &= NB_0(1+g)^{\tau+1}\frac{1-(1+g)^n(1+i_s)^{-n}}{i_s-g} \\
&= 754 \times (1+0.03)^{2+1} \times \frac{1-(1+0.03)^{12}(1+0.08)^{-12}}{0.08-0.03} \\
&= 7148.48 (\text{元}/\text{亩})
\end{aligned}$$

土地机会成本总额 $= 7148.48 \times 200 = 142.97$（万元）。因为新增资源消耗和土地机会成本相当，所以新增资源消耗也为 142.97 万元。因此，土地费用总额 $= 142.97 + 142.97 = 285.94$（万元）。

用未来对社会可提供的消费产品的支付意愿价格及用途改变而发生的新增资源消耗来测算土地经济价值。

新增资源消耗应按照"有项目"情况下土地的占用造成原有土地附属物财产的损失及其他资源耗费来计算。土地平整等开发成本通常计入工程建设投资，在土地影子价格中不再重复计算。

在实际的项目评价中，土地的影子价格可以从财务评价中土地的征地费用进行调整计算得出。一般情况下，项目的实际征地费用可以划分为三个部分，分别按照不同的方法调整：

（1）属于机会成本性质的费用，如土地补偿费、青苗补偿费，按照机会成本计算方法调整计算；

（2）属于新增资源消耗的费用，如征地动迁费、安置补助费和地上附着物补偿费等，按影子价格计算；

（3）属于转移支付的费用主要是政府征收的税费，如耕地占用税、土地复耕费、新菜地开发建设基金等，不应列入土地经济费用。

3. 自然资源的影子价格

各种自然资源是一种特殊的投入物,项目使用了自然资源,社会经济就为之付出了代价。如果该资源的市场价格不能反映其经济价值,或者项目并未支付费用,该代价应该用表示该资源经济价值的影子价格表示,而不是市场价格。矿产等不可再生资源的影子价格应当按该资源用于其他用途的机会成本计算,水和森林等可再生资源的影子价格可以按资源再生费用计算。为方便测算,自然资源影子价格也可以通过投入物替代方案的费用确定。

8.2.6 人力资本和生命价值的影子价格

某些项目的产出效果表现为对人力资本、生命延续或者疾病预防等方面的影响,如教育项目、医疗卫生和卫生保健项目等,应根据项目的具体情况,测算人力资本增值的价值、可能减少死亡的价值,以及减少疾病、增进健康等的价值,并将量化结果纳入项目经济评价的框架。如果因缺乏可靠依据而难以货币量化,可采用非货币的方法进行量化,也可只进行定性分析。

对于教育项目,其效果可以表现为人力资本增值,如通过教育提高了人才素质,引发了工资提高。在劳动力市场发育成熟的情况下,其人力资本的增值应根据"有项目"和"无项目"两种情况下的所得税前工资的差额进行估算。例如,世界银行的一项研究成果表明,每完成一年教育可以给受教育者增加约5%的月收入。

对于医疗卫生项目,其效果常常表现为减少死亡的价值,可根据社会成员为避免死亡而愿意支付的费用进行计算。当缺乏对维系生命的支付意愿的资料时,可采用人力资本法,通过分析人员的死亡导致为社会创造收入的减少来评价死亡引起的损失,以测算生命的价值;或者通过分析伤亡风险高低不同的工种的工资差别来间接测算人们对生命价值的支付意愿。

对于卫生保健项目,其效果表现为对人们增进健康的影响效果时,一般应通过分析疾病发病率与项目影响之间的关系,测算由于健康状况改善而增加的工作收入、发病率降低而减少的看病和住院等医疗成本及其他各种相关支出,并综合考虑人们对避免疾病而获得健康生活所愿意付出的代价,测算其经济价值。

8.3 经济评价参数的选取

在项目经济评价中,经济参数是计算和分析评估项目投入费用和产出效益、判断项目宏观经济合理性所使用的基础数据和判别标准。经济参数的选取与测定直接关系到项目经济评价评估的质量与结论。正确理解和使用评估参数,对正确计算效益、费用和评估指标,以及比较优选方案有重要作用。它也是衔接微观投资项目选择与宏观经济目标的纽带，促使项目选择符合国家社会经济发展目标和宏观经济意图。

经济参数分为两类：一类是通用参数，包括社会折现率、影子汇率和影子工资率等，由专门机构组织测算和发布；另一类是各种货物、服务、土地和自然资源等影子价格，需由项目评价人员根据项目具体情况自行测算。

8.3.1 社会折现率

社会折现率是从国家角度对资金机会成本和资金时间价值的估量，它表示社会资金被项目占用后应获得的最低投资收益率。它在项目国民经济评估中用作计算影子价格和经济净现值的折现率，并作为衡量经济内部收益率的判别标准，是判断投资项目经济可行性和方案优选的主要依据。

根据我国社会经济发展目标、发展战略、发展优先顺序、发展水平、社会成员的费用效益时间偏好、国民经济运行的实际情况、投资收益水平、资金供求状况、资金机会成本，以及国家宏观调控等因素综合测定的社会折现率，目前取值为8%，而对于受益期长的基础设施项目，如远期效益大、效益实现的风险小的项目，可采用不低于6%的社会折现率。

8.3.2 影子汇率换算系数

影子汇率是外汇的影子价格，体现从国家角度对外汇真实价值的估量。它是项目经济评估的重要通用参数，用作计算各类项目投入物与产出物中可外贸货物影子价格的计算基础，亦是衡量项目经济换汇（或节汇）成本等经济外汇效果指标的判断依据。

在经济评价中，影子汇率可通过影子汇率换算系数来计算，影子汇率换算系数是影子汇率与国家外汇牌价（即官方汇率）的比值。根据我国外汇收支状况，主要进出口商品的国内价格与国外价格的比较，进出口结构及进出口关税、增值税，以及外汇机会成本出口退税补贴等因素的综合分析，目前我国的影子汇率换算系数取值为1.08。

8.3.3 影子工资换算系数

影子工资是指劳动力的影子价格，体现了国家为投资项目使用劳动力和耗费劳动力资源而付出的代价。影子工资可通过影子工资换算系数计算。影子工资换算系数是影子工资与财务评价中劳动力工资的比值。

技术性工作的劳动力工资报酬一般由市场供求决定，影子工资换算系数一般取值为1，即影子工资等同于财务评价中的工资。

根据我国非技术劳动力就业状况，非技术劳动力的影子工资换算系数在

0.25~0.8。具体可根据当地的非技术劳动力供求状况确定，非技术劳动力较为富余的地区可取较低值，不太富余的地区可取较高值，中间状况可取 0.5。

例 8-2 某集团公司为扩展业务，计划采购一批运输车辆，现有两种方案可供选择：

（1）第一方案是采购 10 辆进口车辆，每辆车的离岸价格是 30 000 美元，海上运费和运输保险费为 1500 美元/辆。银行财务费率为 0.5%，外贸手续费率为 1.5%，进口关税率为 22%，增值税率为 17%，美元的银行牌价为 6.8 元人民币，车辆的国内运杂费率为 6000 元/辆，假定其他税费暂不考虑。

（2）第二方案是采购 14 辆国产车辆，以达到同等效果，价格为 200 000 元/辆，需要交纳购置税等费用 20 000 元/辆。

每车的车辆操作人员平均工资为 30 000 元/年，车辆的使用寿命均为 8 年，8 年内进口车辆和国产车辆均可行驶 800 000km，8 年后车辆报废，没有残值。

在运营期间，每辆进口车的燃油成本、日常维护成本和大修成本合计为 0.70 元/km，每辆国产车的燃油成本、日常维护成本和大修成本合计为 0.60 元/km。

上述财务数据中，除人工费、外汇汇率外，不存在价格扭曲现象，进口车辆的劳动力影子价格转换数据按 1.2 计算，国产车辆按 1.0 计算，已知影子汇率转换系数为 1.08，社会折现率为 8%。

试求：

（1）估算单台进口车辆的购置费。

（2）从经济评价的角度，计算每 km 综合经济成本。

（3）对上述两方案进行比选，推荐一个方案，并说明理由。

解：（1）进口车辆的购置费计算如下：

进口车辆货价 = 30 000（美元）× 6.8 = 204 000（元）。

海上运费及运输保险费 = 1500（美元）× 6.8 = 10 200（元）。

进口关税 = （204 000 + 10 200）× 22% = 47 124（元）。

增值税 = （204 000 + 10 200 + 47 124）× 17% = 44 425.08（元）。

银行财务费 = 204 000 × 0.5% = 1020（元）。

外贸手续费 = （204 000 + 10 200）× 1.5% = 3213（元）。

国内运杂费 = 6000 元。

综上所述，进口车辆购置费为

204 000 + 10 200 + 47 124 + 44 425.08 + 1020 + 3213 + 6000 = 315 982.08（元）。

（2）每 km 综合经济成本。

第一方案：进口车。

① 每辆进口车的燃油成本、日常维护成本和大修成本合计为 0.70 元/km，价格不存在扭曲，不需调整。

② 每 km 分摊车辆的购置成本。

进口车辆购置费用现值 =（30 000 + 1500）× 1.08 × 6.8 + 1020 + 3213 + 6000 = 241 569（元），因此有

每 km 分摊车辆的购置成本 = 241 569 × $(A/P, 8\%, 8)$/100 000 = 241 569 × 0.174 01/100 000 = 0.42（元/km）。

③ 每辆车每 km 的人工费 = 30 000 × 1.2/100 000 = 0.36（元）。

以上三项合计，每辆进口车每 km 的综合经济成本为 0.7 + 0.42 + 0.36 = 1.48（元）。

第二方案：国产车。

① 每 km 分摊车辆的购置成本。

每 km 分摊车辆的购置成本 = 200 000 × $(A/P, 8\%, 8)$/100 000 = 200 000 × 0.174 01/100 000 = 0.35（元）。

② 每辆车每 km 的人工费 = 30 000 × 1.0/100 000 = 0.30（元）。

③ 已知每辆国产车的燃油成本、日常维护成本和大修成本合计为 0.6 元/km。

以上三项合计，每辆国产车每 km 的综合经济成本 = 0.35 + 0.30 + 0.6 = 1.25（元）。

(3) 方案比选。

10 辆进口车每 km 综合经济成本为 1.48 × 10 = 14.8（元）。

14 辆国产车每 km 综合经济成本为 1.25 × 14 = 17.5（元）。

因为 10 辆进口车每 km 综合经济成本小于 14 辆国产车每 km 综合经济成本，所以方案一优于方案二，推荐购置进口车。

8.4 经济评价效益和费用的估算

8.4.1 经济评价效益和费用的识别

1. 基本要求

对于经济评价效益和费用识别的基本要求如下。

1）对经济效益和费用的全面识别

凡项目对社会经济所作的贡献，均计为项目的经济效益，包括项目的直接效益和间接效益。凡社会经济为项目所付出的代价（即社会资源的耗费，或称社会成本），均计为项目的经济费用，包括直接费用和间接费用。因此，经济评价应考虑关联效果，对项目涉及的所有社会成员的有关效益和费用进行全面

识别。

2）遵循有无对比的原则

判别项目的经济效益和费用，要从有无对比的角度，将"有项目"（项目实施）和"无项目"（项目不实施）的情况加以对比，以确定某些效益或费用的存在。

3）合理确定经济效益与费用识别的时间跨度

经济效益与费用的时间跨度应足以包括项目所产生的全部重要效益和费用，不完全受财务评价计算期的限制。不仅要分析项目的近期影响，还可能需要分析项目将带来的中期、远期影响。

4）正确处理"转移支付"

正确处理"转移支付"是经济效益和费用识别的关键。对社会成员之间发生的财务收入与支出，应从是否新增社会资源和是否增加社会资源消耗的角度出发加以识别，将不新增社会资源和不增加资源消耗的财务收入与支出作为社会成员之间的"转移支付"，在经济评价中不作为经济效益或费用。

5）遵循以本国社会成员作为分析对象的原则

经济效益与费用的识别应以本国社会成员作为分析对象。对于跨越国界，对本国之外的社会成员也产生影响的项目，应重点分析项目给本国社会成员带来的效益和费用，项目对国外社会成员所产生的效果应予以单独陈述。

2. 项目直接效益和项目直接费用

1）项目直接效益

项目直接效益是指由项目产出物产生的，并在项目范围内计算的经济效益，一般表现为项目为社会生产提供的物质产品、科教文化成果和各种各样的服务所产生的效益。直接效益有多种体现：

（1）项目产出物用于满足国内新增需求时，项目直接效益表现为国内新增需求的支付意愿。

（2）项目产出物用于替代其他厂商的产品或服务，使被替代厂商减产或停产，从而使其他厂商耗用的社会资源得到节省，项目直接效益表现为这些资源的节省。

（3）项目的产出物直接出口或可替代进口商品导致进口减少，项目效益表现为国家外汇收入的增加或支出的减少。

以上这些项目的直接效益大多在财务评价中能够得到反映，尽管有时这些反映会有一定程度的价值失真。对于价值失真的直接效益，在经济评价中应按影子价格重新计算。

（4）某些项目的效益有特殊性，不可能体现在财务评价的营业收入中。例如，交通运输项目产生的时间节约，教育项目、医疗卫生项目和卫生保健项目等产生的体现为人力资本增值、生命延续或疾病预防等方面的影响效果，从经济评价的角度也应该计为项目的直接经济效益。

2) 项目直接费用

项目直接费用是指项目使用投入物产生的，并在项目范围内计算的经济费用，一般表现为投入项目的各种物料、人工、资金、技术及自然资源带来的社会资源的消耗。其表现形式如下：

(1) 社会扩大生产规模用以满足项目对投入物的需求时，项目直接费用表现为社会扩大生产规模所增加耗用的社会资源价值。

(2) 社会不能增加供给时，导致其他人被迫放弃这些资源来满足项目的需要，项目直接费用表现为社会因其他人被迫放弃这些资源而损失的效益。

(3) 项目的投入物导致进口增加或出口减少时，项目直接费用表现为国家外汇支出的增加或外汇收入的减少。

直接费用一般在财务评价中能够得到反映，尽管有时这些反映会有一定程度的价值失真。对于价值失真的直接费用，在经济评价中应按影子价格重新计算。

3. 转移支付

项目的有些财务收入和支出，是社会经济内部成员之间的"转移支付"，即接受方所获得的效益和付出方所发生的费用相等。从社会经济角度看，并没有造成资源的实际增加或减少，故不应计入经济效益或费用。

经济评价中的转移支付主要有项目向政府缴纳的大部分税费（除体现资源补偿和环境补偿的部分）、政府给予项目的各种补贴、项目向国内银行等金融机构支付的利息和获得的存款利息。因此，在财务评价基础上调整经济评价时，要注意转移支付部分。

4. 项目间接效益和间接费用

在经济评价中应关注项目的外部性，对项目产生的外部效果进行识别，习惯上把外部效果称为间接效益和间接费用。间接效益是指项目对社会作出的贡献而项目本身并未得益的那部分效益。这种效益是由项目引起的，由于投入产出关系而产生的，对整个社会经济其他部门（行业）或其他项目有影响，但是在项目直接经济效益中没有得到反映的经济效益，如技术扩散效益。间接费用是指社会经济为项目付出的代价，而项目本身并不实际支付的费用。它是由项目引起而在项目的直接费用中未得到反映的外部费用，例如，项目对自然环境的损害和对生态平衡的破坏。项目间接效益和间接费用的识别通常需要考虑以下几个方面。

1) 环境及生态影响效果

有些项目对自然环境产生污染，对生态环境造成破坏。这些属于间接费用，一般难以定量计算，近似地可按同类企业所造成的损失估计，或按恢复环境质量所需要的费用估计。环境治理项目，会对环境产生好的影响，评价中应考虑相应的效益。环境和生态影响不能定量计算的,应定性描述。

2)技术扩散效果

一个先进的项目,由于技术扩散效应,可能会使整个社会受益。这种效益往往难以定量计算,一般只作定性描述。

3)"上下游"企业相邻效果

项目的实施可能会刺激项目上游企业得到发展,增加新的生产能力或是使原有生产能力得到更充分的应用。同样,项目的产出物可能会对项目下游企业的经济效益产生影响,使其闲置的生产能力得到充分利用,或使其节约生产成本。

往往这种相邻效果可以在项目的投入物和产出物的影子价格中得到反映,因而不再计算间接效果。对于间接影响难以反映在影子价格中的,需要作为项目的外部效果计算。

4)乘数效果

乘数效果是指项目的实施使原来闲置的资源得到利用,从而产生一系列的连锁反应,刺激某一地区或全国的经济发展。在对经济落后地区的项目进行经济评价时可能会考虑这种乘数效果,特别应注意选择乘数效果大的项目作为扶贫项目,但要注意不宜连续计算乘数效果。

在识别计算项目的外部效果时不能重复计算。已经在直接效益和费用中计算的,不应在外部效果中再进行计算,还要注意外部效果是否确属所评价的项目。考虑外部效果时,要避免发生重复计算和虚假扩大项目间接效益。如果项目产出物以影子价格计算的效益已经将部分外部效果考虑在内了,就不应再计算该部分外部效果;项目的投入物影子价格大多数已经合理考虑了投入物的社会成本,不应再重复计算间接的上游效益。

对于外部效果难以计算的问题,可以通过调整项目范围,将项目的外部效果内部化的方法解决。调整项目范围的一种方法是将项目范围扩大,将具有关联性的几个项目合成一个"项目群"进行经济评价,这样就可以将几个项目之间的相互支付转化为项目内部,从而相互抵消。

8.4.2 经济效益与费用的估算原则

1. 支付意愿原则

项目产出物正面效益的计算应遵循支付意愿原则,分析社会成员为项目所产出的效益意愿支付的价值。

2. 受偿意愿原则

项目产出物负面影响的计算应遵循接受补偿意愿原则,分析社会成员为接受这种不利影响所要求补偿的价值。

3. 机会成本原则

项目投入物的经济价值的计算应遵循社会成本原则,分析项目所占用资源的机会成本。机会成本应按该资源的其他最好可行替代用途所产生的效益计算。

4. 实际价值计算原则

项目经济评价应对所有效益和费用采用反映资源真实价值的实际价格进行计算,不考虑通货膨胀因素的影响,但可考虑相对价格变动。

8.5 经济评价方法及效果分析

8.5.1 经济费用效益分析指标

1. 经济净现值

经济净现值(ENPV)是按指定的社会折现率将项目建设和生产(服务)期内各年的净经济效益流量折算到基准年(建设开始年初)的现值之和。它是反映项目对社会经济净贡献的一个绝对量指标,也是用以进行项目评价和方案选择的主要依据。其表达式为

$$\text{ENPV} = \sum_{t=1}^{n}(B-C)_t(1+i_s)^{-t} \tag{8-7}$$

经济净现值(ENPV)大于或等于 0 说明项目除能达到符合社会折现率要求的经济效益外,还可以得到现值计算的超额社会盈余,项目从经济资源配置的角度可被接受。

项目经济盈利性分析有两种口径:一是项目投资,二是国内投资。前者不考虑项目的资金筹集方式,分析项目给社会经济带来的经济效益,相应的指标称为项目投资经济内部收益率和项目投资经济净现值。后者要考虑项目投资资金的筹集方式,考虑从国外借款或以其他方式从国外获得资金时,项目投资对社会经济效率造成的影响,这种口径的盈利性分析是针对国内的,所对应的指标称为国内投资经济内部收益率和国内投资经济净现值。如果项目没有国外投资或借款,则项目投资指标与国内投资指标一致。

2. 经济内部收益率

经济内部收益率(EIRR)是在项目寿命期(即计算期)内逐年累计的经济净效益流量的现值等于零时的折现率,即项目动态投资的最大收益率。它是反映项目对国民经济净贡献的一项相对效果指标,是项目评价的主要判断依据。其表达式为

$$\sum_{t=1}^{n}(B-C)_t(1+\text{EIRR})^{-t} = 0 \tag{8-8}$$

式中,B 为经济效益流量;C 为经济费用流量;$(B-C)_t$ 为第 t 年的经济净效益

流量；n 为计算期；i_s 为社会折现率。

经济内部收益率也可通过经济现金流量表采用线性插值法计算：

$$\text{EIRR} = i_1 + \frac{\text{ENPV}(i_1)}{\text{ENPV}(i_1) + |\text{ENPV}(i_2)|}(i_2 - i_1) > i_s \qquad (8\text{-}9)$$

具体计算参照内部收益率的求解步骤。

经济内部收益率是从资源配置的角度反映项目经济效益的相对量指标，表示项目占用资金所能获得的动态收益率，反映资源配置的经济效率。一般情况下，经济内部收益率大于或等于社会折现率的项目，这表明项目对社会经济的净贡献能力超过或达到了社会折现率要求的水平，可认为该项目资源配置的经济效率可以被接受。

8.5.2 经济评价报表

经济费用效益分析的报表主要包括项目投资经济费用效益流量表和国内投资经济费用效益流量表。

1. 项目投资经济费用效益流量表

项目投资经济费用效益流量表（表 8-1）用以综合反映项目计算期内各年按项目投资口径计算的各项经济效益与费用流量及净效益流量，并可用来计算项目投资经济净现值和经济内部收益率指标。

表 8-1 项目投资经济费用效益流量表　　　　（单位：万元）

序号	项目	合计	计算期					
			1	2	3	4	…	n
1	效益流量							
1.1	项目直接效益							
1.2	资产余值回收							
1.3	项目间接效益							
2	费用流量							
2.1	建设投资							
2.2	维持运营投资							
2.3	流动资金							
2.4	经营费用							
2.5	项目间接费用							
3	净效益流量（1−2）							

计算指标：
项目投资经济内部收益率（%）
项目投资经济净现值（$i_e = 8\%$）

2. 国内投资经济费用效益流量表

国内投资经济费用效益流量表（表 8-2）用以综合反映项目计算期内各年按国内投资口径计算的各项经济效益与费用流量及净效益流量。在表 8-2 中，效益流量与表 8-1 相同，不同之处在于费用流量。由于要计算国内投资的经济效益，项目从国外的借款不在建设期列出，但需要在还款期费用流量中列出用以偿还国外借款本息的支出。

对于有国外资金的项目，应该编制该表，并计算国内投资经济净现值和经济内部收益率指标。

表 8-2　国内投资经济效益费用流量表　　　（单位：万元）

序号	项目	合计	计算期					
			1	2	3	4	...	n
1	效益流量							
1.1	营业收入							
1.2	回收固定资产余值							
1.3	回收流动资金							
1.4	项目间接效益							
2	费用流量							
2.1	建设投资中国内资金							
2.2	流动资金中国内资金							
2.3	经营费用							
2.4	流到国外的资金							
2.4.1	国外借款本金偿还							
2.4.2	国外借款利息支付							
2.4.3	外方利润							
2.4.4	其他							
2.5	项目间接费用							
3	国内投资效益流量（1－2）							

计算指标：
　　项目投资经济内部收益率（%）
　　项目投资经济净现值（$i_e=8\%$）

项目经济评价应对所有效益和费用采用反映资源真实价值的实际价格进行计算，不考虑通货膨胀因素的影响，但可考虑相对价格变动。

3. 报表编制方式

经济费用效益分析报表可以按照前述效益和费用识别计算方法直接编制，也可以在财务现金流量表的基础上进行调整编制。

1）直接计算编制

（1）确定经济效益、费用的计算范围，包括直接效益与直接费用和间接效益与间接费用；

（2）测算各投入物的影子价格和产出物的影子价格，并在此基础上对各项经济效益和费用进行估算；

（3）编制项目投资经济效益费用流量表。

2）在财务报表基础上编制经济评价报表

（1）调整内容。

在财务报表和分析的基础上编制经济评价报表，主要包括效益和费用范围的调整和数值的调整。

第一，效益和费用范围的调整。

识别财务现金流量中属于转移支付的内容，并逐项从财务效益和财务费用流量中剔除。作为财务现金流入的国家对项目的各项补贴，应看作转移支付，不计为经济效益流量；作为财务现金流出的项目向国家支付的大部分税金，也应看作转移支付，不计为经济费用流量；国内借款利息以及流动资金中的部分构成，在经济评价中都应作为转移支付，不再作为项目的费用流量。

经济评价效益与费用的估算，遵循实际价值原则，不考虑通货膨胀因素，因此，建设投资中包含的涨价预备费通常要从财务费用流量中剔除。

财务评价中的流动资产和流动负债包括现金、应收账款和应付账款等，但这些并不实际消耗资源，因此，经济评价中调整估算流动资金时应将其剔除。

识别项目的外部效果，分别纳入效益和费用流量。根据项目具体情况估算项目的间接效益和间接费用，纳入经济效益费用流量表。

第二，效益和费用数值的调整。

鉴别投入物和产出物的财务价格是否能正确反映其经济价值。如果项目的全部或部分投入和产出没有正常的市场交易价格，那么应当采用适当的方法测算其影子价格，并重新计算相应的费用或效益流量。

投入物和产出物中涉及外汇的，需要用影子汇率代替财务评价中采用的国家外汇牌价。

对项目的外部效果尽可能用货币量化计算。

（2）调整方法。

第一，调整直接效益流量。

项目的直接效益大多为营业收入。产出物需要采用影子价格的，用影子价格计算营业收入，应分析具体情况，选择适当的方法确定产出物影子价格。出口产品用影子汇率计算外汇价值，然后重新计算营业收入，编制营业收入调整估算表。

某些项目的直接效益估算比较复杂，而且在财务效益中可能未得到反映，可视具体情况采用不同方式估算。

交通运输项目的直接效益体现为时间节约的效果，可按时间节约价值的方法估算。交通运输项目还可能有运输成本节约的效益、运输质量提高的效益（包括顾客舒适度提高、交通事故减少、安全性提高）等，需结合项目的具体情况计算。教育项目、医疗卫生和卫生保健项目等的产出效果表现为对人力资本、生命延续或疾病预防等方面的影响，水利枢纽项目的直接效益体现为防洪效益、减淤效益和发电效益等，这些都可按照行业规定和项目具体情况分别估算。

第二，调整建设投资。

将建设投资中涨价预备费从费用流量中剔除，建设投资中的劳动力按影子工资计算费用，土地费用按土地的影子价格调整，其他投入可根据情况决定是否调整，有进口用汇的按影子汇率换算并剔除作为转移支付的进口关税和进口环节增值税。

第三，调整建设期利息。

国内借款的建设期利息不作为费用流量，来自国外的外汇贷款利息需按影子汇率换算，用于计算国外资金流量。

第四，调整经营费用。

经营费用可采取以下方式调整计算：对需要采用影子价格的投入物，用影子价格重新计算；对一般投资项目，人工工资可不予调整，即取影子工资换算系数为1；人工工资用外币计算的，应按影子汇率进行调整；对经营费用中的除原材料和燃料动力费用之外的其余费用，通常可不予直接调整，但有时由于取费基数的变化也会引起其经济数值与财务数值略有不同。

第五，调整流动资金。

如果财务评价中的流动资金是采用扩大指标法估算的，经济评价中可仍按扩大指标法估算，但需要将计算基数调整为以影子价格计算的营业收入或经营费用，再乘以相应的系数估算。如果财务评价中流动资金是按分项详细估算法估算的，在剔除了现金、应收账款和应付账款后，剩余的存货部分要用影子价格重新分项估算。

成本费用的其他科目一般不予调整。在以上基础上，编制经济费用效益流量表。其调整经济效益费用具体如表8-3和表8-4所示。

表 8-3 经济费用效益分析投资费用估算调整表　　（单位：万元）

序号	项目	财务分析			经济费用效益分析			经济费用效益分析比财务分析增减
		外币	人民币	合计	外币	人民币	合计	
1	建设投资							
1.1	建筑工程费							
1.2	设备购置费							
1.3	安装工程费							
1.4	其他费用							
1.4.1	其中：土地费用							
	专利及专有技术							
1.5	基本预备费							
1.6	涨价预备费							
1.7	建设期利息							
2	流动资金							
	合计							

注：若投资费用是通过直接估算得到的，本表应略去财务分析的相关栏目。

表 8-4 经济费用效益分析经营费用估算调整表　　（单位：万元）

序号	项目	单位	投入量	财务分析		经济费用效益分析	
				单价（元）	成本	单价（元）	费用
1	外购原材料						
1.1	原材料 A						
1.2	原材料 B						
1.3	原材料 C						
1.4	……						
2	外购燃料动力						
2.1	煤						
2.2	水						
2.3	电						
2.4	重油						
2.5	……						
3	工资及福利						
4	修理费						
5	其他费用						
	合计						

8.5.3 经济评价的费用效果分析

1. 费用效果分析概述

费用效果分析是通过对项目预期效果和所支付费用的比较,判断项目费用的有效性和项目经济合理性的分析方法。

效果是指项目引起的效应或效能,表示项目目标的实现程度,往往不能或难以货币量化。费用是指社会经济为项目所付出的代价,是可以货币量化计算的。

费用效果分析是项目决策分析与评价的基本方法之一,当项目效果不能或难以货币量化时,或货币量化的效果不是项目目标的主体时,在经济评价中可采用费用效果分析方法,其结论作为项目投资决策的依据,如医疗卫生保健、政府资助的普及教育、气象、地震预报、交通信号设施、军事设施等项目。

作为一种方法,费用效果分析既可以应用于财务评价,采用财务费用流量计算,也可以应用于经济评价,采用经济费用流量计算。对于前者,主要用于项目各个环节的方案比选、项目总体方案的初步筛选;对于后者,除了可以用于上述方案比选、筛选外,对于项目主体效益难以货币量化的,则用费用效果分析取代经济费用效益分析,并作为经济评价的最终结论。

2. 费用效果分析的要求与应用条件

费用效果分析是将效果与费用采取不同的度量方法、度量单位和指标,在以货币度量费用的同时,采用某种非货币指标度量效果。

费用效果分析遵循多方案比选原则,通过对各种方案的费用和效果进行比较,选择最好或者较好的方案。在费用估算时,应注意:

(1) 费用应包括整个计算期内发生的全部费用。

(2) 费用可采用现值或年值表示,备选方案计算期不一致时应采用年值。

效果可以采用有助于说明项目效能的任何计量单位。选择的计量单位应能切实度量项目目标实现的程度,且便于计算。例如,供水工程可以选择供水量(吨)、教育项目选择受教育人数等。若项目的目标不止一个,或项目的效果难以直接度量,需要建立次级分解目标加以度量时,需要用科学的方法确定权重,如借助层次分析法对项目的效果进行加权计算,处理成统一的综合指标。

进行费用效果分析,项目的备选方案应具备以下条件:

(1) 备选方案是互斥方案或可转化为互斥方案,且不少于2个。

(2) 备选方案目标相同,且均能满足最低效果标准的要求,否则不可进行比较。

(3) 备选方案的费用可以货币量化,且资金用量不突破预算限额。

(4) 备选方案的效果应采用同一非货币单位计量。如果有多个效果,可以通过加权的方法处理成单一的综合指标。

(5) 备选方案应具有可比的寿命周期。

3. 费用效果分析的基本程序

(1) 确立项目目标,并将其转化为可量化的效果指标。
(2) 拟定各种可以完成任务(达到效果)的方案。
(3) 识别和计算各方案的费用与效果。
(4) 计算指标,综合比较,分析各方案的优缺点。
(5) 推荐最佳方案或提出优先采用的次序。

4. 费用效果分析基本指标

(1) 费用效果分析基本指标是效果费用比($R_{E/C}$),即单位费用所达到的效果

$$R_{E/C} = \frac{E}{C} \tag{8-10}$$

式中,$R_{E/C}$ 为效果费用比;E 为项目效果;C 为项目费用。

(2) 习惯上也可以采用费用效果比($R_{C/E}$)指标,即单位效果所花费的费用

$$R_{C/E} = \frac{C}{E} \tag{8-11}$$

5. 费用效果分析的基本方法

1) 最小费用法

当项目目标是明确固定的,即效果相同的条件下,选择能够达到效果的各种可能方案中费用最小的方案,这种方法称为最小费用法,也称固定效果法。例如,优化一个满足特定标准的教育设施项目,如一所学校,其设施要达到的标准和可以容纳的学生人数若事先确定下来,可以采用最小费用法。

2) 最大效果法

将费用固定,追求效果最大化的方法称为最大效果法,也称固定费用法。例如,用于某一贫困地区扶贫的资金通常是事先固定的,扶贫效用最大化是通常要追求的目标,也就是采用最大效果法。

3) 增量分析法

当备选方案效果和费用均不固定,且分别具有较大幅度的差别时,应比较两个备选方案之间的费用差额和效果差额,分析获得增量效果所花费的增量费用是否值得,不可盲目选择费用效果比大的方案或者费用效果比小的方案。

采用增量分析法时,须事先确定基准指标,如 $[E/C]_0$ 或 $[C/E]_0$(也称截止指标)。如果增量效果超过增量费用,即 $\Delta E/\Delta C \geqslant [E/C]_0$ 或 $\Delta C/\Delta E \leqslant [C/E]_0$ 时,可以选择费用高的方案,否则选择费用低的方案。

如果项目有两个以上的备选方案进行增量分析,应按下列步骤选优:

(1) 将方案费用由小到大排队;
(2) 从费用最小的两个方案开始比较,通过增量分析选择优胜方案;

(3) 将优胜方案与紧邻的下一个方案进行增量分析，并选出新的优胜方案；
(4) 重复第三步，直至最后一个方案，最终被选定的优势方案为最优方案。

▶ 练习题

1. 什么是经济评价？经济评价的作用有哪些？
2. 试述经济评价的适用范围。
3. 试述财务评价与经济评价的区别和联系。
4. 什么是影子价格？影子价格的作用有哪些？
5. 试述劳动力和土地影子价格确定的方法。
6. 什么是社会折现率？社会折现率的作用有哪些？
7. 试述经济评价的直接效益和直接费用。
8. 什么是经济分析中的转移支付？试举例说明。
9. 经济费用效益分析的指标有哪些？
10. 什么是经济评价的费用效果分析？其基本指标有哪些？
11. 某企业目前年营业收入 3200 万元，年经营成本为 2400 万元，财务效益较好。现计划从国外引进一套设备进行改扩建。该设备的离岸价格为 163 万美元，海上运输及保险费为 17 万美元，运到中国口岸后需要缴纳如下费用：①关税 41.5 万元；②国内运输费用 12.7 万元；③外贸手续费（费率为 3.5%）；④增值税及其他附加税费 87.5 万元。通过扩大生产规模，该企业年销售收入可增加到 4500 万元，年经营成本提高到 3200 万元。设备投资假定发生在期初，当年即投产运营。

该企业生产的产品为市场竞争类产品，经济评价产出物的影子价格与市场销售价格一致。在经营成本的计算中，包含国家环保部门规定的每年收取的排污费 200 万元。该企业污染严重，经济及环境保护专家通过分析认为，该企业排放的污染物对经济的实际损害应为营业收入的 10% 才合理。经营成本其余部分及国内运输费用和贸易费用的经济评价计算结果与财务评价相同。

市场研究表明，该产品还可以在市场上销售 5 年，5 年后停止生产。第 5 年末进口设备残值为 50 万元，并可以此价格在国内市场售出。如果决定现在实施此项目，原有生产线一部分设备可以 100 万元的资产净值在市场售出。设备的经济评价影子价格与市场出售价格相同。财务基准收益率为 10%，社会折现率为 8%，美元兑人民币官方汇率为 1 : 6.83，影子汇率换算系数为 1.08。

试分析：
(1) 用财务净现值法，从财务评价的角度分析此项目是否可行。
(2) 用经济净现值法，从经济评价的角度分析此项目是否可行。

第 9 章

不确定分析及风险决策

9.1 不确定分析与风险分析概述

9.1.1 不确定与风险的概念

1. 风险的概念与特征

基于不同的理解，目前存在着多种对风险的定义。按照传统的理解，风险总是与灾害或者损失联系在一起的，风险的本质是有害的或是不利的。英国风险管理学会将风险定义为"不利结果出现或不幸事件发生的机会"。此外，一些学者对风险的定义仍有多种：

风险是意外结果出现的概率。

风险是事件出现差错并影响工作（任务）完成的可能性。

风险是特定的威胁发生的概率或频率及后果的严重性。

风险是影响工作（任务）成功完成的高概率事件。

风险是因采取特定的经济活动涉及的可变性导致经济、财物损失、身体伤害或伤亡等的可能性。

这些定义往往侧重于风险的有害或损失的一面，属于狭义的风险。随着人们对风险理解的深入，越来越多地接受风险是中性的概念，即风险也有可能是有利的和可以利用的，这属于广义的风险。英国项目管理学会（APM）将风险定义为"对项目目标产生影响的一个或若干不确定事件"。英国土木工程师学会

(ICE) 更明确地将风险定义为"风险是一种将影响目标实现的不利威胁或有利机会"。国际标准化组织（ISO）则将风险定义为"某一事件发生的概率和其后果的组合"。概括起来，广义的风险可以定义为：风险是未来变化偏离预期的可能性以及对目标产生影响的大小。

根据上述风险定义，它具有如下特征：①风险是中性的，既可能产生不利影响，也可能产生有利影响。②风险的大小与变动发生的可能性有关，也与变动发生后对项目影响的大小有关。变动出现的可能性越大，变化出现后对目标的影响越大，风险就越高。

2. 不确定性与风险

不确定性是与确定性相对的概念。确定性是指在决策涉及的未来期间内一定要发生或者一定不发生的，其关键特征是只有一种结果。

不确定性是指某一事件、活动在未来可能发生，也可能不发生，其发生状况、时间及其结果的可能性或概率是未知的。同确定性相比，存在多种可能结果。

1921年，美国经济学家弗兰克·奈特（Frank Knight）对风险进行了开拓性的研究。他首先将风险与不确定性分开，认为风险是介于确定性和不确定性之间的一种状态，其出现的可能性是可知的，而不确定性的概率是未知的，由此出现了基于概率的风险分析，以及基于未知概率的不确定性分析。

不确定性与风险的区别体现在以下四个方面。

1）概率可获得性

这是两者最根本的区别。不确定性，发生的概率未知；而风险，发生的概率是可知的，或是可以测定的，可以用概率分布来描述。

2）是否可以量化

风险是可以量化的，即其发生的概率是已知的或通过努力可以知道的；而不确定性则是不可以量化的。风险分析可以采用概率分析方法，分析各种情况发生的概率及其影响；不确定性分析只能进行假设分析，假定某种因素发生后，分析不确定因素对项目的影响。

3）是否可以保险

风险是可以保险的，而不确定性是不可以保险的。由于风险概率是可以知道的，理论上，保险公司就可以计算确定保险收益，从而提供有关保险产品。

4）影响大小

不确定性代表不可知事件，因而有更大的影响。而如果同样事件可以量化风险，则其影响可以防范并得到有效的降低。

在投资项目分析评估中，虽然对项目要进行全面的风险分析，但重点是在对风险的不利影响和防范对策的研究上。

3. 不确定性与风险的性质

1）客观性

不确定性与风险是客观存在的，无论是地震、洪水等自然灾害，还是社会中的矛盾、冲突等社会现象，不可能完全根除，只能采取措施降低其不利影响。随着社会发展和科技进步，人们对自然界和社会的认识逐步加深，对风险的认识也逐步提高，有关风险防范的技术也不断完善，但这并不意味着风险的消失，仍然存在大量的风险。

2）可变性

可能造成损失，也可能带来收益是不确定性与风险的基本特征；风险是否发生，风险事件的后果如何都是难以确定的，但是可以通过历史数据和经验，对风险发生的可能性和后果进行一定的分析预测。

3）阶段性

投资项目的不同阶段存在的主要风险有所不同，投资决策阶段的风险主要包括政策风险和融资风险等，项目实施阶段的主要风险可能是工程风险和建设风险等，而在项目运营阶段的主要风险可能是市场风险和管理风险等。因此，不同阶段的风险对策也是不一样的。

4）多样性

行业和项目不同，其具有的风险也不同，必须结合行业特征和不同的项目情况来识别风险。例如，高新技术行业投资项目的风险主要是技术风险和市场风险，而基础设施行业投资项目的主要风险可能是工程风险和政策风险。

5）相对性

对于项目的有关各方（不同的风险主体），可能会有不同的风险；对于同一风险因素，对不同主体的影响也可能是不同的，甚至是截然相反的。例如，工程风险对于业务而言可能产生不利后果，但对于保险公司而言，正是由于工程风险的存在，使得保险公司有了通过工程保险而获利的机会。

6）层次性

风险的表现具有层次性，需要层层剖析，只有深入到最基本的风险单元，才能明确风险的根本来源。如市场风险，可能表现为市场需求量的变化、价格的波动及竞争对手的策略调整等，而价格的变化又可能包括产品（或服务）的价格、原材料的价格和其他投入物价格的变化等。因此，必须挖掘到最关键的风险因素，才能制定有效的风险应对措施。

4. 风险的分类

基于不同的分类标准，风险可以有多种划分，如表9-1所示。

表 9-1　风险分类表

分类方法	风险类型	特点
按照风险的性质分	纯风险	只会造成损失，不能带来利益
	投机风险	可能带来损失，也可能带来利益
按照风险来源分	自然风险	由于自然灾害、事故，造成人员、财产的伤害或损失
	非自然风险（或人为风险）	由于人为因素而造成的人员、财产伤害或损失，包括政策风险、经济风险、社会风险等
按照风险事件主体的承受能力分	可承受风险	风险的影响在风险事件主体的承受范围内
	不可承受风险	风险的影响超出了风险事件主体的承受范围
按照技术因素分	技术风险	由于技术原因而造成的风险，如技术进步使得原有的产品寿命周期缩短、选择的技术不成熟而影响生产等
	非技术风险	非技术原因带来的风险，如社会风险、经济风险、管理风险等
按照独立性分	独立风险	风险独立发生
	非独立风险	风险依附于其他风险而发生
按照风险的可管理性分	可管理风险（可保风险）	可以通过购买保险等方式来控制风险的影响
	不可管理风险（不可保风险）	不能通过保险等方式来控制风险的影响
按照风险的边界划分	内部风险	风险发生在风险事件主体的组织内部，如生产风险、管理风险等
	外部风险	风险发生在风险事件主体的组织外部，只能被动接受，如政策风险、自然风险等

对于投资项目而言，可能有各种各样的风险，从不同的角度出发可以进行不同的分类，并且有些分类还会有交叉。按系统分，有个体风险和系统风险；按阶段分，有前期阶段的风险、实施阶段的风险和经营阶段的风险；按性质分，有政治风险、经济风险、财务风险、信用风险、技术风险和社会风险等；按内在因素和外来影响分，有内在风险和外来风险；按控制能力分，有可控风险和不可控风险。

9.1.2　不确定分析与风险分析

不确定分析是对影响投资项目的不确定因素进行分析，测算它们的增减变化对项目效益的影响，找出最主要的敏感因素及其临界点的过程。风险分析则是识别风险因素、估计风险概率、评估风险影响并制定风险对策的过程。

1. 不确定分析与风险分析的作用

投资项目实际执行过程中，某些因素的变动会导致项目经济效益指标偏离原来的预测值，并发生较大的变化。这些因素是否会变化，出现的可能性有多大，都是不确定的。为了估计不确定因素的变化对投资项目经济效益影响的程度，运用一定的方法对影响项目效益的不确定性因素进行计算分析，称为不确定分析。

投资项目不但耗费大量资金、物质和人力等宝贵资源，且具有一次性和固定性的特点，一旦建成，难以更改。相对于一般经济活动而言，投资项目的不确定性和风险尤为值得关注。只要能在决策前正确地认识到相关的风险，并在实施过程中加以控制，大部分不确定性和风险的影响都可以降低和防范。不确定分析和风险分析的作用如下：

（1）明确不确定因素对投资效益指标的影响范围，从而了解项目投资效益变动的大小。不确定因素多种多样，对投资效益指标的影响也不一样。通过不确定性分析，可以确定各种因素及其作用力度的大小对投资效益指标影响的范围，从而了解项目总体效益变动的大小。

（2）确定项目评估结论的有效范围。在明确不确定因素的变动及其作用力度的大小对投资效益指标的影响及项目总体效益变动的大小以后，就可以确定按典型情况测定的项目评估结论的有效范围，以便项目决策者和执行人员充分地了解不确定因素变动的作用界限，尽量避免不利因素的出现。

（3）提高项目评估结论的可靠性。经过不确定性分析，依据不确定性因素变动对项目投资效益影响的大小及变动范围，可以进一步调整项目的评估结论，以提高评估结论的可靠性。

（4）寻找当项目效益指标达到临界点时，变量因素允许变化的极限值。由于不确定因素的影响，导致项目经济效益指标在某一范围内变动，当这些效益指标的变动达到使项目发生从可行到不可行的质变时，称此效益指标达到了临界点，与这一临界点相应的不确定因素的变化值就是这一变量因素允许变化的极限值。寻找这一极限，有利于投资者在项目执行和经营过程中尽量把握住这些因素的变动幅度，避免项目经济效益的下降。

因此，投资决策充分考虑不确定分析和风险分析的结果，有助于在可行性研究过程中，通过信息反馈，改进或优化项目方案，起到降低项目风险的作用，避免因在决策中忽视风险的存在而蒙受损失。同时，充分利用风险分析的结果，建立风险管理系统，有助于为项目全过程的风险管理打下基础，防范和规避项目实施和经营中的风险。

风险分析应该贯穿项目的全过程，即在项目可行性研究的主要环节，包括市场、技术、环境、财务、社会分析中进行相应的风险分析，并进行全面的综合分析和评价。因此可见，风险分析超出了市场分析、技术分析、财务分析和经济评价的范畴，是一种系统分析，应由项目负责人牵头，项目组成员参加。

2. 不确定分析与风险分析的区别与联系

两者的目的是共同的，都是识别、分析和评估影响项目的主要因素，防范不利影响，提高项目的成功率。不确定分析同风险分析之间有一定的联系。由不确定分析可以得知影响项目效益的敏感因素和敏感程度，但不知这种影响发生的可能性，如需得知可能性，就必须借助于风险分析。而不确定分析所找出的敏感因素又可以作为风险分析中的风险因素。

两者的主要区别在于分析方法的不同。不确定分析是对投资项目受不确定因素的影响进行分析，并粗略地了解项目的抗风险能力，主要方法是盈亏平衡分析和敏感性分析；风险分析则要对投资项目的风险因素和风险程度进行识别和判断，主要方法有概率树分析、蒙特卡洛模拟等。

9.2 盈亏平衡分析

9.2.1 盈亏平衡分析概念和作用

1. 盈亏平衡分析的定义

项目盈亏平衡分析是指根据项目正常生产年份的产量、成本、产品售价和税金等数据，计算分析产量、成本和盈利三者之间的平衡关系，确定成本费用和收入平衡关系的一种方法。随着相关因素的变化，企业的盈利与亏损会有个转折点，该点称为盈亏平衡点。在这一点上，销售收入（扣除销售税金及附加）等于总成本费用，刚好盈亏平衡。

盈亏平衡分析按分析方法分为图形法和代数法；按是否考虑资金的时间价值，可分为静态盈亏平衡分析和动态盈亏平衡分析；按分析要素之间的关系，可分为线性盈亏平衡和非线性盈亏平衡分析。投资项目决策分析与评价中，一般只需要进行线性盈亏平衡分析。

盈亏平衡点的表达方式有多种，可以用产量、产品售价、单位可变成本和年总固定成本等绝对量表示，也可以用某些相对值表示。在投资项目评价中，最常用的是以产量和生产能力利用率表示的盈亏平衡点。

2. 盈亏平衡分析的作用

通过盈亏平衡分析可以找出盈亏平衡点，考察项目对产出品变化的适应能力和抗风险能力，以此了解不确定性因素允许变化的最大范围，寻求盈利的可能性。用产量和生产能力利用率表示的盈亏平衡点越低，表明企业适应市场需求变化的能力越大，抗风险能力越强；用产品售价表示的盈亏平衡点越低，表明企业适应市场价格下降的能力越大，抗风险能力越强。

盈亏平衡分析只适宜在财务评价中应用。

3. 盈亏平衡分析的条件

进行盈亏平衡分析需要符合以下四个条件：

(1) 产量等于销售量，即当年生产的产品（扣除自用量）当年全部销售出去。

(2) 产量变化，单位可变成本不变，从而总成本费用是产量的线性函数。

(3) 产量变化，产品售价不变，从而营业收入是销售量的线性函数。

(4) 只生产单一产品，或者生产多种产品，但可以换算为单一产品计算，即不同产品负荷率的变化是一致的。

9.2.2 盈亏平衡分析的计算和应用

盈亏平衡分析一般采用公式法，也可以采用图解法。

1. 公式法

$$\mathrm{BEP}(生产能力利用率) = \frac{年总固定成本}{年营业收入 - 年可变成本 - 年营业税金及附加} \times 100\%$$

(9-1)

$$\mathrm{BEP}(产量) = \frac{年总固定成本}{单位产品价格 - 单位产品可变成本 - 单位产品营业税金及附加}$$

(9-2)

$$\mathrm{BEP}(产品售价) = \frac{年总固定成本}{设计生产能力} + 单位产品可变成本 + 单位产品营业税金及附加$$

(9-3)

其中，年营业税金及附加如采用含税价格计算，应再减去年增值税；单位产品营业税金及附加如采用含税价格计算，应减去单位产品增值税。

2. 图解法

线性盈亏平衡分析同样可以用图解法进行，如图9-1所示。图中营业收入线与总成本费用线的交叉点即为盈亏平衡点。这一点对应的产量为盈亏平衡点产量，也可换算为以生产能力利用率表示的盈亏平衡点。

3. 盈亏平衡分析需要注意的问题

盈亏平衡点应按项目达产年份的数据计算，不能按计算期内的平均值计算。由于盈亏平衡点表示的是相对于设计生产能力达产多少产量或负荷率为多少才能达到盈亏平衡，或为保持盈亏平衡最低价格为多少，故必须按项目达产年份的营业收入和成本费用计算，否则就失去了盈亏平衡的意义。

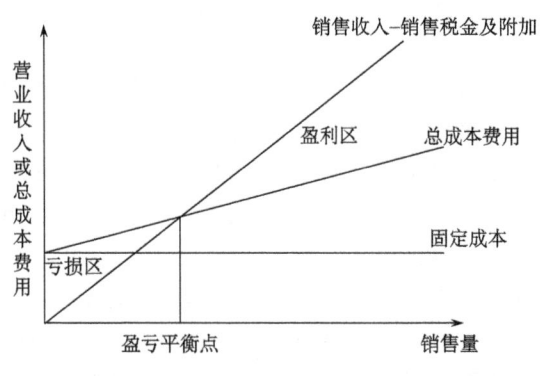

图 9-1 盈亏平衡分析图

当计算期内各年数值不同时,最好按还款期间和还完借款后的年份分别计算。即便在达产后的年份,因为固定成本中的利息各年不同,折旧费和摊销费也不是每年都相同,所以成本费用数值可能因年而异,具体按哪一年的数值计算盈亏平衡点,可根据项目情况进行选择。一般而言,最好选择还款期间的第一个达产年和还完借款后的年份分别计算,以便分别给出最高的盈亏平衡点和最低的盈亏平衡点。

例 9-1 假设某项目设计年生产能力为 100 吨,固定成本为 105 万元,可变成本为 96 万元,达产后第一年的营业收入为 320 万元,营业税金及附加为 4 万元,营业收入与成本费用均采用不含税价格表示。计算该项目的盈亏平衡点。

解: BEP(生产能力利用率) = [300/(320−250−4)] ×100% = 47.73%
　　　BEP(产量) = 100 × 47.73% = 47.73(吨)

或　　BEP(产量) = [300/(320/100 − 250/100 − 4/100)] = 47.73(吨)
　　　BEP(产品售价) = (105/100) + (96/100) + (4/100) = 20.5(元/吨)

计算结果表明,在生产负荷达到设计生产能力的 47.73% 时,即可实现盈亏平衡,说明项目对市场的适应能力较强。从产品售价表示的盈亏平衡点看,允许产品售价最低降至 20.5 元/吨。

9.3 敏感性分析

9.3.1 敏感性分析的概念和内容

敏感性分析是在确定性分析的基础上,进一步分析、处理、预测项目主要不确定性因素的变化对项目效益指标的影响,找出敏感性因素,确定评价指标对该因素的敏感程度和项目对其变化的承受能力。敏感性分析也称灵敏度分析。

敏感性分析通常是改变一个或多个不确定因素的数值，计算其对项目效益指标的影响，计算敏感度系数和临界点，估计项目效益指标对它们的敏感度，进而确定最关键的敏感因素。可以将敏感性分析的价格汇总在敏感性分析表中，或者绘制敏感性分析图，显示各种因素的敏感程度并求得临界点，最后对敏感性分析的结果进行分析并提出不确定因素影响的措施。

敏感性分析包括单因素敏感性分析和多因素敏感性分析。单因素敏感性分析是指每次只改变一个因素的数值来进行分析，估算单个因素的变化对项目效益产生的影响；多因素分析则是同时改变两个或多个因素进行分析，估算多个因素同时变化对项目效益产生的影响。为了找出关键性因素，往往需要进行多因素敏感性分析。

敏感性分析对项目的财务评价和经济评价都适用。

9.3.2 敏感性分析的方法与步骤

1. 选择不确定因素

进行敏感性分析首先需要选择不确定因素，并确定其偏离基本情况的程度。不确定因素是指那些在项目决策过程中涉及的对项目效益有一定影响的基本因素。敏感性分析不可能也不需要对项目的全部影响因素进行分析，主要对项目效益影响较大的不确定因素进行分析。

不确定因素的选择通常需要根据行业和项目的特点，参考类似项目的经验特别是项目后评价的经验进行选择。对于投资建设项目，主要包括建设投资、产出物价格、主要投入物价格、运营负荷、汇率等。

2. 确定不确定因素变化的程度

一般选择不确定因素变化的百分率作为变化程度，习惯上常选取±10%。为了作图的需要，可分别选取±5%、±10%、±15%和±20%等。对于不方便用百分数表示的因素，如建设期，可采用延长一段时间表示。

需要注意的是，百分数的取值并不重要，因为敏感性分析的目的并不在于考察项目效益在某个具体百分数变化下发生变化的具体数值，而只是借助于它进一步计算敏感性分析指标。

3. 选取分析指标

敏感性分析选取的分析指标最基本的是内部收益率或净现值，根据项目的实际情况也可选择投资回收期等其他指标，必要时可同时针对两个或两个以上的指标进行敏感性分析。

通常财务敏感性分析中选择的指标是项目投资内部收益率，经济评价选择的指标是经济净现值或经济内部收益率。

4. 计算敏感性指标

1) 敏感度系数

敏感度系数是项目效益指标变化的百分率与不确定因素变化的百分率之比。敏感度系数越高，表示项目效益对该不确定因素敏感程度越高，应重视该不确定因素对项目效益的影响。敏感度系数计算公式如下：

$$E = \frac{\Delta A}{\Delta F} \tag{9-4}$$

式中，E 为评价指标 A 对于不确定因素 F 的敏感度系数；ΔA 为不确定因素 F 发生 ΔF 变化时，评价指标 A 的变化率（%）；ΔF 为不确定因素 F 的变化率（%）。

$E>0$，表示评价指标与不确定因素同方向变化；$E<0$，表示评价指标与不确定因素反方向变化。$|E|$ 较大者敏感度系数高。

2) 临界点

临界点是不确定因素的极限变化，即不确定因素的变化使项目由可行变为不可行的临界数值，也可以说是该不确定因素使内部收益率等于基准收益率或净现值变为零时的变化率。当该不确定因素为费用科目时，为其增加的百分率；当该不确定因素为效益科目时，为其降低的百分率。临界点也可用该百分率对应的具体数值表示。当不确定因素的变化超过了临界点所表示的不确定因素的极限变化时，项目效益指标将会低于基准值，表明项目将由可行变为不可行。

临界点的高低与设定的基准收益率有关。对于同一个投资项目，随着设定的基准收益率的提高，临界点就会变低。在一定的基准收益率下，临界点越低，说明该因素对项目效益指标影响越大，项目对该因素就越敏感。

可以用敏感性分析图求得临界点的近似值，但项目效益指标的变化与不确定因素之间不完全是线性关系，有时误差较大，因此，最好采用试算法或函数求解。

5. 敏感性分析结果表述

1) 编制敏感性分析表

将敏感性分析的结果汇总于敏感性分析表，如表 9-2 所示，在敏感性分析表中应同时给出基本方案的指标数值和所考虑的不确定因素及其变化。在这些不确定因素变化的情况下计算项目效益指标的数值，编制各不确定因素的敏感度系数与临界点分析表，如表 9-3 所示。

表 9-2　敏感性分析表

变化因素＼变化率	−30%	−20%	−10%	0	10%	20%	30%
基准折现率 i_c							
建设投资							
销售价格							
原材料成本							
汇率							
……							

表 9-3　敏感度系数与临界点分析表

序号	不确定因素	变化率（%）	内部收益率	敏感度系数	临界点
	基本方案				
1	建设投资				
2	销售价格				
3	原材料成本				
4	汇率				
……	……				

2）绘制敏感性分析图

根据敏感性分析表中的数值可以绘制敏感性分析图，横轴为不确定因素的变化率，纵轴为项目效益指标。图中曲线可以明确表明项目效益指标变化受不确定因素变化的影响趋势，并由此求出临界点。

在图 9-2 所示的敏感性分析图中，横轴为不确定因素的变化率，纵轴为以内部收益率表示的项目效益指标。图中同横轴水平的两条线分别为基准收益率和基本方案内部收益率，其余四条为内部收益率随不确定因素（主要原材料价格、建设投资、销售价格、生产能力负荷）变化的曲线。以主要原材料价格曲线为例，当原材料价格提高时，内部收益率下降；反之，当原材料价格降低时，内部收益率上升。其曲线与基准收益率相交的交点就是主要原材料价格变化的临界点，由该点对应的不确定因素的变化率换算的不确定因素的变化数值就是临界值。

6. 对敏感性分析结果进行分析

应对敏感性分析表和敏感性分析图显示的结果进行文字说明，将不确定因素变化后计算的经济评价指标与基本方案评价指标进行对比分析，分析应注重以下

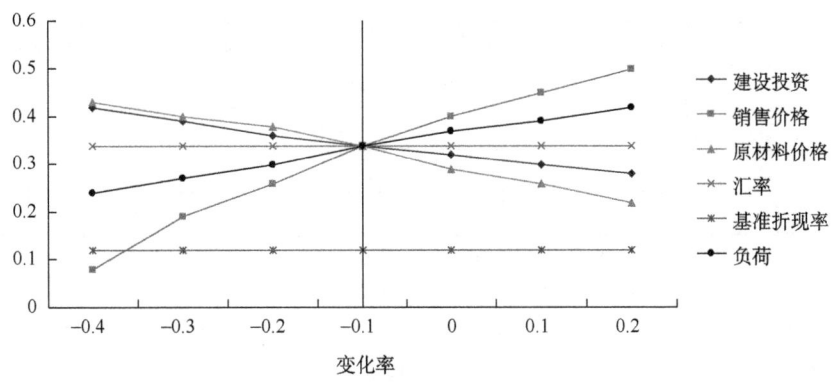

图 9-2 敏感性分析图

三个方面：

(1) 结合敏感度系数及临界点的计算结果，按不确定因素的敏感程度进行排序，找出哪些因素是较为敏感的不确定因素。

(2) 定性分析临界点所表示的不确定因素变化发生的可能性，以可行性研究报告的分析为基础，结合经验进行判断，说明所考察的不确定因素是否会发生临界点所表示的变化，并作出分析的粗略估计。

(3) 归纳敏感性分析的结论，指出一个或几个关键因素，粗略预测项目可能遇到的风险。

值得注意的是，敏感性分析虽然可以找出影响项目效益的敏感因素，并估计其对项目效益的影响程度，但不能得知这些影响发生的可能性有多大。

例 9-2 某项目的敏感性分析相关数据如表 9-4 所示。

表 9-4 敏感性分析相关数据表

序号	不确定因素	不确定因素变化率（%）	财务内部收益率	临界点
	基本方案		15.3%	
1	建设投资变化	10%	12.6%	12.3%
		−10%	18.4%	
2	销售价格变化	10%	19.6%	−7.1%
		−10%	10.6%	
3	原材料价格变化	10%	13.8%	22.4%
		−10%	16.7%	

续表

序号	不确定因素	不确定因素变化率（%）	财务内部收益率	临界点
4	汇率变化	10%	14.2%	32.2%
		−10%	16.4%	
5	负荷变化	10%	17.9%	−11.2%
		−10%	12.4%	

注：① 表中的基本方案是指项目财务分析中按所选定投入和产出的数值计算的指标。
② 求临界点的基准效益率为12%。
③ 表中临界点是采用函数计算的结果。临界点为正，表示允许该不确定因素升高的比率；临界点为负，表示允许该不确定因素降低的比率。
④ 表中敏感度系数为负，说明效益指标变化方向与不确定因素变化方向相反；敏感度系数为正，说明效益指标变化方向与不确定因素变化方向相同。
⑤ 表中仅列出不确定因素变化率为±10%的情况。

试分析该项目的敏感性。

解：1）计算敏感度系数

（1）建设投资增加10%时，敏感度系数

$$\Delta A = (0.126 - 0.153)/0.153 = -0.176$$

$$E_{建} = -0.176/0.1 = -1.76$$

式中，$E_{建}$ 为效益指标对建设投资的敏感度系数。

（2）销售价格增加10%时，敏感度系数

$$\Delta A = (0.196 - 0.153)/0.153 = 0.281$$

$$E_{销} = 0.281/0.1 = 2.81$$

式中，$E_{销}$ 为效益指标对销售价格的敏感度系数。

（3）其余因素敏感度系数计算依此类推。计算结果如表9-5所示。

表 9-5　敏感度系数表

序号	不确定因素	不确定因素变化率（%）	财务内部收益率	敏感度系数	临界点
	基本方案		15.3%		
1	建设投资变化	10%	12.6%	−1.76	12.3%
		−10%	18.4%	−2.04	
2	销售价格变化	10%	19.6%	2.81	−7.1%
		−10%	10.6%	3.05	

续表

序号	不确定因素	不确定因素变化率（%）	财务内部收益率	敏感度系数	临界点
3	原材料价格变化	10%	13.8%	−0.95	22.4%
		−10%	16.7%	−0.94	
4	汇率变化	10%	14.2%	−0.71	32.2%
		−10%	16.4%	−0.75	
5	负荷变化	10%	17.9%	1.72	−11.2%
		−10%	12.4%	1.92	

对于项目风险估计而言，仅回答有无风险和风险大小的问题是不够的，因为投资项目需要经历一个持续的过程，一旦实施就难以改变。为避免实施后遭受失败，决策者必须对项目可能面临的风险有足够的估计，对风险发生的可能性心中有数，以便及时采取必要的措施规避风险。这就需要对项目进行风险分析。

2) 敏感度分析

(1) 建设投资因素。敏感度系数为负，说明建设投资增加导致内部收益率降低。

(2) 销售价格因素。敏感度系数为正，说明销售价格降低导致内部收益率降低。

比较以上两个敏感度系数的绝对值，可以看出 $E_{销}$ 大于 $E_{建}$，说明销售价格比建设投资对项目效益指标的影响程度相对较大，即项目效益指标对销售价格敏感程度高于对建设投资的敏感程度。

(3) 在所有因素中，敏感性从大到小依次为产品销售价格、建设投资、负荷、原材料价格、汇率。

9.4 风险分析

9.4.1 风险分析基础

风险分析包括风险识别、风险估计、风险评价与对策研究四个基本阶段。风险分析所经历的四个阶段实质上是从定性分析到定量分析，再从定量分析到定性分析的过程。

项目评价中的风险分析应遵循以下的程序：首先，从识别风险特征入手去识别风险因素，根据需要和可能选择适当的方法估计风险发生的可能性及其影响；其次，按照一个标准评价风险程度，包括单个因素风险程度估计和对项目整体风险程度估计；最后，提出针对性的风险对策，将项目风险进行归纳，提出风险分析结论。

1. 风险函数

风险的大小受两个因素的影响：一是事件发生的概率或可能性；二是事件发生后对项目目标的影响。因此，风险可以用一个二元函数描述：

$$R(p, I) = p \cdot I \tag{9-5}$$

式中，p 为风险事件发生的概率；I 为风险事件对项目目标的影响。

一般情况下，风险的大小或高低与风险事件发生的概率成正比，同风险事件发生后对项目目标的影响程度成正比。

2. 风险影响

按照风险发生后对项目的影响大小，可以划分为五个影响等级，具体如下：

(1) 严重影响：一旦发生风险，将导致整个项目的目标失败，可用字母 S 表示。

(2) 较大影响：一旦发生风险，将导致整个项目的目标值严重下降，用字母 H 表示。

(3) 中等影响：一旦发生风险，对项目的目标造成中度影响，但仍然能够部分达到，用字母 M 表示。

(4) 较小影响：一旦发生风险，对于项目对应部分的目标受到影响，但不影响整体目标，用字母 L 表示。

(5) 可忽略影响：一旦发生风险，对于项目对应部分的目标影响可忽略，并且不影响整体目标，用字母 N 表示。

3. 风险概率

按照风险因素发生的可能性，可以将风险概率划分为五个档次：

(1) 很高：风险发生的概率在 81%～100%，意味着风险很有可能发生，用字母 S 表示。

(2) 较高：风险发生的概率在 61%～80%，意味着风险发生的可能性很大，用字母 H 表示。

(3) 中等：风险发生的概率在 41%～60%，意味着风险可能在项目中预期发生，用字母 M 表示。

(4) 较低：风险发生的概率在 21%～40%，意味着风险不可能发生，用字母 L 表示。

(5) 很低：风险发生的概率在 0%～20%，意味着风险非常不可能发生，用字母 N 表示。

4. 风险评价矩阵

风险的大小可以用风险评价矩阵来表示。风险评价矩阵也称为概率-影响矩阵（probability-impact matrix，PIM），它以风险因素发生的概率为横坐标，以风险因素发生后对项目的影响大小为纵坐标，如图 9-3 所示。发生概率大且对项目影响也大的风险因素位于矩阵的右上角，发生概率小且对项目影响也小的风险因素位于矩阵的左下角。

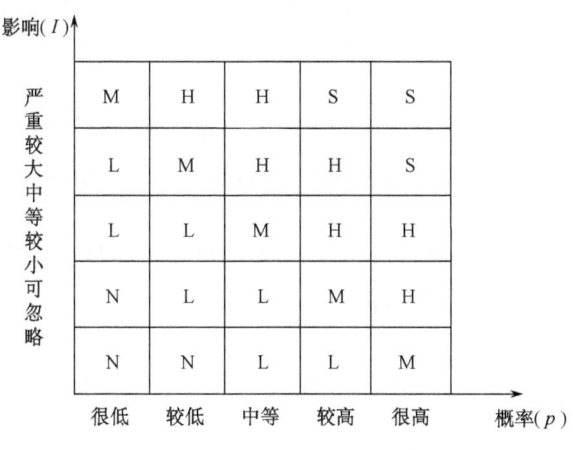

图 9-3 风险的概率-影响矩阵

5. 风险等级

根据风险因素对项目投资影响程度的大小，采用风险评价矩阵方法，可将风险程度分为微小风险、较小风险、一般风险、较大风险和重大风险五个等级。

（1）微小风险：风险发生的可能性很小，且发生后造成的损失较小，对项目的影响很小，对应图 9-2 中的 N 区域。

（2）较小风险：风险发生的可能性较小，或者发生后所造成的损失较小，不影响项目的可行性，对应图 9-2 中的 L 区域。

（3）一般风险：风险发生的可能性不大，或者发生后造成的损失不大，一般不影响项目的可行性，但应采取一定的防范措施，对应图 9-2 中的 M 区域。

（4）较大风险：风险发生的可能性较大，或者发生后造成的损失较大，但造成的损失是项目可以承受的，必须采取一定的防范措施，对应图 9-2 中的 H 区域。

（5）重大风险：风险发生的可能性大，或者发生后造成的损失大，将使项目由可行性转变为不可行性，需要采取积极有效的防范措施，对应图 9-2 中的 S 区域。

9.4.2 投资项目的风险来源

投资项目的风险主要来源于法规及政策变化、市场供需变化、资源开发与利用、技术的可靠性、工程方案、融资方案、组织管理、环境与社会、外部配套条件等一个方面或几个方面的共同影响。

1. 政策方面

政府的政策调整可能会使项目原定目标难以实现所造成的损失，如税收、金融、环保、产业政策等的调整变化，税率、汇率、利率、通货膨胀率的变化都会对项目的经济效益产生影响。

2. 市场方面

市场需求的变化、竞争对手的竞争策略调整、项目产品销路不畅、产品价格低迷等，导致产量和营业收入达不到预期目标，给项目预期收益带来的损失。

3. 资源方面

对于资源开发与利用的项目，矿产资源的储量、品位、可采储量、开拓工程量及采选方式等与原预测结果的偏离，会导致项目开发成本增加、产量降低或经济寿命缩短，造成巨大的经济损失。在水资源短缺地区的投资项目，可能受水资源勘察不明、气候不正常等因素的影响。对于农业灌溉项目，还可能有水资源分配问题等。

4. 技术方面

项目采用的技术，特别是引进技术的先进性、可靠性、适用性和经济性发生重大变化，导致项目不能按期进入正常生产状态，或生产能力利用率降低，达不到设计要求，或生产成本提高，产品质量达不到预期要求。

5. 工程方面

因工程地质和水文地质条件出乎预料的变化，或工程设计发生重大变化，导致工程量增加、投资增加、工期延长所造成的损失；因前期准备工作不足，导致项目实施阶段建设方案的变化；工程设计方案不合理，可能给项目的生产经营带来影响，造成经济损失。

6. 融资方面

项目资金来源的可靠性、充足性和及时性不能保证；因工程量预计不足或设备材料价格上升导致投资增加；因计划不周或外部条件等因素导致建设工期拖延；利率、汇率变化导致融资成本升高所造成的损失。

7. 组织管理方面

因项目组织结构不当、管理机制不完善或是主要管理者能力不足等，导致项目不能按计划建成投产，投资超出预算；或在项目投产后，未能制定有效的企业竞争战略，在市场竞争中失败。

8. 环境与社会方面

对于投资项目，外部环境因素包括自然环境、社会环境等因素，如项目选址不当，项目对社区、生态环境的影响估计不足，或是项目环保措施不当，在项目建成后，可能对社会或生态带来严重的负面影响，导致社区居民和社会的反对，造成直接经济损失。

9. 配套条件方面

建设项目需要的外部配套实施，如给水排水、供电供气、公路铁路、港口码头及上下游配套设施等，在可行性研究中虽然都做了考虑，但是实际中仍然可能存在外部配套设施没有如期落实的问题，导致建设项目不能发挥应有效益，从而带来风险。

10. 其他方面

对于某些项目，应考虑其特有的风险。例如，对于合资项目，要考虑合资对象的法人资格和资信问题；对于农业建设项目，要考虑气候、土壤、水利等条件变化对收入不利影响的风险因素等；许多无形成本和效益的度量是专家个人的主观判断，不能量化的外部或间接效果的定性判断完全是主观的。

风险分析的任务之一，就是通过对上述各方面的分析找出风险因素。上述各方面经常是相互关联的，有时候难以分清。为了寻找风险根源，有必要区分事件、后果和根源，如建设工期延误的原因和可能的后果等。

9.4.3 风险分析的内容

1. 风险识别

风险识别是风险分析的基础，是运用系统论的方法对项目进行全面考察综合分析，找出潜在的各种风险因素，并对各种风险进行比较、分类，确定各因素间的相关性与独立性，判断其发生的可能性及对项目的影响程度，按其重要性进行排列，或赋予权重。

风险识别一方面可以通过感性认识和历史经验来判断，特别是后评价的经验，另一方面也可以通过对各种客观的资料和风险事故的记录进行分析、归纳和整理，以及开展必要的专家访问，从而找出各种明显和潜在的风险及其损失规律。因为风险具有可变性，所以风险识别是一项持续性和系统性的工作，要求风险管理者密切注意原有风险的变化，并随时发现新的风险。同时，可运用"逆向思维"方法来审视项目，寻找可能导致项目"不可行"的因素，以充分揭示项目的风险来源。

投资项目各阶段所涉及的风险因素很多，并且不同阶段的风险重点不同，不同行业和项目也不尽相同。风险识别要根据行业和项目的特点，采用适当的方法。风险识别要采用分解原则，把综合性的风险问题分解为多层次的风险因素。常用的方法有风险分解法、流程图法、头脑风暴法和情景分析法等。具体操作中，大多通过专家调查的方式进行。

2. 风险估计

风险估计是估计风险发生的可能性及其对项目的影响。投资项目涉及的风险因素有些是可以量化的，可以通过定量分析的方法进行分析；也有一些是不可量化的因素，需要采用定性描述的方法进行估计。并且定性与定量也不是绝对的，随着研究的深入和对项目的分解，有些定性因素可以转化为定量因素。

风险估计的方法包括风险的概率估计方法和风险的影响估计方法。前者分为主观估计和客观估计，后者分为概率树估计和蒙特卡洛模拟等方法。

3. 风险评价

风险评价是对项目风险的综合分析，是依据风险对项目目标的影响程度进行项目风险排序的过程。风险评价是在风险识别和估计的基础上，通过相应的指标体系和评价标准，建立项目风险的系统评价模型，列出各种风险因素发生的概率及概率分布，确定可能导致的损失大小，从而找出项目的关键风险，确定项目的整体风险水平，为如何处置这些风险提供科学依据。

风险评价包括单因素风险评价和整体风险评价。单因素风险评价，即评价单个风险因素对项目的影响程度，以找出影响项目的关键风险因素。评价方法主要有风险概率矩阵、专家评价法等。项目整体风险评价，即综合评价若干主要风险因素对项目整体的影响程度。对于重大投资项目或估计风险很大的项目，应进行投资项目整体风险评价。

4. 风险应对

为了将项目风险损失控制在可接受的范围内，保证项目成功，在找出关键风险因素后，对那些影响重大的风险，需要采取相应的应对措施。在项目决策、实施和运营的全过程中都应该实施风险管理，并且在项目周期的不同阶段，风险管理的重点也不同。可行性研究阶段的风险决策是整个项目风险管理的重要组成部分，下面以可行性研究的风险应对为例，阐述风险应对的原则。

1) 全过程

可行性研究是一项复杂的系统工程，风险因素来源于技术、市场、工程、经济等各个方面。在正确识别出各方面的风险因素后，应在规划设计时就采取规避防范风险的措施，防患于未然。

2) 针对性

风险应对应有很强的针对性，结合行业和项目特点，针对特定项目的主要的或关键的风险因素提出必要的措施，将其影响降至最低程度。

3) 可行性

可行性研究阶段所进行的风险应对研究应立足于现实客观的基础之上，提出的风险应对措施应是切实可行的。所谓可行，不仅包括技术上的可行性，还包括财务等方面的可行性。

4）经济性

规避风险是要付出代价的，如果提出的风险应对措施所花费的费用远大于可能造成的损失，则该风险应对对策就没有实际意义。在风险应对研究中，应将规避防范风险措施所付出的代价同该风险可能造成的损失进行比较，旨在寻求以最小的费用获取最大的风险效益。

风险对策研究是项目有关各方的共同任务。风险对策研究不仅有助于避免决策失误，而且是投资项目以后进行风险管理的基础。项目发起人和投资者应积极参与和协助进行风险对策研究，并真正重视风险对策研究。

5. 风险分析结论

在完成风险识别和评估后，应归纳和综述项目的主要风险，说明其原因、程度和可能造成的结果，以全面、清晰地展现项目的主要风险。同时，将风险对策研究结果进行汇总，如表9-6所示。

表9-6 风险与对策汇总表

主要风险	风险起因	风险程度	后果与影响	主要对策
A				
B				

9.4.4 风险分析的主要方法

1. 风险解析法

风险解析法，也称风险结构分解法（risk breakdown structure，RBS），是风险识别的主要方法之一。它是将一个复杂系统分解为若干子系统进行分析的常用方法，通过对子系统的分析进而把握整个系统的特征。例如，市场风险可以分解为市场供求、竞争力和价格偏差三类风险。对于市场供求总量的偏差，首先将其分为供方市场和需方市场，然后进一步分解为国内市场和国外市场。其风险可能来自区域因素、替代品的出现及经济环境对购买力的影响等；产品市场竞争力风险因素又可细分为品种质量、生产成本及竞争对手因素等；价格偏差因素可分解为诸多影响国内价格和国际价格的因素，随项目和产品的不同可能有很大的不同。市场风险的解析图如图9-4所示。

2. 专家调查法

专家调查法是凭借专家（包括可行性研究人员和决策者等）的知识、经验和直觉，通过发函、开会或其他形式向专家进行调查，发现项目潜在风险，对项目可能出现的风险因素及风险程度进行定性估计，将多位专家的经验集中起来形成分析结论的一种方法。它适用于项目分析全过程，包括风险识别、风险估计、风

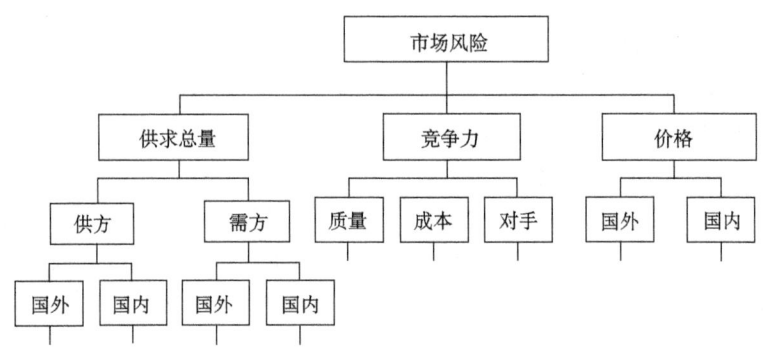

图 9-4 市场分析解析图

险评价与风险对策研究。它比一般的经验识别法更具客观性，因此应用广泛。

采用专家调查法时，专家应熟悉该行业和所评估的风险因素，并能做到客观公正。为减少主观性，聘用的专家应有一定数量，一般应在10～20位左右。具体操作上，将项目可能出现的各类风险因素、风险发生的可能性及风险对项目的影响程度采取表格形式一一列出，请各位专家凭借经验对各类风险因素的可能性和影响程度进行独立选择，最后将各位专家的意见归集起来，填写专家调查表。

专家调查法是获得主观概率的基本方法。专家调查法有头脑风暴法、德尔菲法、风险识别调查表法、风险对照调查表法和风险评价表法等。

3. 概率估计

概率是度量某一事件发生可能性大小的量，是随机事件的函数。必然发生的事件，其概率为1；不可能发生的事件，其概率为0；一般的随机事件，发生的概率为0～1。概率估计包括主观概率估计和客观概率估计，常用的有正态分布、三角形分布和贝塔分布等概率分布形式。

主观概率估计是指人们对某一风险因素发生的可能性的主观判断，用介于0～1的数值来描述，反映人们对风险现象的一种测度。这种主观估计基于人们所掌握的大量信息或长期经验的积累，而不是随意"拍脑袋"。当有效数据不足或是不可能进行试验时，主观概率是唯一选择。

客观概率估计是根据大量的试验数据，用统计的方法计算某一风险因素发生的可能性，它是不以人的主观意志为转移的客观存在的概率，客观概率计算需要足够多的试验数据作支持。客观概率是基于同样事件历史观测数据的，它只能用于完全可重复事件，因此并不适用于大部分现实事件。

概率分析的指标主要有三个：经济效果的期望值、经济效果的标准差和经济效果的离散系数。

1）期望值

期望值是风险变量的加权平均值。对于离散型风险变量，期望值为

$$\bar{x} = \sum_{i=1}^{n} x_i p_i \tag{9-6}$$

式中，n 为风险变量的状态数；x_i 为风险变量的第 i 种状态下变量的值；p_i 为风险变量的第 i 种状态出现的概率。

对于等概率的离散随机变量，其期望值为

$$\bar{x} = \frac{1}{n} \sum_{i=1}^{n} x_i \tag{9-7}$$

2）方差和标准差

方差和标准差都是描述风险变量偏离期望值程度的绝对指标。对于离散型变量，方差 S^2 为

$$S^2 = \sum_{i=1}^{n} (x_i - \bar{x})^2 p_i \tag{9-8}$$

方差的平方根为标准差，计为 S，即

$$S = \sqrt{\sum_{i=1}^{n} (x_i - \bar{x})^2 p_i} \tag{9-9}$$

对于等概率的离散型随机变量，方差为

$$S^2 = \frac{1}{n} \sum_{i=1}^{n} (x_i - \bar{x})^2 \tag{9-10}$$

3）离散系数

离散系数是描述风险变量偏离期望值的离散程度的相对指标，记为 β，即

$$\beta = \frac{s}{\bar{x}} \tag{9-11}$$

例 9-3 A 企业想投资 B 项目，经过统计规律得出，在选定净现值作为效益评估指标的情况下，各估计净现值的概率分布如表 9-7 所示，试对此方案的结果稳定性进行分析。

表 9-7 B 项目的净现值及其相关概率表

净现值/万元	23.5	26.2	32.4	38.7	42	46.8
概率	0.1	0.2	0.3	0.2	0.1	0.1

解： 项目净现值的期望值

$$\bar{x} = 23.5 \times 0.1 + 26.2 \times 0.2 + 32.4 \times 0.3 + 38.7 \times 0.2$$
$$+ 42 \times 0.1 + 46.8 \times 0.1 = 33.93(万元)$$

项目净现值的标准差

$$S = \sqrt{\sum_{i=1}^{n} p_i [x_i - \bar{x}]^2} = 7.498$$

项目净现值的离散系数

$$\beta = \frac{7.498}{33.93} = 0.22$$

上面是对一个投资项目进行的分析,当有几个方案进行比较时,应该选择期望值大、标准差小的方案;当期望值相同时,选择标准差小的方案;当两个方案的期望值和标准差都不相同,则选择离散系数小的方案。

4. 概率树分析

概率树分析是借助于现代计算技术,运用概率论和数理统计的原理进行概率分析,求得风险因素的概率分布,并计算期望值、方差或标准差、离散系数,表明项目的风险程度。它只适用于离散分布的输入与输出变量。

概率树分析的一般步骤为:

(1) 列出要考虑的各种风险因素,如投资、经营成本、销售价格等;

(2) 设想各种风险因素可能发生的状态,即确定其数值发生变化的个数;

(3) 分别确定各种状态可能出现的概率,并使可能发生的状态概率之和等于1;

(4) 分别求出各种风险因素发生变化时,方案净现金流量各种状态发生的概率和相应状态下的净现值 NPV_i 或内部收益率等指标;

(5) 计算评价指标的期望值、方差或标准差、离散系数;

(6) 求出方案净现值非负的累计概率;

(7) 对概率分析结果进行解释说明。

例 9-4 某商品住宅小区开发项目现金流量的估计值如表 9-8 所示,根据经验推断,营业收入和开发成本为离散型随机变量,其值在估计值的基础上可能发生的变化及其概率如表 9-9 所示。试确定该项目净现值大于等于零的概率(基准收益率 $i_c = 12\%$)。

表 9-8 基本方案的参数估计表 (单位:万元)

年度	1	2	3
营业收入	857	7 143	8 800
开发成本	5 888	4 873	6 900
其他税费	56	464	1 196
净现金流量	−5 087	1 806	9 350

表 9-9　不确定性因素的变化范围表

因素＼概率＼变幅	−20%	0	+20%
营业收入	0.2	0.6	0.2
开发成本	0.1	0.3	0.6

解：项目净现金流量未来可能发生的 9 种状态如图 9-5 所示。分别计算项目净现金流量在各种状态下的概率 p_i（$i=1, 2\cdots, 9$）：

$$P_1 = 0.2 \times 0.6 = 0.12$$

$$P_2 = 0.2 \times 0.3 = 0.06$$

$$P_3 = 0.2 \times 0.1 = 0.02$$

其余类推，结果如图 9-5 所示。

i	p_i	NPV_i	$p_i \times NPV_i$
1	0.12	3 123.2	374.8
2	0.06	5 690.4	341.4
3	0.02	8 257.6	165.2
4	0.36	−141.3	−50.9
5	0.18	2 425.9	436.7
6	0.06	4 993.0	299.6
7	0.12	−1767.0	−212.0
8	0.06	−838.7	−50.3
9	0.02	1 728.5	34.6
合计	1.00		1 339.1

图 9-5　概率树

分别计算项目各状态下的净现值 NPV_i：

$$NPV_1 = \sum_{t=1}^{3}(CI-CO)_t^{(1)}(1+12\%)^{-t} = 3123.2（万元）$$

其余类推，结果如图 9-5 所示。

净现值的期望值 = $0.12 \times 3123.2 + 0.06 \times 5690.4 + 0.02 \times 8257.6$
$+ 0.36 \times (-141.3) + 0.18 \times 2425.9 + 0.06 \times 4993.0$
$+ 0.12 \times (-1767.0) + 0.06 \times (-838.7)$
$+ 0.02 \times 1728.5$
$= 1339.1(万元)$

计算净现大于等于零的概率：
$$P(\text{NPV} \geqslant 0) = 1 - 0.36 - 0.12 - 0.06 = 0.46$$

结论：该项目净现值的期望值大于零，是可行的。但净现值大于零的概率不够大，说明项目存在一定的风险。

5. 蒙特卡洛模拟

蒙特卡洛模拟（Monte-Carlo simulation）又称随机模拟法或统计试验法，是一种通过对随机变量进行统计试验和随机模拟，求解物理、数学以及工程技术有关问题的数学求解方法。

蒙特卡洛模拟技术，是用随机抽样的方法抽取一组满足输入变量概率分布特征的数值，输入这组变量计算项目评价指标，通过多次抽样计算，可获得评价指标的概率分布及累计概率分布、期望值、方差、标准差、离散系数，计算项目可行或不可行的概率，从而估计项目投资所承担的风险。

蒙特卡洛模拟的程序如下：

(1) 通过敏感性分析，确定风险变量；
(2) 构造风险变量的概率分布模型；
(3) 为各输入风险变量抽取随机数；
(4) 将抽得的随机数转化为各输入变量的抽样值；
(5) 将抽样值组成一组项目评价的基础数据；
(6) 根据基础数据计算出评价指标值；
(7) 整理模拟结果所得评价指标的概率分布及累计概率、期望值、方差、标准差和离散系数，绘制累计概率图，计算项目可行或不可行的概率。

应用蒙特卡洛模拟法时应注意以下问题：

(1) 在运用蒙特卡洛模拟时，假设输入变量之间是相互独立的，在风险分析中会遇到输入变量的分解程度问题。一般而言，变量分解得越细，输入变量个数也就越多，模拟结果的可靠性也就越高；变量分解程度越低，变量个数少，模拟可靠性降低，但能较快获得结果。对于具体项目，在确定输入变量的分解程度时，往往与输入变量的相关性有关。变量分解过细往往造成变量之间具有相关性。如果输入变量本来是相关的，模拟中视为独立变量进行抽样，必然会得到错误结论。为避免此问题，可以采用以下方法处理：①限制输入变量的分解程度，如不同产品虽然有不同价格，但如果这些产品的价格之间存在关系，且产品结构不变，则可以采用平均价格；②限制不确定变量个数，模拟中只选取对评价指标有重大影响的关键变量，其他变量认为保持在期望值上；③进一步收集有关信息，确定变量之间的相关性，建立函数关系。

（2）蒙特卡洛模拟的模拟次数。理论上，模拟次数越多，越接近实际发生情况，准确度越高；模拟次数过少，随机数的分布不均匀，会影响模拟结果的可靠性。但实际中，模拟次数越多，花费的费用也就越高，并且所需时间越长。因此，模拟次数过多也无必要，一般在 200～500 次。

9.4.5 常用的风险对策

任何经济活动都有风险，面对风险人们的选择可能不同。通过科学的风险应对，就可以较好地管理风险。主要的风险对策有以下几种。

1. 风险回避

风险回避是彻底规避风险的方法，即断绝风险的来源。对于投资项目可行性研究而言，风险回避就是提出推迟或否决项目的建议。在可行性研究过程中，通过信息反馈彻底改变原来方案，也属于风险回避。采取风险回避的对策，虽然避免了可能遭受的风险损失，但是也放弃了投资获利的可能。

风险回避一般适用于以下两种情况：一是某种风险可能造成相当大的损失，并且发生的概率较高；二是没有其他防范风险的方法，或其他的风险对策防范代价昂贵，得不偿失。

2. 风险控制

风险控制是针对可控性风险所采取的防止风险发生，以及减少风险损失的对策。这是大多数项目的风险管理中所采取的风险对策。

风险控制措施的选择必须针对项目的具体情况，既可以是项目内部采取的技术措施、工程措施和管理措施，也可以采取风险分担的方法，向外分散。风险分担是针对风险较大，投资人无法独立承担，或是为了控制项目的风险，而采取的与其他企业合资或合作等方式，共担风险、共享收益的方法。

3. 风险转移

风险转移是将项目业主可能面临的风险转移给他人承担，以避免风险损失的一种方法。转移风险有两种方式：一是将风险源转移出去，如将已做完前期工作的项目转给他人投资，或将其中风险大的部分转给他人承包建设或经营；二是只把部分或全部风险损失转移出去，包括保险转移方式和非保险转移方式。

保险转移方式是采取向保险公司投保的方式将项目风险损失转嫁给保险公司承担，例如，对某些人为难以控制的灾害性风险，可以采取投保的方式转移。

非保险转移方式是项目前期涉及较多的风险对策，如采用新技术可能面临较大的风险，可行性研究中可以提出在技术合同谈判中注意加上保证性条款，如不能达到设计能力或设计消耗指标时的赔偿条款,可以将风险损失全部或部分转移到技术转让方,在设备采购和施工合同中也可以采用转嫁部分风险的条款。

4. 风险自担

风险自担就是项目业主自己承担风险带来的损失。以下两种情况,需要自担风险:一是投资者已知有风险但由于可能获利而需要冒险时,不愿将获利的机会分给别人,必须保留和承担风险;二是已知有风险,但若采取某种风险措施,其费用支出会大于自担风险的损失时。

在实际风险管理的风险对策研究中,以上四种风险对策常常组合使用。

9.5 多方案的风险决策

在现实的投资项目决策中,一个项目往往存在多种方案。这种情况下,需要考虑多方案的风险决策。

9.5.1 多方案决策的原则

如前所述,在投资决策中,评价指标主要有期望净现值、方差(或标准差)和离散系数。

假定现有 n 个互相独立的方案 P_i($i=1,2,\cdots,n$)可供选择,相应于以上三个评价指标,为了比较这 n 个方案的优劣,通常采用以下原则之一:

(1) 最大期望净现值原则:期望净现值最大的方案最优。

(2) 最小方差或最小标准差原则:方差或标准差最小的方案最优。

(3) 最小离散系数原则:离散系数最小的方案最优。

在现行的风险决策评价方法中,一般都采取单目标最优化方法:如果只追求最大收益,则采用最大期望净现值原则;如果只追求安全,则采用最小方差或最小标准差原则;如果既要考虑安全,又要追求较大盈利,则采用最小离散系数原则。

例 9-5 有 A、B、C 三个方案,在三个不同的状态下的净现值如表 9-10 所示。试计算哪个方案最优。

表 9-10 不同方案的净现值表

方案\NPV	1 $p_1=0.3$	2 $p_2=0.5$	3 $p_3=0.2$
A	20	12	−12
B	16	16	−10
C	12	12	−8

解：
$$\bar{x}_A = 20 \times 0.3 + 12 \times 0.5 - 12 \times 0.2 = 9.6 \text{（万元）}$$
$$\bar{x}_B = 16 \times 0.3 + 16 \times 0.5 - 10 \times 0.2 = 10.8 \text{（万元）}$$
$$\bar{x}_C = 12 \times 0.3 + 12 \times 0.5 - 8 \times 0.2 = 8 \text{（万元）}$$

根据期望值最大原则，可以看出 B 方案是最优方案。

在例 9-5 中，算出的结论是 $\bar{x}_B > \bar{x}_A > \bar{x}_C$，所以可以简单地认为，B 方案是最优的，A 方案次之，C 方案最差。如果备选方案的期望值是相同的，就需要利用下面的标准差和离散系数法。

例 9-6 假定某企业要从三个备选方案中选择一个投资方案。各个方案的净现值及其概率情况如表 9-11 所示。试选择最优的方案。

表 9-11 不同方案的净现值表

市场销路	概率	方案净现值（万元）		
		A	B	C
差	0.25	2 000	0	1 000
一般	0.5	2 500	2 500	2 800
好	0.25	3 000	5 000	3 700

解：（1）计算各方案净现值的期望值。
$$\bar{x}_A = 2000 \times 0.25 + 2500 \times 0.5 + 3000 \times 0.25 = 2500 \text{(万元)}$$
$$\bar{x}_B = 0 \times 0.25 + 2500 \times 0.5 + 5000 \times 0.25 = 2500 \text{(万元)}$$
$$\bar{x}_C = 1000 \times 0.25 + 2800 \times 0.5 + 3700 \times 0.25 = 2575 \text{(万元)}$$

（2）计算标准差。
$$S_A = 353.55 \text{(万元)}$$
$$S_B = 1767.77 \text{(万元)}$$
$$S_C = 980.75 \text{(万元)}$$

（3）计算各方案的离散系数。
$$\beta_A = \frac{353.55}{2500} = 0.141$$
$$\beta_B = \frac{1767.77}{2500} = 0.707$$
$$\beta_C = \frac{980.75}{2575} = 0.381$$

由于 A、B 方案的期望值相等，都是 2500 万元，所以要分析它们的离散系数，由于 A 方案的离散系数远小于 B 方案的离散系数，所以可以得出 A 方案是优于 B 方案的。

分析 C 方案和 A 方案,从期望值来说,C 方案的期望值比 A 方案大,但是 A 方案的标准差优于 C 方案,并且 C 方案的期望值只是稍微大于 A 方案的期望值,所以必须要比较它们的离散系数。

$\beta_A < \beta_C$,A 方案是优于 C 方案的,所以 A 方案是最优的方案。

9.5.2 决策树

决策树法是企业在市场经营中遇到风险型决策问题时常用的方法之一。它在决策过程中具有层次清晰、简单明了、生动形象等特点,特别是决策问题处在多阶段、多层次中,它能方便地表达出各阶段决策与整体决策的前后关联与相互影响。

决策树分析需要具备以下条件:①应存在两个或两个以上的备选方案;②每一种方案应具有一种以上可能出现的机会事件,且这些事件出现的可能性可以用概率表示;③可以根据每一机会事件及其概率计算出量化的结果。

决策树分析的步骤:

(1) 根据条件画出决策树,标明各方案的状态、概率和结果。决策树由不同的节点与分支组成,符号"□"表示的节点称为决策点,从决策点分出的分支表示可供选择的方案。符号"○"表示的节点称为状态点,从状态点引出的节点表示可能发生的状态。

(2) 计算决策变量的期望值,并标注于相应的节点。

(3) 结合各方案的期望值,作出最佳决策。

例 9-7 某企业对三种方案的市场情况预测如表 9-12 所示,运用决策树法选择合适的方案。

表 9-12 不同方案的市场情况预测数据表

方案	市场情况		
	畅销(0.3)	一般(0.5)	滞销(0.2)
A1(大批量)	220	140	100
A2(中批量)	180	180	120
A3(小批量)	140	140	140

解:根据决策表的有关数据绘制决策树如图 9-6 所示。

从决策树可以比较容易地看出,中批量的生产方案的期望收益值最大,为 168 万元,因此企业应该进行中批量的生产。

有些决策方案比较复杂,带有阶段决策性,选择某种行动方案会出现不同的

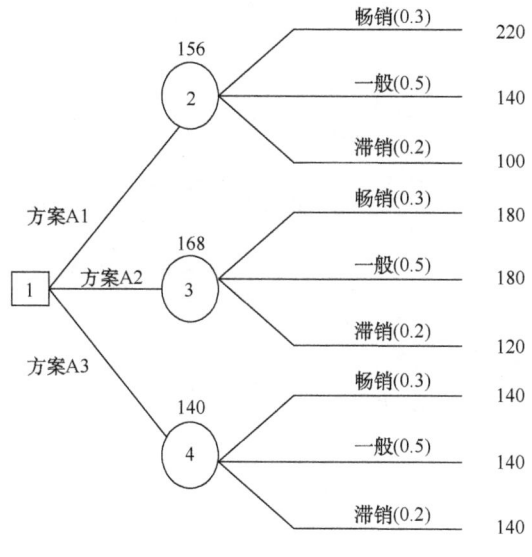

图 9-6 决策树

状态，按照不同的状态，又需要作下一步行动方案的决策，以及更多的状态和决策，这些问题表现在决策树上为多个决策点，可以用多阶段决策树的方法进行决策。

例 9-8 某化工原料厂，由于某项工艺不甚好，产品成本高，在价格中等水平时无利可图，在价格低落时要亏本，只有在价格高时才盈利，且盈利也不多。该企业现考虑进行技术革新，取得新工艺的途径有两种：一是购买专利，估计购买谈判成功的可能性是 0.8；二是自行研究，成功的可能性是 0.6。不论是谈判成功还是研究成功，生产规模有两种考虑方案：一是产量不变；二是产量增加。若谈判失败或者研究失败，则仍然采用原工艺进行生产，生产保持不变。根据市场预测，今后五年内这两种产品跌价的可能性是 0.1，价格保持中等水平的可能性是 0.5，涨价的可能性是 0.4。现在企业需要考虑：是否购买专利，是否自行研究。试用决策树法进行决策，其决策表如表 9-13 所示。

表 9-13 决策数据表

方案 价格（概率）	按原工艺生产	购买专利成功 (0.8)		自行研究成功 (0.6)	
		产量不变	增加产量	产量不变	增加产量
价格低落（0.1）	−1 000	−2 000	−3 000	−2 000	−3 000
中等（0.5）	0	500	500	0	−2 500
高涨（0.4）	1 000	1 500	2 500	2 000	6 000

解：此问题属于多阶段的决策问题，画出相应的决策树图如图 9-7 所示。

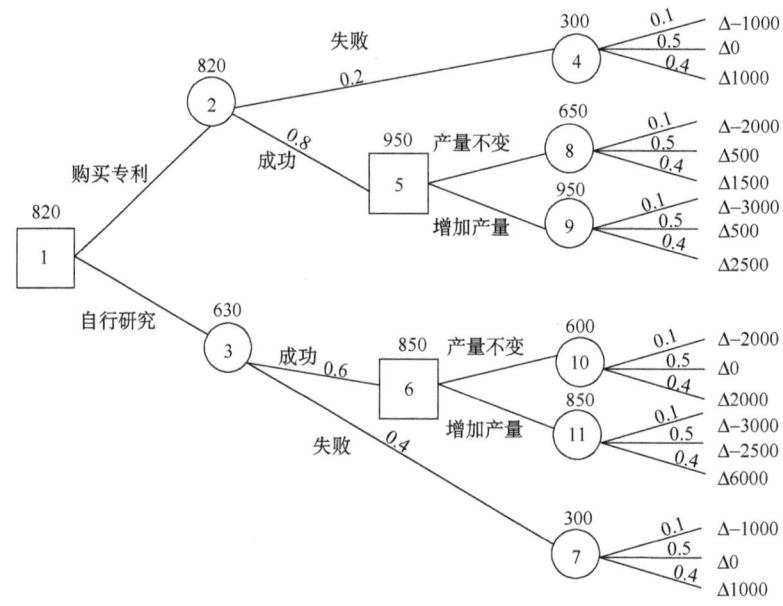

图 9-7 多阶段决策树

各点益损期望值为：

点 4：$0.1\times(-1000)+0.5\times0+0.4\times1000=300$（万元）。

点 8：$0.1\times(-2000)+0.5\times500+0.4\times1500=650$（万元）。

点 9：$0.1\times(-3000)+0.5\times500+0.4\times2500=950$（万元）。

点 10：$0.1\times(-2000)+0.5\times0+0.4\times2000=600$（万元）。

点 11：$0.1\times(-3000)+0.5\times(-2500)+0.4\times6000=850$（万元）。

点 7：$0.1\times(-1000)+0.5\times0+0.4\times1000=300$（万元）。

在决策点 5，去掉产量不变方案，点 9 的期望值移到点 5，点 11 的期望值移到点 6。点 2：$0.2\times300+0.8\times950=820$（万元）。点 3：$0.6\times850+0.4\times300=630$（万元）。因为点 2 的期望值大于点 3，所以企业应该购买专利，在成功时增加产量，失败时按原来工艺生产。

➤ 练习题

1. 什么是不确定性和风险？两者的区别有哪些？
2. 什么是盈亏平衡分析它有哪些作用？
3. 什么是敏感性分析？试述其步骤。

4. 什么是风险评价矩阵？其内容有哪些？
5. 简述投资项目的风险来源。
6. 简述风险分析的内容和步骤。
7. 简述概率分析的主要指标及其计算方法。
8. 什么是蒙特卡洛模拟？试述其步骤。
9. 常用的风险对策有哪些？

10. 假设某项目达产第一年的营业收入为 31 389 万元，营业税金与附加为 392 万元，固定成本为 10 542 万元，可变成本为 9450 万元，营业收入与成本费用均采用不含税价格表示，该项目设计生产能力为 100 吨。计算该项目的盈亏平衡点。

11. 调查某项目的销售量，项目评价中采用的市场销售量为 100 吨，请了 15 位专家对该种产品销售量可能出现的状态及其概率进行专家预测，专家们的书面意见整理如表 9-14 所示。

表 9-14 专家调查表

概率（%）＼销量（吨）＼专家号	80	90	100	110	120
1	10	15	50	15	10
2	15	25	40	15	5
3	10	15	60	10	5
4	5	12.5	65	12.5	5
5	10	15	55	15	5
6	10	15	50	15	10
7	5	15	55	15	10
8	5	10	60	15	10
9	5	15	50	20	10
10	0	15	70	15	0
11	10	15	75	0	0
12	10	25	60	5	0
13	10	20	60	10	0
14	0	10	60	20	10
15	5	20	60	15	0

计算销售量的概率分布、期望值、标准差和离散系数。

第 10 章

投资项目后评价

10.1 投资项目后评价的概念

10.1.1 投资项目后评价的概念

投资项目后评价是指对已经完成项目的规划目标、执行过程、效益、作用和影响所进行的系统的客观分析。通过对投资活动的检查总结，评价项目的成功度，找出成功的经验及失败的原因，总结经验教训，并进行及时有效的信息反馈，为未来项目的决策和提高投资决策管理水平提出建议。同时，也对受评项目运营中出现的问题提出改进建议，以达到提高投资效益的目的。

投资项目后评价是在项目建成和竣工验收之后的某个时间进行的。对于经营性项目，一般是在项目投产运营 2~3 年后进行投资项目后评价。投资项目后评价是项目生命周期的一个重要环节，是投资项目管理不可缺少的重要手段。

10.1.2 投资项目后评价的目的和意义

投资项目后评价的基本目的是通过项目的实际情况与预期目标的对照，考察项目投资决策的正确性和预期目标的实现程度；通过对项目建设程序各阶段工作的回顾，查明项目成败的原因，总结投资项目管理的经验教训，提出补救和改进措施；把后评价信息反馈到未来项目中，改进和提高项目实施的管理水平、决策水平和投资效益，为宏观投资计划和投资政策的制定和调整提供科学依据。此外，投资项目后评价还可以检验国家投资参数体系的科学性和合理性，为进一步修订和完善国家投资项目参数体系提供可靠的信息。

通过投资项目后评价可以达到肯定成绩、总结经验、发现问题、吸取教训、提出建议、改进工作的目的，对不断提高项目管理决策水平和投资效果具有重大意义。

1. 有利于提高项目决策水平

项目建设能否成功，主要取决于立项决策是否正确。通过客观、科学、公正的项目后评价，可以总结建设过程和决策过程中的经验教训，将这些经验教训反馈给项目决策部门，对控制和调整同类项目的建设起到很好的作用。特别对于政府投资的公益项目，通过投资项目后评价可以对政府投资的成效进行全面总结，既是对政府工作的监督和检查，也是对纳税人负责的具体表现。

2. 有利于提高设计施工水平

项目建设过程中设计、施工水平的高低通过什么来评定呢？通过对项目实施过程进行评价可以考核建设成果（施工的产品），检验工程设计、设备制造和工程施工质量，及时发现和解决一些影响正常生产使用的问题，确保项目按设计要求的技术经济指标交付使用、正常投产；对设计水平、设计合理性和技术的先进性进行科学评价，对设计工作的改进和提高起到很好的促进作用。

3. 有利于项目的全过程监督

投资项目后评价是在项目运营阶段对项目的决策、实施、竣工投产和运行进行的评价，通过分析和研究项目投产初期和达产时期的实际情况，比较实际状况与预测状况的偏离程度，分析产生偏差的原因，提出切实可行的措施，提高项目的经济效益和社会效益。

对于因决策失误或环境改变致使生产、技术或经济等方面处于严重困境的项目，通过投资项目后评价可以为其找到生存和发展的途径，并为主管部门重新制定或优选方案，提供再决策的依据。

此外，把投资项目后评价纳入基本建设程序，将促使决策者和执行者在主观上认真努力地做好工作。从这一点说，后评价对项目建设也有监督和检查的作用。

4. 有利于提高项目的管理水平

投资项目管理是一项复杂的活动，涉及多个部门，只有这些部门密切合作，项目才能顺利完成。投资项目后评价通过对已经建成项目的分析研究，总结项目管理经验，指导未来项目管理活动，从而可以提高项目的管理水平。

5. 有利于控制工程造价

一个大中型项目，其投资少则几亿元，多则十几亿元、几十亿元，甚至上百亿元，造价稍加控制就可以节省一笔可观的投资。目前，前期工作中的咨询评估，建设过程中的招投标、投资包干等都是控制工程造价行之有效的方法。通过加强投资项目后评价，可以为同类项目提供有价值的借鉴，也将对控制工程造价发挥作用。

10.1.3 投资项目后评价的特点

投资项目后评价有其内在的规律和特点，在原理、作用和实施步骤上都有别于项目可行性研究、项目前评价、项目中间评价、竣工验收、项目审计检查和一般性的工作总结。

1. 与可行性研究和前评价相比

项目可行性研究和项目前评价是指在项目决策之前，在深入细致的调查研究、科学预测和技术经济论证的基础上，分析评价建设项目的技术适用性、经济合理性和建设可能性的过程。其目的是为建设项目投资决策提供依据。与可行性研究和前评价相比，项目后评价的特点如下。

1) 现实性

项目后评价分析研究的是项目实际情况，是在项目投产的一定时期内，根据企业的实际经营结果进行评价，具有现实性；而项目可行性研究和前评价分析研究依据的是项目预测情况，依据历史和经验性资料，具有一定的预测性。

2) 全面性

在进行项目后评价时，既要分析其投资过程，又要分析经营实施过程。不仅要分析投资项目经济效益，而且还要分析其经营管理，发掘项目的潜力。

3) 探索性

项目后评价要分析企业现状，发现问题并探索未来的发展方向，因而要求后评价人员具有较高的素质和创造性，把握影响项目效益的主要因素，并提出切实可行的改进措施。

4) 反馈性

项目可行性研究和前评价的目的在于为计划部门、投资部门进行投资决策提供依据；而项目后评价的主要目的在于为有关部门反馈信息，为今后项目管理、投资计划和投资政策的制定积累经验，并用来检测投资决策正确与否。

5) 合作性

项目可行性研究和前评价一般是通过评价单位与投资主体间的合作，由专职的评价人员提出评价报告；后评价需要更多方面的合作，如专职技术经济人员、项目经理、企业经营管理人员、投资项目主管部门等，只有各方融洽合作，项目后评价工作才能顺利进行。

2. 与项目中评价相比

项目后评价也不同于项目中评价。项目中评价也称中期评价，指在项目实施过程中，通过项目实施的实际情况与预测（计划）目标的比较分析，揭示问题，分析原因，提出改进措施的过程。其目的是改进项目管理。项目后评价与项目中评价的主要区别如下。

1）所处的阶段不同

项目中评价是在项目实施过程中的评价，也就是在项目开工后至项目竣工投产之前对项目进行的再评价；进行项目后评价的时机选择在项目实施过程完毕后，即在项目运营阶段。

2）目的和作用不同

项目中评价目的在于检测项目实施状况与预测目标的偏离程度，并分析其原因，将信息反馈到项目管理机构，以改进项目管理；项目后评价的目的在于检测项目前期工作、项目实施、项目运营全过程中项目实际情况与预测目标的偏差程度，并分析其原因，提出改进措施，将信息反馈到计划、银行等投资和决策部门，为投资计划、政策的制定和改进项目管理提供依据。

3）组织实施不同

项目中评价不必像项目后评价那样需要一个相对独立的机构来组织实施，其组织管理机构可以设在项目管理机构内，人员也可以由项目管理人员承担；项目后评价因为涉及对项目实施过程的评价，由项目管理人员进行后评价显然不合适，需要由独立的第三方中介进行评价。

4）内容不同

项目中评价的内容范围限定在项目实施阶段，如回答项目实施进展与目标进度有何程度的偏差及其原因等问题；项目后评价内容范围较广泛，重点放在项目运营阶段的再评价上。

3. 与竣工验收和审计检查相比

竣工验收以设计文件为基准，注重检查移交过程是否依据要求按质、按量、按标准完成，在功能上是否形成生产能力，产出合格产品。它仅是后评价内容中对建设实施阶段进行评价的环节之一。项目经过竣工验收，对固定资产投资效果进行了考核和评价，完成了后评价的前期工作。

对基本建设项目进行审计检查是以项目投资活动为主线，注重违法违纪、损失浪费和经济财务方面的审查工作。经过审计检查的项目，其财务数据更为真实可靠。重大损失浪费的暴露，将为后评价工作提供重要的分析线索。如果对基本建设项目的事后审计能扩展到项目决策审计，设计、采购和竣工管理审计，以及项目效益审计的领域，那么后评价工作和审计工作将可能合作进行。世界银行业务评价局对完成项目的后评价就是以项目审计评议方式进行的。

项目后评价具有事后进行广泛观察的优越条件，应充分利用竣工验收、审计检查和项目中评价的成果。

因为项目后评价一般是在项目交付后 2～3 年进行评价，经营过程中的数据较少，所以在项目后评价中的方法同前期、中期的评价有所不同。灰色系统理论等处理"小样本"、"贫信息"的理论和方法适合于项目后评价。

总之，项目后评价具有评价时间范围广、流程复杂和实际运营数据少的特点。

10.2 投资项目后评价的基本内容

10.2.1 目标评价

在项目后评价中，项目目标评价的主要任务是对照项目可行性研究报告和评估报告中关于项目目标的论述，找出变化，分析项目目标的实现程度及成败的原因。同时，还应讨论项目目标的确定是否正确合理，是否符合发展的要求。

对项目立项决策时预定的宏观目标和项目建设目的的实现程度进行评价，是项目后评价的主要任务之一。

项目建设的宏观目标通常有：

（1）满足国民经济或当地经济发展对项目建成后所生产的产品或提供服务的需要，推动国民经济或地区经济中相关产业的发展，从而促进全国和当地 GDP 的增长。

（2）推动国民经济或地区产业结构调整，提高现有类似产品或服务的功能、质量，增加高附加值产品的比例，增加对外出口商品的国民经济效益。

（3）增加居民收入，改善生活质量，提高人民的健康、教育和生活水平，增加就业，改善环境质量，减少环境污染，提高职工生产安全力度，防止和减少事故发生的可能性，扶持少数民族和边远地区经济发展，稳定社会政治和经济秩序等。

除了宏观目标之外，通常还应考虑项目建设的直接目的，一般应用定量指标进行衡量，确实难以定量的，应用定性方法加以描述。

10.2.2 管理评价

项目在实施过程中的管理评价主要从以下几方面进行。

1. 招投标管理评价

利用招投标方式，可以充分利用市场经济的一般规律，如供求规律、价值规律、竞争规律等，来有效地控制工程的造价。该方式的合同内容非常全面，构成非常严谨，通过对招投标的过程和程序进行评价，以检验在招投标过程中是否严格按照设定的标准和规范来实施，达到花费最小的成本、获得最大收益的目的。

对项目的招投标工作进行后评价，应该从项目招投标工作的公开性、公平性、公正性角度，对招投标的资格、程序、法规、规范等事项进行评价，同时分析并且评价项目的准备工作是否适应项目建设、施工的需要，能否保证项目按时在预算限额内高质量地完成规定的任务。

2. 质量管理评价

工程质量即工序质量，形成于施工阶段的全过程。勘察设计、施工人员、机械设备、原材料、作业方法和生产环境等因素都会对工程质量产生影响。工程质量特性可以概括为适用性、寿命、可靠性、安全性、经济性，主要衡量建设成本、运行效率和养护支出等。

加强项目质量管理评价，就是监控项目的实施状态，将实际状态与事先制定的质量标准作比较，分析存在的偏差及产生偏差的原因，并采取相应对策。这是一个循环往复的过程，对任一控制对象的控制一般都按这一过程进行。在对项目的质量管理评价过程中着重评价项目是否按照全面质量管理的四个阶段进行，即计划（plan）、实施（do）、检查（check）和处理（action），并且对取得的效益进行评价，同时总结经验和教训。

3. 进度管理评价

项目的进度管理就是在既定工期内，编制出最优的进度计划，在执行计划的过程中，检查项目的实际进度情况，并将其与进度计划相比较。若出现偏差，分析产生偏差的原因及对工期的影响程度，确定必要的调整措施，更新原计划。这一过程不断地循环往复，直至项目完成。项目实际进度控制的目标就是确保项目按既定工期目标实现，保证项目质量并不因此增加项目实际成本，并且适当缩短项目工期。

对项目进度管理评价，主要是根据项目的实际进度和计划进度的对比分析，找出项目进度管理中的薄弱环节，并分析项目实际实施过程中影响进度的主要原因，总结经验和教训。

此外，在项目的管理评价中，还要加强对成本管理及控制的评价和对工程风险管理能力的评价，从而对项目的成本控制和突发事件的应急处理等起到重要作用。

10.2.3 过程评价

项目的过程评价主要是依据国家现行的有关法律、制度和规定，分析和评价项目前期工作、建设实施、运营管理等执行过程，找出变化及产生变化的原因，总结经验和教训。过程评价越来越受到投资者、决策者和管理者的重视。实践表明，项目实施过程的好坏在很大程度上决定了项目的成败，通过对过程的评价，揭示项目实施过程中，在数量、质量、工程进度、造价等方面是否达到了设计规定的目标，可以总结项目决策、管理、组织机构、前期准备、开工准备、招投标、施工监理等方面成功的经验和失败的教训，为未来项目的建设提供建议。

过程评价包括以下几方面的内容。

1. 前期工作阶段评价

在项目前期工作的评价中，重点是对项目决策和项目准备阶段进行后评价。

项目决策评价主要是通过对项目可行性研究报告、项目评估报告和项目批复批准文件，根据项目实际的产出、效果和影响，分析决策内容，检查决策程序，分析决策成败的原因，从而进一步探讨更加科学合理的决策理论和方法。

项目准备评价主要是通过对项目勘查设计的质量、技术水平和服务进行的分析评价。后评价还应进行两个对比：一是该阶段项目内容与前期立项时的比对；二是项目实际实现结果与勘察设计时的比对。分析变化的原因，重点是项目建设内容、投资概算、设计变更等。一般项目勘察设计的后评价包括：

（1）对项目勘察测量工作质量进行评价，结合工程实际分析工程测绘、勘测的深度和资料对于工程设计和建设的满足程度。

（2）对项目设计方案的评价，包括设计指导思想、方案比选、设计更改等各方面的情况及原因分析。

（3）对项目设计水平的评价应包括总体技术水平、主要设计技术指标的先进性和实用性、新技术装备的采用、设计质量和设计服务质量等。

项目的投资、融资方案直接影响到项目的效益和影响，特别是在现今中国的投资环境和条件下，后评价对项目融资的分析评价更有意义。项目后评价主要应分析评价项目的投资结构、融资模式、资金选择和存在的风险，找出差别和问题，分析利弊；同时还要分析实际融资方案对项目原定的目标和效益指标的作用和影响，特别是融资成本的变化，评价融资与项目债务的关系和对今后的影响。

2. 建设实施阶段评价

项目建设实施阶段的后评价包括项目的合同执行情况分析、工程实施及管理、资金来源及使用情况分析与评价等。项目实施后评价应注意前后两方面的对比：一方面要与开工前的工程计划对比；另一方面还应把该阶段的实施情况可能产生的结果和影响与项目决策时所预期的效果进行对比，分析偏离度。

执行合同是项目实施阶段的重要工作，项目后评价的合同分析一方面要分析合同依据的法律规范和程序等，另一方面要分析合同的履行情况和违约责任。

项目实施阶段是项目建设从书面的设计与计划转变为实施的全过程，是项目建设的关键。项目单位应根据批准的施工计划组织设计，应按照图纸、质量、进度和造价的要求，合理组织施工，做到计划、设计、施工三个环节互相衔接，资金、器材、图纸、施工力量按时落实。对项目实施管理的评价主要是对工程的造价、质量和进度的分析评价，评价管理者对这三项指标的控制能力和实施结果。

对项目资金供应与运用情况分析评价是项目实施管理评价的一项重要内容。一个建设项目从项目决策到实施建成的全部活动，既是耗费大量活劳动和物化劳动的过程，也是资金运动的过程。在建设项目实施阶段，资金是否按预算规定使用，对降低项目建设实施费用关系极大。通过对项目评价，可以分析资金的实际来源与项目预测的资金来源的差异和变化，分析项目财务制度和财务管理的情况，分析资金支付的规定和程序是否合理并有利于造价的控制，分析建设过程中资金的使用是否合理。

在建设实施阶段的后评价中，主要指标的变化情况也应该引起足够的重视。通过对项目预可行性研究报告、项目可行性研究报告与实际建设完成情况中主要指标的对比分析，可以发现主要指标的变动情况，并分析这些主要指标的变化原因及对施工过程中造成的困难、引起投资增减的多少、对工程质量和工期进度造成的影响等。

3. 运营情况评价

项目运营后评价的目的是通过项目竣工运营后的有关实际数据资料或根据有限的实际运营数据重新预测得到的数据，衡量项目的实际经营情况和投资效益，分析与预测的偏离程度及其原因，以便系统地总结项目投资的经验教训，并为进一步提高项目投资效益提出切实可行的建议。

此外，在对建设项目进行过程评价时，还需要对建设项目的管理、配套设施和服务设施情况进行分析评价，主要考虑项目建设过程中为了保证工程质量、进度和控制费用所采取的措施，配合建设项目的运营所需建设的配套设施和服务设施，分析对这些设施的投入是否在实际的运营过程中发挥了重要作用，效益是否得到了充分体现，并给出结论和建议。

10.2.4 财务效益评价

项目的财务效益后评价与前评估中的财务效益分析在内容上是基本相同的，都需要对项目进行盈利性分析、清偿能力分析、外汇平衡分析（如果存在外资参与的情况）和敏感性分析等，然后与工程可行性研究报告中预测相关指标进行对比，分析两者产生偏差的原因，以对工程可行性研究报告中的指标重新进行评价，吸取其经验教训，提高今后类似项目财务预测水平和项目微观项目决策科学化水平。

对项目财务效益后评价时，需要注意以下几点：

（1）项目前评估时采用的是预测值，项目后评价时采用的是已经发生的财务现金流量的实际值，对后评价时点以后的财务现金流量作出新的预测。

（2）当财务现金流量来自财务报表时，对应收而实际未收到的债权和非货币资金都不可计为现金流入，只有当实际收到时才可以计为现金流入；同理，应付而实际未付的债务资金不能计为现金流出。

（3）实际发生的财务会计数据都含有通货膨胀的因素，而通常采用的盈利能力指标是不含通货膨胀的。因此，对项目后评价采用的财务数据要剔除物价上涨的因素，以实现前后的一致性和可比性。

10.2.5 经济评价

经济评价是从国家整体角度，根据国民经济长远发展目标和社会需要，分析项目对国民经济发展战略目标和社会福利的净贡献，衡量项目在经济上的合理性和可行性。对项目进行经济评价时，可将其按性质分为新建、续（扩）建和改建三种类型，根据不同类型，对工程经济效益、运行费用及投资费用进行分析，然后计算经济评价指标。

项目经济评价根据项目有关的实际数据和国家新近颁布的影子价格和参数，计算出项目经济评价指标，比较和分析重新计算的经济评价指标与工程可行性研究报告中预测的经济评价指标的偏离程度及其原因，为提高今后的宏观项目决策科学化水平提供依据。

从宏观经济角度考察项目投产后的经济效益情况，既要考虑项目的直接经济效益，又要考虑项目的间接经济效益；既要考虑项目的直接成本，又要考虑项目的间接成本。

经济评价主要是根据《建设项目经济评价方法与参数》（第三版）的要求，计算经济内部收益率、经济净现值、经济投资回收期、经济换汇成本和效益费用比等指标，并与项目可行性研究报告中的指标进行对比，分析差异，找出产生差异的原因。

项目财务效益后评价与经济效益后评价既有联系又有区别，经济效益后评价时使用的数据可以通过财务效益后评价时使用的数据经过适当的转换得到，但是财务效益后评价和经济效益后评价又存在明显的不同，主要是评价的角度、效益和费用计算的范围、评价的判据（财务效益后评价的主要判据是行业基准收益率或投资者要求达到的收益率，而经济效益后评价的主要判据是社会折现率）、费用效益计算的价格等方面的不同。

10.2.6 社会影响评价

项目建设与运营，不仅给项目使用者带来直接经济效益，而且对区域的政治、经济、文化及环境等都将产生深远影响。项目的社会效益体现在促进土地和自然资源的开发利用、缩小区域差异、促进地区经济发展等方面；同时，项目建设方案的实施也将对区域的自然环境和生态资源产生影响。社会评价已经成为与财务评价、经济评价、环境影响评价并列的一种独立的投资项目评价内容。

国家的投资体制改革方案中，不仅对政府投资项目的审批要加强与社会评价有关的内容，而且对企业投资项目由审批制改为核准制、备案制后，社会评价也成为核准的重要内容之一。

社会影响评价与财务效益评价、经济效益评价、环境影响评价的差异主要体现在以下几个方面：一是目标的多元性，财务评价和经济评价的目标单一，主要是财务盈利与经济增长，而社会影响评价涉及的社会和环境因素复杂，没有共同度量标准；二是周期长，社会影响评价要考察近期与远期社会发展目标，持续时间长；三是定量难，以定性分析为主；四是行业定向与项目定向，行业、项目差异性大，没有通用方法；五是间接效益与间接影响多，进行社会影响评价更有利于对强调社会发展目标的社会公益型项目、基础性项目进行综合评价。

社会影响评价指标体系一般包括社会公正指标、社会公平指标和可持续性指标等，是项目综合评价不可或缺的一部分。通过社会评价，将有限资源配置到更好的项目中去，实现"以人为中心的可持续发展"，并且使项目决策、资源利用、项目设计、项目实施和延续变得更加有利于人的发展，是实现可持续发展的有效工具。

10.2.7 环境影响评价

项目的环境影响评价是指参照项目前评估时批准的《环境影响报告书》重新审查项目环境管理的决策、规定、规范、参数的可靠性和实际效果。实施环境影响评价应遵照国家环境保护法律的规定，以及国家和地方环境质量标准和污染物排放标准及相关产业部门的环境保护规定。同时，对未来有可能产生突发性事故的项目，要进行环境影响风险的分析。如果项目生产或使用对人类和生态危害极大的剧毒物品，或当项目位于高度敏感的地区，或当项目已经发生严重的污染事件时，还需要提出一份单独的项目环境影响评价报告。项目的环境影响后评价主要包括对项目的污染控制、区域的环境质量、自然资源的利用、区域的生态平衡和环境管理能力等内容的评价。

检查和评价项目污染控制的主要内容有：项目的废气、废水、废渣和噪声是否在总量或浓度上都达到了国家和地方政府颁布的标准；项目的环保治理装置是否做到了"三同时"并运转正常，项目环保的管理和监测是否有效等；项目对地区环境质量的评价要分析项目中对当地环境影响较大的若干种污染物，这些物质与环境背景值相关，并与项目的"三废"排放有关；项目对自然资源的利用和保护，包括水、土地、森林、矿产、渔业、野生动植物等自然界中对人类有用的一切物质和能量的合理开发和综合利用。

同时，还要分析随着项目进程和时间的推进，项目的实施会给周边地区环境和居民的生产生活带来的影响。

10.2.8 目标可持续性评价

项目可持续性是指促进项目发展并保证其可持续的特征，所以它包含了可持续性和发展两个概念。所谓发展不仅仅是指经济的增长或实际收入的增长，而且还指人民福利和生活水平的提高；所谓可持续性是指该过程在一个相对无限长的时期内，可以永远地保持下去，而系统的内外没有数量和质量的衰减，甚至还有提高。可持续发展是一个涉及经济、社会、文化、技术及自然环境的动态综合概念，其主要包括自然资源与生态环境的可持续发展、经济的可持续发展和社会的可持续发展。

从项目自身持续性考虑，项目持续性是指项目的建设资金投入完成之后，项目的既定目标是否还能继续，项目是否可以持续地发展下去，接受投资的项目业主是否愿意并可能依靠自己的力量继续去实现既定目标，项目是否具有可重复性，即是否可在未来以同样的方式建设同类项目。

项目目标可持续性后评价主要是从项目的财务、技术、环境和管理等方面分析项目生存和发展的可能性，研究项目目标和效益能否实现，实现这些指标的必要条件和风险等，找出影响目标可持续性发展的关键因素，提出相应的措施和建议。目标可持续性评价一般可分为内部条件和外部条件对目标可持续性发展的影响。内部条件主要包括运行机制、内部管理、服务状况、运营状况等对项目目标可持续性发展的影响。外部条件主要包括社会经济发展、管理体制、配套设施建设、政策法规等对项目目标可持续性发展的影响。

10.3 投资项目后评价的工作程序和方法

10.3.1 工作程序

为了保证投资项目后评价工作的公正性、客观性、独立性和科学性，投资项目后评价机构应该是相对独立的，应公平、公开、公正地选择进行后评价的中介机构，也可以直接由后评价机构组织专家人员进行后评价。不管采取哪一种方式，对项目执行结果需作出客观而公正的结论，并将信息反馈到上级部门和同级计划部门。

依据我国的项目决策体制、项目管理权限及项目审批的规定，国家发展和改革委员会提出我国项目后评价要按四个阶段进行。

第一阶段：建设单位进行自我评估的阶段，即由项目业主单位或负责国家重点建设项目后评价工作的单位，开展项目后评价工作，负责编写"项目后评价报告",并按隶属关系报送行业或地方主管部门,同时上报国家发展和改革委员会备案。

在项目后评价的自我评估阶段应包括以下几个步骤:

(1) 提出问题,明确后评价的任务。提出需要进行项目后评价的单位可以是国家计划部门、银行金融机构、各主管部门,也可以是企业(项目)本身。

(2) 建立后评价小组,筹划准备。项目后评价工作可以委托设计与工程咨询公司等经过资格审查的其他单位承担,也可以由项目业主自己组织实施。而承办单位接受任务后,即可组织后评价小组进行筹备工作,制定出项目后评价的实施计划,其中包括项目后评价人员的配备、组织机构、时间进度、内容范围、预算安排和评估方法等内容。

(3) 深入调查,收集资料。根据项目后评价规定的任务要求,深入实际,收集基础资料。项目后评价资料应包括项目的立项、决策和建设实施资料及项目建成后的效益资料及其他有关资料。

(4) 对资料数据的完整性和准确性进行核实、测算和审查,并依据核实后的资料数据进行对比分析和论证;采用一些定量分析和定性分析相结合的科学方法,合理评估项目实际效果;找出存在的问题,总结经验教训,提出今后的改进措施和建议。

(5) 编制项目后评价报告。将分析研究的结果汇总,编制出项目后评价报告,提交委托单位和上级有关部门。

第二阶段:行业或地方主管部门对"项目后评价报告"进行初步审查阶段。主要由主管部门对项目后评价报告和项目建设实际情况进行深入考察,结合行业或地方建设项目反映出来的共性问题和特点与经验,从行业或地方的角度,提出对项目后评价报告的初步审查意见。主管部门一方面对具体项目的后评价工作进行评估,另一方面也为改进行业部门或地方有关部门的工作总结经验,最后由主管部门完成"项目后评价审查报告",报送国家发展和改革委员会,并抄送有关部门和单位。

第三阶段:对"项目后评价报告"的复审阶段。由国家发展和改革委员会组织有关方面专家对主管部门的"项目后评价审查报告"和项目单位自我评估的"项目后评价报告"进行复核审查,从微观与宏观相结合的角度提出"项目后评价复审报告",并报送国家发展和改革委员会和发至有关部门和单位。

这个复审阶段就是对项目的正式后评价阶段,除了国家重大项目由国家发展和改革委员会组织复审外,一般企业投资项目可由相对独立的后评价机构组织专家对项目进行正式后评价,通过收集资料、现场调查和分析论证,提出最终项目后评价报告。

第四阶段:成果反馈阶段。信息反馈是后评价的主要任务之一,后评价的最终目的就是将后评价的结论和意见反馈给宏观决策部门参考，评价的结果能否及时地反馈是后评价能否达到最终目的的关键所在。反馈过程有两大要素：一是后评价成果及经验教训的应用。通过成果反馈工作把后评价结论信息返回到各投资主体和投资管理部门，有利于提高项目投资效益和未来同类新建项目的决策水平；同时有利于改进和提高项目管理有关部门的实施管理水平和修正调整项目评估参数和指标，为进一步完善宏观投资机会和政策提供科学依据。二是后评价信息的报告和披露。在报告完成后还要召开座谈会、新闻发布会或通过报刊等形式，向社会公开发布。

上述四个阶段的后评价工作程序，既有利于保证项目后评价工作的广泛性、全面性和公开性，也有利于实现评估结论的公正性、科学性和可靠性。

10.3.2 投资项目后评价方法

为了达到项目后评价的目的，后评价方法应采用宏观分析和微观分析相结合、定量分析和定性分析相结合的对比方法，通过综合分析，总结经验和教训，提出问题和建议。目前，投资项目后评价通常采用的方法主要有以下几种。

1. 对比分析方法

对比分析方法主要有前后对比法和有无对比法。前后对比法是指将项目实施之前与完成之后的情况加以对比分析，以确定项目的作用和效益的一种对比方法。在后评价中，则是指将项目前期阶段的可行性研究与项目的实际运行结果相比较，以发现变化、分析原因的一种对比方法。这种对比用于分析项目的计划、决策和实施的质量，是项目过程评价应遵循的原则。有无对比法是指将项目实际发生的情况与若无项目时可能发生的情况进行对比，以度量项目的真实影响和作用。对比的重点要分清项目作用的影响与项目以外作用的影响。评价是通过项目的实施所付出的资源代价与项目实施后产生效果进行对比得出项目业绩好坏的结论。

在评价过程中，关键是投入的代价与产出的效果口径一致。也就是说，所度量的项目不仅是由项目实施造成的，还有其他因素的影响。因此，简单的前后对比不能得出真正的项目效果结论。后评价中的效果评价的任务就是要去除那些非项目因素，对项目的效果加以正确的定义和度量。理想的做法是在项目受益区之外，找一个类似的"控制区"，然后加以比较，并得出正确的结论。

由于无项目时可能发生的情况没有办法确定地描述，项目后评价中只能用一些方法去近似度量项目的作用。按照对无项目情况的不同假定，主要有以下两种对比方法，如10-1所示。

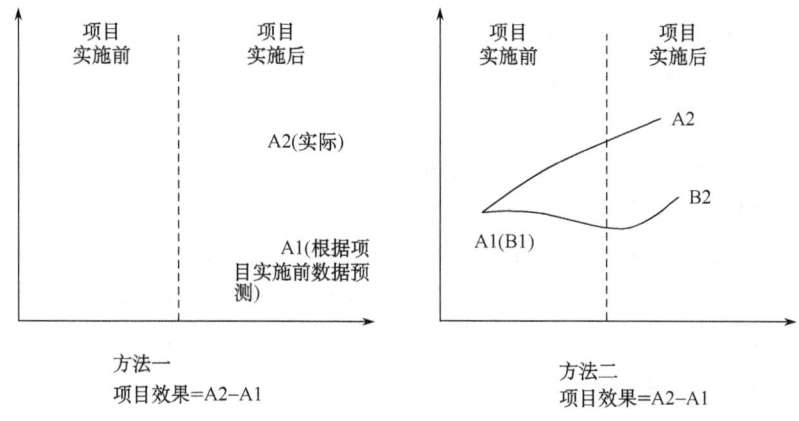

图 10-1　两种对比方法

1) 方法一

步骤如下：

(1) 确定评价对象和指标。

(2) 收集项目实施前若干间断时点的时间序列数据和项目实施后的结果数据。

(3) 运用统计分析方法，根据项目实施前的数据预测各个指标值。

(4) 比较预测值与项目实施后的实际结果，其差别代表了项目的实际作用。

(5) 寻找项目以外的其他影响因素，如果有，确定它们的影响或在阐述项目作用时，说明这些影响因素。

这种方法适用于历史数据充足，而且数据具有并保持较为明显的趋势（上升或下降）的情况。如果实施前的数据不稳定，那么预测结果意义不大。如果有充分的理由相信实施前几年的数据发生了变化，历史数据的价值就不大。

2) 方法二

步骤如下：

(1) 确定评价的内容和相应指标。

(2) 选择可比较对象群，从中进行科学的随机抽取，以确定控制对象和实验对象，尽可能地使二者具有可比性。

(3) 衡量每一组对象在项目实施前的评价值。

(4) 在实验组中实施项目，控制组不受项目影响。

(5) 监控实验组和控制组，并观察是否有异常情况发生并影响项目结果。若可能，修正出现的异常；若不可能，应对出现的情况进行鉴别并预计它对结果的影响。

（6）测度每组对象在项目实施后的各指标的值。

（7）比较各对象组在项目实施前后各指标值的变化，并据此确定项目的变化。

（8）寻找是否有项目以外的造成两组对象差别的其他影响因素，如果有，确定它们的影响或在阐述项目作用时，说明这些影响因素。

当项目的直接受益对象是单个人时，这种评价方法是最有效力的，但同时在时间和费用上的耗费也是巨大的。它对一个项目的实施结果进行系统的评价，同时也可以用来说明项目的哪个变量最有效。另外，这种对比方法也较适用于衡量政策、计划等的实施效果。

2. 逻辑框架法

逻辑框架法（logical framework approach）是美国国际开发署在 1970 年开发并使用的一种设计、计划和评价的工具。它不是一种机械的方法程序，而是一种综合、系统地研究和分析问题的思维框架模式。在项目立项决策、可行性研究及评估、项目实施计划及管理、项目后评价等工作中采用逻辑框架法，有助于对关键因素和问题作出系统的、合乎逻辑的分析。

逻辑框架法是一种概念化论述项目的方法，即用一张简单的框图来清晰地分析一个复杂项目的内涵和关系，使之更容易理解。逻辑框架法将几个内容相关、必须同步考虑的动态因素组合起来，通过分析其间的关系，从设计策划到目标、目的的确定来评价一项活动或工作。它为项目计划者和评价者提供一种分析框架，通过对项目目标和达到目标所需手段间逻辑关系的分析，确定工作的范围和任务。

逻辑框架法的核心概念是事物层次间的因果逻辑关系，即"如果"提供了某种条件，"那么"就会产生某种结果。这些条件包括事物内在的因素和事物所需要的外部条件。

逻辑框架法的模式是一个 4×4 的矩阵，基本模式如表 10-1 所示。

表 10-1 投资项目后评价逻辑框架表

项目描述	可客观验证的指标			原因分析		项目可持续能力
	原定指标	实现指标	差别或变化	内部原因	外部条件	
项目宏观目标						
项目直接目的						
产出/建设内容						
投入/活动						

逻辑框架法立足于项目的发展变化，因为要获取理想的成果，必须在以较小成本获取最大效果的分析中进行多方案比较。因此，逻辑框架法把项目管理的诸多方面组合起来，进行综合分析。

应用逻辑框架法策划和评价时的一项主要任务就是对项目最初确定的目标作出清晰的定义。因此，在做逻辑框架时对项目的以下内容应有清楚的描述：

(1) 清晰并可度量的目标；
(2) 不同层次的目标和最终目标之间的联系；
(3) 项目成功与否的测量指标；
(4) 项目的主要内容；
(5) 计划和设计时的主要假设条件；
(6) 检查项目进度的办法；
(7) 项目实施中要求的资源和投入。

逻辑框架法把目标及因果关系划分为四个层次，即目标、目的、产出和投入。

1) 目标

通常是指高层次的目标，即宏观计划、规划、政策和方针等，该目标可由几个方面的因素来实现。宏观目标一般超越了项目的范畴，它是指国家、地区、部门或投资组织的整体目标及项目对其可能产生的影响。这个层次目标的确定和指标的选择一般由国家或行业部门负责。

2) 目的

目的指的是"为什么"要实施这个项目，即项目直接的效果和作用。一般应考虑项目为受益目标群带来什么，主要是社会和经济方面的成果和作用。这个层次的目标由项目或独立的评价机构来确定，评价指标根据项目确定。

3) 产出

这里的"产出"是指项目"干了些什么"，即项目的建设内容或投入的产出物。一般要提供项目可计量的直接结果。

4) 投入

该层次是指项目的实施过程及内容，主要包括资源的投入量和时间等。

以上四个层次自下而上由三个逻辑关系相连接：第一级是如果保证一定的资源投入，并加以很好的管理，则预计有怎样的产出；第二级是项目的产出与社会或经济的直接变化之间的关系；第三级是项目的目的对整个地区甚至整个国家更高层次目标的贡献关联性。

在逻辑框架法中，"垂直逻辑"可用来阐述各层次的目标内容及其上下间的因果关系，如图 10-2 所示。

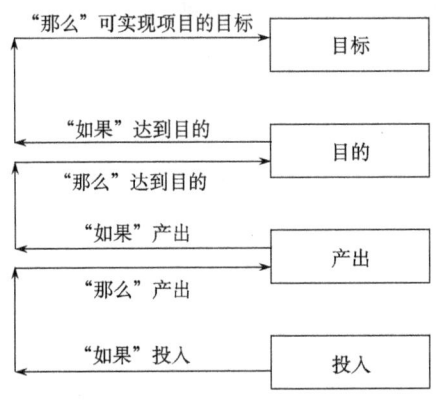

图 10-2 垂直逻辑中的因果关系图

在图 10-2 中,逻辑框架的四个目标层次之间有一些重要的限制条件,称为假定条件,即必要的外部条件或风险。重要的假定条件主要是指可能对项目的进展或成果产生影响,而项目管理者又无法控制的外部条件,即风险或限制条件。这种失控的发生有多方面原因:首先,是项目所在地的特定自然环境及其变化;其次,政府在政策、计划、发展战略等方面的失误或变化给项目带来了严重的影响;第三,管理部门体制所造成的问题,使项目的投入、产出与其目的、目标分离。

项目的假定条件很多,一般应选定其中几个最主要的因素作为假定的前提条件。通常项目的原始背景和"投入/产出"层次的假定条件较少,而"产出/目的"层次间所提出的不确定因素往往会对"目的/目标"层次产生重要影响。宏观目标的成败取决于一个或多个项目的成败,因此,最高层次的前提条件是十分重要的。

逻辑框架的垂直逻辑分清了评价项目的层次关系,但尚不能满足对项目实施分析和评价的要求,还需要进行水平逻辑分析。水平逻辑分析的目的是通过验证指标和验证方法来衡量一个项目的资源和成果。对应垂直逻辑每个层次的目标,水平逻辑对四个层次的结果加以具体说明。水平逻辑关系则由验证指标、验证方法和重要的假定条件所构成,形成了逻辑框架法的 4×4 逻辑框架。水平逻辑验证指标和验证方法的内容和关系如表 10-2 所示。

表 10-2 水平逻辑示意表

目标层次	目的验证指标	指标验证方法	重要假定条件
影响/宏观目标	影响的程度	信息来源:文件、官方统计资料、项目受益者 采用方法:资料分析、调查研究	目的与目标间的假定条件
作用/项目目的	作用的大小	信息来源:项目受益者 采用方法:调查研究	产出与目的间的假定条件
产出	不同阶段项目定性和定量产出	信息来源:项目记录、报告、项目受益者 采用方法:资料分析、调查研究	投入与产出间的假定条件
投入	资源的性质、数量、成本、时间、区位	信息来源:项目评估报告、计划、投资者协议文件等	项目的原始假定条件

逻辑框架垂直各层次目标，应有相对应的客观的且可度量的验证指标来说明层次目标的结果。为了证明层次目标实现的程度（成功度），逻辑框架采用的验证指标应具备下列条件：

（1）清晰的量化指标，以测定项目的成功程度。
（2）必须针对项目主要目的，突出重点指标。
（3）验证指标与对应目标的关系明确、合理。
（4）验证指标与层次目标一一对应，而且是唯一的。
（5）验证指标必须是完整的、充分的、定义准确的。
（6）验证指标必须是客观具体的，不是人为可以变动的。
（7）间接指标的采用。有时项目很难找到直接的验证指标，需要采用间接指标，间接指标与验证对象的关系必须是明确的。
（8）验证指标的准确性。准确的验证指标应该包括明确的定义、定量的数据和定性的表述及确定的时间。

在水平逻辑层次上，对应验证指标的是验证方法。验证方法可按照数据收集的类型、咨询信息的来源和收集采用的技术来划分。

1）数据收集类型

数据收集应符合说明指标的要求，每个层次的指标都有不同的数据收集要求。因此，数据收集必须有针对性，简明扼要。

2）咨询信息来源

验证方法需要说明资料信息来源的可靠性，找出省钱、省时的途径。一般的信息来自建设单位、官方文件和当地群众三个方面。

3）数据收集技巧

在数据类型和来源明确之后，要先确定是否符合信息管理对数据质量的要求，再编制表格。如果采用抽样调查的方法，就要作好充分考虑和安排，如取样规模、内容、统计标准等。简单的抽样调查或案例分析是不够的，一般的验证指标都有一些比较常用的数据收集的处理方法和技巧，可根据要求和条件加以选择。

总之，逻辑框架法不仅是一个程序，更重要的是一种帮助思维的模式，通过明确的总体思维，把与项目运作相关的重要因素集中加以分析，以确定"谁"在为"谁"干"什么"，"什么时间"、"什么原因"及"怎么干"。虽然编制逻辑框架是一件比较困难和费时的工作，但是对于项目决策者、管理者和评价者来说，这样可以事先明确项目应该达到的目的和实现的目标。

虽然逻辑框架法在项目评估与项目后评价应用中有诸多优点，但也有一定的局限性，主要是：

（1）在项目开始时如果过分强调目标和外部因素，可能造成管理的僵化；

（2）作为总体分析的工具，逻辑框架法对政策问题只能作一般分析，如收入分配、就业机会、资源途径、地方参与、成本和策略可行性及项目因素与外部条件的关系等；

（3）逻辑框架是项目准备、实施和评价过程中的一种思维模式，不能代替效益分析、进度计划、经济和财务分析、成本与效益分析、环境影响评价等具体方法。

3. 成功度分析法

项目后评价需要对项目的总体成功度进行评价，得出可信的结论。项目成功度评价一方面需对照项目立项阶段所确定的目标和计划，分析实际实现结果与其差别，以评价项目目标的实现程度；另一方面，在作项目成功度评价时，要十分注意项目原定目标合理性、实际性及条件环境变化带来的影响，并进行分析，以便根据实际情况评价项目的成功度。成功度评价是依靠评价专家或专家组的经验，综合各项指标的评价结果，对项目的成功程度作出的定性结论，也就是通常所称的打分的方法。成功度评价是以逻辑框架法分析的项目目标的实现程度和经济效益分析的评价结论为基础，以项目的目标和权益为核心，所进行的全面、系统的评价。

项目成功度评价可分为五个等级：

（1）完全成功。项目的各项目标都已全面实现或超过；相对成本而言，项目取得巨大的效益和影响。

（2）基本成功。项目的大部分目标已经实现；相对成本而言，项目达到了预期的效益和影响。

（3）部分成功。项目实现了原定的目标；相对成本而言，项目只取得了一定的效益和影响。

（4）不成功。项目实现的目标非常有限；相对成本而言，项目几乎没有产生什么正效益和影响。

（5）失败。项目的目标是不现实的，无法实现；相对成本而言，项目不得不终止。

项目成功度表设置了评价项目的主要指标。在评定具体项目的成功度时，并不一定要测定表中所有的指标。评价人员首先要根据具体项目的类型和特点，确定表中指标与项目相关的程度，把它们分为"重要"、"次重要"和"不重要"三类，在表中第二栏里填注。对"不重要"的指标就不用测定，只需测定重要和次重要的项目内容，一般的项目实际需测定的指标在10项左右。

在具体操作时，项目评价组成员每人各自填好表后，对各项指标的取舍和等级进行内部讨论，或经过必要的数据处理，形成评价组的成功度评价表，再把结论写入评价报告。

项目成功度评价表是由评价任务的目的和性质决定的，国内典型的项目成功度评价表如表 10-3 所示。

表 10-3　国内项目成功度评价表

评定项目指标	相关重要性	评定等级	备注
1. 宏观目标和产业政策			
2. 决策及其程序			
3. 布局与规模			
4. 项目目标及市场			
5. 设计与技术装备水平			
6. 资源和建设条件			
7. 资金来源和融资			
8. 项目进度及其控制			
9. 项目质量及其控制			
10. 项目投资及其控制			
11. 项目经营			
12. 机构和管理			
13. 项目财务效益			
14. 项目经济效益和影响			
15. 社会和环境影响			
16. 项目可持续性			
项目总评			

注：① 项目相关重要性分为重要、次重要和不重要。
② 评定等级分为 A-成功、B-基本成功、C-部分成功、D-不成功和 E-失败。

4. 综合评价法

一个项目的优劣，通常都表现为该项目实施后的技术效果、经济效果和社会效果等。对于大型建设项目，除了以上几方面的效果外，还有政治效果和国防效果等。建设项目的综合评价，就是在建设项目的各个部分、各阶段、各层次评价的基础上，谋求建设项目的整体优化，而不是谋求一项指标或几项指标的最优值。综合评价有两重意义：一是谋求建设项目整体功能的优化；二是将不同观察角度、各种不同的价值观所得出的结论进行综合。

我国建设项目综合评价的必要性，是由现有条件下技术、经济和社会发展目标的综合性，以及系统的层次性和综合性所决定的。

1) 技术、经济和社会发展目标的综合性

在技术经济研究中，技术是手段，经济是目的。经济生活是社会生活的一部分，经济建设虽然居于重要的地位，但在经济建设与经济发展的同时，还存在经济以外的其他社会问题，否则，建设项目就不能与社会其他方面的发展相协调，也不能达到预期的目的。

技术经济的发展目标包括技术发展目标、经济发展目标和社会发展目标。技术发展目标是以技术水平的提高来表示的，经济发展目标是以经济增长来表示的，社会发展目标是以人民物质文化生活水平的提高、社会稳定、公平分配和可持续发展来表示的。社会的发展应当是以提高技术水平为手段，以经济增长为基础，使人民物质文化生活水平、生活质量、公平分配程度得到提高，并保持持续发展。因此，技术、经济和社会的发展是统一的，但是在技术、经济和社会发展目标的实现过程中，也存在着矛盾。先进的技术在经济上不一定合理，也不一定与社会文化相协调；技术发展目标、经济发展目标和社会发展目标的实现，都需要使用资金、土地、物质资源和人力资源，而在这三种目标实现过程中出现的矛盾，是发展目标在空间、时间和功能方面的协调过程中关于资源配置的矛盾，这个矛盾是始终存在的。三种目标协调发展得越好，资源配置越趋向于合理，技术、经济和社会的发展目标实现过程中的矛盾也就越趋向于缓和。

2）系统的层次性和综合性

技术方案是由不同层次组成的，现实中任何一个技术方案都不是孤立存在的，其周围客观存在的要素状况，构成该技术方案的系统环境。技术方案与系统环境之间有着密切的联系。而且，系统与系统之间的界限是相对的。一个系统的环境，可以是一个高一级的系统，原系统则成为高一级系统的子系统；同样，一个系统的子系统是低一级的系统，原系统则是它的环境。这就构成系统的层次性。各种技术系统或技术活动，虽所处的层次不同，内部各异，但都是有机联系的，要在分散决策的情况下达到总体目标的优化就必须有综合评价。

综合评价的一般程序如下：

（1）确定目标。建设项目的具体目标要根据项目的性质、范围、类型、条件等来确定。目标的确定要考虑到眼前和长远利益、局部和全局利益。目标的确定本身就是一项评价内容，要通过反复比较、权衡利弊后才能确定，选错目标会影响方案的效果，甚至导致失败。

（2）确定评价范围。在目标确定之后，就要调查影响达到目标的各种因素，各因素间的相互制约关系，并找出主要因素，进而了解这些因素所涉及的范围。范围太大，必然增大工作量，而且也不一定能提高评价的准确性；范围太小，则有可能把需要分析的效果排除在外，影响评价的准确性。

（3）确定评价指标和标准。评价指标是目标的具体化，评价指标的设立不仅与建设项目的目标、特点、类型、规模等有关，而且与子目标所处的级别有关。站在不同的角度，评价的侧重点不同，设置的指标也有所不同。指标的设立过程也是一个评价的过程。

(4) 确定指标的权重。各分项指标的评价结果对综合评价目标的影响程度是不同的。为了能正确地反映各分项指标对评价目标影响的重要程度，通常通过加权予以修正，重要的指标赋予较大的权重，相对次要的指标赋予较小的权重。权重的确定主要依靠专家，因此，如何选定专家、如何收集和处理专家意见是获得较为客观权重的关键。

(5) 确定综合评价的依据。综合评价的单一判据多为定性与定量相结合的评价值，如某一指数、某一百分比。对综合评价值高低、优劣的判断有两种处理方法：一种是预先规定某一数值，大于该数值的为可行性方案，小于该数值的为不可行方案；另一种是预先不规定一个临界值，而是以综合评价值的大小排列优先顺序。

(6) 选择评价方法。根据所评价的类型、内容和具体情况，选择合适的评价方法。评价方法经常是多种方法综合使用，在评价的不同阶段，采用的方法也不同，要在实践中不断探索、改进。

10.4 投资项目后评价综合结论与报告

10.4.1 投资项目后评价综合结论

项目综合后评价是在项目决策、执行、运行、效益和影响后评价的基础上，进行综合分析和总评估，并对项目的前景作出估计，对后评价中所揭示的问题提出改进措施和建议。

由于投资项目后评价是一个复杂的系统工程，在各阶段工作进行分项后评价时，必须将众多的评估内容和相互交织矛盾的评估指标，经过核查比较、归纳整理和综合分析，从整体上对项目作全面、客观的后评价，作出正确的判断和总评估结论。

投资项目后评价的综合评估可以按照如下步骤进行：

(1) 整理后评价各部分资料，根据不同类型项目后评价的实际需要，将各部分的后评价内容、数据、指标进行分类整理，为下一步的分析对比打下基础。

(2) 将各分项后评价数据与可行性研究报告的结论进行对比分析。在项目后评价中对项目投产后的实际数据，从企业财务和国民经济两个不同角度分别编制利润表、现金流量表和资产负债表等基本报表，据以测算各项目后评价经济效益指标和社会效益的定性指标。最后，在整理各部分后评价的基础数据和指标等资料基础上，编制技术经济效果评估综合指标对照表，即"后评价与可行性研究报告基本经济数据和评估指标对照表"。

(3) 编写综合后评价内容。根据项目特点和后评价要求，将经过核查分析后的各部分后评价内容、指标对比分析结果和意见进行筛选归并,确定重点,分别编写各部分的后评价结论与意见。

(4) 提出综合后评价结论与建议:①对项目决策的正确性、实现预期目标的程度、实际经济效益、实际社会效益和优化方案的评估意见。②发现问题,总结经验教训。提出今后对类似项目作决策时应注意的问题和建议,主要包括项目投资决策、项目建设管理和提高投资效益方面的经验和教训,并针对项目存在的主要问题提出切实可行的改进意见与建议。③作出项目后评价总结论。在总结论中,要突出重点、简明扼要、观点明确。

10.4.2 后评价报告格式框架

不同行业的投资项目后评价报告,总体结构相同,在某些细节上侧重点不同,如在路桥投资项目后评价报告中,需要在路基方案选择、交通流量等方面进行深入分析。

国家发展和改革委员会给出的投资项目后评价报告内容框架如下所示。

目　　录

编制单位资质证书
项目后评价实施单位
参加项目后评价人员名单和专家组人员名单
附图:项目地理位置示意图
报告摘要
一、项目概况
(一) 项目情况简述
　　概述项目建设地点、项目业主、项目性质、特点,以及项目开工和竣工时间。
(二) 项目决策要点
　　项目建设的理由,决策目标和目的。
(三) 项目主要建设内容
　　项目建设的主要内容决策,批准生产能力,实际建成生产能力。
(四) 项目实施进度
　　项目周期各个阶段的起止时间,时间进度表,建设工期。
(五) 项目总投资
　　项目立项决策批复投资、初步设计批复概算及调整概算、竣工决算投资和实际完成投资情况。
(六) 项目资金来源及到位情况
　　资金来源计划和实际情况。

（七）项目运行及效益现状

项目运行现状，生产能力实现状况，项目财务经济效益情况等。

二、项目实施过程的总结与评价

（一）项目前期决策总结与评价

项目立项的依据，项目决策过程和程序。项目评估报告和可行性研究报告批复的主要意见。

（二）项目实施准备工作与评价

项目勘察、设计、开工准备、采购招标、征地拆迁和资金筹措等情况和程序。

（三）项目建设实施总结与评价

项目合同执行与管理情况，工程建设与进度情况，项目设计变更情况，项目投资控制情况，工程质量控制情况，工程监理和竣工验收情况。

（四）项目运营情况与评价

项目运营情况，项目设计能力实现情况，项目运营成本和财务状况，以及产品结构与市场情况。

三、项目效果和效益评价

（一）项目技术水平评价

项目技术水平（设备、工艺及辅助配套水平，国产化水平，技术经济性）。

（二）项目财务经济效益评价

项目资产及债务状况，项目财务效益情况，项目财务效益指标分析和项目经济效益变化的主要原因。

（三）项目经营管理评价

项目管理机构设置情况，项目领导班子情况，项目管理体制及规章制度情况，项目经营管理策略情况，项目技术人员培训情况。

四、项目环境和社会效益评价

（一）项目环境效益评价

项目环保达标情况，项目环保设施及制度的建设和执行情况，环境影响和生态保护。

（二）项目的社会效益评价

项目主要利益群体，项目的建设实施对当地（宏观经济、区域经济、行业经济）发展的影响，对当地就业和人民生活水平提高的影响，对当地政府的财政收入和税收的影响。

五、项目目标和可持续性评价

（一）项目目标评价

项目的工程目标、技术目标、效益目标（财务经济）、影响目标（社会环境和宏观目标）。

（二）项目持续性评价

根据项目现状，结合国家的政策、资源条件和市场环境对项目的可持续性进行分析，预测产品的市场竞争力，从项目内部因素和外部条件等方面评价整个项目的持续发展能力。

六、项目后评价结论和主要经验教训

（一）项目成功度评价

（二）评价结论和存在的问题

（三）主要经验教训

七、对策建议

（一）对项目和项目执行机构的建议

（二）对中央企业的对策建议

（三）宏观对策建议

10.4.3 需要提供的资料

根据国务院国有资产监督管理委员会制定的《中央企业固定资产投资项目后评价工作指南》的要求，项目后评价需要提供的资料有：

（1）项目前期文件：项目建议书（或项目申请报告）、环境影响评价报告、项目可行性研究报告、项目评估报告，以及相关的批复文件。

（2）项目实施文件：初步设计文件、开工报告、招投标文件、主要合同、工程概算调整报告、监理报告、竣工验收报告及其相关的批复文件与资料。

（3）项目自我总结评价报告。

（4）其他资料：项目运行和企业生产经营情况报表、财务报表及其他相关资料等；与项目有关的审计报告、稽查报告和统计资料等。

➢ 练习题

1. 什么是投资项目后评价？
2. 为什么要实施投资项目后评价？
3. 投资项目后评价与其他阶段评价有哪些区别？
4. 投资项目后评价的基本内容有哪些？
5. 什么是逻辑框架法？
6. 简述成功度分析的五个等级。

第11章

LS 高速公路投资项目评价案例

11.1 项目概述

LS 高速公路（图 11-1）东起××市，止于苏皖交界处××市，全长 236.784km，同三条国道主干线及省道一起构成该地区的公路网骨架，在国家及地区运输网中具有举足轻重的地位。

图 11-1 LS 高速公路

11.1.1 建设技术标准

LS 高速公路的建设技术标准如下：
公路等级： 双向四车道高速公路

行车速度： 120km/h
路基宽度： 28.00m
 其中，行车道： 7.50m
   中间带： 4.50m（0.75m＋3.00m＋0.75m）
   硬路肩： 3.50m（含右侧路缘带 0.50m）
   土路肩： 0.75m
   桥面净宽：大中小桥 $2\times$净 12m
   路面： 沥青混凝土路面（收费广场除外），标准轴载 100kN
路面设计使用年限： 15 年
设计洪水频率： 特大桥 1/300
      大、中、小桥，涵洞 1/100
桥梁设计荷载： 汽车-超 20 级，挂车-120

11.1.2 主要工程规模

LS 高速公路建设的主要工程规模如下：

路线里程： 236.784km
路基土石方： 44 209$\times 10^3$ m³
不良地基处理长度： 80km
路面： 5860$\times 10^3$ m²（含匝道）
主线桥梁（不含互通范围）： 30 070 m/343 座
 其中，特大桥、大桥： 19 441m/31 座
   互通式立体交叉： 11 处
   分离式立体交叉： 38 处
   通道： 249 处（不含桥孔兼）
   涵洞： 468 道
   主线收费站： 2 处
   征用土地： 44 402.5 亩（含取土占地 20 911.7 亩）
   拆迁房屋： 97 908m²

11.2 市场预测

  对于公路类型的交通投资项目，市场预测的核心为其交通量。准确地进行流量预测对于合理利用国家建设资金，减少规划设计所造成的损失与浪费，实现社会经济效益最大化有着重要意义，同时也为 LS 高速公路的运营管理提供了依据。

11.2.1 市场预测方法

高速公路交通流量是指在选定时间段内，通过高速公路某一段面的车辆数，交通流量信息在高速公路运营管理工作中具有十分重要的作用。LS 高速公路全长 236.784km，全线共设 10 个收费站，整条公路可以分成三大段：东部路段、中部路段和西部路段。因此，我们分三段对 LS 高速公路流量进行预测。

LS 高速公路拟于 2011 年建成并投入运营，受多种不确定性因素的影响很大，交通流量极不稳定，且统计数据样本太小，仅根据其本身的统计数据进行预测，很难保证预测结果的准确性，为此从多个角度对交通量进行预测，针对 LS 高速公路的实际情况，通过文献查阅及专家访谈对影响要素进行识别，构建了综合交通流量预测模型，具体预测步骤如图 11-2 所示。

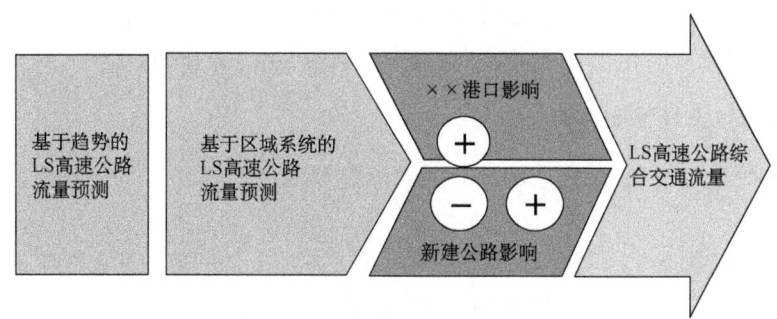

图 11-2 LS 高速公路交通流量预测步骤

1. 基于趋势的 LS 高速公路流量预测

首先，收集 LS 高速公路附近的路网近 5 年的流量数据进行分析，然后采取灰色 GM（1，1）模型进行预测，灰色 GM（1，1）模型是"贫信息、少数据"背景下较为适宜的预测方法之一。

2. 基于区域系统的 LS 高速公路流量预测

预测 LS 高速公路流量不仅要考虑自身趋势变动，而且要考虑区域经济系统发展和其余主要通道的分流状况。在 LS 高速公路附近影响区域具有平行的一条国道和省道，预测过程中将这三条通道的合计流量作为系统交通流量，根据趋势拟合对其今后流量作出预测，再对国道和省道的流量进行预测，并在该系统内将这两条道路的交通量分流出去，即可得到基于区域系统的 LS 高速公路流量。有关数据根据政府有关部门监测数据整理得到。

3. ××港口对 LS 高速公路流量影响预测

随着我国中西部地区加快发展，东欧、俄罗斯及独联体国家加入世界经济大循环，LS 高速公路的终点——××港口吞吐量将保持快速稳定增长。××港口的主要服务区域为内陆地区，铁路和公路运输是其主要运输方式，因此，港口吞吐量的迅速增加势必将对陆路集疏运输提出更高要求。LS 高速公路的流量增长明显，但是显著弱于港口吞吐量的增长。因此，有必要单独考虑××港口对其流量的影响。

4. "十二五"新建公路项目对 LS 高速公路流量影响预测

根据"十二五"××省高速公路布局规划，规划末期最终形成"五纵九横四联"的××省高速公路网，该期间新建项目中对 LS 高速公路影响较大的有三个：一是属于纵二 Z2 线路；另一项目则是横二 H2 线路；另外，疏港道路 S242 的建成也会对 LS 公路流量产生影响。纵二 Z2 线路使得鲁南地区货物通往××港口的行程显著缩短，因此，许多山东方向的港口货物会选择经由此路段的交通路径，从而分流了 LS 高速公路的流量；新建的横二 H2 线路向西连通了山东济宁、菏泽，方便了山东、江苏两省的沟通，将给 LS 高速公路带来增流；疏港道路 S242 的建成将会对港口南北方向的货物运输产生分流作用。

11.2.2 市场预测结果

根据对 LS 高速公路构建的综合交通流量预测模型，其综合交通流量计算公式如下：

$$\text{综合交通流量} = a \times \text{基于自身趋势的流量} + (1-a) \times \text{基于区域系统的流量} + \text{××港口影响} + \text{新建公路的影响} \tag{11-1}$$

其中，$0 \leqslant a \leqslant 1$。令 $a = 0.5$，表示基于自身趋势和基于区域系统的流量预测同样重要。计算结果如表 11-1 所示。

表 11-1　LS 高速公路综合交通流量预测表　　　　（单位：辆/日）

年份	东部路段	中部路段	西部路段	年份	东部路段	中部路段	西部路段
2011	4 096	9 150	11 921	2020	12 000	25 155	34 853
2012	4 612	10 641	13 833	2021	14 013	26 943	38 907
2013	5 125	12 140	15 658	2022	15 780	28 958	42 846
2014	5 987	13 744	17 688	2023	17 677	30 939	47 061
2015	5 921	15 114	20 334	2024	19 704	32 850	51 563
2016	7 009	17 065	22 895	2025	21 655	34 884	56 148
2017	8 173	18 953	25 636	2026	24 163	36 315	61 469
2018	9 453	20 899	28 597	2027	26 607	37 787	66 919
2019	10 851	22 892	31 792	2028	29 197	39 023	72 730

11.2.3 各要素的流量累积影响分析

不同因素对交通流量的累积影响如图 11-3、图 11-4 和图 11-5 所示。

第 11 章 LS 高速公路投资项目评价案例

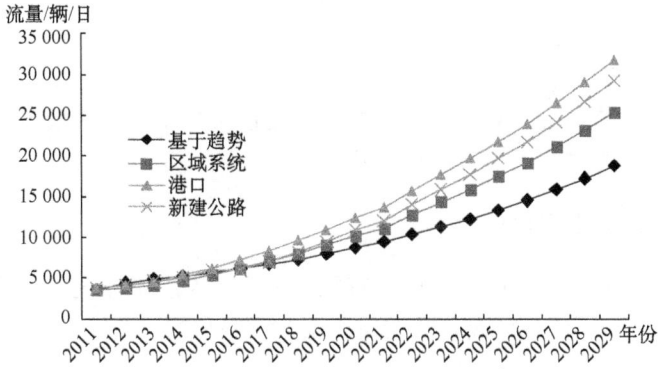

图 11-3 东部路段的流量累积影响

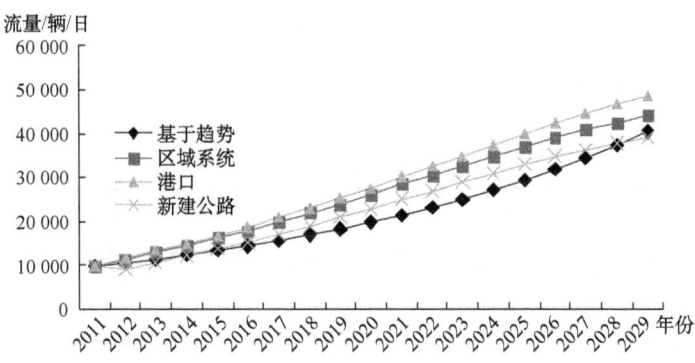

图 11-4 中部路段的流量累积影响

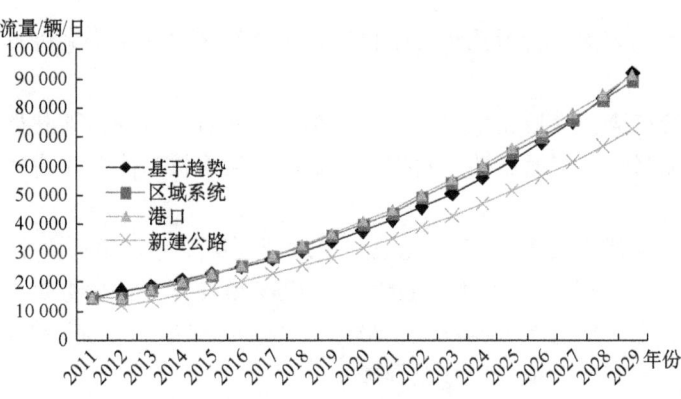

图 11-5 西部路段的流量累积影响

基于趋势：只考虑基于自身趋势的流量预测结果。

区域系统：考虑基于自身趋势和基于区域系统流量预测，取 $a=0.5$，认为两者同样重要。

港口：考虑基于自身趋势和区域系统的流量及××港口的增流。

新建公路：考虑几条主要新建公路的影响。

11.2.4 服务水平评价

根据美国《道路设计能力手册》有关方法和参数，将服务水平划分为六级。对照 LS 高速公路的流量状况，各路段的服务水平如表 11-2 所示。

表 11-2　LS 高速公路服务水平状况表

服务水平等级	A	B	C	D	E	F
服务交通量（辆/日）	<25 500	25 500~39 300	39 300~56 100	56 100~67 800	67 800~72 900	>72 900
东部路段	~2 026	2 027~2 028				
中部路段	~2 020	2 021~2 028				
西部路段	~2 016	2 017~2 021	2 022~2 024	2 025~2 027	2 028	

其中，A 级为自由流。交通流可自由运行，车辆行驶性能可自由发挥，驾驶员可获得高水平的舒适感。

B 级为次自由流。交通流基本上可自由运行，不过车辆行驶性能发挥稍受限制，但驾驶员仍能获得较高水平的舒适感。

C 级为稳定流。交通流可稳定运行，车辆行驶性能发挥受到限制，驾驶员需保持警惕性。

D 级为不稳定流。交通流运行不稳定，车辆行驶自由度受到严重限制，驾驶员有紧张感。

E 级为约束流。交通流被严重约束，车辆不能自由行驶，驾驶员有压抑感。

F 级为强制流。交通流被强制排队行驶，任何干扰都能造成堵塞，驾驶员有烦躁感。

根据可行性研究报告，LS 高速公路全线开通第 1 年，服务水平为 A 级；开通第 10 年，全线服务水平基本为 B 级；开通第 20 年，全线服务水平平均维持在 C 级及 C 级以上。而且东部路段流量最低，其余依次为中部路段和西部路段。根据预测，这三个路段的流量特征差异较大。

1) 东部路段：低起点、低增长

根据专家意见，因为该路段交通流量起点低，所以数据极为敏感。尽管××

市经济及××港口将保持快速发展趋势，但是今后该路段也不可能以此速度逐年递增，故对该路段流量数据应先进行弱化再预测。通过基于趋势的交通流量和综合流量的比较发现，外部因素如新建公路、××港口对该路段的影响较为明显。根据综合流量可知，2028年该段服务水平达到B级。

2）中部路段：中起点、缓增长

该路段中间无大的其他路网与之相连，流量也较为稳定。通过基于趋势的交通流量和综合流量的比较发现，与其余两个路段相比，外部因素如新建公路、××港口对该路段的影响较平稳。根据综合流量可知，2021年该段服务水平达到B级，2029年以后该段服务水平达到C级。

3）西部路段：高起点、稳增长

该路段流量平稳增加。通过基于趋势的交通流量和综合流量的比较发现，外部因素如新建公路的影响较大。根据综合流量可知，2017年该段服务水平达到B级；2022年该段服务水平达到C级别；2024年之后，该段流量达到D级及以上，流量受到限制。

11.3 建设方案评价

11.3.1 路基方案评价

在高速公路建设过程中，路基选择需要综合考虑，它是建设方案的重要内容。

1. LS高速公路一般路基设计

一般路基通常指在良好的地质与水文条件下，填方路基和挖方深度不大的路基。一般路基设计的主要内容有：

（1）选择路基断面形式，确定路基宽度与高度；

（2）选择路堤填料与压实标准；

（3）确定边坡形状与坡度；

（4）路基排水系统布置和排水结构设计；

（5）坡面防护与加固设计。

根据调整后的预可行性研究报告和××省交通厅批示精神，LS高速公路的设计标准由一级公路调整为高速公路，全封闭、全立交，路基宽度26m，计算行车速度为120km/h；后来，××省高速公路指挥部（以下简称高指）最终确定LS高速公路全线路基宽度调整为28m。LS高速公路的路基设计根据沿线地形、地貌、地质、水文、气象等自然条件，以及有关标准、规范和指导性意见进行。主要依据有：

(1)《公路工程技术标准》(JTJ01-88);
(2)《公路路基设计规范》(JTJ013-95);
(3)《公路软土地基路基设计和施工技术规范》(JTJ017-96);
(4)《公路路基施工技术规范》(JTJ033-95);
(5) LS 高速公路初步设计文件和××省高指关于《国道主干线 LS 高速公路初步设计成果预审意见》;
(6) ××省高指关于《关于××省"十五"高速公路建设项目取土坑(场)布设原则》的文件;
(7) ××省高指关于《关于 LS 高速公路取土坑位置及路基掺灰处理变更的函》的文件;
(8) ××省高速公路建设指挥部《关于路基掺灰处理的补充说明》的文件。

具体到 LS 高速公路,一般路基评价如下。

1) 路基宽度

LS 高速公路采用平原微丘区高速公路标准,双向四车道,设计车速为 120km/h,主线路基宽度为 28m,单向行车道为 2×3.75m,中间带宽为 4.5m,其中,中央隔离带宽为 3.0m,左侧路缘带宽 0.75m,符合规范要求。

2) 路基高度

LS 高速公路全线平均填土高度为 3.67m。

3) 路基边坡

LS 高速公路边坡设计以路堤高度等于 6m 时作为分界,大于 6m 时,上部 6m 边坡坡度为 1∶1.5,6m 以下坡度为 1∶1.75。

4) 护坡道与碎落台

LS 高速公路填方路基坡脚沿原地面设置了 1~2m 的护坡道,护坡道上设外倾 4%横坡。挖方地段设置 1~2m 碎落台,碎落台内倾横坡 2%。

5) 路基填筑材料

LS 高速公路路基平均每 km 亦需征用数量相当的土地作取土场用,项目总占地约达 4 万亩。

总体来看,LS 高速在路基设计方面选取的设计标准合适,路基结构设计合理。路基本稳定,路基处理基本符合设计要求,大多数路段施工质量符合要求。一般路基的路拱横坡、超高、边坡防护、护坡道和碎落台等的设置与几何要素的取值等符合有关规范标准,设计结合了沿线自然地理条件,满足路基稳定要求;路基中心线、宽度、压实度、边坡坡度均符合设计要求;排水防护工程设计较合理。

2. 路堤高度选取评价

LS 高速公路地处华北平原地带,根据平原区的地形特点,影响路基填土高度的主要因素有:

(1) 公路穿越地区的区域经济发展情况、路网规划与分布情况；
(2) 跨公路、铁路的分离式立交桥和互通式立交跨线桥的净空高度要求；
(3) 跨线桥上跨与下钻方式的采用；
(4) 通道净空要求；
(5) 通道设置位置与类型的合理选择；
(6) 合理纵面坡度与坡长设计；
(7) 保证路基处于中湿或干燥状态的路基最小填土高度要求；
(8) 跨河桥梁净空要求；
(9) 河堤防洪抢险所需的净空要求。

对于降低填土高度的主要对策如下。

1) 合理设置通道位置和通道类型

合理设置通道位置和通道类型，既能满足沿线群众生产、生活需求和出行便捷的愿望，又能有效降低路基的平均填土高度。村庄之间设置机耕道，距村庄较远的次要道路采用天桥方案，田间耕地区域在设置涵洞的基础上提高涵洞的净空高度，满足农民耕种自由通行。

2) 合理设置辅道

在高速公路设计时可以对沿线机耕标准以上的地方道路进行归并，且每隔2km～5km设置上跨天桥，为满足两侧群众机械耕作出行要求及与地方路网的衔接，可以沿高速公路设置辅道。辅道设置有单侧设置辅道或利用施工便道改造、一侧设辅道一侧利用施工便道改造、两侧设置辅道三种方案，其利弊比较如表11-3所示。

表 11-3 辅道设置方案优缺点比较表

辅道类型	优点	缺点
单侧设置辅道或利用施工便道改造	投资最小	地方路网衔接不完善，施工期干扰大
一侧设辅道一侧利用施工便道改造	投资较小，施工期干扰较小	施工期仍然存在干扰，便道要结合辅道设计
两侧设置辅道	与地方路网衔接最完善，施工期干扰小	投资较大

根据实际情况，选择合适的辅道设置类型，可以减少地方公路横穿高速公路的数量，从而减少通道数量，有效降低路基的填土高度。

3) 充分利用跨河桥孔

在高速公路设计时可以尽量利用跨河桥孔，设置人行通道，解决当地老百姓横穿高速公路耕种的需要。

4）合理利用地形

在高速公路横穿地形起伏较大的地区时，可以利用原有地形，选择路堑或谷地的有利地形设置上跨或下穿通道，以减少路基的填土高度。

5）纵面设计

对于构造物较多的路段，适当加大坡度、减短坡长，减小竖曲线半径，能适当降低路基平均高度。

6）下穿主线时尽量下挖

对于沿线横穿高速公路的地方道路，采用下穿通道的方式以尽可能降低路基高度。下挖可能会导致积水现象，但可以通过设置排水站房或连接附近沟渠等方法解决积水问题。

通过对LS高速公路路堤方案的分析，我们得出以下几点结论：

(1) 目前我国路基处理技术较为先进，从技术的角度实现低路堤完全可行。

(2) 由典型路段路堤方案比选可知，通道数量是影响路基填土高度的最主要因素，减少通道数量，增加天桥数量，被交道路尽量上跨，可有效降低路基填土高度。但LS高速公路处于华北平原，路网较发达，村镇密集，加上当地农村仍然采用的是传统的耕作方式，机械化程度不高，出行主要靠步行和自行车，减少通道数量改用天桥，势必会给沿线居民耕作或出行带来不便，尤其是农民负重上下天桥更加困难。

(3) LS高速公路全线基本为填方，平均填土高度为3.67m。设计过程中，为控制路基高度、减少占地，进行地方道路上跨与下穿高速公路的方案比选，以选择合理的交叉方式。在路线设计时合理确定通道、分离式立交数量、净空和位置，以有效降低路基填土高度，降低工程造价。对与地方道路的交叉作支线上跨和下穿的比较，选择较为合理的交叉方式。

总之，从技术的角度降低LS高速公路路基填土高度是完全可行的，但考虑到沿线实际情况还有一定的困难。土地作为一种不可再生的资源，对其合理的利用已越来越多地引起人们的关注；同时，高路基二次事故率高、二次事故危害性大的问题也越来越引起人们的重视。在这个前提下，LS高速公路路基总体设计合理，但在前期应对影响路基高度的社会因素作更科学、更详细的分析，从行车安全、降低事故损失等因素出发，对部分路段进行多方案比选，合理确定上跨和下穿的方式，在满足公路功能要求、保持既有路网完整的前提下，合理控制路基高度，使路基高度更为合理，减少占地。

随着中国经济的发展，农民出行的方式也会逐渐改变，在未来的高速公路设计中，设计者应更多地从可持续发展、节约土地资源的角度出发，在满足公路功能要求的前提下，尽可能降低路基高度。

3. 不良地基处治方案评价

LS 高速公路沿线分布着软土、可液化砂土及砂土与软土交互地层、膨胀土、盐渍土及岩溶等不良地基，尤以软土、可液化土和膨胀土为甚。

其不良地基之长、指标之差在国内高速公路都是少见的。在对不良地基的处置过程中，设计、研究人员结合工程实际开展了大量的科研工作，如高含水量条件下粉喷桩施工工艺及检测方法的研究、强夯法处治可液化砂土地基研究、改性膨胀土填自由式路基受水特性研究等。这些研究成功地解决了 LS 高速公路建设中的具体问题，形成了本项目的关键技术。

总体来说，LS 高速公路设计中对特殊路基采取的技术和措施是合理有效的，取得了满意的效果，保证了高速公路的质量和使用性能。

11.3.2 环境影响评价

高速公路投资项目涉及区域较广，对周边环境会带来噪声、污水、尾气等环境影响，因此需要进行环境影响评价。

1. 噪声污染

本项目的环境目标可持续性取决于未来 LS 高速公路流量变化带给周边环境的影响，从高速公路项目的固有特征来说，随着交通流量的增加，线性叠加的噪声强度有可能使得原本达标的敏感点受到噪声的威胁，使不达标的范围扩大到原本安全的区域，超越原有噪声防护范围。因此，随着交通流量的增加，必须定期在高速公路的敏感点进行噪声的监测，以确定是否需要对敏感点扩大保护范围。LS 高速公路在未来可使用期限内，其流量基本处于设计流量之内，因此，噪声污染在可控制范围之内。

2. 污水处理

服务区的污水排放量随着交通流量的增加也会增大，服务区在提高接待能力的同时，也必须注意污水处理能力与接待量相适应，保证污水处理设施能正常运转。服务区污水处理设施总的处理污水设计能力为 60 吨/小时，而现时流量污水的平均排放量为 26 吨/小时，预测主要路段在 2024 年的交通流量为目前交通流量的 5～8 倍，服务区生活污水排放量可达到 60～100 吨/小时，将超过现有污水处理设施 60 吨/小时的处理能力。因此，为了能够满足服务区污水排放量增长处理的需要，必须在未来进一步增加污水处理设施，扩大污水处理能力。

3. 尾气污染

尾气量随着交通流量的增加而增加，但是随着无铅汽油的推广，以及燃料乙醇使用率的提高，尾气中有害物质（重金属、有机污染物）的排放将得到部分缓解。高速公路两旁土壤中的重金属和有机污染物积累会逐步增大，部分靠近高速公路的农田作物和河道水体将受到尾气沉降带来的污染物质影响。因此，建议未来在高速公路与农田间增加林带隔离,以降低公路排放废物对农田的影响。

4. 危险品运输

保持正常的环境管理机构及运营措施,严格监管危险品的运输安全,做好地面积水、护坡、边沟排水、路面维护等高速公路养护工作和环境保护应急预案,则环境保护目标的可持续性将得到改善和保障。

11.4 财务评价

LS 高速公路财务效益评价以国家发展和改革委员会与建设部共同发布的《建设项目经济评价方法与参数》和交通部颁发的《公路建设项目经济评价办法》为依据。

11.4.1 财务效益评价的参数

财务基准折现率:7%。

评价期:27 年,其中建设期取 2004~2010 年,运营期取 2011~2030 年。

税率:通行费收入营业税按 3% 计算;排障清障及维修养护收入、餐饮收入等按 5% 计算营业税;城市维护建设税按应交营业税的 7% 计算;教育费附加按应交营业税额的 4% 计算;按利润的 33% 计算企业所得税。

折旧率:为客观反映资产所具有的经济利益的折旧(与使用有关),公路及构筑物从 2010 年起按车流量法计提折旧,即用特定年度车流量与经营期间的预估总车流量的比例计算年度折旧额,累计折旧额在经营期满后相当于公路及构筑物的资产原值。安全设施、通信设施、监控设施、收费设施、机械设备、车辆、房屋及建筑物等固定资产采用直线法计提折旧,并按固定资产类别的原值,估计经济使用年限和估计残值确定其折旧率。根据以上原则,确定本项目财务效益评价所采用的参数,如表 11-4 所示。

表 11-4 固定资产折旧相关参数表

序号	资产类别	资产原值(万元)	估计残值率(%)	折旧年限(年)	年折旧率(%)	备注
1	公路及构造物	579 458	—	—	年车流量/经营期预估总车流量	—
2	安全设施	25 352	3	10	9.70%	—
3	三大系统	10 137	3	8	12.13%	含收费、通信、监控系统

续表

序号	资产类别	资产原值（万元）	估计残值率（%）	折旧年限（年）	年折旧率（%）	备注
4	机械设备	2 164	3	8	12.13%	—
5	车辆	1 665	3	8	12.13%	—
6	房屋及建筑物	26 317	3	30	3.23%	—
7	其他	7 586	3	5	19.40%	—
	合计	652 678	—	—	—	

本项目的财务效益评价涉及的报表包括总成本费用计算表、固定资产折旧计算表、营业收入和税金及附加计算表、长期借款还本付息表、损益表、现金流量表（全部投资）、现金流量表（自有资金）、资金来源与运用表、资产负债表等。限于篇幅，这里不一一给出。

11.4.2 财务敏感性分析

1. 单因素变化分析

单因素变化分析分别考察费用（这里指经营成本及大修费用）升降 10%、20%，营业收入（在收费标准不变的情况下，即交通流量的变化）升降 10%、20% 的各种情况下的各项财务指标数值，如表 11-5 所示。

表 11-5 财务单因素变化敏感性分析一览表

指标		交通流量变化				费用变化			
		+20%	+10%	-10%	-20%	+20%	+10%	-10%	-20%
全部投资（所得税前）	FIRR（%）	10.50	9.88	8.48	7.70	9.21	9.04	9.12	9.29
	NPV（万元）	311 828	247 009	117 371	52 552	182 190	167 331	174 761	189 619
	PT（年）	17.17	17.64	18.77	19.46	18.18	18.35	18.27	18.10
	FBCR	1.51	1.41	1.20	1.10	1.31	1.28	1.29	1.32
全部投资（所得税后）	FIRR（%）	8.62	8.12	7.01	6.40	7.58	7.39	7.48	7.68
	NPV（万元）	126 080	84 063	691	-40 705	42 267	27 888	35 077	49 456
	PT（年）	18.33	18.74	19.73	20.33	19.20	19.43	19.32	19.09
	FBCR	1.15	1.11	1.00	0.94	1.05	1.04	1.05	1.06
自有资金	FIRR（%）	11.59	11.07	9.88	9.20	10.50	10.21	10.35	10.64
	NPV（万元）	210 439	179 046	115 447	83 490	147 237	134 151	140 694	153 779
	PT（年）	19.67	19.96	20.51	20.58	20.31	20.51	20.41	20.21
	FBCR	1.28	1.25	1.18	1.14	1.22	1.20	1.21	1.23

从表 11-5 可以看出，项目抗单因素变化的能力较强，全部投资（所得税前）及自有资金的几项指标在交通流量减少 20% 或费用增加 20% 的情况下均处在正常范围内。相比较而言，对项目财务评价指标影响较大的因素是交通流量，在交通流量降低 20% 的情况下全部投资（所得税后）财务内部收益率低于财务基准贴现率，净现值也都为负值。因此，保证交通量的持续、快速增长，是确保效益实现的有效途径。

2. 双因素变化分析

双因素变化分析考察费用和交通流量同时发生变化时的主要财务指标数值的变化情况如表 11-6 所示。

表 11-6 财务双因素变化敏感性分析一览表

指标	交通量变化 / 费用变化	+20%	+10%	0%	-10%	-20%
FIRR（%）全部投资（所得税前）	+20%	10.34	9.72	9.04	8.31	7.52
	+10%	10.42	9.80	9.12	8.40	7.61
	0%	10.50	9.88	9.21	8.48	7.70
	-10%	10.58	9.95	9.29	8.57	7.78
	-20%	10.65	10.03	9.37	8.65	7.87
FIRR（%）全部投资（所得税后）	+20%	8.44	7.93	7.39	6.81	6.20
	+10%	8.53	8.02	7.48	6.91	6.30
	0%	8.62	8.12	7.58	7.01	6.40
	-10%	8.72	8.21	7.68	7.11	6.50
	-20%	8.81	8.30	7.77	7.20	6.60
FIRR（%）自有资金	+20%	11.31	10.79	10.21	9.59	8.90
	+10%	11.45	10.93	10.35	9.73	9.05
	0%	11.59	11.07	10.50	9.88	9.20
	-10%	11.72	11.20	10.64	10.02	9.35
	-20%	11.86	11.34	10.77	10.17	9.49
PT（年）全部投资（所得税前）	+20%	17.33	17.83	18.35	18.97	19.68
	+10%	17.25	17.73	18.27	18.87	19.57
	0%	17.17	17.64	18.18	18.77	19.46
	-10%	17.09	17.55	18.10	18.67	19.36
	-20%	17.01	17.47	18.01	18.57	19.25

续表

指标	交通量变化 费用变化	+20%	+10%	0%	-10%	-20%
PT（年） 全部投资 （所得税后）	+20%	18.54	18.97	19.43	19.98	20.60
	+10%	18.43	18.85	19.32	19.85	20.46
	0%	18.33	18.74	19.20	19.73	20.33
	-10%	18.23	18.63	19.09	19.60	20.19
	-20%	18.13	18.53	18.98	19.48	20.07
PT（年） 自有资金	+20%	19.86	20.16	20.51	20.92	21.22
	+10%	19.77	20.06	20.41	20.70	21.04
	0%	19.67	19.96	20.31	20.51	20.58
	-10%	19.58	19.85	20.21	20.33	20.01
	-20%	19.50	19.74	20.11	20.18	19.87

从表 11-6 可以看出，项目抗双因素变化的能力也较强，全部投资（所得税前）及自有资金的内部收益率在交通流量减少 20% 同时费用增加 20% 的情况下均大于基准收益率，投资回收期均小于计算期，表明评价期内项目在财务上能收回投资。

11.4.3 财务评价结论

1. 盈利能力分析

本项目评价期内增加利润总额合计为 1 876 346 万元，根据国务院第 137 号令发布的《企业所得税暂行条例》规定，所得税税率为 33%，评价期所得税合计为 619 194 万元，所得税后利润合计为 1 257 152 万元，所得税后利润按规定提取 10% 的盈余公积金和 5% 的盈余公益金，提取的盈余公积金、盈余公益金分别为 125 715.2 万元、62 857.6 万元。评价期未分配利润合计为 1 068 579.2 万元。

根据损益表计算可得，运营期营业利润率平均为 64.29%，投资利润率平均为 14.37%，资本金利润率平均为 42.13%。

2. 财务现金流分析

现金流量表计算的财务指标如表 11-7 所示。

表 11-7 现金流量财务评价指标表

序号	指标名称	单位	全部投资（所得税后）	全部投资（所得税前）	自有资金	备注
1	财务内部收益率	%	7.58	9.21	10.50	
2	财务净现值	万元	42 267	182 190	147 237	$i_c=7\%$
3	财务投资回收期	年	19.20	18.18	20.31	含建设期
4	财务效益费用比		1.05	1.31	1.22	$i_c=7\%$

3. 长期债务偿还能力分析

LS 高速公路长期借款偿还期为 11.62 年（不含建设期），表明 LS 高速公路在计算期内具有一定的长期债务偿还能力。

经综合测算，本项目全部投资所得税前内部收益率为 9.21%，大于基准收益率；财务净现值（$i_c=7\%$ 时）为 182 190 万元，大于 0；投资回收期为 18.18 年（含建设期），财务效益费用比为 1.31（$i_c=7\%$ 时），大于 1。表明本项目在财务上是可行的。

本项目自有资金内部收益率为 10.50%，大于基准收益率；财务净现值（$i_c=7\%$ 时）为 147 237 万元，大于 0；投资回收期为 20.31 年（含建设期），在经营期内可收回投资，财务效益费用比为 1.22（$i_c=7\%$ 时），大于 1。这些表明从 LS 高速公路有限公司角度出发，本项目在财务上也是可以接受的。

11.5 经济评价

LS 高速公路国民经济后评价以国家发展和改革委员会与建设部共同发布的《建设项目经济评价方法与参数》、交通部颁发的《公路建设项目经济评价办法》为依据，按照交通部交计发 [1996] 1130 号文件颁发的《公路建设项目后评价报告编制办法》的内容及格式编制国民经济评价报告。在评价过程中，只计算直接效益和直接费用，并将项目费用与效益按影子价格统一折算成影子费用与效益，剔除转移费用，将项目费用折算为项目经济费用，通过有无对比评价国民经济效益。

11.5.1 经济评价参数和指标

评价期：取为 27 年。

社会折现率：取为 8%。

残值：取工程建设费用的 50% 以负值计入经济费用。

以经济内部收益率（EIRR）、经济净现值（ENPV）、效益费用比（EBCR）

及经济投资回收期（EN）作为主要的国民经济评价指标。

11.5.2 经济费用的调整及计算

1. 工程建设费用的调整

土地影子费用的调整：土地影子费用包括土地机会成本和新增资源消耗费用。土地的机会成本按照高速公路项目在整个占用期内使国民经济为此放弃的该土地"最好可行替代用途"的净效益测算，总额为62 921万元。新增资源消耗费用指拆迁费用、剩余劳动力安置费、养老保险费等，该项费用采用影子价格换算系数1.1，换算成影子国民经济费用。

主要材料影子价格调整：随着我国市场经济发展和国际贸易的增长，绝大部分的建材主要由市场定价，政府不再进行管制和干预，市场价格由市场形成，价格可以近似反映价值。尽管税收和补贴的不均衡可能还会使市场价格扭曲，但这种扭曲已经不足以影响项目评价的结果。因此，进行项目国民经济评价时，这类产品的市场价格能够反映影子价格，可以将竣工决算中采用的建筑材料价格作为本次后评价中的影子价格，调整系数取为1。

主要设备购置费的调整：我国机电设备价格由市场进行调节，与国际市场价格相近，故本项目主要设备的国民经济费用不予调整。

劳动工资的调整：本项目工程方案主体工程为路基、路面、桥梁、涵洞等技术含量较大的工程内容，施工水平较高，故取影子工资系数为1。

剔除转移支付：本项目转移支付主要包括国内借款利息、补贴及税金等，竣工决算中，建设期利息列支为49 054万元，供电贴费列支为22万元，税金列支为7909万元，均予剔除。

本项目投资为652 678万元，经上述调整，其经济费用为625 857.3万元，综合换算系数为0.959，各年建设费用按综合换算系数进行调整，运营期再投入费用也按综合换算系数同比例进行调整，工程建设费用调整计算表如表11-8所示。

表11-8　工程建设费用调整计算表　　　　　　（单位：万元）

序号	费用名称	竣算值	经济费用	差额
1	建筑安装工程	522 237	514 330	−7 907
1.1	路基	161 683	161 683	0
1.2	路面	110 588	110 588	0
1.3	桥梁、涵洞	112 174	112 174	0
1.4	交叉工程	66 365	66 365	0
1.5	其他工程及沿线设施	40 201	40 201	0
1.6	临时工程	4 155	4 155	0
1.7	管理、养护及服务房屋	19 164	19 164	0

续表

序号	费用名称	竣算值	经济费用	差额
1.8	税金	7 907	0	−7 907
2	设备及工具器具购置费	12 547	12 547	0
3	工程建设其他费用	117 894	98 980	−18 914
3.1	土地青苗等补偿	32 996	62 921	29 925
3.2	安置补助费	2 373	2 610.3	237
3.3	建设单位管理费	21 031	21 031	0
3.4	研究试验费	1 348	1 348	0
3.5	勘察设计费	11 070	11 070	0
3.6	供电补贴	22	0	−22
3.7	建设期贷款利息	49 054	0	−49 054
*	合计	652 678	625 857.3	−26 821

2. 养护费、大修费及其他费用调整

公路养护及大修费的调整作简化处理，以公路建设费用的综合换算系数 0.959 进行整体调整；征收费用指收费站发生的人员经费、管理费用、设备维护费等各项费用，经济费用可等同于原费用，因此可不作调整；管理费用指管理部门为组织营业活动而发生的管理费用，包括公司经费、工会经费、业务招待费、房产税、车船使用税、印花税、技术转让费、研究开发费等。

11.5.3 经济效益计算

1. 运输成本降低效益

运输成本降低效益是指由于高速公路吸引了部分原有道路的交通量，改善了公路的行车条件，降低了汽车运输成本而产生的效益，此项效益包括两部分内容：一是高速公路降低运输成本的效益；二是原有相关公路降低运输成本的效益。

影响汽车运输成本的主要因素为道路条件和交通条件。由于 LS 高速公路的建设改善了项目所在地区的道路和交通条件，使组成运输成本的基本易耗材料（如燃油、轮胎、汽车配件等）等消耗减少，从而导致各项费用相对减少，因而运输成本相应降低。本次评价参考《公路技术经济指标》中的车速及运输成本模型，以及近年来国内不同地区的汽车运输成本调查成果，并根据项目地区具体经济情况及自然条件，计算不同车速下的运输成本，以此为基础进行运输成本降低效益计算。

2. 运输时间节约效益

LS 高速公路建成后，由于交通条件的改善，旅客时间缩短，可更多地创造国民收入。本次后评价采用客车所载旅客节约的时间用于生产可创造的价值作为客车时间价值，采用货车所载货物节约在途时间所减少的占用资金的利息作为货车时间价值，以此来计算旅客节约在途时间的效益及货物节约在途时间的效益。

3. 减少事故损失的效益

这是指由于交通条件的改善、交通事故的减少而产生的效益。减少事故损失的效益以平均每次事故损失费和有无本项目两种情况下交通事故率差来计算。其中，事故损失不局限于车辆和实物财产的直接经济损失，还考虑了医疗费用、伤者个人产出和收入的损失等经济影响。

4. 国民经济效益汇总

按以上方法对各项效益进行计算，汇总后国民经济效益构成如表11-9所示。

表11-9　国民经济效益构成表　　　　　　　　（单位：万元）

年份\项目	运输成本降低	运输时间节约	减少事故损失	合计
2011	15 071	3 319	2 014	20 403
2012	16 309	4 066	2 379	22 754
2013	15 188	4 224	3 585	22 997
2014	18 140	5 556	4 315	28 011
2015	21 517	7 191	4 855	33 563
2016	26 333	9 467	5 482	41 283
2017	30 182	11 676	5 963	47 821
2018	38 572	15 629	6 715	60 916
2019	49 256	20 725	7 479	77 460
2020	63 438	27 513	8 277	99 228
2021	82 213	36 610	9 101	127 925
2022	105 976	48 528	9 911	164 416
2023	139 193	65 599	10 786	215 578
2024	181 007	88 617	11 618	281 242
2025	234 825	120 843	12 422	368 089
2026	303 411	166 816	13 173	483 400
2027	389 817	233 984	13 844	637 644
2028	498 505	336 321	14 410	849 236
2029	633 307	499 848	14 831	1 147 986
2030	799 387	783 092	15 066	1 597 544

在经济效益评价指标计算过程中，从效益费用流量的角度出发，采用动态的折现方法，把各年经济费用与经济效益按社会折现率折现成评价基年1997年的货币现值，然后计算各指标值，如表11-10所示。

表11-10　LS高速公路国民经济评价指标值

序号	指标名称	单位	计算结果	备注
1	经济内部收益率 EIRR	%	12.88	
2	经济净现值 ENPV	万元	579 562	$i_s=8\%$
3	经济投资回收期 EN	年	19.15	含建设期
4	经济效益费用比 EBCR		2.21	$i_s=8\%$

11.5.4　国民经济评价指标敏感性分析

将所有不确定因素归结为费用和效益两个因素，通过分析费用和效益的变动情况来确定经济评价指标的变化程度，如表11-11所示。

表11-11　经济评价指标敏感性分析表

指标	效益变化 / 费用变化	+20%	+10%	0%	-10%	-20%
EIRR (%)	+20%	12.88	12.32	11.71	11.04	10.31
	+10%	13.46	12.88	12.26	11.59	10.85
	0%	14.09	13.51	12.88	12.20	11.45
	-10%	14.81	14.22	13.58	12.88	12.12
	-20%	15.63	15.02	14.37	13.66	12.88
ENPV (万元)	+20%	695 474	589 526	483 577	377 628	271 679
	+10%	743 467	637 518	531 569	425 621	319 672
	0%	791 459	685 511	579 562	473 613	367 664
	-10%	839 452	733 503	627 555	521 606	415 657
	-20%	887 445	781 496	675 547	569 598	463 650
EN (年)	+20%	19.14	19.48	19.90	20.31	20.79
	+10%	18.78	19.14	19.52	19.98	20.43
	0%	18.37	18.74	19.14	19.56	20.06
	-10%	17.96	18.30	18.70	19.14	19.61
	-20%	17.44	17.81	18.21	18.64	19.14

续表

指标	效益变化 / 费用变化	+20%	+10%	0%	-10%	-20%
EBCR	+20%	1.58	1.45	1.31	1.18	1.05
	+10%	1.72	1.58	1.43	1.29	1.15
	0%	1.89	1.74	1.58	1.42	1.26
	-10%	2.10	1.93	1.75	1.58	1.40
	-20%	2.37	2.17	1.97	1.78	1.58

从表 11-11 中可以看出，项目具有一定的抗风险能力，当最坏的情况发生时，即费用上升 20%、效益下降 20% 时，项目的内部收益率仍可达到 10.31%，高于社会折现率 8%。

通过以上分析和计算可以看出，LS 高速公路具有一定的国民经济效益：经济内部收益率为 12.88%，高于社会折现率 8%；经济效益费用比为 2.21，大于 1；静态投资回收期为 19.15 年，小于项目评价期；经济净现值为 579 562 万元。通过敏感性分析可知，在成本上升 20%、效益下降 20% 的最不利的条件下，经济内部收益率仍可达 10.31%，大于社会折现率 8%，说明项目具有一定的抗风险能力。从国民经济评价角度看，LS 高速公路项目的决策是合理和正确的。

11.6 评价结论

通过对项目市场预测、建设方案、财务效益、经济效益、环境影响等的系统分析和评价，得到以下结论。

1) 前期工作准备和论证充分，方案选择正确

LS 高速公路整个过程分为预可行性研究、可行性研究、初步设计和施工图设计四个阶段，各阶段的工作依据充分、重点突出、思路清晰、数据翔实、结论正确。

该路线选择充分考虑了沿线经济发展和产业布局、农田水利规划和区域路网布局等多种因素，尽量减少不良工程地质地段的通过里程，符合国家及××省公路网规划的要求，该路线方案的选择合理、可行。

2) 路堤高低搭配，方案选择科学合理

该项目基于对影响路基高度的各种因素的综合分析及各个方案的综合比选，确定了路堤高度方案，采用天桥与通道相结合的办法有效降低路基的填土高度，全线基本为填方，降低了造价。

LS 高速公路路基设计充分考虑了各种影响路基高度的因素，基本上按"高

低搭配，总体降低"的原则进行设计，选取的设计标准合适，路基结构合理。一般路基的路拱横坡、超高、边坡防护、护坡道和碎落台等的设置与几何要素的取值等均符合有关规范标准。在满足公路交通功能要求、保持路网畅通的前提下，合理控制路基高度，能够减少借方和占地。

3）不良地基处治方案合理，对未来高速公路建设具有一定的借鉴作用

LS高速公路沿线分布着软土、可液化砂土及砂土与软土交互地层、膨胀土、盐渍土及岩溶等不良地基，尤以软土、可液化土和膨胀土为甚。项目提出的建设方案合理、可行。

4）财务内部收益率合理

财务净现值、投资回收期、财务效益费用比均符合要求，项目内部收益率合理，项目在财务上可行。通过财务敏感性分析可以看出，项目抗单因素变化的能力较强，全部投资（所得税前）及自有资金的几项指标在交通流量减少20%或费用增加20%的情况下均处于正常范围内，本项目具有一定的抗风险能力。长期债务偿还能力分析结果表明，长期借款偿还期为11.40年（不含建设期）。从财务评价的角度看，本项目是可行的，说明LS高速公路项目的决策在财务上是合理和正确的。

5）经济内部收益率高，项目的经济效益较为显著

LS高速公路具有较为显著的国民经济效益，项目的抗风险能力比较强。从经济评价角度看，LS高速公路项目的决策是合理和正确的。

主要参考文献

《投资项目可行性研究指南》编写组.2002.投资项目可行性研究指南.北京：中国电力出版社
陈琳，谭建辉.2009.建设项目社会评价研究——理论与实践.北京：中国建筑工业出版社
陈文晖.2009.工程项目后评价.北京：中国经济出版社
戴大双.2005.项目融资.北京：机械工业出版社
党耀国，李帮义，朱建军.2009.运筹学.北京：科学出版社
范忠宝.2002.投资项目评估教程.北京：经济科学出版社
葛宝山，邬文康.2004.工程项目评估.北京：清华大学出版社，北京交通大学出版社
郭仲伟.1987.风险分析与决策.北京：机械工业出版社
国家发展和改革委员会，建设部.2006.建设项目经济评价方法与参数（第三版）.北京：中国计划出版社
国务院国有资产监督管理委员会.2005年.中央企业固定资产投资项目后评价工作指南
姜伟新，张三力.2001.投资项目后评价.北京：中国石化出版社
蒋先玲.2004.项目融资.北京：中国金融出版社
李春好，曲久龙.2004.项目融资.北京：科学出版社
李南.2009.工程经济学.北京：科学出版社
刘建.2007.投资项目经济评价和财务分析.哈尔滨：哈尔滨工程大学出版社
刘思峰，党耀国，方志耕.2004.灰色系统理论及其应用（第三版）.北京：科学出版社
刘思峰，党耀国.2005.预测方法与技术.北京：高等教育出版社
刘思峰，唐学文，米传民.2009.路桥项目后评价理论与方法.北京：科学出版社
刘思峰，吴和成，菅利荣.2007.应用统计学.北京：高等教育出版社
马凯，姜伟新.2006.投资体制改革文件汇编.北京：中国环境科学出版社
戚安邦.2006.项目评估学.天津：南开大学出版社
企业会计准则——应用指南导读组.2006.企业会计准则——应用指南.北京：中国经济出版社
全国注册咨询工程师（投资）资格考试参考教材编写委员会.2007.工程咨询概论（2008版）.北京：中国计划出版社
全国注册咨询工程师（投资）资格考试参考教材编写委员会.2007.项目决策分析与评价（2008版）.北京：中国计划出版社
施金亮.2008.投资项目经济评价理论与实务.上海：立信会计出版社
孙元欣，徐勇谋.2005.投资项目评价理论、方法与案例.上海：上海科学技术文献出版社
王立国.2006.项目评估理论与实务.北京：首都经济贸易大学出版社
王蔚松，夏健明.2004.项目评估.北京：清华大学出版社
吴大军，王立国.2002.项目评估.大连：东北财经大学出版社
谢海红，罗江浩，贾元华.2009.交通项目评估与管理.北京：人民交通出版社
徐强，黎东升.1998.投资项目评估.北京：中国工人出版社
于守法，中国国际工程咨询公司投资项目可行性研究与评价中心.2003.投资项目可行性研究报告编写范例.北京：中国电力出版社
张启振，张阿芬.2007.投资项目评估.厦门：厦门大学出版社

张三力.1998.项目后评价.北京：清华大学出版社

赵建华，高凤彦.2005.技术经济学.北京：科学出版社

中国国际工程咨询公司.2004.中国投资项目社会评价指南.北京：中国计划出版社

中华人民共和国财政部.2001.企业会计制度（2001）.北京：经济科学出版社

中华人民共和国财政部.2006.企业会计准则（2006）.北京：经济科学出版社

周惠珍.2005.投资项目评估.大连：东北财经大学出版社

周惠珍.2007.现代投资项目管理手册.北京：中国电力出版社

周惠珍.2010.投资项目评估方法与实务.北京：中国计划出版社

附　　表

附表1　复利现值系数表

计算公式：$p=(1+i)^{-n}$

期数	1%	2%	3%	4%	5%	6%	7%	8%	9%	10%
1	0.9901	0.9804	0.9709	0.9615	0.9524	0.9434	0.9346	0.9259	0.9174	0.9091
2	0.9803	0.9612	0.9426	0.9246	0.9070	0.8900	0.8734	0.8573	0.8417	0.8264
3	0.9706	0.9423	0.9151	0.8890	0.8638	0.8396	0.8163	0.7938	0.7722	0.7513
4	0.9610	0.9238	0.8885	0.8548	0.8227	0.7921	0.7629	0.7350	0.7084	0.6830
5	0.9515	0.9057	0.8626	0.8219	0.7835	0.7473	0.7130	0.6806	0.6499	0.6209
6	0.9420	0.8880	0.8375	0.7903	0.7462	0.7050	0.6663	0.6302	0.5963	0.5645
7	0.9327	0.8706	0.8131	0.7599	0.7107	0.6651	0.6227	0.5835	0.5470	0.5132
8	0.9235	0.8535	0.7894	0.7307	0.6768	0.6274	0.5820	0.5403	0.5019	0.4665
9	0.9143	0.8368	0.7664	0.7026	0.6446	0.5919	0.5439	0.5002	0.4604	0.4241
10	0.9053	0.8203	0.7441	0.6756	0.6139	0.5584	0.5083	0.4632	0.4224	0.3855
11	0.8963	0.8043	0.7224	0.6496	0.5847	0.5268	0.4751	0.4289	0.3875	0.3505
12	0.8874	0.7885	0.7014	0.6246	0.5568	0.4970	0.4440	0.3971	0.3555	0.3186
13	0.8787	0.7730	0.6810	0.6006	0.5303	0.4688	0.4150	0.3677	0.3262	0.2897
14	0.8700	0.7579	0.6611	0.5775	0.5051	0.4423	0.3878	0.3405	0.2992	0.2633
15	0.8613	0.7430	0.6419	0.5553	0.4810	0.4173	0.3624	0.3152	0.2745	0.2394
16	0.8528	0.7284	0.6232	0.5339	0.4581	0.3936	0.3387	0.2919	0.2519	0.2176
17	0.8444	0.7142	0.6050	0.5134	0.4363	0.3714	0.3166	0.2703	0.2311	0.1978
18	0.8360	0.7002	0.5874	0.4936	0.4155	0.3503	0.2959	0.2502	0.2120	0.1799
19	0.8277	0.6864	0.5703	0.4746	0.3957	0.3305	0.2765	0.2317	0.1945	0.1635
20	0.8195	0.6730	0.5537	0.4564	0.3769	0.3118	0.2584	0.2145	0.1784	0.1486
21	0.8114	0.6598	0.5375	0.4388	0.3589	0.2942	0.2415	0.1987	0.1637	0.1351
22	0.8034	0.6468	0.5219	0.4220	0.3418	0.2775	0.2257	0.1839	0.1502	0.1228
23	0.7954	0.6342	0.5067	0.4057	0.3256	0.2618	0.2109	0.1703	0.1378	0.1117
24	0.7876	0.6217	0.4919	0.3901	0.3101	0.2470	0.1971	0.1577	0.1264	0.1015
25	0.7798	0.6095	0.4776	0.3751	0.2953	0.2330	0.1842	0.1460	0.1160	0.0923
26	0.7720	0.5976	0.4637	0.3607	0.2812	0.2198	0.1722	0.1352	0.1064	0.0839
27	0.7644	0.5859	0.4502	0.3468	0.2678	0.2074	0.1609	0.1252	0.0976	0.0763
28	0.7568	0.5744	0.4371	0.3335	0.2551	0.1956	0.1504	0.1159	0.0895	0.0693
29	0.7493	0.5631	0.4243	0.3207	0.2429	0.1846	0.1406	0.1073	0.0822	0.0630
30	0.7419	0.5521	0.4120	0.3083	0.2314	0.1741	0.1314	0.0994	0.0754	0.0573

续表

期数	11%	12%	13%	14%	15%	16%	17%	18%	19%	20%
1	0.9009	0.8929	0.8850	0.8772	0.8696	0.8621	0.8547	0.8475	0.8403	0.8333
2	0.8116	0.7972	0.7831	0.7695	0.7561	0.7432	0.7305	0.7182	0.7062	0.6944
3	0.7312	0.7118	0.6931	0.6750	0.6575	0.6407	0.6244	0.6086	0.5934	0.5787
4	0.6587	0.6355	0.6133	0.5921	0.5718	0.5523	0.5337	0.5158	0.4987	0.4823
5	0.5935	0.5674	0.5428	0.5194	0.4972	0.4761	0.4561	0.4371	0.4190	0.4019
6	0.5346	0.5066	0.4803	0.4556	0.4323	0.4104	0.3898	0.3704	0.3521	0.3349
7	0.4817	0.4523	0.4251	0.3996	0.3759	0.3538	0.3332	0.3139	0.2959	0.2791
8	0.4339	0.4039	0.3762	0.3506	0.3269	0.3050	0.2848	0.2660	0.2487	0.2326
9	0.3909	0.3606	0.3329	0.3075	0.2843	0.2630	0.2434	0.2255	0.2090	0.1938
10	0.3522	0.3220	0.2946	0.2697	0.2472	0.2267	0.2080	0.1911	0.1756	0.1615
11	0.3173	0.2875	0.2607	0.2366	0.2149	0.1954	0.1778	0.1619	0.1476	0.1346
12	0.2858	0.2567	0.2307	0.2076	0.1869	0.1685	0.1520	0.1372	0.1240	0.1122
13	0.2575	0.2292	0.2042	0.1821	0.1625	0.1452	0.1299	0.1163	0.1042	0.0935
14	0.2320	0.2046	0.1807	0.1597	0.1413	0.1252	0.1110	0.0985	0.0876	0.0779
15	0.2090	0.1827	0.1599	0.1401	0.1229	0.1079	0.0949	0.0835	0.0736	0.0649
16	0.1883	0.1631	0.1415	0.1229	0.1069	0.0930	0.0811	0.0708	0.0618	0.0541
17	0.1696	0.1456	0.1252	0.1078	0.0929	0.0802	0.0693	0.0600	0.0520	0.0451
18	0.1528	0.1300	0.1108	0.0946	0.0808	0.0691	0.0592	0.0508	0.0437	0.0376
19	0.1377	0.1161	0.0981	0.0829	0.0703	0.0596	0.0506	0.0431	0.0367	0.0313
20	0.1240	0.1037	0.0868	0.0728	0.0611	0.0514	0.0433	0.0365	0.0308	0.0261
21	0.1117	0.0926	0.0768	0.0638	0.0531	0.0443	0.0370	0.0309	0.0259	0.0217
22	0.1007	0.0826	0.0680	0.0560	0.0462	0.0382	0.0316	0.0262	0.0218	0.0181
23	0.0907	0.0738	0.0601	0.0491	0.0402	0.0329	0.0270	0.0222	0.0183	0.0151
24	0.0817	0.0659	0.0532	0.0431	0.0349	0.0284	0.0231	0.0188	0.0154	0.0126
25	0.0736	0.0588	0.0471	0.0378	0.0304	0.0245	0.0197	0.0160	0.0129	0.0105
26	0.0663	0.0525	0.0417	0.0331	0.0264	0.0211	0.0169	0.0135	0.0109	0.0087
27	0.0597	0.0469	0.0369	0.0291	0.0230	0.0182	0.0144	0.0115	0.0091	0.0073
28	0.0538	0.0419	0.0326	0.0255	0.0200	0.0157	0.0123	0.0097	0.0077	0.0061
29	0.0485	0.0374	0.0289	0.0224	0.0174	0.0135	0.0105	0.0082	0.0064	0.0051
30	0.0437	0.0334	0.0256	0.0196	0.0151	0.0116	0.0090	0.0070	0.0054	0.0042

续表

期数	21%	22%	23%	24%	25%	26%	27%	28%	29%	30%
1	0.8264	0.8197	0.8130	0.8065	0.8000	0.7937	0.7874	0.7813	0.7752	0.7692
2	0.6830	0.6719	0.6610	0.6504	0.6400	0.6299	0.6200	0.6104	0.6009	0.5917
3	0.5645	0.5507	0.5374	0.5245	0.5120	0.4999	0.4882	0.4768	0.4658	0.4552
4	0.4665	0.4514	0.4369	0.4230	0.4096	0.3968	0.3844	0.3725	0.3611	0.3501
5	0.3855	0.3700	0.3552	0.3411	0.3277	0.3149	0.3027	0.2910	0.2799	0.2693
6	0.3186	0.3033	0.2888	0.2751	0.2621	0.2499	0.2383	0.2274	0.2170	0.2072
7	0.2633	0.2486	0.2348	0.2218	0.2097	0.1983	0.1877	0.1776	0.1682	0.1594
8	0.2176	0.2038	0.1909	0.1789	0.1678	0.1574	0.1478	0.1388	0.1304	0.1226
9	0.1799	0.1670	0.1552	0.1443	0.1342	0.1249	0.1164	0.1084	0.1011	0.0943
10	0.1486	0.1369	0.1262	0.1164	0.1074	0.0992	0.0916	0.0847	0.0784	0.0725
11	0.1228	0.1122	0.1026	0.0938	0.0859	0.0787	0.0721	0.0662	0.0607	0.0558
12	0.1015	0.0920	0.0834	0.0757	0.0687	0.0625	0.0568	0.0517	0.0471	0.0429
13	0.0839	0.0754	0.0678	0.0610	0.0550	0.0496	0.0447	0.0404	0.0365	0.0330
14	0.0693	0.0618	0.0551	0.0492	0.0440	0.0393	0.0352	0.0316	0.0283	0.0254
15	0.0573	0.0507	0.0448	0.0397	0.0352	0.0312	0.0277	0.0247	0.0219	0.0195
16	0.0474	0.0415	0.0364	0.0320	0.0281	0.0248	0.0218	0.0193	0.0170	0.0150
17	0.0391	0.0340	0.0296	0.0258	0.0225	0.0197	0.0172	0.0150	0.0132	0.0116
18	0.0323	0.0279	0.0241	0.0208	0.0180	0.0156	0.0135	0.0118	0.0102	0.0089
19	0.0267	0.0229	0.0196	0.0168	0.0144	0.0124	0.0107	0.0092	0.0079	0.0068
20	0.0221	0.0187	0.0159	0.0135	0.0115	0.0098	0.0084	0.0072	0.0061	0.0053
21	0.0183	0.0154	0.0129	0.0109	0.0092	0.0078	0.0066	0.0056	0.0048	0.0040
22	0.0151	0.0126	0.0105	0.0088	0.0074	0.0062	0.0052	0.0044	0.0037	0.0031
23	0.0125	0.0103	0.0086	0.0071	0.0059	0.0049	0.0041	0.0034	0.0029	0.0024
24	0.0103	0.0085	0.0070	0.0057	0.0047	0.0039	0.0032	0.0027	0.0022	0.0018
25	0.0085	0.0069	0.0057	0.0046	0.0038	0.0031	0.0025	0.0021	0.0017	0.0014
26	0.0070	0.0057	0.0046	0.0037	0.0030	0.0025	0.0020	0.0016	0.0013	0.0011
27	0.0058	0.0047	0.0037	0.0030	0.0024	0.0019	0.0016	0.0013	0.0010	0.0008
28	0.0048	0.0038	0.0030	0.0024	0.0019	0.0015	0.0012	0.0010	0.0008	0.0006
29	0.0040	0.0031	0.0025	0.0020	0.0015	0.0012	0.0010	0.0008	0.0006	0.0005
30	0.0033	0.0026	0.0020	0.0016	0.0012	0.0010	0.0008	0.0006	0.0005	0.0004

附表2　复利终值系数表

计算公式：$f = (1+i)^n$

期数	1%	2%	3%	4%	5%	6%	7%	8%	9%	10%
1	1.0100	1.0200	1.0300	1.0400	1.0500	1.0600	1.0700	1.0800	1.0900	1.1000
2	1.0201	1.0404	1.0609	1.0816	1.1025	1.1236	1.1449	1.1664	1.1881	1.2100
3	1.0303	1.0612	1.0927	1.1249	1.1576	1.1910	1.2250	1.2597	1.2950	1.3310
4	1.0406	1.0824	1.1255	1.1699	1.2155	1.2625	1.3108	1.3605	1.4116	1.4641
5	1.0510	1.1041	1.1593	1.2167	1.2763	1.3382	1.4026	1.4693	1.5386	1.6105
6	1.0615	1.1262	1.1941	1.2653	1.3401	1.4185	1.5007	1.5869	1.6771	1.7716
7	1.0721	1.1487	1.2299	1.3159	1.4071	1.5036	1.6058	1.7138	1.8280	1.9487
8	1.0829	1.1717	1.2668	1.3686	1.4775	1.5938	1.7182	1.8509	1.9926	2.1436
9	1.0937	1.1951	1.3048	1.4233	1.5513	1.6895	1.8385	1.9990	2.1719	2.3579
10	1.1046	1.2190	1.3439	1.4802	1.6289	1.7908	1.9672	2.1589	2.3674	2.5937
11	1.1157	1.2434	1.3842	1.5395	1.7103	1.8983	2.1049	2.3316	2.5804	2.8531
12	1.1268	1.2682	1.4258	1.6010	1.7959	2.0122	2.2522	2.5182	2.8127	3.1384
13	1.1381	1.2936	1.4685	1.6651	1.8856	2.1329	2.4098	2.7196	3.0658	3.4523
14	1.1495	1.3195	1.5126	1.7317	1.9799	2.2609	2.5785	2.9372	3.3417	3.7975
15	1.1610	1.3459	1.5580	1.8009	2.0789	2.3966	2.7590	3.1722	3.6425	4.1772
16	1.1726	1.3728	1.6047	1.8730	2.1829	2.5404	2.9522	3.4259	3.9703	4.5950
17	1.1843	1.4002	1.6528	1.9479	2.2920	2.6928	3.1588	3.7000	4.3276	5.0545
18	1.1961	1.4282	1.7024	2.0258	2.4066	2.8543	3.3799	3.9960	4.7171	5.5599
19	1.2081	1.4568	1.7535	2.1068	2.5270	3.0256	3.6165	4.3157	5.1417	6.1159
20	1.2202	1.4859	1.8061	2.1911	2.6533	3.2071	3.8697	4.6610	5.6044	6.7275
21	1.2324	1.5157	1.8603	2.2788	2.7860	3.3996	4.1406	5.0338	6.1088	7.4002
22	1.2447	1.5460	1.9161	2.3699	2.9253	3.6035	4.4304	5.4365	6.6586	8.1403
23	1.2572	1.5769	1.9736	2.4647	3.0715	3.8197	4.7405	5.8715	7.2579	8.9543
24	1.2697	1.6084	2.0328	2.5633	3.2251	4.0489	5.0724	6.3412	7.9111	9.8497
25	1.2824	1.6406	2.0938	2.6658	3.3864	4.2919	5.4274	6.8485	8.6231	10.8347
26	1.2953	1.6734	2.1566	2.7725	3.5557	4.5494	5.8074	7.3964	9.3992	11.9182
27	1.3082	1.7069	2.2213	2.8834	3.7335	4.8223	6.2139	7.9881	10.2451	13.1100
28	1.3213	1.7410	2.2879	2.9987	3.9201	5.1117	6.6488	8.6271	11.1671	14.4210
29	1.3345	1.7758	2.3566	3.1187	4.1161	5.4184	7.1143	9.3173	12.1722	15.8631
30	1.3478	1.8114	2.4273	3.2434	4.3219	5.7435	7.6123	10.0627	13.2677	17.4494

续表

期数	11%	12%	13%	14%	15%	16%	17%	18%	19%	20%
1	1.1100	1.1200	1.1300	1.1400	1.1500	1.1600	1.1700	1.1800	1.1900	1.2000
2	1.2321	1.2544	1.2769	1.2996	1.3225	1.3456	1.3689	1.3924	1.4161	1.4400
3	1.3676	1.4049	1.4429	1.4815	1.5209	1.5609	1.6016	1.6430	1.6852	1.7280
4	1.5181	1.5735	1.6305	1.6890	1.7490	1.8106	1.8739	1.9388	2.0053	2.0736
5	1.6851	1.7623	1.8424	1.9254	2.0114	2.1003	2.1924	2.2878	2.3864	2.4883
6	1.8704	1.9738	2.0820	2.1950	2.3131	2.4364	2.5652	2.6996	2.8398	2.9860
7	2.0762	2.2107	2.3526	2.5023	2.6600	2.8262	3.0012	3.1855	3.3793	3.5832
8	2.3045	2.4760	2.6584	2.8526	3.0590	3.2784	3.5115	3.7589	4.0214	4.2998
9	2.5580	2.7731	3.0040	3.2519	3.5179	3.8030	4.1084	4.4355	4.7854	5.1598
10	2.8394	3.1058	3.3946	3.7072	4.0456	4.4114	4.8068	5.2338	5.6947	6.1917
11	3.1518	3.4786	3.8359	4.2262	4.6524	5.1173	5.6240	6.1759	6.7767	7.4301
12	3.4985	3.8960	4.3345	4.8179	5.3503	5.9360	6.5801	7.2876	8.0642	8.9161
13	3.8833	4.3635	4.8980	5.4924	6.1528	6.8858	7.6987	8.5994	9.5964	10.6993
14	4.3104	4.8871	5.5348	6.2613	7.0757	7.9875	9.0075	10.1472	11.4198	12.8392
15	4.7846	5.4736	6.2543	7.1379	8.1371	9.2655	10.5387	11.9737	13.5895	15.4070
16	5.3109	6.1304	7.0673	8.1372	9.3576	10.7480	12.3303	14.1290	16.1715	18.4884
17	5.8951	6.8660	7.9861	9.2765	10.7613	12.4677	14.4265	16.6722	19.2441	22.1861
18	6.5436	7.6900	9.0243	10.5752	12.3755	14.4625	16.8790	19.6733	22.9005	26.6233
19	7.2633	8.6128	10.1974	12.0557	14.2318	16.7765	19.7484	23.2144	27.2516	31.9480
20	8.0623	9.6463	11.5231	13.7435	16.3665	19.4608	23.1056	27.3930	32.4294	38.3376
21	8.9492	10.8038	13.0211	15.6676	18.8215	22.5745	27.0336	32.3238	38.5910	46.0051
22	9.9336	12.1003	14.7138	17.8610	21.6447	26.1864	31.6293	38.1421	45.9233	55.2061
23	11.0263	13.5523	16.6266	20.3616	24.8915	30.3762	37.0062	45.0076	54.6487	66.2474
24	12.2392	15.1786	18.7881	23.2122	28.6252	35.2364	43.2973	53.1090	65.0320	79.4968
25	13.5855	17.0001	21.2305	26.4619	32.9190	40.8742	50.6578	62.6686	77.3881	95.3962
26	15.0799	19.0401	23.9905	30.1666	37.8568	47.4141	59.2697	73.9490	92.0918	114.4755
27	16.7387	21.3249	27.1093	34.3899	43.5353	55.0004	69.3455	87.2598	109.5893	137.3706
28	18.5799	23.8839	30.6335	39.2045	50.0656	63.8004	81.1342	102.9666	130.4112	164.8447
29	20.6237	26.7499	34.6158	44.6931	57.5755	74.0085	94.9271	121.5005	155.1893	197.8136
30	22.8923	29.9599	39.1159	50.9502	66.2118	85.8499	111.0647	143.3706	184.6753	237.3763

续表

期数	21%	22%	23%	24%	25%	26%	27%	28%	29%	30%
1	1.2100	1.2200	1.2300	1.2400	1.2500	1.2600	1.2700	1.2800	1.2900	1.3000
2	1.4641	1.4884	1.5129	1.5376	1.5625	1.5876	1.6129	1.6384	1.6641	1.6900
3	1.7716	1.8158	1.8609	1.9066	1.9531	2.0004	2.0484	2.0972	2.1467	2.1970
4	2.1436	2.2153	2.2889	2.3642	2.4414	2.5205	2.6014	2.6844	2.7692	2.8561
5	2.5937	2.7027	2.8153	2.9316	3.0518	3.1758	3.3038	3.4360	3.5723	3.7129
6	3.1384	3.2973	3.4628	3.6352	3.8147	4.0015	4.1959	4.3980	4.6083	4.8268
7	3.7975	4.0227	4.2593	4.5077	4.7684	5.0419	5.3288	5.6295	5.9447	6.2749
8	4.5950	4.9077	5.2389	5.5895	5.9605	6.3528	6.7675	7.2058	7.6686	8.1573
9	5.5599	5.9874	6.4439	6.9310	7.4506	8.0045	8.5948	9.2234	9.8925	10.6045
10	6.7275	7.3046	7.9259	8.5944	9.3132	10.0857	10.9153	11.8059	12.7614	13.7858
11	8.1403	8.9117	9.7489	10.6571	11.6415	12.7080	13.8625	15.1116	16.4622	17.9216
12	9.8497	10.8722	11.9912	13.2148	14.5519	16.0120	17.6053	19.3428	21.2362	23.2981
13	11.9182	13.2641	14.7491	16.3863	18.1899	20.1752	22.3588	24.7588	27.3947	30.2875
14	14.4210	16.1822	18.1414	20.3191	22.7374	25.4207	28.3957	31.6913	35.3391	39.3738
15	17.4494	19.7423	22.3140	25.1956	28.4217	32.0301	36.0625	40.5648	45.5875	51.1859
16	21.1138	24.0856	27.4462	31.2426	35.5271	40.3579	45.7994	51.9230	58.8079	66.5417
17	25.5477	29.3844	33.7588	38.7408	44.4089	50.8510	58.1652	66.4614	75.8621	86.5042
18	30.9127	35.8490	41.5233	48.0386	55.5112	64.0722	73.8698	85.0706	97.8622	112.4554
19	37.4043	43.7358	51.0737	59.5679	69.3889	80.7310	93.8147	108.8904	126.2422	146.1920
20	45.2593	53.3576	62.8206	73.8641	86.7362	101.7211	119.1446	139.3797	162.8524	190.0496
21	54.7637	65.0963	77.2694	91.5915	108.4202	128.1685	151.3137	178.4060	210.0796	247.0645
22	66.2641	79.4175	95.0413	113.5735	135.5253	161.4924	192.1683	228.3596	271.0027	321.1839
23	80.1795	96.8894	116.9008	140.8312	169.4066	203.4804	244.0538	292.3003	349.5935	417.5391
24	97.0172	118.2050	143.7880	174.6306	211.7582	256.3853	309.9483	374.1444	450.9756	542.8008
25	117.3909	144.2101	176.8593	216.5420	264.6978	323.0454	393.6344	478.9049	581.7585	705.6410
26	142.0429	175.9364	217.5369	268.5121	330.8722	407.0373	499.9157	612.9982	750.4685	917.3333
27	171.8719	214.6424	267.5704	332.9550	413.5903	512.8670	634.8929	784.6377	968.1044	1192.5333
28	207.9651	261.8637	329.1115	412.8642	516.9879	646.2124	806.3140	1004.3363	1248.8546	1550.2933
29	251.6377	319.4737	404.8072	511.9516	646.2349	814.2276	1024.0187	1285.5504	1611.0225	2015.3813
30	304.4816	389.7579	497.9129	634.8199	807.7936	1025.9267	1300.5038	1645.5046	2078.2190	2619.9956

附表3 年金现值系数表

计算公式：$p=\dfrac{1-(1+i)^{-n}}{i}$

期数	1%	2%	3%	4%	5%	6%	7%	8%	9%	10%
1	0.9901	0.9804	0.9709	0.9615	0.9524	0.9434	0.9346	0.9259	0.9174	0.9091
2	1.9704	1.9416	1.9135	1.8861	1.8594	1.8334	1.8080	1.7833	1.7591	1.7355
3	2.9410	2.8839	2.8286	2.7751	2.7232	2.6730	2.6243	2.5771	2.5313	2.4869
4	3.9020	3.8077	3.7171	3.6299	3.5460	3.4651	3.3872	3.3121	3.2397	3.1699
5	4.8534	4.7135	4.5797	4.4518	4.3295	4.2124	4.1002	3.9927	3.8897	3.7908
6	5.7955	5.6014	5.4172	5.2421	5.0757	4.9173	4.7665	4.6229	4.4859	4.3553
7	6.7282	6.4720	6.2303	6.0021	5.7864	5.5824	5.3893	5.2064	5.0330	4.8684
8	7.6517	7.3255	7.0197	6.7327	6.4632	6.2098	5.9713	5.7466	5.5348	5.3349
9	8.5660	8.1622	7.7861	7.4353	7.1078	6.8017	6.5152	6.2469	5.9952	5.7590
10	9.4713	8.9826	8.5302	8.1109	7.7217	7.3601	7.0236	6.7101	6.4177	6.1446
11	10.3676	9.7868	9.2526	8.7605	8.3064	7.8869	7.4987	7.1390	6.8052	6.4951
12	11.2551	10.5753	9.9540	9.3851	8.8633	8.3838	7.9427	7.5361	7.1607	6.8137
13	12.1337	11.3484	10.6350	9.9856	9.3936	8.8527	8.3577	7.9038	7.4869	7.1034
14	13.0037	12.1062	11.2961	10.5631	9.8986	9.2950	8.7455	8.2442	7.7862	7.3667
15	13.8651	12.8493	11.9379	11.1184	10.3797	9.7122	9.1079	8.5595	8.0607	7.6061
16	14.7179	13.5777	12.5611	11.6523	10.8378	10.1059	9.4466	8.8514	8.3126	7.8237
17	15.5623	14.2919	13.1661	12.1657	11.2741	10.4773	9.7632	9.1216	8.5436	8.0216
18	16.3983	14.9920	13.7535	12.6593	11.6896	10.8276	10.0591	9.3719	8.7556	8.2014
19	17.2260	15.6785	14.3238	13.1339	12.0853	11.1581	10.3356	9.6036	8.9501	8.3649
20	18.0456	16.3514	14.8775	13.5903	12.4622	11.4699	10.5940	9.8181	9.1285	8.5136
21	18.8570	17.0112	15.4150	14.0292	12.8212	11.7641	10.8355	10.0168	9.2922	8.6487
22	19.6604	17.6580	15.9369	14.4511	13.1630	12.0416	11.0612	10.2007	9.4424	8.7715
23	20.4558	18.2922	16.4436	14.8568	13.4886	12.3034	11.2722	10.3711	9.5802	8.8832
24	21.2434	18.9139	16.9355	15.2470	13.7986	12.5504	11.4693	10.5288	9.7066	8.9847
25	22.0232	19.5235	17.4131	15.6221	14.0939	12.7834	11.6536	10.6748	9.8226	9.0770
26	22.7952	20.1210	17.8768	15.9828	14.3752	13.0032	11.8258	10.8100	9.9290	9.1609
27	23.5596	20.7069	18.3270	16.3296	14.6430	13.2105	11.9867	10.9352	10.0266	9.2372
28	24.3164	21.2813	18.7641	16.6631	14.8981	13.4062	12.1371	11.0511	10.1161	9.3066
29	25.0658	21.8444	19.1885	16.9837	15.1411	13.5907	12.2777	11.1584	10.1983	9.3696
30	25.8077	22.3965	19.6004	17.2920	15.3725	13.7648	12.4090	11.2578	10.2737	9.4269

续表

期数	11%	12%	13%	14%	15%	16%	17%	18%	19%	20%
1	0.9009	0.8929	0.8850	0.8772	0.8696	0.8621	0.8547	0.8475	0.8403	0.8333
2	1.7125	1.6901	1.6681	1.6467	1.6257	1.6052	1.5852	1.5656	1.5465	1.5278
3	2.4437	2.4018	2.3612	2.3216	2.2832	2.2459	2.2096	2.1743	2.1399	2.1065
4	3.1024	3.0373	2.9745	2.9137	2.8550	2.7982	2.7432	2.6901	2.6386	2.5887
5	3.6959	3.6048	3.5172	3.4331	3.3522	3.2743	3.1993	3.1272	3.0576	2.9906
6	4.2305	4.1114	3.9975	3.8887	3.7845	3.6847	3.5892	3.4976	3.4098	3.3255
7	4.7122	4.5638	4.4226	4.2883	4.1604	4.0386	3.9224	3.8115	3.7057	3.6046
8	5.1461	4.9676	4.7988	4.6389	4.4873	4.3436	4.2072	4.0776	3.9544	3.8372
9	5.5370	5.3282	5.1317	4.9464	4.7716	4.6065	4.4506	4.3030	4.1633	4.0310
10	5.8892	5.6502	5.4262	5.2161	5.0188	4.8332	4.6586	4.4941	4.3389	4.1925
11	6.2065	5.9377	5.6869	5.4527	5.2337	5.0286	4.8364	4.6560	4.4865	4.3271
12	6.4924	6.1944	5.9176	5.6603	5.4206	5.1971	4.9884	4.7932	4.6105	4.4392
13	6.7499	6.4235	6.1218	5.8424	5.5831	5.3423	5.1183	4.9095	4.7147	4.5327
14	6.9819	6.6282	6.3025	6.0021	5.7245	5.4675	5.2293	5.0081	4.8023	4.6106
15	7.1909	6.8109	6.4624	6.1422	5.8474	5.5755	5.3242	5.0916	4.8759	4.6755
16	7.3792	6.9740	6.6039	6.2651	5.9542	5.6685	5.4053	5.1624	4.9377	4.7296
17	7.5488	7.1196	6.7291	6.3729	6.0472	5.7487	5.4746	5.2223	4.9897	4.7746
18	7.7016	7.2497	6.8399	6.4674	6.1280	5.8178	5.5339	5.2732	5.0333	4.8122
19	7.8393	7.3658	6.9380	6.5504	6.1982	5.8775	5.5845	5.3162	5.0700	4.8435
20	7.9633	7.4694	7.0248	6.6231	6.2593	5.9288	5.6278	5.3527	5.1009	4.8696
21	8.0751	7.5620	7.1016	6.6870	6.3125	5.9731	5.6648	5.3837	5.1268	4.8913
22	8.1757	7.6446	7.1695	6.7429	6.3587	6.0113	5.6964	5.4099	5.1486	4.9094
23	8.2664	7.7184	7.2297	6.7921	6.3988	6.0442	5.7234	5.4321	5.1668	4.9245
24	8.3481	7.7843	7.2829	6.8351	6.4338	6.0726	5.7465	5.4509	5.1822	4.9371
25	8.4217	7.8431	7.3300	6.8729	6.4641	6.0971	5.7662	5.4669	5.1951	4.9476
26	8.4881	7.8957	7.3717	6.9061	6.4906	6.1182	5.7831	5.4804	5.2060	4.9563
27	8.5478	7.9426	7.4086	6.9352	6.5135	6.1364	5.7975	5.4919	5.2151	4.9636
28	8.6016	7.9844	7.4412	6.9607	6.5335	6.1520	5.8099	5.5016	5.2228	4.9697
29	8.6501	8.0218	7.4701	6.9830	6.5509	6.1656	5.8204	5.5098	5.2292	4.9747
30	8.6938	8.0552	7.4957	7.0027	6.5660	6.1772	5.8294	5.5168	5.2347	4.9789

续表

期数	21%	22%	23%	24%	25%	26%	27%	28%	29%	30%
1	0.8264	0.8197	0.8130	0.8065	0.8000	0.7937	0.7874	0.7813	0.7752	0.7692
2	1.5095	1.4915	1.4740	1.4568	1.4400	1.4235	1.4074	1.3916	1.3761	1.3609
3	2.0739	2.0422	2.0114	1.9813	1.9520	1.9234	1.8956	1.8684	1.8420	1.8161
4	2.5404	2.4936	2.4483	2.4043	2.3616	2.3202	2.2800	2.2410	2.2031	2.1662
5	2.9260	2.8636	2.8035	2.7454	2.6893	2.6351	2.5827	2.5320	2.4830	2.4356
6	3.2446	3.1669	3.0923	3.0205	2.9514	2.8850	2.8210	2.7594	2.7000	2.6427
7	3.5079	3.4155	3.3270	3.2423	3.1611	3.0833	3.0087	2.9370	2.8682	2.8021
8	3.7256	3.6193	3.5179	3.4212	3.3289	3.2407	3.1564	3.0758	2.9986	2.9247
9	3.9054	3.7863	3.6731	3.5655	3.4631	3.3657	3.2728	3.1842	3.0997	3.0190
10	4.0541	3.9232	3.7993	3.6819	3.5705	3.4648	3.3644	3.2689	3.1781	3.0915
11	4.1769	4.0354	3.9018	3.7757	3.6564	3.5435	3.4365	3.3351	3.2388	3.1473
12	4.2784	4.1274	3.9852	3.8514	3.7251	3.6059	3.4933	3.3868	3.2859	3.1903
13	4.3624	4.2028	4.0530	3.9124	3.7801	3.6555	3.5381	3.4272	3.3224	3.2233
14	4.4317	4.2646	4.1082	3.9616	3.8241	3.6949	3.5733	3.4587	3.3507	3.2487
15	4.4890	4.3152	4.1530	4.0013	3.8593	3.7261	3.6010	3.4834	3.3726	3.2682
16	4.5364	4.3567	4.1894	4.0333	3.8874	3.7509	3.6228	3.5026	3.3896	3.2832
17	4.5755	4.3908	4.2190	4.0591	3.9099	3.7705	3.6400	3.5177	3.4028	3.2948
18	4.6079	4.4187	4.2431	4.0799	3.9279	3.7861	3.6536	3.5294	3.4130	3.3037
19	4.6346	4.4415	4.2627	4.0967	3.9424	3.7985	3.6642	3.5386	3.4210	3.3105
20	4.6567	4.4603	4.2786	4.1103	3.9539	3.8083	3.6726	3.5458	3.4271	3.3158
21	4.6750	4.4756	4.2916	4.1212	3.9631	3.8161	3.6792	3.5514	3.4319	3.3198
22	4.6900	4.4882	4.3021	4.1300	3.9705	3.8223	3.6844	3.5558	3.4356	3.3230
23	4.7025	4.4985	4.3106	4.1371	3.9764	3.8273	3.6885	3.5592	3.4384	3.3254
24	4.7128	4.5070	4.3176	4.1428	3.9811	3.8312	3.6918	3.5619	3.4406	3.3272
25	4.7213	4.5139	4.3232	4.1474	3.9849	3.8342	3.6943	3.5640	3.4423	3.3286
26	4.7284	4.5196	4.3278	4.1511	3.9879	3.8367	3.6963	3.5656	3.4437	3.3297
27	4.7342	4.5243	4.3316	4.1542	3.9903	3.8387	3.6979	3.5669	3.4447	3.3305
28	4.7390	4.5281	4.3346	4.1566	3.9923	3.8402	3.6991	3.5679	3.4455	3.3312
29	4.7430	4.5312	4.3371	4.1585	3.9938	3.8414	3.7001	3.5687	3.4461	3.3317
30	4.7463	4.5338	4.3391	4.1601	3.9950	3.8424	3.7009	3.5693	3.4466	3.3321

附表 4　年金终值系数表

计算公式：$f=\dfrac{(1+i)^n-1}{i}$

期数	1%	2%	3%	4%	5%	6%	7%	8%	9%	10%
1	1.0000	1.0000	1.0000	1.0000	1.0000	1.0000	1.0000	1.0000	1.0000	1.0000
2	2.0100	2.0200	2.0300	2.0400	2.0500	2.0600	2.0700	2.0800	2.0900	2.1000
3	3.0301	3.0604	3.0909	3.1216	3.1525	3.1836	3.2149	3.2464	3.2781	3.3100
4	4.0604	4.1216	4.1836	4.2465	4.3101	4.3746	4.4399	4.5061	4.5731	4.6410
5	5.1010	5.2040	5.3091	5.4163	5.5256	5.6371	5.7507	5.8666	5.9847	6.1051
6	6.1520	6.3081	6.4684	6.6330	6.8019	6.9753	7.1533	7.3359	7.5233	7.7156
7	7.2135	7.4343	7.6625	7.8983	8.1420	8.3938	8.6540	8.9228	9.2004	9.4872
8	8.2857	8.5830	8.8923	9.2142	9.5491	9.8975	10.2598	10.6366	11.0285	11.4359
9	9.3685	9.7546	10.1591	10.5828	11.0266	11.4913	11.9780	12.4876	13.0210	13.5795
10	10.4622	10.9497	11.4639	12.0061	12.5779	13.1808	13.8164	14.4866	15.1929	15.9374
11	11.5668	12.1687	12.8078	13.4864	14.2068	14.9716	15.7836	16.6455	17.5603	18.5312
12	12.6825	13.4121	14.1920	15.0258	15.9171	16.8699	17.8885	18.9771	20.1407	21.3843
13	13.8093	14.6803	15.6178	16.6268	17.7130	18.8821	20.1406	21.4953	22.9534	24.5227
14	14.9474	15.9739	17.0863	18.2919	19.5986	21.0151	22.5505	24.2149	26.0192	27.9750
15	16.0969	17.2934	18.5989	20.0236	21.5786	23.2760	25.1290	27.1521	29.3609	31.7725
16	17.2579	18.6393	20.1569	21.8245	23.6575	25.6725	27.8881	30.3243	33.0034	35.9497
17	18.4304	20.0121	21.7616	23.6975	25.8404	28.2129	30.8402	33.7502	36.9737	40.5447
18	19.6147	21.4123	23.4144	25.6454	28.1324	30.9057	33.9990	37.4502	41.3013	45.5992
19	20.8109	22.8406	25.1169	27.6712	30.5390	33.7600	37.3790	41.4463	46.0185	51.1591
20	22.0190	24.2974	26.8704	29.7781	33.0660	36.7856	40.9955	45.7620	51.1601	57.2750
21	23.2392	25.7833	28.6765	31.9692	35.7193	39.9927	44.8652	50.4229	56.7645	64.0025
22	24.4716	27.2990	30.5368	34.2480	38.5052	43.3923	49.0057	55.4568	62.8733	71.4027
23	25.7163	28.8450	32.4529	36.6179	41.4305	46.9958	53.4361	60.8933	69.5319	79.5430
24	26.9735	30.4219	34.4265	39.0826	44.5020	50.8156	58.1767	66.7648	76.7898	88.4973
25	28.2432	32.0303	36.4593	41.6459	47.7271	54.8645	63.2490	73.1059	84.7009	98.3471
26	29.5256	33.6709	38.5530	44.3117	51.1135	59.1564	68.6765	79.9544	93.3240	109.1818
27	30.8209	35.3443	40.7096	47.0842	54.6691	63.7058	74.4838	87.3508	102.7231	121.0999
28	32.1291	37.0512	42.9309	49.9676	58.4026	68.5281	80.6977	95.3388	112.9682	134.2099
29	33.4504	38.7922	45.2189	52.9663	62.3227	73.6398	87.3465	103.9659	124.1354	148.6309
30	34.7849	40.5681	47.5754	56.0849	66.4388	79.0582	94.4608	113.2832	136.3075	164.4940

续表

期数	11%	12%	13%	14%	15%	16%	17%	18%	19%	20%
1	1.0000	1.0000	1.0000	1.0000	1.0000	1.0000	1.0000	1.0000	1.0000	1.0000
2	2.1100	2.1200	2.1300	2.1400	2.1500	2.1600	2.1700	2.1800	2.1900	2.2000
3	3.3421	3.3744	3.4069	3.4396	3.4725	3.5056	3.5389	3.5724	3.6061	3.6400
4	4.7097	4.7793	4.8498	4.9211	4.9934	5.0665	5.1405	5.2154	5.2913	5.3680
5	6.2278	6.3528	6.4803	6.6101	6.7424	6.8771	7.0144	7.1542	7.2966	7.4416
6	7.9129	8.1152	8.3227	8.5355	8.7537	8.9775	9.2068	9.4420	9.6830	9.9299
7	9.7833	10.0890	10.4047	10.7305	11.0668	11.4139	11.7720	12.1415	12.5227	12.9159
8	11.8594	12.2997	12.7573	13.2328	13.7268	14.2401	14.7733	15.3270	15.9020	16.4991
9	14.1640	14.7757	15.4157	16.0853	16.7858	17.5185	18.2847	19.0859	19.9234	20.7989
10	16.7220	17.5487	18.4197	19.3373	20.3037	21.3215	22.3931	23.5213	24.7089	25.9587
11	19.5614	20.6546	21.8143	23.0445	24.3493	25.7329	27.1999	28.7551	30.4035	32.1504
12	22.7132	24.1331	25.6502	27.2707	29.0017	30.8502	32.8239	34.9311	37.1802	39.5805
13	26.2116	28.0291	29.9847	32.0887	34.3519	36.7862	39.4040	42.2187	45.2445	48.4966
14	30.0949	32.3926	34.8827	37.5811	40.5047	43.6720	47.1027	50.8180	54.8409	59.1959
15	34.4054	37.2797	40.4175	43.8424	47.5804	51.6595	56.1101	60.9653	66.2607	72.0351
16	39.1899	42.7533	46.6717	50.9804	55.7175	60.9250	66.6488	72.9390	79.8502	87.4421
17	44.5008	48.8837	53.7391	59.1176	65.0751	71.6730	78.9792	87.0680	96.0218	105.9306
18	50.3959	55.7497	61.7251	68.3941	75.8364	84.1407	93.4056	103.7403	115.2659	128.1167
19	56.9395	63.4397	70.7494	78.9692	88.2118	98.6032	110.2846	123.4135	138.1664	154.7400
20	64.2028	72.0524	80.9468	91.0249	102.4436	115.3797	130.0329	146.6280	165.4180	186.6880
21	72.2651	81.6987	92.4699	104.7684	118.8101	134.8405	153.1385	174.0210	197.8474	225.0256
22	81.2143	92.5026	105.4910	120.4360	137.6316	157.4150	180.1721	206.3448	236.4385	271.0307
23	91.1479	104.6029	120.2048	138.2970	159.2764	183.6014	211.8013	244.4868	282.3618	326.2369
24	102.1742	118.1552	136.8315	158.6586	184.1678	213.9776	248.8076	289.4945	337.0105	392.4842
25	114.4133	133.3339	155.6196	181.8708	212.7930	249.2140	292.1049	342.6035	402.0425	471.9811
26	127.9988	150.3339	176.8501	208.3327	245.7120	290.0883	342.7627	405.2721	479.4306	567.3773
27	143.0786	169.3740	200.8406	238.4993	283.5688	337.5024	402.0323	479.2211	571.5224	681.8528
28	159.8173	190.6989	227.9499	272.8892	327.1041	392.5028	471.3778	566.4809	681.1116	819.2233
29	178.3972	214.5828	258.5834	312.0937	377.1697	456.3032	552.5121	669.4475	811.5228	984.0680
30	199.0209	241.3327	293.1992	356.7868	434.7451	530.3117	647.4391	790.9480	966.7122	1181.8816

续表

期数	21%	22%	23%	24%	25%	26%	27%	28%	29%	30%
1	1.0000	1.0000	1.0000	1.0000	1.0000	1.0000	1.0000	1.0000	1.0000	1.0000
2	2.2100	2.2200	2.2300	2.2400	2.2500	2.2600	2.2700	2.2800	2.2900	2.3000
3	3.6741	3.7084	3.7429	3.7776	3.8125	3.8476	3.8829	3.9184	3.9541	3.9900
4	5.4457	5.5242	5.6038	5.6842	5.7656	5.8480	5.9313	6.0156	6.1008	6.1870
5	7.5892	7.7396	7.8926	8.0484	8.2070	8.3684	8.5327	8.6999	8.8700	9.0431
6	10.1830	10.4423	10.7079	10.9801	11.2588	11.5442	11.8366	12.1359	12.4423	12.7560
7	13.3214	13.7396	14.1708	14.6153	15.0735	15.5458	16.0324	16.5339	17.0506	17.5828
8	17.1189	17.7623	18.4300	19.1229	19.8419	20.5876	21.3612	22.1634	22.9953	23.8577
9	21.7139	22.6700	23.6690	24.7125	25.8023	26.9404	28.1287	29.3692	30.6639	32.0150
10	27.2738	28.6574	30.1128	31.6434	33.2529	34.9449	36.7235	38.5926	40.5564	42.6195
11	34.0013	35.9620	38.0388	40.2379	42.5661	45.0306	47.6388	50.3985	53.3178	56.4053
12	42.1416	44.8737	47.7877	50.8950	54.2077	57.7386	61.5013	65.5100	69.7800	74.3270
13	51.9913	55.7459	59.7788	64.1097	68.7596	73.7506	79.1066	84.8529	91.0161	97.6250
14	63.9095	69.0100	74.5280	80.4961	86.9495	93.9258	101.4654	109.6117	118.4108	127.9125
15	78.3305	85.1922	92.6694	100.8151	109.6868	119.3465	129.8611	141.3029	153.7500	167.2863
16	95.7799	104.9345	114.9834	126.0108	138.1085	151.3766	165.9236	181.8677	199.3374	218.4722
17	116.8937	129.0201	142.4295	157.2534	173.6357	191.7345	211.7230	233.7907	258.1453	285.0139
18	142.4413	158.4045	176.1883	195.9942	218.0446	242.5855	269.8882	300.2521	334.0074	371.5180
19	173.3540	194.2535	217.7116	244.0328	273.5558	306.6577	343.7580	385.3227	431.8696	483.9734
20	210.7584	237.9893	268.7853	303.6006	342.9447	387.3887	437.5726	494.2131	558.1118	630.1655
21	256.0176	291.3469	331.6059	377.4648	429.6809	489.1098	556.7173	633.5927	720.9642	820.2151
22	310.7813	356.4432	408.8753	469.0563	538.1011	617.2783	708.0309	811.9987	931.0438	1067.2796
23	377.0454	435.8607	503.9166	582.6298	673.6264	778.7707	900.1993	1040.3583	1202.0465	1388.4635
24	457.2249	532.7501	620.8174	723.4610	843.0329	982.2511	1144.2531	1332.6586	1551.6400	1806.0026
25	554.2422	650.9551	764.6054	898.0916	1054.7912	1238.6363	1454.2014	1706.8031	2002.6156	2348.8033
26	671.6330	795.1653	941.4647	1114.6336	1319.4890	1561.6818	1847.8358	2185.7079	2584.3741	3054.4443
27	813.6759	971.1016	1159.0016	1383.1457	1650.3612	1968.7191	2347.7515	2798.7061	3334.8426	3971.7776
28	985.5479	1185.7440	1426.5719	1716.1007	2063.9515	2481.5860	2982.6444	3583.3438	4302.9470	5164.3109
29	1193.5129	1447.6077	1755.6835	2128.9648	2580.9394	3127.7984	3788.9583	4587.6801	5551.8016	6714.6042
30	1445.1507	1767.0813	2160.4907	2640.9164	3227.1743	3942.0260	4812.9771	5873.2306	7162.8241	8729.9855